Kinder, Küche, Kommunismus

Basler Studien
zur Kulturgeschichte Osteuropas

Band 3

Herausgegeben von
Andreas Guski und Heiko Haumann

UNI
BASEL

Carmen Scheide

Kinder, Küche, Kommunismus

Das Wechselverhältnis zwischen sowjetischem
Frauenalltag und Frauenpolitik von 1921 bis 1930
am Beispiel Moskauer Arbeiterinnen

PANO VERLAG
Zürich

Die Deutsche Bibliothek – CIP-Einheitsaufnahme

Carmen Scheide:
Kinder, Küche, Kommunismus: Das Wechselverhältnis zwischen sowjetischem Frauenalltag und Frauenpolitik von 1921 bis 1930 am Beispiel Moskauer Arbeiterinnen / Carmen Scheide. – Zürich : Pano-Verl., 2002
(Basler Studien zur Kulturgeschichte Osteuropas ; Bd. 3)
  ISBN 3-907576-26-8

Zugleich Dissertation an der Philosophisch-Historischen Fakultät der Universität Basel
Tag der mündlichen Prüfung: 12. Juli 1999
Referent: Prof. Dr. Heiko Haumann
Korreferentin: Prof. Dr. Regina Wecker

© Pano Verlag Zürich
www.pano.de und www.pano.ch
Alle Rechte vorbehalten

Layout: Michael Anderau, Basel
Druck: Erland, Banská Bystrica

Für Wolfgang, Anna-Larissa und Leon

Anders vielleicht auf dem Gebiete historischer Kulturwissenschaften. Hier könnte die Frau zunächst kraft eigenartiger seelischer Fähigkeiten: ihrer besonderen Gabe, sich in die Gefühlswelt Anderer versetzen und deshalb die Motive ihres Handelns nacherlebend zu verstehen, der Wissenschaft eigenartige Dinge leisten. […]
Aber weit wichtiger kann und wird die Mitwirkung der Frauen dann werden, wenn sie gelernt haben, auf Grund einer eigenartigen Stoffauswahl nach besonderen „weiblichen" Gesichtspunkten in das Gewebe der geschichtlichen Erkenntnis einen neuen Einschlag einzufügen. […]
Ist dem aber so, dann muss gerade derjenige, der von der grundsätzlichen Verschiedenheit der Geschlechter durchdrungen ist, es als eine Lücke empfinden, dass die wissenschaftliche Betrachtung der menschlichen Kulturentwicklung sich ausschliesslich durch die Brille der einen Hälfte der Kulturmenschheit vollzieht."

Marianne Weber: Beruf und Ehe. Die Beteiligung der Frau an der Wissenschaft. Zwei Vorträge. Berlin 1906, 23.

Wenn Arbeiterhistoriker sich weigern, Geschlecht ernst zu nehmen, dann reproduzieren sie lediglich Ungleichheiten, die sie ihrem Prinzip gemäss beenden wollen. Es mag Phantasterei sein, zu glauben, dass wir jemals einen Weg finden werden, die Ungleichheit auszurotten, aber ich bin *sowohl* utopisch als auch *realistisch* genug, zu denken, dass wir unserem Ziel näher kommen können, wenn wir das Problem und eine mögliche Lösung aufzeigen.

Joan Wallach Scott: Über Sprache, Geschlecht und die Geschichte der Arbeiterklasse. In: Geschichte schreiben in der Postmoderne. Hg. v. Christoph Conrad – Martina Kessel. Stuttgart 1994, 283-209, hier 306.

Inhaltsverzeichnis

Verzeichnis der Tabellen	11
Bildnachweis	11
Abkürzungsverzeichnis	12
Ženotdel-Leiterinnen	13

1. Einleitung — 15
2. Frauenpolitik, Revolution, *byt*, Kultur — 39
2.1 Frauenpolitik — 40
    Die Gründung der Frauenabteilung 1918 — 44
    Der Übergang zur Neuen Ökonomischen Politik — 47
    Die Stellung der Frauenabteilung — 52
    Alltag und NĖP: Die *ženotdely* und die Diskussion über den *byt* — 55
    Die Vermittlung neuer Lebensweisen in der Praxis — 63
    Hilfe zur Selbsthilfe — 64
    Industrialisierung — 71
    Die Auflösung der Frauenabteilungen — 75
    Utilitaristische Frauenpolitik — 86
2.2 Die Debatten um die „Dritte Front": Kultur und Alltagsleben — 88
    Die Schriften von Trockij — 89
    Revolution – Kultur – Alltag — 91
    „Fragen des Alltagslebens" von Lev Trockij — 97
    Der Alltag hemmt die kulturelle Entwicklung — 98
    Untersuchungen zum *byt* — 103
    Emanzipation – Aufklärung – Alltag: Zusammenfassung — 106

3. Geschlechterordnungen zwischen Utopie und Tradition — 109
3.1 Entwürfe des Neuen Menschen — 110
    Konzeptionen in marxistischen Schriften — 111
    Proletarische Menschenideale nach der Oktoberrevolution — 119
    Die neue Frau — 124
    Helden der Revolution — 128
    Der Komsomolze – ein junger, sauberer Held — 130
    Die Komsomolka — 136
    Hooliganismus – unerwünschte Männlichkeit — 140
3.2 Der Mensch als Geschlechtswesen — 144
    Kontrollierte Sexualität oder freie Liebe — 144
    Die Diskussion über neue Geschlechterbeziehungen — 157
3.3 Frauenbilder und Weiblichkeitsvorstellungen — 162
    Die Rückständigkeitsdebatte — 162
    Weiblichkeit — 172
    Mütterlichkeit als Grundmerkmal von Weiblichkeit — 175
    Die Rolle der Frau in der Gesellschaft als Delegierte und *obščestvennica* — 185
    Zusammenfassung — 192

4. Das Wechselverhältnis zwischen Individuum und Politik am Beispiel der
  Lebenswelten von Moskauer Arbeiterinnen — 197
4.1 Herkunft, Kindheit und Bildung: biographische Grundzüge — 201
  Herkunft und Kindheit — 201
  Bildung — 207
  Zusammenfassung — 215
4.2 Familie, Ehe, Kinder — 215
  Familie — 218
  Liebe, Heirat, Eheleben — 221
  Kinder — 229
  Verhütung und Abtreibung — 237
  Zusammenfassung — 244
4.3 Wohnen, Zeitbudget, Finanzen — 245
  Wohnen, Essen, Haushalt — 246
  Zeitbudget — 257
  Einkommen — 266
  Zusammenfassung — 267
4.4 Erwerbsleben – Arbeitswelt — 268
  Der Weg in die Stadt: Dienstbotinnen — 271
  Fabrikarbeit — 279
  Exkurs: Das Heimarbeitgewerbe (*Kustar'*-Industrie) — 298
  Alternative „Erwerbsarbeit": Prostitution und Kuppelei — 299
  Zusammenfassung — 304
4.5 Politisierung – gesellschaftliches Engagement — 304
  Parteibeitritte — 311
  Die Delegiertenversammlung als „Schule des Kommunismus" — 317
  Gewerkschaften und Klubs — 325
  Andere Organisationsformen: Genossenschaften und Korrespondentenbewegung — 331
  Zusammenfassung — 332
4.6 Alkohol, Alltag und Abstinenz — 333
  Zusammenfassung — 345

5. Schlussbetrachtung — 347

6. Literaturverzeichnis — 355
6.1 Archivalien — 355
6.2 Zeitgenössische Zeitschriften — 356
6.3 Zeitgenössische Literatur — 357
6.4 Sekundärliteratur — 364

Index — 381

Verzeichnis der Tabellen

Tabelle 1 (S. 207): Anwachsen der Alphabetisierung in der Bevölkerung 1897 bis 1926

Tabelle 2 (S. 220): Zusammensetzung von Arbeiterfamilien in Personen für die Stadt Moskau 1897 und 1923 (in Prozent)

Tabelle 3 (S. 241): Aborte in der Stadt Moskau in den Jahren 1922–1926

Tabelle 4 (S. 251): Wohnraum in Moskau pro Person 1823 bis 1935

Tabelle 5 (S. 263): Zeiteinteilung von Arbeitern und Arbeiterinnen in Stunden für 1929

Tabelle 6 (S. 276): Der Anstieg von Kindsmorden in Stadt und Dorf von 1925 bis 1927 in Prozent

Tabelle 7 (S. 277): Soziale Herkunft von Kindsmörderinnen 1925 bis 1927 in Prozent

Tabelle 8 (S. 277): Altersstruktur der für Kindsmord Verurteilten 1927

Tabelle 9 (S. 280): Entwicklung der Arbeiterinnenzahlen in der Industrie vom 1.1.1923 bis zum 1.1.1927

Tabelle 10 (S. 283): Durchschnittliche Monatslöhne von 1924 bis 1929 (in Červonecrubeln)

Tabelle 11 (S. 326): Frauenanteil in den Gewerkschaften. Prozentualer Anteil weiblicher Gewerkschaftsmitglieder vom 1. April 1923 bis zum 1. April 1927

Tabelle 12 (S. 329): Regionale Gewerkschaftsklubs. Mitgliederzusammensetzung 1925 (in Prozent)

Tabelle 13 (S. 336): Dynamik des Alkoholkonsums in der UdSSR von 1913 bis 1927 (in Litern pro Kopf der Bevölkerung)

Bildnachweis

Alle Bilder sind dem Band von Fannina W. Halle: Die Frau in Sowjetrussland. Berlin u.a. 1932, 144, 384, 392, 448, 472, 528 entnommen.

S. 61: Aleksandra Vasil'evna Artjuchina, 1889-1969, letzte Vorsitzende der Frauenabteilung von 1925 bis 1930. Das Bild entstand vermutlich um 1930.

S. 81: Sitzung der weiblichen Mitglieder des VCIK. Von rechts nach links: Baranova, Artjuchina, Afanasevna, Dossov, Košagulova, Arykova.

S. 133: Titelbild der sowjetischen Frauenzeitschrift Rabotnica vom Februar 1932

S. 171: Zeitgenössische Karikatur

S. 259: Entwürfe für das Sowjet-Einheitskleid (*byt*-Tracht) aus einer Frauenzeitschrift.

S. 301: oben: Angehende Arbeiterin mit einem Instrukteur
unten: Vorbesprechung zu dem jährlich wiederkehrenden Internationalen Frauentag am 8. März

Abkürzungsverzeichnis

ADAV	Allgemeiner Deutscher Arbeiterverein
BSĖ	*Bol'šaja sovetskaja ėnciklopedija*: Grosse Sowjetenzyklopädie
CIK	*Central' nyj ispolnitel' nyj komitet*: Zentrales Exekutivkomitee
CK	*Central' nyj Komitet*: Zentralkomitee
CKK	*Central' naja kontrol' naja komissija*: Zentrale Kontrollkommission
d.	*delo*: Akte
ed.chr.	*edinica chranilišča*: Einheit des Aufbewahrungsorts
f.	*fond*: Fonds
GARF	*Gosudarstvennij Archiv Rossijskoj federacii*: Staatsarchiv der Russischen Föderation
l./ll.	*list/listov*: Seite(n)
L.	Leningrad
M.	Moskau
MK	*Moskovskij komitet*: Moskauer Komitet
Narkomfin	*Narodnyj komissariat finansov*: Volkskommissariat für Finanzen
Narkomjust	*Narodnyj komissariat justicii*: Volkskommissariat für Justiz
Narkompros	*Narodnyj komissariat prosveščenija*: Volkskommissariat für Bildung
Narkomtrud	*Narodnyj komissariat truda*: Volkskommissariat für Arbeit
Narkomzdrav	*Narodnyj komissariat zdravoochranenija*: Volkskommissariat für Gesundheit
Narpit	*Narodnoe pitanie*: Volksernährung
NĖP	*Novaja ėkonomičeskaja politika*: Neue Ökonomische Politik
NOT	*Naučnaja organizacija truda*: Wissenschaftliche Arbeitsorganisation
ob.	*oborot*: Rückseite
OMM	*Ochrana materinstva i mladenčestva*: Mutter- und Kindesschutz
op.	*opis*: Inventar
Proletkul't	*Proletarskaja kul'tura*: Proletarische Kultur
Rabfak	*rabočij fakul'tet*: Arbeiterfakultät
RCChIDNI	*Rossiskij Centr Chranenija i Izučenija Dokumentov Novejšej Istorii*: Russisches Zentrum zur Aufbewahrung und Studium der Dokumente der neuesten Geschichte
RGASPI	*Rossijskij Gostudarstvennyj Archiv Social' no-političeskoj Istorii* (früher RCChIDNI)
RKP (b)	*Rossijskaja Kommunističeskaja Partija (bol' ševikov)*

RSDRP   *Rossijskaja social-demokratičeskaja rabočaja partija*:
            Russische Sozialdemokratische Arbeiterpartei
RSFSR   Russische Sozialistische Föderative Sowjetrepublik
SNK/Sovnarkom *Sovet narodnych komissarov*: Rat der Volkskommissare
VCSPS   *Vsesojuznyj central' nyj sovet professional' nych sojuzov*:
            Allunionsverband der Gewerkschaften
VKP (b)   *Vsesojuznaja Kommunističeskaja partija (bol' ševikov)*:
            KP (Bolschewiki)
VSNCh   *Vysšij sovet narodnogo chozjajstva*: Oberster Volkswirtschaftsrat
ZAGS   *otdel zapisi aktov graždanskogo sostojanija*: Standesamt
ZEK   Zentrales Exekutivkomitee
ženotdel   *ženskij otdel*: Frauenabteilung

1 Arschin (*aršin*) = 0,71 Meter
1 Desjatine (*desjatina*) = 1.09 Hektar
1 Pud (*pud*) = 16,38 Kilogramm
1 Werst (*versta*) = 1,067 Kilometer

Ženotdel-Leiterinnen

1919-1920: Inessa Armand
1920-1921: Aleksandra Kollontaj
1922-1924: Sofija Smidovič
1924-1925: Klavdija Nikolaeva
1925-1930: Aleksandra Artjuchina

Russische Wörter werden nach der im deutschssprachigen Raum üblichen wissenschaftlichen Umschrift wiedergegeben, soweit sich nicht allgemein eine andere Schreibweise eingebürgert hat (wie Zar, Sowjet oder Bolschewiki). Die Übersetzungen der Zitate sind soweit nicht anders angegeben von der Autorin.

1. Einleitung

Die Oktoberrevolution 1917 bedeutete für das politische und wirtschaftliche Leben in Russland eine tiefe Zäsur: Die Autokratie des Zaren wurde durch die Diktatur des Proletariats abgelöst, die kapitalistische Wirtschaft größtenteils zunächst verstaatlicht. Die bisherige Klassengesellschaft sollte zu einem sozialistischen Kollektiv ohne Unterdrückungsmechanismen umgewandelt werden. Ein besonderes Anliegen der Revolutionäre war die Gleichstellung der Frau. Dazu wurden zahlreiche Dekrete und Gesetze erlassen, die zu den fortschrittlichsten zählten und weit über gesetzgeberische Schritte in bürgerlichen Demokratien hinausgingen.[1]

Durch eine liberale Ehe- und Scheidungsgesetzgebung und die Einführung des Prinzips, gleichen Lohn für gleiche Arbeit zu bezahlen, sollte die Arbeiterin aus einer doppelten Unterdrückung befreit werden: als Klassenangehörige und als Geschlechtswesen aus der Herrschaft des Mannes. Die Vorgaben lieferten Schriften von Karl Marx, Friedrich Engels, August Bebel und die konkrete Frauenpolitik innerhalb der deutschen SPD, angeleitet von Clara Zetkin.[2] Dabei dominierte die Kategorie Klasse vor der Kategorie Geschlecht.

Der Begriff Emanzipation existierte bis 1957 nicht in der Grossen Sowjetenzyklopädie.[3] Es wurde von Gleichheit (*ravenstvo*) gesprochen, die im Marxismus-Leninismus als die Abschaffung der Klassen verstanden wurde. Lange wurde in der Sowjetunion an dem Selbstverständnis festgehalten, die Gleichheit sei durch die Verstaatlichung der Produktionsmittel und dem Kampf der Arbeiterklasse erreicht worden.[4] In Bezug auf die Gleichstellung aller Sowjetbürger und -bürgerinnen im politischen und rechtlichen Sinn, unabhängig von Geschlecht, sozialer Herkunft und Nationalität wurde von Gleichberechtigung (*ravnopravie*) gesprochen.[5]

---

[1] McNeal, Robert: The Early Decrees of Zhenotdel. In: Women in Eastern Europe and the Soviet Union. Hg. v. Tova Yedlin. NY 1980, 75-86.

[2] Auf diese Emanzipationskonzepte wird genauer in Kapitel 3.1 eingegangen.

[3] Bol'šaja Sovetskaja Ėncyklopedija BSĖ t. 49 M. 1957. Der Begriff Emanzipation wird sehr knapp und allgemein als Befreiung von Vormundschaft und Abhängigkeit, als rechtliche Gleichstellung erklärt. Als Beispiel wird die Emanzipation der Frau genannt.

[4] BSĖ t. 47 M. 1940.

[5] BSĖ t. 48 M. 1941. In dieser Ausgabe gab es den Begriff Emanzipation nicht. Die Definition spiegelte die offizielle Haltung in der Frauenpolitik wieder: „Der Aufbau des Sozialismus hat die Frau von der häuslichen und gesellschaftlichen Sklaverei

Einleitung

Organisatorisch fand Frauenpolitik vornehmlich in der von 1918 bis 1930 bestehenden Frauenabteilung beim Zentralkomitee der Kommunistischen Partei (*ženskij otdel, ženotdel*) statt. Sie wurde von den Bolschewiki 1918 gegründet und von Lenin genehmigt. Die Hauptaufgabe der Frauenabteilung wurde in der Befreiung der Frau durch ihre Entlastung bei der Haus- und Familienarbeit gesehen. Öffentliche Kantinen, Krippen und Wäschereien sollten es der Sowjetbürgerin ermöglichen, ihre Arbeitskraft in der Produktion einzusetzen. Durch die Frauenabteilung wurde sie politisch mobilisiert, erzogen und in gesellschaftspolitische Organisationen eingebunden. Die Sowjetfrau sollte mit dem Mann gleichgestellt werden, der Staat schützte zudem ihre Funktion als Mutter, indem er sich die Kinderbetreuung als seine Aufgabe zu eigen machte. Die Frauenabteilung wurde 1930 abrupt aufgelöst, gemäß dem offiziellen Sprachgebrauch reorganisiert. Sie galt als uneffektiv im Bereich des Alltagslebens, zudem sei Frauenpolitik jetzt von allen Organen auszuführen. De facto bedeutete dieser Schritt das Ende aktiver Frauenpolitik in der Sowjetunion. Die lebhaften Debatten und kritischen Stimmen zur Frage der Emanzipation verstummten, in der Sowjetunion wurde die „Lösung der Frauenfrage" gefeiert. Die Familie war entgegen revolutionärer Utopien wieder eine feste soziale Bezugsgröße und eine staatstragende Organisationseinheit. Frauen wurden zunehmend in die Industriearbeiterschaft eingebunden, jedoch blieben Hausarbeit und Kindererziehung weiterhin ihre Aufgabenfelder, woraus sich eine geschlechtsspezifische Doppelbelastung ergab. Diese wurde seit Beginn der dreißiger Jahre nicht mehr hinterfragt oder thematisiert.

Das Bild der Frau als Hüterin des Hauses und Mutter löste nun die vielfältigeren Vorstellungen über emanzipierte, unabhängige, neue Frauen ab. Woher kamen die Konzeptionen, in welchem sozioökonomischen und politischen Zusammenhang standen sie, wieso konnte sich ein konservatives Frauenbild scheinbar ohne Proteste durchsetzen? Wodurch kam es zu dieser radikalen Umkehr von revolutionären Zielen? Unter welchen Umständen wurde die Frauenabteilung aufgelöst, kam es dabei zu Protesten?

Alle genannten Bereiche des Alltagslebens, aber auch Lebens- und Verhaltensweisen werden im Russischen mit dem Wort *byt* bezeichnet.[6] Die Fragen des *byt* und der Wandel vom Alten zum Neuen standen in den zwanziger

---

befreit, sie wurde durch das sozialistische Gesetz in ihren Rechten mit dem Mann gleichgestellt."

[6] BSĖ t. 8 M. 1927.

Einleitung

Jahren im Mittelpunkt zahlreicher Debatten und prägten stark die Tätigkeiten des *ženotdel*. *Byt* bezog sich nach der damaligen Definition nicht nur auf die häusliche und private, sondern auch auf die gesellschaftliche Lebensweise, auf Sitten, Gewohnheiten und Gebräuche. Die allgemeine wirtschaftliche Lage bildete die gemeinsame Grundlage der genannten, oft sehr differenten und heterogenen Bereiche des *byt*, ihr Wandel beeinflusste jeweils entscheidend den *byt*, was am Beispiel der russischen Industrialisierung in der zweiten Hälfte des 19. Jahrhunderts aufgezeigt wurde. Neue Lebens- und Existenzformen entstanden durch die Herausbildung einer Arbeiterklasse und einem Wandel bäuerlicher Familienformen. Auch die Frau als Arbeiterin habe zunehmend mehr verstanden, gegen den Kapitalisten als Ausbeuter anzukämpfen, weshalb männliche Arbeiter im wachsenden Maß in ihr einen Genossen gesehen hätten. Daraus sei eine neue Form des Zusammenlebens entstanden, die auf Liebe und freier Wahl beruht habe.[7]

Im Zusammenhang mit der Arbeiterklasse, deren Aufgabe es sei, die Lebensbeziehungen neu zu organisieren, wurde in den zwanziger Jahren auch von der Herausbildung eines neuen *byt* gesprochen. Als Vision wurde entworfen, dass die Frau nicht länger die Sklavin des Mannes sei, sondern gleichberechtigt neben dem Arbeiter an der Werkbank stehe. Durch ihre Befreiung von der Familienlast entstünden neue Formen des Zusammenlebens und eine Bedeutungsminderung der Ehe. Als Bestandteile des neuen *byt* wurden in der zeitgenössischen Definition von 1927 in erster Linie die Entwicklung von Gewerkschaften, Sowjets, Partei, Komsomol, Pionierorganisationen, Sportangeboten, neuen Freizeitbeschäftigungen und neuen Riten gesehen. Gleichzeitig sollte sich auch ein neuer Typus Mensch herausbilden, der sein Leben in allen Ausformungen rational gestaltete.

An dieses umfassende soziale, ökonomische und politische Verständnis von *byt* mit der besonderen Betonung, beim Aufbau neuer Lebensweisen wandele sich vor allem die Stellung der Frau innerhalb der Gesellschaft, knüpfen sich komplexe FRAGEN. *Byt* umfasste sowohl Strukturen aber auch individuelle Verhaltens- und Denkweisen sowie Einstellungen. Daraus leitet sich die Frage ab, inwieweit ein struktureller Wandel nach der Revolution die Lebensweisen beeinflusste und veränderte, in welchem Wechselverhältnis Alltagsleben und Politik standen. Besaß die Politik eine Wirkungsmacht im Bereich des privaten Lebens und gab es auch umgekehrt eine Rezeption von verschiedenen Lebensformen auf den Entscheidungsebenen von Staat und Partei? Wie wurden Emanzipationsangebote von einzelnen Frauen aufgenommen? Deckten sie sich mit individuellen Lebensentwürfen? Welchen Einfluss

[7] Ebd.

Einleitung

hatte die breitgefächerte Arbeit der Frauenabteilung auf das Leben, Denken und Verhalten von Frauen? Wie veränderten sich dadurch ihr Alltag und ihre Einstellungen zu Liebe, Ehe, Familie und Arbeit? Wie reagierten Bolschewiki auf scheinbar beharrliche Sitten und Gebräuche, auf patriarchalische Strukturen und traditionelle Vorstellungen von Weiblichkeit, die sich etwa im Wunsch von schöner Kleidung, gepflegtem Äußeren und einer gemütlichen Häuslichkeit statt der Akzeptanz kollektiver Einrichtungen ausdrückten? Welche Adaptionen fanden in der Frauenpolitik angesichts nur schwer wandelbarer Lebensverhältnisse im Verlauf der zwanziger Jahre statt? Welche Entwürfe von Frauenbildern gab es, sowohl im Bereich der Politik als auch auf individueller Ebene, wie bedingten sie sich gegenseitig?

Als ARBEITSTHESE soll gelten, dass die verbreitete damalige zeitgenössische Sichtweise – die sich lange Zeit in der Historiographie halten konnte – sowjetische Frauen seien rückständig und politisch wenig interessiert und engagiert gewesen, ein überwiegend männliches Urteil war. Betrachtet man die Geschichte von Frauen im direkten Vergleich zu Männern und ihren Arbeit-, Lebens-, und Erfahrungswelten, muss man zu „negativen" Ergebnissen kommen. Erst durch die Annäherung an weibliche Lebenszusammenhänge, durch die Berücksichtigung ihrer spezifischen Arbeits- und Lebensbedingungen, können Aussagen über die Lebenswelt von Frauen gemacht werden. Dazu gehört auch die Anwendung eines erweiterten Begriffs von Arbeit, der nicht allein von außerhäuslicher Lohnarbeit ausgeht, sondern auch die gesellschaftsrelevante Reproduktionsarbeit im häuslichen, privaten Bereich zum Gegenstand der Analyse macht.

Als zweite Arbeitsthese formuliere ich die Annahme, dass in den zwanziger Jahren eine Neuordnung der Geschlechterverhältnisse stattfand, Hierarchien unter Beibehaltung männlicher Dominanz bestätigt oder neu verfestigt und Geschlechterstereotypen erneut dem biologischen Geschlecht zugeordnet wurden.

Die ZIELSETZUNG dieser Arbeit liegt zunächst darin, Frauen als historische Subjekte in der Geschichte der Sowjetunion sichtbar zu machen. Es geht um die Darstellung der Funktionsweise der Frauenabteilung und ihrer Mitarbeiterinnen, ihre historische Leistung. Dabei soll genauer auf die Geschichte der Institution und sie prägende Bolschewiki eingegangen werden, aber auch die Konzeptionen über das Alltagsleben und die Emanzipationspolitik im Verhältnis zu der allgemeinen politischen Entwicklung dargestellt werden.

Das Hauptanliegen ist die Untersuchung und Beschreibung individueller Handlungsweisen am Beispiel des Alltagslebens von Frauen im Kontext der

Einleitung

politischen Programme. Beabsichtigt ist nicht, lediglich die Geschichte von Strukturen zu beschreiben, sondern die Wahrnehmung dieser Strukturen durch einzelne Personen, das Zusammenspiel zwischen verschiedenen Lebensformen und gesellschaftlichen Entwürfen im Verlauf der zwanziger Jahre. Ich versuche nicht, eine bislang fehlende Sozialgeschichte russischer Frauen in der Frühphase der Sowjetunion zu schreiben, weshalb auf detaillierte Beschäftigungsstrukturen und Lohnverhältnisse nicht genauer eingegangen wird. Mir geht es um die Darstellung von Sichtweisen und die Behandlung mit der auf allen Ebenen deutlich wahrnehmbaren Kategorie Geschlecht. Der Umgang mit Geschlechterstereotypen und -charakteren aus verschiedenen Perspektiven gibt Aufschluss, welche Vorstellungen von Weiblichkeit und Männlichkeit existierten und wie sie rezipiert oder verinnerlicht wurden. Im Folgenden soll untersucht werden, welche Vorschläge für Geschlechterrollen es gab und welchen Veränderungen sie unterlagen. In damaligen Debatten wurde eine starke Dichotomisierung zur Verdeutlichung der jeweiligen Meinungen benutzt. Beurteilungskategorien waren zum einen die Geschlechter selber, etwa wenn die rückständige *baba* mit dem fortschrittlichen Arbeiter verglichen wurde. Aber auch die Kategorie Klasse entschied über Geschlechterrollen. Der kommunistische Genosse stellte den idealen Prototyp der neuen Gesellschaft dar, sein negatives Pendant war der staatsfeindliche Kulak. Weiter interessiert, wo die Debatten über Geschlechterrollen geführt, welche Interessen damit verbunden wurden und in welchem Wechselverhältnis sie zum Alltagsleben standen.

Für die Untersuchung dieser Fragen benutze ich die analytische Kategorie gender. Das in den letzten Jahren entwickelte Konzept, gender als Instrument zur Erforschung von Machtverhältnissen und ihren Mechanismen, Normen für Geschlechterrollen und ihre De-Konstruktion, Geschlechterverhältnisse und ihr Bezugssystem, verstanden als grundlegende gesellschaftliche Ordnungen, Hierarchien und ihre Re-Produktion anzuwenden, entwickelte sich aus den Frauen- und feministischen Studien. Ideen besonders von Foucault und Bourdieu ebenso wie der linguistic turn beeinflussten die Entwicklung der gender studies maßgeblich, indem eine Erweiterung der Wahrnehmung historischer, gesellschaftlicher und kultureller Wirklichkeit gefordert wurde. Die Kritik galt bestehenden Konzepten wie der Frauenforschung oder Sozialgeschichte, deren Theorien als überholt gelten, da sie nur einen Teil der Wirklichkeit erfassen. Frauenforschung erkläre nicht die Differenz und die Hierarchien zwischen den Geschlechtern, Sozialgeschichte betrachte „Menschen wie Mäuse" und sei ein nur auf die industrielle Revolution, jedoch nicht auf

Einleitung

andere historische Epochen anwendbares Konzept.[8] Trotz der berechtigten Kritik an der eingeschränkten Erfassung von Wirklichkeit durch die Sozial- und Frauengeschichte halte ich es dennoch für notwendig, weiterhin Grundlagenforschungen in diesen Bereichen anzustellen, um nicht dem phänomenologischen Charakter der einzelnen Quellenaussagen zu erliegen. Deshalb sollte es parallele Untersuchungen in der Frauen- und Geschlechtergeschichte geben.[9]

Maßgebliche theoretische Überlegungen zur Kategorie gender entwikkelte die amerikanische Historikerin Joan Scott in ihrem 1986 erschienenen programmatischen Aufsatz.[10] Scott unterscheidet zwischen dem biologischen Geschlecht (sex), dem ein stets mitgedachter Determinismus anhaftet, und einem sozialen Geschlecht (gender), verstanden als soziale Organisation von Differenz, die alle gesellschaftlichen Bereiche umfasst und den körperlichen Unterschieden Bedeutung zuschreibt. Die Geschlechtergeschichte erhebt die Kategorie Geschlecht als eine grundlegende, allgemeine Kategorie neben Klasse, Alter, Religion und Nation. Es geht dabei nicht mehr allein um die Sichtbarmachung von Frauen und ihrer Geschichte, sondern Geschlechtergeschichte umfasst diskursive Konzepte von Männlichkeit und Weiblichkeit, wie sie auf verschiedenen Ebenen etwa von Alltag, Politik, Kultur, Medizin, Bildung, Wissenschaft, Kunst und Nation bis hin zur Symbol- und Bildsprache vorhanden sind.[11] In der aktuellen Diskussion der Geschlechtergeschichte

[8] Mergel, Thomas: Kulturgeschichte – die neue „große Erzählung"? Wissenssoziologische Bemerkungen zur Konzeptualisierung sozialer Wirklichkeit in der Geschichtswissenschaft. In: Kulturgeschichte Heute. Hg. v. Wolfgang Hardtwig, Hans-Ulrich Wehler. Göttingen 1996, 41-77; Hausen, Karin: Die Nicht-Einheit der Geschichte als historiographische Herausforderung. Zur historischen Relevanz und Anstößigkeit der Geschlechtergeschichte. In: Geschlechtergeschichte und Allgemeine Geschichte. Herausforderungen und Perspektiven. Hg. v. Hans Medick, Ann-Charlott Trepp. Göttingen 1998, 15-55.

[9] Über die „Daseinsberechigung" von Frauenforschung und -geschichte, ebenso wie von „klassischer" Sozialgeschichte, gehe ich nicht weiter ein. Ich halte sie als Grundlage für gender studies und Kulturgeschichte nach wie vor notwendig. Siehe dazu auch die Ausführungen von Regina Wecker: Zwischen Ökonomie und Ideologie. Arbeit im Lebenszusammenhang von Frauen im Kanton Basel-Stadt 1870-1910. Zürich 1997, 9-15.

[10] Scott, Joan Wallach: Gender: A Useful Category of Historical Analysis. In: American Historical Review 91 (1986) Nr. 5, 1053-1075. Allgemein siehe Hof, Renate: Die Entwicklung der Gender Studies. In: Genus. Zur Geschlechterdifferenz in den Kulturwissenschaften. Hg. v. Hadumod Bußmann, Renate Hof. Stuttgart 1995, 3-33.

[11] Auf die Kritik über die Konstruiertheit der Kategorien gender und sex, wie sie etwa Judith Butler formuliert hat, gehe ich hier nicht weiter ein. Siehe dazu Rosenhaft, Eve: Zwei Geschlechter – eine Geschichte? Frauengeschichte, Männergeschichte,

Einleitung

debattieren Historikerinnen und Historiker über die Klärung des Verhältnisses zur sogenannten Allgemeinen Geschichte, über eine Standortbestimmung. Keinesfalls versteht sich Geschlechtergeschichte als ein Nischenfach oder ein Anhängsel, sondern als Teil einer neu zu definierenden Allgemeinen Geschichte. Vertreterinnen der Geschlechtergeschichte wie Karin Hausen fordern angesichts dieser neuen grundlegenden Kategorie zu einem Überdenken der allgemeinen Kategorien, Ordnungsmerkmale und Wahrnehmungsmuster auf, kurz zu einer Neudefinition des gesamten Geschichtskonzeptes vor dem Hintergrund, dass es keine Einheit der Geschichte mehr gibt, eine Metaerzählung kaum mehr möglich ist.[12]

Mit dem Ansatz der Alltagsgeschichte geht es mir darum, die Übertragbarkeit theoretischer Debatten auf individuelle Verhaltensweisen, das Wechselverhältnis zwischen Strukturen und Individuen zu untersuchen. Ich gehe nicht von der Annahme aus, in der Sowjetunion habe es von Beginn an ein geschlossenes Herrschaftssystem gegeben, auf das das Volk immer nur reagieren konnte.[13] Politik und Herrschaft entstehen meines Erachtens aus einer Summe zahlreicher Faktoren, zu denen auch das Alltagslebens gehört, da Menschen nicht nur von Strukturen geformt werden, sondern ein eigenes gesellschaftliches Handeln aufzeigen, das wiederum historische Prozesse sichtbar macht. Die Frage, wieso das revolutionäre Emanzipationsmodell gescheitert ist, lässt sich natürlich herkömmlich mit der wirtschaftlichen Zwangslage zu Beginn des ersten Fünfjahrplans beantworten. Dieses Argument reicht aber zur Klärung nicht aus. Hier dienen Untersuchungen zu Mentalitäten, Wünschen und Bedürfnissen einzelner Gruppen und Individuen zur Beleuchtung der komplexen Zusammenhänge, die den Übergang zu den dreißiger Jahren genauer beleuchten. Unter Anwendung der genannten methodischen, analytischen Instrumentarien versuche ich, eine Verbindung zwischen Struktur- und Erfahrungsgeschichte herzustellen. Alltag betrachte ich nicht isoliert, sondern im Bezug zur Gesamtgesellschaft, als einen Teil davon. Mit dem für diese genannten Kategorien integrativen Konzept der Lebenswelt bin ich in

---

Geschlechtergeschichte und ihre Folgen für unsere Geschichtswahrnehmung. In: Was sind Frauen? Was sind Männer? Geschlechterkonstruktionen im historischen Wandel. Hg. v. Christiane Eifert, Angelika Epple, Martina Kessel, Marlies Michaelis, Claudia Nowak, Katharina Schicke, Dorothea Weltecke. Frankfurt/M. 1996, 257-274.

[12] Hausen: Die Nicht-Einheit der Geschichte.
[13] Diese Sichtweise vertritt beispielsweise Hildermeier, Manfred: Geschichte der Sowjetunion 1917-1991. Entstehung und Niedergang des ersten sozialistischen Staates. München 1998.

Einleitung

der Lage, gender, Alltag und Struktur gleichzeitig zu betrachten. Der Mensch steht dabei im Mittelpunkt der Untersuchung, sein Leben beinhaltet eine Vielzahl von Schnittstellen zwischen individuellem Handeln, Denken und Fühlen, gesellschaftlichem und politischem Engagement sowie Eingebundensein in Strukturen.[14]

> Im Begriff der Lebenswelt bündelt sich das Wechselverhältnis von Individuum und Struktur. Er umfasst die wirtschaftliche und soziale Lage des Menschen, seine Lebensverhältnisse und seine unmittelbare Umwelt, die Einflüsse der politischen und gesellschaftlichen Ordnung und zugleich die Erfahrungen, Wahrnehmungs-, Denk- und Verhaltensweisen, die sich im Verhalten äußern, die Einstellungen, Normen und Werte, die symbolische Ordnung samt ihren Verschlüsselungen und Codes. Über den Zugang zu einer Lebenswelt kommt die alltägliche Praxis ebenso ins Blickfeld wie – als kulturelle Perspektive – deren Beziehungen zu den Strukturen der Gesellschaft. Und da das Individuum nicht isoliert existiert, sondern in einem Kommunikationsprozess steht, erschließen sich zugleich die Verbindungen zu anderen Lebenswelten und über sie Schritt für Schritt die Beziehungsgeflechte vieler Individuen in ihrer Vernetzung mit der strukturellen Vielschichtigkeit der Gesellschaft. Exemplarisch können wir dann über die Einsicht in eine Vielzahl von Wirklichkeiten und daraus herrührende Sichtweisen hinaus gesellschaftliche Zusammenhänge und Prozesse nachzeichnen, die die historischen Vorgänge verständlicher machen als eine Konzentration auf die „großen Linien" der Politik und deren Handlungsträger.[15]

Die Geschichte des Einzelnen bedeutet nicht den Rückzug in eine kleinräumliche Idylle, sondern ermöglicht eine exemplarische Untersuchung gesellschaftlicher Zusammenhänge.[16] System, Struktur und Erfahrung schließen sich nicht gegenseitig aus, sondern vereinen sich in der Schnittstelle der Lebenswelt.

[14] Hochstrasser, Olivia: Ein Haus und seine Menschen 1549-1989. Ein Versuch zum Verhältnis von Mikroforschung und Sozialgeschichte. Tübingen 1993; Haumann, Heiko: Utopie einer herrschaftsfreien Gesellschaft und Praxis gewalthafter Verhältnisse. Offene Fragen zur Erforschung der Frühgeschichte Sowjetrusslands (1917-1921). In: Archiv für Sozialgeschichte 34 (1994) 19-34; Ders. - Martin Schaffner: Überlegungen zur Arbeit mit dem Kulturbegriff in den Geschichtswissenschaften. In: Uni Nova. Mitteilungen aus der Universität Basel (1994) Nr. 70, 18-21.

[15] Haumann: Utopien 28.

[16] Hochstrasser: Ein Haus 271.

Einleitung

Für meine Untersuchung wähle ich den ZEITRAUM von 1921 bis 1930. Während des Kriegskommunismus und Bürgerkriegs herrschte ein Ausnahmezustand in Russland. Alltagsleben fand unter den Bedingungen von Kampf, Hungersnöten, Entbehrungen, einer daniederliegenden Wirtschaft und bitteren Existenzkämpfen statt. Die Herrschaft der Bolschewiki musste in brutalen Auseinandersetzungen hart erkämpft werden. Frauen ersetzten kämpfende Männer in den Betrieben, der Landwirtschaft und in den Familien. Erst ab Ende 1920 und dann durch den Übergang zur Neuen Ökonomischen Politik (*Novaja ėkonomičeskaja politika*, NĖP) seit dem X. Parteitag im März 1921, normalisierte sich das Leben in Russland. Als Folge der Wiederzulassung privatwirtschaftlicher Strukturen entstanden massive soziale Probleme: Die Arbeitslosigkeit, besonders unter Frauen, stieg an, viele suchten mit der Prostitution einen Ausweg aus der Armut und gleichzeitig zogen sich Staat und Partei aus sozialen Programmen zurück. Die fehlende Finanzierung dieser Einrichtungen zur Reproduktion entzog der Frauenabteilung die Basis, ihre Emanzipationspolitik zu realisieren. Auf die neuen Verhältnisse sowohl in der Politik als auch der Gesellschaft mussten Antworten und Stellungnahmen gefunden werden. Der Übergang zum Stalinismus, hier zunächst als die Durchsetzung Stalins in der Parteiführung verstanden, erfolgte 1929, da 1928 Alternativen nicht ausgeschlossen waren. Als Oppositionelle bezeichnete Bolschewiki wie Trockij, Zinov'ev und Kamenev wurden bereits 1927 aus der Partei ausgeschlossen. Stalin konnte seine Vorstellung von der Durchführung des „Sozialismus in einem Land" und der forcierten Industrialisierung ebenso wie eine Reorganisation des Parteiapparates verwirklichen. In der Landwirtschaft wurde ab 1929 mit der Kollektivierung begonnen. Die Jahre von 1928 bis 1930/31 gelten als eine zweite Revolution „von oben" und markieren den Beginn des Herrschafts- und Gesellschaftssystem des Stalinismus. Für meine Arbeit wähle ich aber nicht das Jahr 1928 als zeitlichen Endpunkt, sondern 1930, in das nicht zufällig die Auflösung der Frauenabteilung fällt. In Bezug auf die Erforschung der sowjetischen Frauen- und Geschlechtergeschichte bedeutet das zwangsverordnete Ende einer aktiven Frauenpolitik ein einschneidendes, qualitativ bedeutungsvolles Ereignis. Eine Phase lebhafter, kontrovers diskutierter Frauenpolitik wurde dadurch beendet.

Schwerpunktmäßig beschränke ich mich auf Stadt und REGION Moskau, da die meisten Quellen aus diesem Raum Informationen und Daten beinhalten. Die Hauptstadt Russlands und der Sowjetunion, das Zentrum der neuen Machthaber, ist am besten erforscht. Im Mittelpunkt des Interesses stand zunächst die neue, herrschende Klasse, das Proletariat, da die Arbeiter und Arbeiterinnen als gesellschaftliche Avantgarde und als Basis galten. Ihnen wurde eine

Einleitung

Leit- und Vorbildfunktion zugeschrieben, auch wenn ihr Anteil an der überwiegend bäuerlichen Bevölkerung in der Sowjetunion gering war. Vergleichende Regionalstudien, etwa verschiedener Industriezentren Russlands, oder verschiedener Nationalitäten, müssen angesichts aufwendiger Materialsuche und Auswertung im Rahmen eines Forschungsprojektes stattfinden.

Meine Fokussierung auf die Gruppe der Arbeiterinnen geht weniger von einem sozialhistorischen Klassenbegriff aus, wenn auch Faktoren wie die Klassenbildung, Merkmale einer gemeinsamen sozialen Lage und eines Bewusstseins darüber ebenso wie darin begründete Verhaltensweisen und ihre Ausformungen beachtet werden müssen. Deshalb wende ich die zweite strukturierende Kategorie Geschlecht an.

Die vorliegende Arbeit beruht auf der Auswertung archivalischer und gedruckter QUELLEN, wobei grundsätzlich ein großes Problem darin bestand, dass sich trotz intensiver Recherche kaum Selbstzeugnisse von Frauen auffinden ließen.[17] Arbeiterinnen, Dienstbotinnen, Hausfrauen oder andere Aktivistinnen hinterließen kaum Ego-Dokumente, sofern sie nicht explizit dazu aufgefordert oder befragt wurden.[18] Das zusammengetragene Material kann mit dem Legen eines Mosaiks verglichen werden: aus kleinen Teilen, die zunächst wenig Bezüge zueinander erkennen lassen, ergibt sich ein Bild, das noch Lücken aufweist, aber in seinen Grundzügen und einzelnen Facetten bereits sichtbar wird. Die ursprüngliche Zielsetzung, Sichtweisen von Frauen aus verschiedenen sozialen Milieus zu vergleichen, um Gemeinsamkeiten und Unterschiede im Selbstbild, den Lebenszusammenhängen und -perspektiven zu erarbeiten, aber auch genauer Differenzen zwischen Stadt und Land zu betrachten, musste eingeschränkt werden. Zur Beschreibung der Lebenswelt von Bäuerinnen fehlen Quellen. Die Frauen konnten meistens nicht Lesen und Schreiben und haben deshalb kaum schriftliche Zeugnisse hinterlassen. In den zwanziger Jahren wurden viele Texte, meist Aufklärungsbroschüren und Zeitschriften, über und für Bäuerinnen verfasst, die aber stark die Sichtweise von Partei- und Staatsmitarbeitern auf die Bauernschaft wiederspiegeln. Über männliche Dorfbewohner und ihr Verhältnis zur Politik des Sowjet-

---

[17] Hinweise zu Archivalien und zeitgenössischen Quellen zum Alltagsleben in der Zarenzeit finden sich in A Researchers Guide to Sources on Soviet Social History in the 1930's. Hg. v. Sheila Fitzpatrick - Lynne Viola. NY 1990; Angela Rustemeyer - Diana Siebert: Alltagsgeschichte der unteren Schichten im Russischen Reich (1861-1914). Kommentierte Bibliographie zeitgenössischer Titel und Bericht über die Forschung. Stuttgart 1997.

[18] Ein Beispiel für Arbeiterinnenbiographien ist der Sammelband Rabotnica na socialističeskoj strojke. Sbornik avtobiografij rabotnic. M. 1932.

Einleitung

staates dagegen lassen sich mehr Zeugnisse finden. Bauern verfassten lange Beschwerdebriefe an den Volkskommissar Kalinin, der für sie die Sowjetmacht symbolisierte.[19] In den Schreiben beklagten sie sich über hohe Preise für Konsumgüter und niedrige Zahlungen für Getreide. Ärger über die Sowjetregierung wurde laut und immer wieder finden sich antisemitische Äußerungen, dass Juden, wie etwa Trockij, Schuld an der Misere der Bauern in Russland seien.[20] Die wenigen Briefe von Frauen an Kalinin aus den zwanziger Jahren beschränkten sich meistens auf kurze Grußadressen, die oft mit Bleistift auf einer herausgerissenen Schulheftseite in einer ungelenken Schreibanfängerinnenschrift verfasst waren.

Die Archivalien von Partei- und Staatsorganisationen bieten vor allem Einblicke in politische Themen und Diskussionen, die Funktionsweise der Apparate und das Verhältnis zwischen ihnen. Der Aktenbestand der Frauenabteilung im ehemaligen Parteiarchiv in Moskau (RGASPI) ist leider unvollständig und geht nur bis 1926, obwohl die Abteilung bis 1930 bestand. Der Verbleib von Archivalien für die Jahre von 1926 bis 1930 ließ sich nicht ermitteln. So fehlen wichtige Dokumente über die Zeit der Auflösung der Frauenabteilung. Tagebücher, unveröffentlichte Memoiren, lebensgeschichtliche Äußerungen und Interviews mit Frauen sind kaum vorhanden. In den Archivfonds von *ženotdel*-Mitarbeiterinnen, sofern sie vorhanden und zugänglich waren, befinden sich ebenfalls nur wenige persönliche Materialien, meist jedoch nur Grußadressen zur Verleihung von Auszeichnungen und Nachrufe. Allein der persönliche Fonds von Aleksandra Kollontaj enthält einige aufschlussreiche Briefe über ihre Stellung zur Arbeit unter Frauen nach ihrem Ausscheiden in der Frauenabteilung.[21] Autobiographische Erinnerungen von *ženotdel*-Aktiven, die nach der Schließung der Frauenabteilung vereinzelt noch in staatlichen Organisationen arbeiteten, entstanden erst nach dem Tod Stalins Ende der fünfziger Jahre. Aleksandra Artjuchina, die letzte Leiterin des *ženotdel*, initiierte in dieser Zeit die Herausgabe einiger Sammelbände zur Geschichte von Bolschewiki und verfasste eigene Memoirenbeiträge. Sie verlieh den noch lebenden Mitstreiterinnen Gehör, um die eige-

---

[19] RGASPI (früher RCChIDNI) f. 78 op. 1

[20] RGASPI f. 78 op. 1 ed.chr. 222 ll. 39-40. Für Juden wurde der pejorative russische Ausdruck *žid* verwendet, nicht der Begriff *evrej*. Bauern aus dem Dorf Kirmskogo, Tverer Gouvernement schrieben an „ihren Nachbarn" Kalinin: „Ganz egal, wir können nicht mit den Juden zusammen leben, so wie ein Hund nicht mit einer Katze zusammen leben kann. Es wird die Zeit kommen, wo wir das ganze Judenpack aufhängen werden (und dass ist bald). [...] Unser Volk stirbt."

[21] In Kapitel 2 wird genauer darauf eingegangen.

Einleitung

ne Geschichte und Identität festzuhalten. Nach der Abschaffung des Personenkultes um Stalin bestand wieder ein Bedürfnis nach Erinnerungen von Revolutionsteilnehmern und Weggefährten von Lenin. Dies konnte nur durch Bolschewiki erfolgen, die sich nicht zu deutlich als Stalinisten hervorgetan, sondern im Hintergrund weitergearbeitet und die Säuberungen dadurch überlebt hatten.[22]

Für meine Fragestellung interessanter erschien mir die Auswertung von Frauenzeitschriften. Aus der Vielzahl von Titeln habe ich mich auf die meines Erachtens zwei wichtigsten beschränkt, die beide von den *ženotdely* herausgegeben wurden: die von 1920 bis 1930 erschienene *Kommunistka* (Die Kommunistin) und die ab 1923 wieder aufgelegte *Rabotnica* (Die Arbeiterin). Die *Kommunistka* war das theoretische Organ der Frauenabteilung, die *Rabotnica* richtete sich an Arbeiterinnen. Sie erschien zum ersten Mal 1914 und diente zur sozialistischen Arbeit unter Arbeiterinnen. Nach einem kurzen Erscheinen 1917/18 wurde sie erst wieder nach den schweren Jahren des Kriegskommunismus ab 1923 regelmäßig aufgelegt. Statt der Frauenseiten in anderen Zeitschriften sollte es wieder ein eigenes Organ zur beruflichen und politischen Schulung für die mündige Arbeiterin in der Sowjetunion geben. Um mehr Leserinnen zu erreichen wurde sie ab 1924 zu einer Beilage der *Rabočaja gazeta* (Arbeiter-Zeitung). Gleichzeitig erschien die *Rabotnica* anstatt monatlich alle vierzehn Tage, ab 1927 wöchentlich. Die Auflage stieg von 5.500 Exemplaren 1923 auf bis zu 200.000 1929, erhöhte sich innerhalb von sechs Jahren also um das fast vierzigfache. Dies lässt darauf schließen, dass die Zahl der Leserinnen in einem ähnlichen Umfang stieg, das Publikationsorgan zunehmend mehr Adressaten erreichte. Genaue Untersuchungen zur Rezeption von Zeitungen und anderen Medien in der frühen Sowjetunion liegen bislang nicht vor. Trotz eines relativ niedrigen Preises von 15 bis 20 Kopeken bezogen häufiger Frauenabteilungen und Klubs statt Einzelperso-

[22] Stellvertretend seien hier nur die Werke von Artjuchina genannt. Artjuchina, A.: Proidennyj put'. In: Ženščiny v revoljucii. M. 1959, 17-40; Dies.: Naši zavoevanija. In: Učastnicy velikogo sozidanija. M. 1962, 21-37; Dies.: Polveka. In: Oktjabrem roždenie. M. 1967, 12-25; Dies.: Pervyj ženskij rabočij žurnal v Rossii. In: Vsegda s vami, posvjaščennyj 50-letiju žurnala „Rabotnica". M. 1964, 119-152. Weitere Titel finden sich bei Fieseler, Beate: Frauen auf dem Weg in die russische Sozialdemokratie, 1890-1917. Eine kollektive Biographie. Stuttgart 1995. Barbara Evans Clements hat akribisch biographisches Material vieler Bolschewikinnen zusammengetragen und ausgewertet, um eine kollektive Biographie dieser sozialen Bewegung zu schreiben. Dennoch gibt es für viele Frauen keine Hinweise auf Lebensdaten und Aktivitäten. Eventuell ließe sich Material im ehemaligen KGB-Archiv finden, das jedoch nur sehr schwer zugänglich ist. Clements, Barbara Evans: Bolshevik Women. Cambridge 1997.

Einleitung

nen ein Abonnement, was die Verbreitung beleuchtet. Zur Redaktion gehörten immer die führenden Frauen aus der Leitungsebene der *ženotdely*, deren Sichtweisen durch ihre Artikel gut dokumentiert sind. Es wurden aber auch viele Berichte von Arbeiterkorrespondentinnen abgedruckt, Leserinnenzuschriften, Artikel über die Situation vor Ort und Portraits über einzelne Sowjetbürgerinnen. Das ursprünglich an die Redaktionen gesandte Material konnte ich leider nicht in den Archiven auffinden. Obwohl die veröffentlichten Texte redigiert und gefiltert wurden, stellen sie ein wichtiges Quellenmaterial dar. Sie vermitteln Einblicke in Themen aus dem Alltagsleben von Arbeiterinnen und die politische Diskussion darüber. Auch in anderen zeitgenössischen Zeitschriften werte ich Artikel über Frauen und *byt* aus.

In den zahlreichen empirischen Studien, die von Sozialwissenschaftlern in den zwanziger Jahren durchgeführt wurden, befindet sich ebenfalls Material über das Alltagsleben von Frauen. Die meisten Studien entstanden in Moskau und Umgebung, Forschungsgegenstand war in erster Linie das Alltagsleben von Arbeitern und Arbeiterinnen. Detailliert wurden Daten über Einkommensverhältnisse, Zeiteinteilung, Herkunft, Bildung, Familienstand und Beschäftigungsstrukturen gesammelt. Zudem entstanden Langzeitstudien über Leben, Wohnen und Arbeiten von Moskauer Arbeiterfamilien. In den meisten Dokumentationen wurden ausführliche biographische Angaben zu einzelnen Personen gemacht und das Ehe- und Familienleben beschrieben. Zu Beginn der dreißiger Jahre entstand das Projekt, die Geschichte der Betriebe und Fabriken in Russland zu dokumentieren. Aus den vielen autobiographischen Aufzeichnungen innerhalb des Proletariats entstand ein Sammelband mit Lebensgeschichten von Arbeiterinnen.[23]

Alle Quellen, zu denen auch normative Texte wie Gesetze und Dekrete gehören, beinhalteten immer auch Vorstellungen über Geschlechter und Rollenzuweisungen. Nur vereinzelt wurden zeitgenössische Reiseberichte ausgewertet. Nicht berücksichtigt wurde damals entstandene Literatur oder andere Medien wie Film, Plakat- und bildende Kunst.

Sowjetische FORSCHUNGSARBEITEN zur Geschichte sowjetischer Frauen reproduzierten lange Jahre die Sichtweise, in der Sowjetunion sei die Lösung der Frauenfrage durch den Aufbau des Sozialismus und die breite Einbindung von Frauen vorbildlich gelungen.[24] Es wurde die strukturelle Geschich-

---

[23] Rabotnica na. Auf diese Quelle und den kritischen Umgang mit ihr wird in Kapitel 4 genauer eingegangen.

[24] Bilšaj, V.: Rešenie ženskogo voprosa v SSSR. M. 1956; Kulikova, I. S.: Zur Lösung der Frauenfrage in der UdSSR (1917-1939). In: Zeitschrift für Geschichtswissen-

Einleitung

te der verschiedenen Institutionen beschrieben, durch die Frauen in ihren Interessen als Mütter in besonderem Maße geschützt, aber auch in den gesellschaftspolitischen Aufbau aktiv einbezogen wurden. Erfahrungen von Frauen, Interessengegensätze zwischen den Geschlechtern, Diskriminierung, Sexismus oder Prostitution galten als kapitalistische Auswüchse, die in der Sowjetunion offiziell nicht existierten, also auch nicht thematisiert werden durften. Die Geschichte politischer Institutionen wurde ohne fundamentale Kritik rezipiert, die Tätigkeiten führender Frauen in der Kommunistischen Partei verschwiegen.

Erst während der Perestroika war in der Sowjetunion ein neuer Zugang zur Geschichte möglich.[25] Tat'jana Sergeevna Okoročkova verfasste 1990 eine Dissertation über die Tätigkeit der *ženotdely* in Bezug auf die Einbindung von Frauen in den sozialistischen Aufbau.[26] Mit der Hypothese, die Frauenfrage sei doch nicht gelöst worden, einer jahrzehntelang unangezweifelten Staatsdoktrin in der Sowjetunion, untersuchte sie anhand von Archivmaterial die Geschichte der *ženotdely* und ihrer Tätigkeiten unter Frauen. Okoročkova kam zu dem Ergebnis, dass die größten Erfolge im Bereich des Aufbaus von Genossenschaften erzielt worden seien. Durch Kooperativen hätten die *ženotdely* sowohl in der ländlichen Bevölkerung das Heimgewerbe erfolgreich organisiert, arbeitslose Frauen dadurch eingebunden, aber auch zum Aufbau von Krippen, Kantinen und Wäschereien entscheidend beigetragen, und dadurch eine Befreiung werktätiger Frauen erreicht.[27]

schaft 28 (1980), 752-759; Litvinova, G. I. - N. V. Popova: Istoričesky opyt rešenija ženskogo voprosa v SSSR. In: Voprosy Istorii 11 (1975), 7-17; Čirkov, Petr Mateevič: Rešenie ženskogo voprosa v SSSR (1917-1937 gg.). M. 1978; Kulikowa, I.S.: Die Lösung der Frauenfrage in der Sowjetunion. In: Arbeiterbewegung und Feminismus. Berichte aus vierzehn Ländern. Hg. v. Ernest Bornemann. Frankfurt/M. u.a. 1981, 220-259.

[25] Zur neu eröffneten Geschichtsdiskussion, die durch Gorbačev angestossen wurde, siehe Haumann: Utopien; Voronina, Ol'ga: Die Frau in der sowjetischen Gesellschaft. In: Perestrojka Zwischenbilanz. Hg. v. Klaus Segbers. Frankfurt/M. 1990, 154-182; Korovushkina, Irina: Paradoxes of Gender: Writing History in Post-Communist Russia 1987-1998. In: Gender & History 11 (1999) Nr. 3, 569-582.

[26] Okoročkova, Tat'jana Sergeevna: Dejatel'nost' ženotdelov partijnych komitetov po vovlečeniju ženščin v socialističeskoe stroitel'stvo (1919-1929 gg.). Avtoreferat. M. 1990.

[27] In den zwanziger Jahren entstanden eine ganz Reihe verschiedener Konsum- und Dienstleistungsgenossenschaften, deren Geschichte unter Aspekten wie Alltag, gender, Partizipation, Konsum, Netzwerke oder Politikverständnis noch genauer untersucht werden muss.

Einleitung

Ende 1989 entstand wieder eine unabhängige feministische Bewegung in der Sowjetunion. Vornehmlich Sozialwissenschaftlerinnen gründeten in Moskau ein „Center for Gender Studies".[28] Beeinflusst durch Kontakte mit westlichen Forscherinnen wurden feministische Methoden und die Anwendung der Kategorie gender rezipiert und in neuen Arbeiten auch angewandt. Nach wie vor gilt in Russland die Bezeichnung Feministin als ein Schimpfwort, bei deren Gebrauch verschiedene negative Konnotationen mitschwingen.[29] Angesichts massiver sozialer Probleme, dem Herausdrängen von Frauen aus dem Arbeitsmarkt, der Kürzung sozialer Hilfsmaßnahmen und einem wachsenden Sexismus durch die wiederzugelassene Pornographie, entstanden nach 1989 aktuelle Untersuchungen zur Transformationsperiode aber auch kritische Auseinandersetzungen mit der angeblich erfolgreich verlaufenen Emanzipation in der Sowjetunion.[30]

Natal'ja Puškareva zählt heute zu den bekanntesten russischen Historikerinnen, die zahlreiche Veröffentlichungen zur Geschichte von Frauen in Russland und ihren methodischen Fragen verfasst hat.[31] Sie schrieb eine Gesamtdarstellung der Geschichte russischer Frauen vom zehnten bis zu

---

[28] Köbberling, Anna: Zwischen Liquidation und Wiedergeburt. Frauenbewegung in Rußland von 1917 bis heute. Frankfurt/M., NY 1993; Dies.: Aktuelle Strömungen der russischen Frauenbewegung. In: Osteuropa 44 (1994) Nr. 6, 566-577.

[29] Feministinnen werden für lesbisch oder für Frauen gehalten, die es nicht schaffen, einen Mann für sich zu interessieren.

[30] Voronina, Ol'ga - Tat'jana A. Klimenkova: Gender i kul'tura. In: Ženščiny i social'naja politika (gendernyj aspekt). M. 1992, 10-22; Zdravomyslova, Elena - Anna Temkina: Social'noe konstruirovanie gendera kak feministskaja teorija. In: Ženščina, gender, kul'tura. M. 1999, 66-82; Cheauré, Elisabeth: Feminismus à la Russe: Gesellschaftskrise und Geschlechterdiskurs. In: Kultur und Krise: Russland 1987-1997. Hg. v. Elisabeth Cheauré. Berlin 1997, 151–178. Aktuelle Veröffentlichungen zu Frauen und Frauenforschung in Russland bzw. der Sowjetunion: Bibliographische Hinweise für die Jahre 1987-1993. Hg. v. Uta Grabmüller - Monika Katz. Berlin 1995; Gender Politics and Post-Communism. Reflections from Eastern Europe and the Former Soviet Union. Hg. v. Nanette Funk, M. Müller. NY, London 1993; Mamonova, Tatjana: Russian Women's Studies: Essays on Sexism in the Soviet Culture. Oxford, Frankfurt/M. 1988; Ženskaja sud'ba v Rossii. Dokumenty i vospominanija. M. 1994; Women in Russia. A New Era in Russian Feminism. Hg. v. Anastasia Posadskaya. London 1994.

[31] Pushkareva, Natalia: Women in Russian History from the Tenth to the Twentieth Century. Armonk 1997; Puškareva, N.L.: Častnaja žizn' russkoj ženščiny: nevesta, žena, ljubovnica (X-načalo XIX v.). M. 1997; Dies.: Gendernye issledovanija: roždenie, stanovlenie, metody i perspektivy. In: Voprosy Istorii (1998) Nr. 6, 76-86.

Einleitung

Beginn des zwanzigsten Jahrhunderts. Dabei beleuchtete sie Biographien herausragender Frauen, charakterisierte die Grundzüge der jeweiligen Epochen und stellte die rechtliche und soziale Situation der Frauen dar. Ihre Darstellungen enden mit dem Zusammenbruch des Zarenreichs.

Zahlreiche Arbeiten zur Geschichte russischer und sowjetischer Frauen entstanden in den letzten Jahren in Amerika, England und teilweise auch Deutschland.[32] Den bislang einzigen Versuch, die Geschichte von russischen Arbeiterinnen in der Zarenzeit zu schreiben, unternahm Rose Glickman.[33] Sie untersuchte die soziale und wirtschaftliche Situation von russischen Industriearbeiterinnen zwischen 1880 und 1914. Hatten Frauen einmal das Land verlassen, um eine Lohnarbeit in der Stadt zu suchen, hätten sie im Vergleich zu migrierten Männern schneller die Verbindung zum Dorf verloren. Im Fabrikalltag seien weibliche Arbeitskräfte als minderwertig eingestuft worden, womit durchweg niedrigere Löhne für Frauen gerechtfertigt wurden. Die Annahme einer Inferiorität von Frauen sei als natürliche Gegebenheit hingenommen worden. Ging es um ein klassenorientiertes Handeln, dann beteiligten sich Arbeiterinnen ebenso wie Männer an Streiks und mussten nicht extra dafür mobilisiert werden. Ebenfalls mit der Arbeitsmigration vom Land in die Stadt befasste sich Barbara Alpern Engel.[34] Sie erforschte geschlechtsspezifische Ausprägungen und Folgen der Wanderung im Zeitraum von der Bauernbefreiung bis zum Ausbruch des zweiten Weltkriegs am Beispiel von Moskau und Umgebung. Familienstrukturen und weibliche Handlungsräume hätten durch die Migration einen Wandel erfahren, da Ehefrauen migrierter Männer mehr Kontrolle über ihr Leben erhielten. Die Ehe habe sich in Form

---

[32] Fieseler, Beate: „Ein Huhn ist kein Vogel – ein Weib ist kein Mensch". Russische Frauen (1860-1930) im Spiegel historischer Forschung. In: Frauengeschichte: Gesucht – Gefunden? Auskünfte zum Stand der historischen Frauenforschung. Hg. v. Beate Fieseler - Birgit Schulze. Köln, Wien 1991, 214-235; Aktuelle Veröffentlichungen zu Frauen und Frauenforschung; Ruthchild, Rochelle Goldberg: Women in Russia and the Soviet Union. An Annotated Bibliography. NY, Toronto, Oxford 1994. Die meisten Arbeiten entstanden zur Geschichte von Frauen im 19. und 20. Jahrhundert. Russland und hier die Zentren Moskau und Petersburg standen im Vordergrund. Mit der Geschichte sowjetischer Frauen der usbekischen Nationalität hat sich Shoshana Keller beschäftigt. Trapped between State and Society: Women's Liberation and Islam in Soviet Uzbekistan, 1926-1941. In: Journal of Women's History 10 (1998) Nr. 1, 20-44. In diesem Gebiet stehen noch zahlreiche Forschungen aus.

[33] Glickman, Rose L.: Russian Factory Women. Workplace and Society, 1880-1914. Berkeley 1984.

[34] Engel, Barbara Alpern: Between the Fields and the City. Women, Work, and Family in Russia, 1861-1914. Cambridge 1994.

Einleitung

einer Partnerschaft gestaltet, patriarchale Strukturen nahmen ab. Insgesamt existierten große Unterschiede zwischen dem Leben in der Stadt und im Dorf. Frauen wanderten später als Männer in die Stadt zur Arbeitssuche. Meistens zwang sie die ökonomische Situation dazu. Unverheiratete Frauen über 23 Jahren oder Mädchen aus armen Familien, die nicht mehr von der Bauernwirtschaft ausreichend ernährt werden konnten, suchten sich eine Erwerbsgrundlage außerhalb der Landwirtschaft. Gab es bereits andere weibliche Familienmitglieder, die diesen Schritt vollzogen hatten, wurde ihnen gefolgt. Kehrte eine Arbeiterin etwa zur Heirat in ihr Dorf zurück, kam es zu Konflikten, da sich ihre Einstellungen und Verhaltensweisen durch das Leben in einem anderen Umfeld verändert hatten. Zu Beginn des 20. Jahrhunderts zeichnete sich dann ein Trend ab, dass die Arbeiter mit ihren Familien in den Städten blieben. Die Arbeitsteilung in den neu entstehenden Proletarierfamilien sah vor, dass sich die Frau um die Haushaltsführung und die Reproduktionsbereiche kümmerte.

Angela Rustemeyer untersuchte das Alltagsleben, soziale Kontrolle und rechtliche Situation von Dienstboten in Petersburg und Moskau im Zeitraum zwischen 1861 und 1917 und sah darin eine wichtige Station für Frauen vom Land auf dem Weg in die Stadt.[35] Durch die Aufhebung der Leibeigenschaft erfuhr die typisch städtische Berufsgruppe der Dienstboten eine Veränderung, da nun in einem wachsenden Maß migrierende Bauernmädchen diese Möglichkeit zum Arbeiten nutzten, dieses Arbeitsfeld somit stark feminisiert wurde. Die alte Dienerschaft des Adels wurde durch die neuen Lohnarbeiterinnen zunehmend abgelöst, während arbeitssuchende Männer eher lukrative Stellen in der wachsenden Industrie suchten.

Die Geschichte von Frauen innerhalb der russischen Sozialdemokratie und später der Bolschewiki im Zeitraum von 1890 bis zu Beginn der dreißiger Jahre ist gut erforscht. Beate Fieseler erstellte eine kollektive Biographie von Sozialdemokratinnen, die zwischen 1890 und 1917 in der Partei aktiv waren.[36] Sie untersuchte alle quellenmäßig erfassbaren weiblichen RSDRP-Mitglieder in Bezug auf ihre Motivation für ein illegales Engagement im Untergrund und den Verlauf ihres Radikalisierungsprozesses. Die Historikerin konnte nachweisen, dass keineswegs verstärkt Männer aktiver als Frauen vor der Revolution gewesen sind. Überwiegend weibliche Angehörige der Intelligenz engagierten sich in der RSDRP, während männliche Mitglieder meistens Proletarier waren. Die Genossinnen besaßen also weitgehend ein höhe-

---

[35] Rustemeyer, Angela: Dienstboten in Petersburg und Moskau 1861-1917. Stuttgart 1996.

[36] Fieseler: Frauen auf dem Weg.

Einleitung

res Bildungsniveau als ihre Genossen. Die Sozialisierung und den Bildungsgang dieser Aktivistinnen beschreibt Fieseler ebenso wie die ambivalente Frauenpolitik innerhalb der Sozialdemokratie, auf die in späteren Kapiteln noch genauer eingegangen wird.[37] In Bezug auf die Geschlechterrollen prägte durchgängig eine Dichotomisierung in fortschrittliche Arbeiter und rückständige Frauen, die scheinbar dem Wesen der Geschlechter entsprach, den zwischengeschlechtlichen Umgang innerhalb der Sozialdemokratie.

Eine vergleichbare Studie über die soziale Zusammensetzung der weiblichen Parteimitglieder für die Sowjetzeit, verfasste Barbara Evans Clements.[38] Obwohl viele Frauen aktiv an den Revolutionen 1917 teilnahmen, wobei besonders Brotaufstände eine spezifische Form weiblicher Militanz waren, sind heute bestenfalls nur noch die Namen von Naděžda Krupskaja und Aleksandra Kollontaj bekannt.[39] Außer Darstellungen über Kollontaj und Inessa Armand fehlen Biographien, Werkgeschichten und Gesamtausgaben von anderen führenden Bolschewiki.[40] Clements untersuchte die weiblichen Bolschewiki als eine soziale Bewegung, die entscheidend für eine Veränderung von Geschlechterrollen eingetreten waren. Dabei verknüpfte sie die Darstellung von Einzelbiographien mit der Arbeit von Frauen innerhalb der Partei vor und besonders nach der Oktoberrevolution. Eine wichtige Rolle spielt dabei die Beschreibung des sogenannten bolschewistischen Feminismus, worunter Clements die Arbeit im *ženotdel* versteht. Viele aktive Frauen wurden nach der Revolution in diesen Aufgabenbereich abgedrängt und hatten wenig Einfluss auf Führungsaufgaben, selbst wenn sie dazu durch ihre Qualifikati-

---

[37] Zum Verständnis, wieso Frauen sich in revolutionären Kreisen engagierten, trägt auch folgende Studie bei: Pietrow-Ennker, Bianka: Russlands „neue Menschen". Die Entwicklung der Frauenbewegung von den Anfängen bis zur Oktoberrevolution. Frankfurt/M. 1999.

[38] Clements: Bolshevik Women.

[39] Die Form weiblicher Partizipation während der Revolutionen 1917 beschreiben vorliegende Studien: Bobroff-Hajal, Anna: Working Women in Russia under the Hunger Tsars. Political Activism and Daily Life. Brooklyn 1994; McDermid, Jane - Anna Hillyar: Midwives of the Revolution. Female Bolsheviks and Women Workers in 1917. London 1999.

[40] Am besten ist bislang die Biographie von Kollontaj aufgearbeitet. Clements, Barbara E.: Bolshevik Feminist. The Life of Aleksandra Kollontai. Bloomington 1979; Farnsworth, Beatrice: Aleksandra Kollontai. Socialism, Feminism, and the Bolshevik Revolution. Stanford, 1980; Raether, Gabriele: Alexandra Kollontai zur Einführung. Hamburg 1986. Es fehlt eine Studie über Leben und Handeln von Kollontaj nach ihrer Zeit in der Frauenabteilung und während des Stalinismus. Elwood, R. C.: Inessa Armand. Revolutionary and Feminist. NY, Cambridge 1992.

Einleitung

on und Erfahrung durchaus geeignet waren. Die Marginalisierung dieser Frauen führte auch zum Ende der Bewegung der weiblichen Bolschewiki als deutlich wahrnehmbare Gruppe innerhalb der Kommunistischen Partei mit der Auflösung der Frauenabteilung 1930.

Eine kritische Darstellung der sowjetischen Frauenpolitik von ihren Anfängen und ideologischen Grundlagen im Marxismus, der Arbeit der Frauenabteilung und anderer Organe erstellte Mary Buckley.[41] Sie arbeitete die Grundzüge der Frauenpolitik und elementare Formen der Agitation auf, ebenso brachte sie die Frauenabteilungen der Partei zurück in die historische Erinnerung als Ort, wo Frauen sich aktiv um die Umsetzung der Emanzipation bemühten. Marina Valentina Balachina verfasste eine vergleichbare Beschreibung der sozialgeschichtlichen Strukturen westsibirischer Arbeiterinnen.[42]

Eine erste Studie über das Wechselverhältnis zwischen weiblichem Alltagsleben und Politik in der NĖP präsentierte Wendy Zeva Goldman am Beispiel der sowjetischen Ehegesetzgebungen und ihren Entstehungsprozessen.[43] Goldman zeichnete die Entwicklungen der Gesetzgebungen von 1918, 1926 und 1936 in ihrem jeweiligen sozioökonomischen Kontext nach, arbeitete die teilweise kontrovers geführten Debatten auf und verdeutlichte die unterschiedlichen Standpunkte. Sie erklärte durch die Beschreibung des Alltagslebens von Frauen, wieso besonders Arbeiterinnen den Abschluss einer de facto Ehe ab 1926 für eine große Benachteiligung hielten. Männer nutzten bevorzugt die neuen Freiheiten, beliebig viele Partnerschaften einzugehen und sie bei Nichtgefallen wieder zu lösen, während Frauen die Sorge um die Kinder blieb. Sie wünschten sich deshalb ein stärkere Disziplinierung von Männern in ihrer Rolle als Väter und Ernährer der Familie. Diese Wünsche spiegelten sich in einer restriktiven Ehegesetzgebung von 1936, die die Familie entgegen ursprünglichen revolutionären Vorstellungen, sie aufzulösen, aufwertete. Auf diese Punkte wird in der vorliegenden Arbeit auch noch einmal eingegangen, die aber darüber hinaus versucht, eine Verbindung zwischen politischen Diskussionen über Emanzipation und Alltagsleben und individuellen Lebens- und Verhaltensweisen darzustellen, nicht nur in Bezug auf die Ehegesetzgebung.

Die lange Jahre ins Vergessen geratene Geschichte der *ženotdely* wurde durch die Arbeit von Elizabeth Wood durch die Auswertung von Archivalien

---

[41] Buckley, Mary: Women and Ideology in the Soviet Union. NY, London u.a. 1989.

[42] Balachina, Marina Valentinovna: Social'noe-bytovoe položenie žen-rabotnic zapadnoj Sibirii (1921-1929gg.). Dissertation, Kemerover Universität 1997.

[43] Goldman, Wendy Zeva: Women, the State and Revolution: Soviet Family Policy and Social Life, 1917-1936. Cambridge 1993.

Einleitung

sehr gut aufgearbeitet.[44] Sie schildert die immer wieder vor der Auflösung stehende Politik der Frauenabteilung und ansatzweise auch die durch sie geprägten Vorstellungen über das Wesen der Geschlechter in den zwanziger Jahren. Methodisch wendet sie dabei die Kategorie gender zur Analyse an und zeigt durch die Untersuchung des Diskurses über Frauen, dass die Handlungen der Frauenabteilung sowie die Frauenpolitik immer auch Entwürfe von gender beinhalteten. Die Aktionen der *ženotdely* waren dabei eng mit der allgemeinen politischen Entwicklung verbunden. Verschiedene Forscherinnen versuchten genauer die Umstände der Auflösung der Frauenabteilung zu beschreiben, was jedoch angesichts fehlenden Archivmaterials nur teilweise möglich war.[45] Dieser Aspekt soll in der vorliegenden Studie ebenfalls beleuchtet werden, indem nicht nur bisher unbeachtete Archivalien ausgewertet werden, sondern auch die Biographie der zentralen Person in dieser letzten Phase der Frauenabteilung, die Leiterin Aleksandra Artjuchina, näher beschrieben wird. Es wird im ersten Kapitel auch noch einmal auf die Geschichte der Frauenabteilung mit der Fokussierzng auf die bislang nicht aufgearbeitete Diskussion über die Veränderungen im *byt* eingegangen, ihre Wortführerinnen und das Verhältnis zur allgemeinen politischen Entwicklung. Ferner soll in einem eigenen zweiten Kapitel genauer untersucht werden, welche Geschlechterrollenvorstellungen in den Entwürfen des neuen Menschen und der neuen Frau mitschwangen, wie die revolutionären Gesellschaftsentwürfe in Bezug auf die Kategorie Geschlecht aussahen.

Die für fast alle vorgestellten Arbeiten grundlegende analytische Kategorie ist gender, zusätzlich werden aber auch neuere Konzepte wie die Kulturgeschichte berücksichtigt. Choj Chatterjee untersucht in ihrer Dissertation die Geschichte des internationalen Frauentages am 8. März von Beginn seiner Einführung 1909 im vorrevolutionären Russland bis 1939.[46] Dabei handelte es sich nicht nur um einen Feiertag, sondern um einen Tag für gezielte Agitation und Propaganda zum Thema Befreiung der Frau – oftmals die einzige Form, sich um das als zweitrangig geltende Thema von offizieller Seite zu kümmern. Der Frauentag diente somit nicht nur als plakative Form,

---

[44] Wood, Elizabeth A.: The Baba and the Comrade. Gender and Politics in Revolutionary Russia. Bloomington 1997.

[45] Clements, Barara Evans: The Utopianism of the Zhenotdel. In: Slavic Review 51 (1992), Nr.3, 485-496; Goldman, Wendy Zeva: Industrial Politics, Peasant Rebellion and the Death of the Proletarian Women's Movement in the USSR. In: Slavic Review 55 (1996) Nr. 1, 46-77.

[46] Chatterjee, Choj: Celebrating Women: International Women's Day in Russia and the Soviet Union, 1909-1939. PHD Diss. Indiana University 1996.

Einleitung

Frauen zu mobilisieren, sondern auch, um den jeweiligen aktuellen status quo in der Behandlung der Frauenfrage aufzuzeigen.

Eine Fallstudie über sowjetische Arbeiterinnen in der Zwischenkriegszeit fertigte Melanie Ilić an, die die Frage untersuchte, wieso trotz offizieller Gleichheitspostulate der Arbeitsmarkt nach der Revolution nach wie vor geschlechtsspezifisch segmentiert war.[47] Als schlüssiges Argument für die Abqualifizierung von Frauenarbeit führt sie die Debatten um den Schutz von Arbeiterinnen an, die Frauen erst als eine besondere und aufgrund natürlicher Umstände schutzwürdigen Kategorie definierten. Ilić kommt zu dem Resultat, das die Arbeitsschutzgesetzgebung Frauen bewusst von bestimmten, besser bezahlten Tätigkeiten ausschließen wollte, die für Männer ein ebenso großes Gefahrenpotential wie für Frauen beinhaltet hätten. Viele Gebiete typisch weiblicher Arbeit, etwa in der Landwirtschaft, blieben trotz ebenfalls großer körperlicher Belastungen unreguliert, da hier keine Konkurrenz zwischen den Geschlechtern bestanden habe.

Der Frage, wie russische Emanzipationsvorstellungen und frauenpolitische Maßnahmen unter den nichtrussischen Nationalitäten der Sowjetunion aufgenommen wurden, ging Shoshana Keller für die islamischen Frauen in Uzbekistan nach.[48] Alte Traditionen wie das Tragen von Schleiern, religiöse Praktiken oder die Abschaffung des Brautpreises ließen sich durch die Gründung von *ženotdely* jedoch nur schwer abschaffen, da sie tief in der uzbekischen Bevölkerung verwurzelt waren. Die wenigen emanzipationsfreudigen Frauen aus der Oberschicht, die mit diesen Verhaltensweisen brachen, setzten sich einem hohen Risiko aus.

Trotz einer deutlichen Zunahme an neuen Forschungen zur sowjetischen Frauen- und Geschlechtergeschichte in den vergangenen 15 Jahren blieben bislang viele Bereiche wenig erforscht. Nachdem zunächst die Zeit der Revolution und der zwanziger Jahre im Mittelpunkt des Interesses standen, folgte in den vergangenen Jahren die Aufmerksamkeit für die Frühphase des Stalinismus.[49] 1936 entstand im Rahmen der Stachanov-Bewegung die sogenannte Hausfrauen-Bewegung. Ihre Träger, Ursachen und Verlauf wurden unter

---

[47] Ilić, Melanie: Women Workers in the Soviet Interwar Economy. From ‚Protection' to ‚Equality'. Basingstoke, NY 1999.

[48] Keller: Trapped between State and Society.

[49] Sartorti, Rosalinde: „Weben ist das Glück fürs ganze Land". Zur Inszenierung eines Frauenideals. In: Stalinismus. Hg. v. Stefan Plaggenborg. Berlin 1998, 267-291; Studer, Brigitte: Ein Bauernmädchen wird Brigadechefin. Ein stalinistischer Lebensentwurf. In: Traverse (1995) Nr. 3, 63-70; Viola, Lynne: Bab'i bunty and the Peasant Women's Protest during Collectivization. In: The Russian Review 45 (1986) 23-42.

Einleitung

dem Aspekt, den Stalinismus als Gesellschaftssystem zu erforschen, genauer untersucht.[50] Susanne Conze verfasste eine Dissertation über Arbeiterinnen in den Moskauer Stalin-Automobilwerken nach dem Zweiten Weltkrieg.[51] Die Anwendung der Kategorie gender erfolgte bereits überzeugend in einigen Arbeiten zur sowjetischen Frauengeschichte. Eindrücklich sichtbar wurde dadurch die oftmals hinter dem Gleichheitsanspruch tief verwurzelte Geschlechterdifferenz, das Fortbestehen traditioneller Geschlechtercharaktere im Denken aber auch eine dringende Notwendigkeit, nicht nur Klasse sondern auch Geschlecht als durchgängige Kategorie zur differenzierten Erforschung der sowjetischen Geschichte zu benutzen.[52] Diane Koenker hat in einer Untersuchung über Druckereiarbeiter und -arbeiterinnen in der NEP nachgewiesen, wie das Klischee der minder qualifizierten Frau und die ihr dadurch zugeschriebene Rückständigkeit durch eine männliche Normierung auch nach der Revolution aufrechterhalten wurde, wodurch die Arbeiterkultur im Betrieb unverändert männlich dominiert blieb. Bestrebungen von Arbeiterinnen, sich weiterzuqualifizieren oder aufgrund gleicher Kenntnisse männliche Tätigkeiten im Berufsleben auszuüben, scheiterten am hierarchisch-patriar-

---

[50] Buckley, Mary: The Untold Story of the Obshchestvennitsa in the 1930s. In: Europe-Asia Studies 48 (1996) Nr. 4, 569-586; Dies.: Why be a shock worker or a Stakhanovite? In: Women in Russia and Ukraine. Hg. v. Rosalind Marsh. Cambridge 1996, 199-213; Maier, Robert: Die Köchin krempelt die Ärmel hoch. Frauen unter Stalin. In: Institut für Wissenschaft und Kunst. Mitteilungen 45 (1990) Nr. 3, 8-15; Ders.: „In unseren Reihen schlichen sich als scheinbare Aktivistinnen die Frauen der Feinde ein, so die des Lemberg ..." Der Zusammenbruch der Ehefrauen Bewegung in der Sowjetunion. In: Finis mundi. Stuttgart 1998, 131-146; Schrand, Thomas G.: Soviet „Civic-minded Women" in the 1930s: Gender, Class, and Industrialization in a Socialist Society. In: Journal of Women's History 11 (1999) Nr. 3, 126-150; Neary, Rebecca Balmas: Mothering Socialist Society: The Wife-Activists' Movement and the Soviet Culture of Daily Life, 1934-41. In: The Russian Review 58 (1999) 396-412.

[51] Conze, Susanne: Sowjetische Industriearbeiterinnen in den vierziger Jahren. Die Auswirkungen des Zweiten Weltkrieges auf die Erwerbstätigkeit von Frauen in der UdSSR, 1941-1950. Unveröffentlichte Dissertation, Bielefeld 1998.; Dies.: Weder Emanzipation noch Tradition. Stalinistische Frauenpolitik in den vierziger Jahren. In: Stalinismus. Hg. v. Stefan Plaggenborg. Berlin 1998, 293-320.

[52] Engelstein, Laura: The Keys to Happiness. Sex and the Search for Modernity in Fin-de-Siècle Russia. Ithaca, London 1992; Gorsuch, Anne E.: „A Women is not a Man": The Culture of Gender and Generation in Soviet Russia, 1921-1928. In: Slavic Review 55 (1996) 3, 636-660; Koenker, Diane P.: Men against Women on the Shop Floor in Early Soviet Russia: Gender and Class in the Socialist Workplace. In: American Historical Review 100 (1995) Nr. 5, 1438-1464.

Einleitung

chalischen Denken innerhalb der Druckereiarbeiterschaft.[53] Eine unhinterfragte Übernahme der Zuweisung von Geschlechtswertigkeit am Beispiel von Arbeiterinnen findet sich nicht selten auch in neuesten Forschungen zur sowjetischen Geschichte.[54] In einigen neueren Werken aus dem deutschsprachigen Raum zur sowjetischen Geschichte wird die Anwendung der Kategorie gender leider nicht berücksichtigt. Frauen werden unter den traditionellen Aspekten Ehe, Familie, Abtreibung und Sexualität abgehandelt. Politik wird als Männersache oder als eine neutrale, menschliche Struktur gesehen.[55] Die Chance, durch die Kategorie gender zwischen biologischem und sozialem Geschlecht zu unterscheiden, Frauen außerhalb dieser Klischees sichtbar zu machen und ihnen damit eigenständiges Handeln und Denken zuzugestehen, wird verpasst. Die Betrachtung von Frauen als passivem Objekt wird in dieser Form einer strukturell-sozialgeschichtlichen Geschichtsschreibung, aber auch in der sogenannten neuen Kulturgeschichte leider unreflektiert weiter tradiert. Hier bietet der Blick auf die Alltagsebene die Chance, das Handeln von Frauen sichtbar zu machen und sie als historische Subjekte zu begreifen.

Als eine Weiterentwicklung der gender studies entstand vor einigen Jahren die Männergeschichte. Dieser neue Forschungsansatz fand bislang fast keine Umsetzung für den Bereich der sowjetischen Geschichte.[56] Befasst man

[53] Koenker, Diana: Men against Women.

[54] Hildermeier: Geschichte der Sowjetunion. Hildermeier setzt sich nicht mit den neuesten Studien zu gender-studies und Frauengeschichte auseinander. Arbeiter werden als Klassenkategorie beschrieben. Die mangelnde Differenzierung zwischen weiblichen und männlichen Industriearbeitern hinterlässt den Eindruck, ihre Lebensumstände seien wärende der NĖP gleich gewesen. Am Beispiel der Verbindungen zum Land zeigen sich jedoch geschlechtsspezifische Unterschiede. Frauen, die in die Stadt gewandert waren, brachen oftmals alle Kontakte zum Dorf ab, während Männer dort teilweise ihre Familie oder Land besaßen.

[55] Plaggenborg, Stefan: Revolutionskultur. Menschenbilder und kulturelle Praxis in Sowjetrussland zwischen Oktoberrevolution und Stalinismus. Köln, Weimar, Wien 1996. Plaggenborg befasst sich mit den Kultur- und Alltagsdiskursen in der frühen Sowjetunion, ebenso mit Entwürfen vom neuen Menschen. An keiner Stelle geht er auf eine unterschiedlich geführte Debatte zwischen Frauen und Männern ein oder erwähnt die Diskussionen über den *byt* und ihre Bedeutung innerhalb der Frauenabteilung. Damit übersieht er, dass gerade in diesen Bereichen Geschlecht eine zeitgenössische, zentrale Kategorie war. Ennker, Benno: Die Anfänge des Leninkults in der Sowjetunion. Köln u.a. 1997.

[56] Bergman, Jay: Valerii Chkalov: Soviet Pilot as New Soviet Man. In: Journal of Contemporary History 33 (1998) 1, 135-152; Healey, Dan: Evgeniia/Evgenii: Queer Case Histories in the First Years of Soviet Power. In: Gender and History 9 (1997) Nr. 1, 83-106; Männergeschichte – Geschlechtergeschichte. Hg. v. Thomas Kühne.

Einleitung

sich mit nachrevolutionären Vorstellungen von Weiblichkeit so erscheint es mir unerlässlich, auch Konzeptionen zur Männlichkeit und männliches Selbstverständnis zu untersuchen, da es komplementär entstand.

Die Arbeit wird in DREI ABSCHNITTE gegliedert. Im ersten Teil wird die Politik der *ženotdely* und ihre Grundlagen in Bezug auf die Veränderungen des *byt* dargestellt. Dabei wird auf die Stellung der Frauenabteilung innerhalb des politischen Systems, ihre Geschichte und die sie prägenden Frauen eingegangen. Daran anschließend werden andere Konzeptionen zum *byt* dargestellt und mit den Vorstellungen der Frauenabteilung verglichen. Eine breite Diskussion wurde erst durch die Schrift von Lev Trockijs „Fragen des Alltagslebens", die 1923 erschien, angeregt. Auf sie, ihre Entstehungsgeschichte und die wichtigsten inhaltlichen Forderungen wird genauer eingegangen.

Im zweiten Teil soll herausgearbeitet werden, dass in allen Texten zum *byt* immer auch Konstruktionen über die Rollen und Aufgaben der Geschlechter vorhanden waren. Es gab klare Vorstellungen, was weiblich und männlich war, wenngleich sich ein Wandel im Verlauf der zwanziger Jahre vollzog. Im Mittelpunkt der Diskussionen stand, egal von welcher Haltung aus gesehen, die Schaffung einer neuen Kultur und Lebensweise, die natürlich auch einen „neuen" Menschen voraussetzte, der aber nicht androgyn war, sondern konkrete Geschlechtsmerkmale besaß. Im dritten Teil wird versucht, individuelle Sichtweisen von Moskauer Arbeiterinnen und ihre Lebensumstände darzustellen, was in dieser Form in bisherigen Forschungen noch nicht erfolgt ist. Dabei werde ich zunächst die gemeinsamen biographischen Grundzüge schildern, um dann auf die durch Quellen zu erschließenden Bereiche Familie, Wohnen, Haushalten, Arbeiten und gesellschaftspolitisches Engagement einzugehen. Wichtig ist mir dabei immer die Rückkoppelung zu den politischen Emanzipationskonzepten, institutionellen Versuchen, den *byt* zu verändern und Vorstellungen, welchen Ort Frauen und auch Männer in der nachrevolutionären Gesellschaft einnehmen sollten.

Frankfurt/M. 1996. Roper, Lyndal: Männlichkeit und männliche Ehre. In: Frauengeschichte - Geschlechtergeschichte. Hg. v. Karin Hausen, Heide Wunder. Frankfurt/M., NY 1992, 154-172.

2. Frauenpolitik, Revolution, *byt*, Kultur

> Es ist einfacher, tausend politische Revolutionen durchzuführen, statt eine in den Lebensgewohnheiten.[1]

Die Thematisierung des Alltagslebens als Gegenstand der Politik kam zuerst unter Frauen innerhalb der Sozialdemokratie auf. Sie sahen in tiefgreifenden Umwandlungen der Lebensweisen eine grundlegende Maßnahme, um eine neue Gesellschaft aufzubauen, Frauen von der Last der Hausarbeit und Kindererziehung zu befreien sowie Männer und Frauen gleichzustellen. Dieses Konzept bildete den Hauptbestandteil der Arbeit von Bolschewiki nach der Revolution in der neu gegründeten Frauenabteilung der Kommunistischen Partei. Damit war das Aufgaben- und Betätigungsfeld der *ženotdely* für den Bereich Alltag festgelegt. Zwei Grundannahmen schwangen in den Diskussionen immer mit: Frauen seien stärker in den Alltag eingebunden, ihre Lebensweise somit deutlicher davon bestimmt als bei Männern und die Offenlegung, dass der bestehende Alltag den Aufbau der sozialistischen Gesellschaft durch sein Verharren in überkommenen Lebensweisen hemme.

Für die *ženotdely* stellte sich die entscheidende Frage, wie der Übergang vom alten zum neuen *byt* gestaltet werden könne, um letztendlich die Emanzipation zu erlangen. In zahlreichen Ausführungen und Diskussionen wurden die Debatten in den zwanziger Jahren geführt, wobei sie eng verwoben mit dem politischen Schicksal und Stellenwert der Frauenabteilung waren. Nicht von ungefähr lässt sich eine zeitliche Deckungsgleichheit zwischen dem Ende der Diskussionen über die neue Lebensweise und einer „Reorganisation" der *ženotdely*, die faktisch ihre ersatzlose Streichung bedeutete, zu Beginn der dreißiger Jahre feststellen.

Beschäftigt man sich mit der Geschichte der Frauenabteilung und ihren Mitarbeiterinnen, erfolgt dadurch automatisch eine Hinführung zur *byt*-Diskussion. Dieser Aspekt soll in seiner historischen Entwicklung genauer betrachtet und aufgearbeitet werden, da diese Institution nicht nur die Geschichte von Frauen in der Sowjetunion prägte, sondern selber ein Bestandteil davon war.

Weiter soll untersucht werden, welche Beziehung zwischen den allgemein geführten Diskussionen über Fragen des Alltagslebens sowie den spezifischen Argumenten und Standpunkten der *ženotdely* bestanden. Dabei stellt

---

[1] Zudin, I. - K. Mal'kovskij - P. Šalašov: Meloči žizni. L. 1929, 2.

Frauenpolitik, Revolution, byt, Kultur

sich die Frage, wieso das Thema erst durch Lev Trockijs Schrift von 1923 „Fragen des Alltagslebens" breiter rezipiert und relevant wurde. Hier ist ein kurzer Exkurs über die zeitgleich verlaufende Kulturdebatte erforderlich. Ein weiterer Aspekt führt zu der Frage, welche gender Entwürfe in den Diskussionen mitschwangen und entworfen wurden: Welche Auswirkungen für die Prägung von Geschlechterrollen hatte der Diskurs über den Alltag, welche Geschlechtervorstellungen lagen ihm zu Grunde oder wurden neu produziert?

2.1 Frauenpolitik

Als nach wie vor prominenteste Figur in der Geschichte russischer Revolutionärinnen gilt Aleksandra Kollontaj, die entscheidende Grundgedanken zur Emanzipation von Frauen im Sozialismus entwarf und maßgeblich an der Gründung einer eigenen Frauenabteilung innerhalb der kommunistischen Partei beteiligt war. Die aus einer adeligen Petersburger Familie stammende Aleksandra Kollontaj hatte die Bestužev-Frauenkurse absolviert, in denen Frauen seit den großen Reformen um 1860 eine höhere Bildung erwerben konnten.[2] Die Schulgründung entstand im damaligen Geiste einer sich demokratisierenden Gesellschaft. Viele spätere Feministinnen und Revolutionärinnen durchliefen diese Institution, die neue Lebensperspektiven eröffnete und manchmal den Beginn einer Politisierung bedeutete.[3]

Kollontaj heiratete 1893 ihren Cousin Vladimir, einen Ingenieur, der seine Frau 1896 mit zu einem Besuch der Krenholmer Textilfabrik bei Narva mitnahm. Der größte russische Betrieb beschäftigte damals 12.000 Arbeiter und Arbeiterinnen und seine Besichtigung wurde für Kollontaj zu einem Schlüsselerlebnis. Sie schaute sich die engen, ärmlichen Unterkünfte der Arbeiter und Arbeiterinnen an und entdeckte ein Kleinkind, das tot herumlag, ohne dass jemand daran Anteil genommen hätte. Diese bedrückende Situation veranlasste Kollontaj, sich mit der Frage der Arbeiterschaft auseinander

---

[2] Zur Biographie von Aleksandra Kollontaj siehe Farnsworth, Beatrice: Aleksandra Kollontai. Socialism, Feminism and the Bolshevik Revolution. Stanford 1980. Es gibt keine Werkausgabe der Schriften von Kollontaj. Das genannte Referat befindet sich in Kollontai, Alexandra: Der weite Weg. Erzählungen, Aufsätze, Kommentare. Hg. von Christiane Bauermeister u.a. Frankfurt/M. 1979, 40–49.

[3] Zur Sozialisation einer ersten Generation von Frauenrechtlerinnen s. Pietrow-Ennker, Bianka: Russlands „neue Menschen". Die Entwicklung der Frauenbewegung von den Anfängen bis zur Oktoberrevolution. Frankfurt/M, New York 1999; Rosenholm, Arja: Gendering Awakening. Femininity and the Russian Woman Question of the 1860s. Helsinki 1999.

Frauenpolitik

zu setzen und das Studium der Schriften von Marx zu beginnen.[4] Sie sah die Notwendigkeit wirtschaftlicher Verbesserungen und einer Selbstbestimmung über ihr Leben für die Arbeiterschaft. Durch die intellektuelle Auseinandersetzung mit dem Marxismus und der Sozialdemokratie, die sie auch intensiv während ihres einjährigen Studiums an der Universität Zürich von 1898 bis 1899 fortsetzte, formierte sich ihr Antifeminismus. Frauenrechtlerinnen vertraten ihrer Meinung nach nur bestimmte, bürgerliche Klasseninteressen und kümmerten sich nicht um die Lage von Arbeiterinnen. Nur durch einen Klassenkampf, der auch die politische Gleichberechtigung von Proletarierinnen beinhalte, sei eine politische Demokratisierung zu erreichen.

> [...] durch den Kampf für die eigenen politischen Rechte ebnen die Proletarierinnen zugleich auch den Frauen anderer Klassen den Weg zur Wahlurne; durch das entschlossene und unbeirrte Eintreten für die Interessen der Frauen der eigenen Klasse bringt die Sozialdemokratie gleichzeitig auch die Prinzipien einer größtmöglichen politischen Demokratisierung voran und trägt so zum Erfolg der Sache der Frau im allgemeinen bei.[5]

Das Ziel des Sozialismus lag in der Befreiung der Arbeit von kapitalistischer Unterdrückung und der Verbesserung von Lebensbedingungen durch den Aufbau einer klassenlosen Gesellschaft. Unterschiedliche Interessen zwischen Männern und Frauen einer Klasse, einer Annahme von Frauenrechtlerinnen, wurden negiert. Dennoch vertrat Kollontaj die Haltung, eine eigene Arbeit unter russischen Proletarierinnen sei notwendig, da sich „die Bedeutung der Ausdehnung der politischen Rechte auch auf Proletarierinnen noch nicht im Bewusstsein des gesamten Proletariats verankert" habe.[6] Damit legitimierte sie eine Aussonderung von proletarischen Fraueninteressen in Form einer separaten Arbeit, die aber zur Verstärkung des Drucks auf die Partei diene, für einen ungeteilten und geschlossenen Kampf der gesamten Arbeiterklasse einzutreten. Kollontaj sah in der Schaffung einer eigenen Agitation unter Arbeiterinnen keine Schwächung der gesamten proletarischen Bewegung, sondern einen notwendigen Schritt, eben diese betroffenen Frauen zunächst an die allgemeinen politischen Ziele heranzuführen und anderseits im Rah-

---

[4] Kollontai, Alexandra: Ich habe viele Leben gelebt... Autobiographische Aufzeichnungen. Köln 1986, 3. Auflage, 90–95.

[5] Kollontai, Alexandra: Zwei Richtungen. (Aus Anlass der Ersten Internationalen Konferenz Sozialistischer Frauen in Stuttgart 1907). In: Dies.: Der weite Weg 21–39, hier 26–27.

[6] Ebd. 35.

men der übergeordneten Arbeit auf die spezifischen Probleme von Frauen und ihren Lebensumständen einzugehen, die sich eben von männlichen Lebens- und Handlungsweisen unterschieden. Damit begründete sie die deutlich wahrnehmbare Kategorie Frau innerhalb der Sozialdemokratie als etwas vom Allgemeinen differentes, was wiederum zu einer Reifizierung eines biologisches Geschlechterunterschiedes führte, der nun gleichzeitig eine hierarchische Geschlechterordnung bestätigte. Dies war jedoch nicht Kollontajs Intention, die, im Gegenteil, Frauen als Teil des Allgemeinen verstand. Dennoch plädierte sie zumindest übergangsweise für eine eigene Arbeit unter Frauen, die sie jedoch nicht als Sonderweg oder Marginalisierung bewertete. Der bisherige vornehmlich desinteressierte Umgang mit der Mobilisierung und Organisierung von Arbeiterinnen diente Kollontaj als Argument für ihre Ideen.

Trotz eines deutlichen Anstiegs weiblicher Arbeitskräfte in der russischen Industrie seit dem Ende des 19. Jahrhunderts hatte es von Seiten der russischen Sozialdemokratie keine besondere Agitation oder Aufmerksamkeit ihren Lebens- und Arbeitsbedingungen gegenüber gegeben. Ebenso wie in der deutschen Arbeiterschaft galten russische Proletarierinnen als Konkurrenz für Arbeiter, als minderwertig und rückständig sowie nicht befähigt, einen Beitrag in der revolutionären Bewegung zu leisten.[7] Kollontaj ließ sich von dieser diskriminierenden Haltung nicht beirren. Durch gute Kontakte zu Clara Zetkin erhielt sie Anregungen und auch moralische Unterstützung, sich um den Aufbau einer eigenen Organisation innerhalb der russischen Arbeiterinnenschaft nach dem Vorbild der deutschen sozialdemokratischen Frauensektionen zu kümmern.[8] Die politische Arbeit nach einem weitgehenden Verbot von Gewerkschaften seit 1906 und der Auflösung der zweiten Duma im darauffolgenden Jahr war erschwert worden, dennoch gründete Kollontaj zusammen mit der Textilarbeiterin Klavdija Nikolaeva einen Klub unter dem nach außen bewusst verharmlosenden, entpolitisierenden Namen „Gesellschaft für die gegenseitige Hilfe von Arbeiterinnen".[9] Die Parteiführung lehnte ihre

---

[7] Bölke, Gundula: Die Wandlung der Frauenemanzipationsbewegung von Marx bis zur Rätebewegung. Hamburg 1975, 16–25.

[8] Clements, Barbara Evans: Bolshevik Women. Cambridge 1997, 105–107.

[9] Klavdija Ivanovna Nikolaeva, geboren am 13.6.1893 in Petersburg, gestorben am 28.12.1944 in Moskau. Die Arbeiterin Nikolaeva stammte aus einer proletarischen Familie. Sie nahm aktiv an den Streiks 1905 bis 1907 teil. Seit 1909 war sie Parteimitglied, 1910 begann sie mit der Arbeit in der Druckergewerkschaft in Petersburg. Nikolaeva gehörte 1914 zu den Mitbegründerinnen der *Rabotnica*, für die sie auch nach der Revolution arbeitete. Sie beteiligte sich an Vorbereitung und Durchführung

Frauenpolitik

Unterstützung ab, da sie darin keine Notwendigkeit sah. Obwohl Kollontaj sich feministischer Organisationsmethoden bediente – in Form der Schaffung eigener Gruppierungen für Frauen – grenzte sie sich als Sozialistin immer wieder von bürgerlichen Frauenrechtlerinnen bewusst ab. 1908 fand in Petersburg der Erste Allrussische Frauenkongress statt. Vertreterinnen verschiedener Frauenorganisationen trafen sich, um über die Situation der Frauen in Russland zu diskutieren. Die Delegierten gehörten überwiegend dem bürgerlichen Lager an und traten für ein Frauenwahlrecht, Zugang zu höherer Bildung und neuen Berufen ein. Auf dem Kongress wollte auch die Sozialistin Aleksandra Kollontaj, die damals zum Flügel der Menschewiken gehörte, ein Referat über „Die Frau als Arbeiterin in der gegenwärtigen Gesellschaft" halten. Ihre Teilnahme am Kongress begründete sie damit, andere Lösungswege zur Frauenfrage aufzuzeigen und ihre Ideen auf dieser Plattform zu vertreten. Wegen einer drohenden Verhaftung konnte Kollontaj ihre Rede nicht mehr selber halten und verließ Russland bis 1917. Stellvertretend verlas die Arbeiterin Volkova den Text.

Programmatisch bildete Kollontajs Beitrag auf diesem Kongress die Grundlage für alle weiteren Maßnahmen in der Behandlung der Frauenfrage, die nach der Oktoberrevolution 1917 eine praktische Umsetzung erfuhren. Sie sah das Problem einer Arbeiterin in ihrer dreifachen Abhängigkeit: als Lohnempfängerin, Hausfrau und Mutter und forderte die politische und rechtliche Gleichstellung der Frauen, einen garantierten Arbeiterinnenschutz, die Einführung eines Mutterschutzes, eine Umgestaltung der familiären Bedingungen, die Einbeziehung von Frauen in die Klassenbewegung, den Bau gesunder und billiger Wohnungen und den Aufbau genossenschaftlicher Institutionen, die die Arbeiterin von der Führung des Haushalts entlasten sollten.[10]

> Und dann wird sie gleichzeitig mit der ganzen Arbeiterklasse in einer nach neuen Arbeitsgrundsätzen umgestalteten Gesellschaft schließlich einen doppelten, großen Sieg feiern: Ihre Befreiung als Verkäu-

---

des ersten Allunionskongresses von Arbeiterinnen und Bäuerinnen. Von 1924 bis 1925 leitete sie die Frauenabteilung, wurde dann aber wegen des Vorwurfs der Opposition ihres Postens enthoben. Sie ging als Leiterin der Agitpropabteilung bis 1930 in den Nordkaukasus. 1930 bis 1933 blieb sie in der Abteilung für Massenagitation beim CK und arbeitete dann bis 1936 als zweite Sekretärin des Gebietskomitees der Partei in Ivanovo und ab 1936 als Sekretärin des Gewerkschaftsverbandes. Ihr Grab befindet sich an der Kremlmauer.

[10] Kollontai: Zwei Richtungen 46–47.

Frauenpolitik, Revolution, byt, Kultur

ferin von Arbeitskraft, von den Ketten und der Sklaverei des Kapitalismus und ihre allseitige Befreiung als Persönlichkeit und Mensch...[11]

Als weitere Maßnahme der schwach entwickelten sozialistischen Arbeit unter Frauen während der Zarenzeit muss die Gründung der Zeitschrift *Rabotnica* 1913 gesehen werden. Sie erschien nur kurze Zeit, da die Herausgeberinnen, Sozialistinnen wie Inessa Armand, Ludmila Stal' und Aleksandra Kollontaj im Exil waren, andere wie Konkordija Samoilova[12] und die Arbeiterinnen Aleksandra Artjuchina sowie Klavdija Nikolaeva in Petersburg verhaftet und verbannt wurden. Die Arbeit kam zum Erliegen, da auch andere führende Köpfe im Exil lebten und viele politische Tätigkeiten in Russland nach dem Verbot der RSDRP und der Gewerkschaften illegal stattfanden. Der ausbrechende Erste Weltkrieg bildete eine weitere Zäsur.

Die Gründung der Frauenabteilung 1918

Nach der Februarrevolution 1917 bestand die erste Maßnahme zur Wiederbelebung einer Arbeit unter Frauen, die sich maßgeblich an vorangegangen Streiks für Brot und Frieden beteiligt hatten, in der erneuten Herausgabe der *Rabotnica*, deren erste Nummer im Mai 1917 erschien.[13] Die Emanzipation wurde als ein wichtiger Bestandteil der Revolution definiert und schien durch die Ereignisse seit Februar und Handlungen von Frauen wie Brotunruhen und Teilnahme an Streikaktivitäten greifbar nahe zu sein. Inessa Armand war von Paris nach Petrograd zurückgekehrt und nahm sich dieser Aufgabe an. Sie vermied zunächst bewusst die Koordination der Arbeit durch die Einrichtung eines Büros, um sich nicht dem Vorwurf des Feminismus auszusetzen.[14] Dennoch wollte sie Frauen als Teil der Arbeiterschaft politisch erreichen und

---

[11] Ebd. 48.

[12] Sie starb 1921 an Cholera.

[13] Zur weiteren Gründungsgeschichte siehe Elwood, R.C.: Inessa Armand. Revolutionary and Feminist. Cambridge 1992, 231–252. Das *ženotdel* gab verschiedene Zeitungen heraus. Die *Rabotnica* erschien nach 1917/18 erst wieder ab 1923 regelmäßig, dann in einer Auflage von 100 000 Exemplaren monatlich. Sie wird heute noch herausgegeben. Weitere Titel waren *Krest'janka* (Die Bäuerin) ab 1922 bis 1932, *Delegatka* (Die Delegierte) ab 1923 bis 1931, *Kommunistka* (Die Kommunistin) 1920 bis 1930, *Rabotnica i krest'janka* (Arbeiterin und Bäuerin) ab 1922. In verschiedenen Regionen erschienen eigene von den *ženotdely* herausgegebene Zeitschriften. S.a. Attwood, Lynne: Creating the New Soviet Woman: Women's Magazines as Engineers of Female Identity, 1922–1953. New York u.a. 1999.

[14] Elwood: Armand 231.

Frauenpolitik

für die bevorstehenden Wahlen mobilisieren, was sich aus folgendem Grund als schwierig erwies. Die weiblichen Parteimitglieder, deren Anteil um die 15 Prozent betrug, kamen überwiegend aus der Intelligencija und Angestelltenschicht, was sie daran hinderte, die Stimmung der Arbeiterinnen einzuschätzen. Zu den ersten Dekreten nach der Oktoberrevolution gehörten eine Liberalisierung von Eheschließung und -scheidung, die Legalisierung von Abtreibungen und die formale Gleichstellung von Mann und Frau. Die revolutionäre Propagierung einer Auflösung der Familie in der sozialistischen Gesellschaft der Zukunft verärgerte einige Arbeiterinnen, die eher andere sozialistische Gruppen wie die Menschewiken oder Sozialrevolutionäre wählten. Armand reagierte auf diese feindliche Stimmung, indem sie einen ersten russischen Kongress für Arbeiterinnen und Bäuerinnen einberief und in Moskau eine Frauenkonferenz durchführte. Beide Treffen wurden schlecht besucht und besaßen keine politische Bedeutung, verdeutlichten ihr dafür aber die Dringlichkeit, eine eigene Arbeit unter Frauen zu entwickeln. Daraufhin folgte eine Eingabe an die Parteileitungen in Petrograd und Moskau, eine eigene Sektion für die Arbeit unter Frauen zu gründen. Kollontaj, die mittlerweile zu den Bolschewiki gewechselt war, und Armand erhielten den Auftrag, eine geplante allrussische Frauenkonferenz vorzubereiten und durchzuführen. Sie erhielten ein kleines Budget und richteten angesichts der zu leistenden Arbeit doch ein Büro in Moskau ein.

Am 16. November 1918 wurde der Erste Allrussische Arbeiterinnen- und Bäuerinnenkongress, der fünf Tage dauern sollte, in Moskau eröffnet. Die Veranstalterinnen hatten mit einer Teilnahme von hundert Delegierten gerechnet, es kamen aber über tausend Frauen. Abgesehen von einem organisatorischen Chaos – es musste ein neuer Tagungsraum gefunden und ausreichend Schlafraum sowie Verpflegung für alle Teilnehmerinnen organisiert werden – war die Versammlung ein Erfolg. Die Eröffnungsrede hielt Jakov Michajlovič Sverdlov, der Vorsitzende des Zentralexekutivkomitees der Sowjets, und sogar Lenin und Nikolaj Bucharin begrüßten die Delegierten im Verlauf des Kongresses. Armand hielt das Hauptreferat und verurteilte darin die Doppelbelastung von Frauen. Vornehmlich schlug sie vor, sie sollten von ihren Haushaltspflichten befreit werden, um sich ganz der Produktionsarbeit widmen zu können. Kollontaj forderte einen verbesserten Schutz von Müttern, verstörte aber viele Zuhörerinnen, da sie die Zerstörung des individuellen Haushalts und die Errichtung einer staatlichen Kindererziehung, die die private Betreuung ersetzen sollte, forderte. Die Idee, kollektive Speiseeinrichtungen zu gründen, fand dagegen Gefallen, da Frauen die Sorge um die Ernährung ihrer Kinder abgenommen wurde. Kollontaj stärkte die Zuhörerinnen in ihrem Selbstwertgefühl, indem sie ihnen zurief, dass es keine Dinge gebe, die sie nicht tun könnten. Die Delegierten sollten mit einem neuen Bewusstsein zurück in ihre vertraute Umgebung gehen. Dieses Angebot einer neuen Identifikation begeisterte die Kongressbesucherinnen.[15] Die Bolschewikin Samoilova stellte die grundlegende Frage, wie die Arbeit unter Frauen in Zukunft organisiert werden sollte. Sie forderte die Einsetzung einer eigenen Kommission für Agitation und Propaganda unter Frauen beim Zentralkomitee. Gleichzeitig entstand die Idee, dass die Delegierten zu Hause regelmäßig Treffen abhalten und über ihre Arbeit berichten sollten. Dies war die Grundlage, ein System von Delegiertenversammlungen als Organisationsform für Frauen aufzubauen.[16]

Der Entwurf einer Frauenabteilung wurde vom Zentralkomitee im Dezember 1918 angenommen, obwohl es nach wie vor Widerstände gegen eine nach Geschlechtern getrennte Parteiarbeit gab. Die Bolschewiki verstanden sich als Interessenvertretung der gesamten proletarischen Klasse, in der Männer und Frauen keine unterschiedlichen Ziele verfolgten, sahen aber die Notwendigkeit ein, dass Arbeiterinnen sich noch nicht im gleichen Entwicklungsstadium wie Arbeiter befanden, weshalb es für sie gesonderte Organisationsformen geben müsse. Die von Kollontaj und Armand maßgeblich vorbereitete Gründung der Frauenabteilung unterstützte die Parteileitung damit zum ersten Mal. Inessa Armand wurde zur ersten Leiterin ernannt und nicht Kollontaj, die eine Arbeit unter Frauen gegen alle Widerstände begonnen und die theoretischen Grundlagen dafür formuliert hatte, bekam die Stelle. Sie erhielt den Auftrag, sich um Bäuerinnen zu kümmern. Ihre menschewistische Vergangenheit und ihre feministische, stürmische Haltung stießen auf Antipathien innerhalb der Bolschewiki. Zudem galt die diplomatischere Armand als intime Vertraute von Lenin.

Im August 1919 wurde die Sektion in eine Frauenabteilung des Zentralkomitees (*ženskij otdel po rabote sredi ženščin, ženotdel*) umbenannt. Der Arbeitsauftrag bestand in der Mobilisierung von Frauen und in ihrer politischen Bildung, jedoch wurde die Frauenabteilung nicht als ein Organ für die Vertretung der Interessen von Arbeiterinnen und Bäuerinnen in der Partei verstanden. Neben dem Problem, eine eigene Identität und Selbstdefinition zu finden, stellte sich die Organisationsfrage angesichts des großen Landes. Lokale Stellen weigerten sich teilweise, mit den Frauenabteilungen zusammenzuarbeiten. 1920 erschien die erste Ausgabe der *Kommunistka*, dem theoretischen Organ der *ženotdely*.

---

[15] Farnsworth: Kollontai 136–161, 168.

[16] Zur Organisationsform und Durchführung der Delegiertenversammlungen siehe Kapitel 3.3.

Frauenpolitik

Der Übergang zur Neuen Ökonomischen Politik

Während des Bürgerkriegs kümmerten sich die Frauenabteilungen um konkrete Probleme wie die Mobilisierung von Arbeiterinnen für die Industrie als Ersatz für von der Roten Armee eingezogene Männer, die Versorgung von Witwen und ihren Kindern, und die Bekämpfung der Hungersnot. Die Sowjets konnten ihre Macht 1920 konsolidieren, standen jedoch vor einer daniederliegenden Wirtschaft und zahlreichen sozialen Problemen. Auch die Frauenabteilung erlebte eine Krise und konnte beim Übergang zur Neuen Ökonomischen Politik 1921 nur knapp ihre Auflösung verhindern. Angesichts einer großen Unzufriedenheit und Not im ganzen Land verteidigte die Frauenabteilung mit aller Gewalt die Sowjetmacht, ohne zu ihren eigentlichen Aufgaben zu kommen. Treffen wurden schlecht besucht, die zur Verfügung stehenden personellen Kräfte mussten sich auf die Vorbereitung einer für Juni 1921 in Moskau geplanten internationalen Frauenkonferenz konzentrieren. Zudem gab es innerhalb der Partei weitgehende Umstrukturierungspläne für alle Abteilungen, die eine Unterordnung der Frauenabteilung unter die Agitationsabteilung vorsah. In vielen lokalen Parteiorganisationen fehlte die Unterstützung für eine Aufrechterhaltung der *ženotdely*.[17] Inessa Armand starb 1920 an Cholera, die Leitung der Frauenabteilung wurde Aleksandra Kollontaj übertragen. In einem im November 1920 erschienenen Artikel in der *Kommunistka* forderte sie eine Bewahrung der Unabhängigkeit der *ženotdely* und konkretisierte in ihrer Funktion als Direktorin die weiteren Arbeitsaufgaben.[18] Sie verwandte den Begriff *byt* in Bezug auf die Lebenssituationen von Frauen in Sowjetrussland. Hauptaufgabe des neuen Menschen sei die Teilnahme an der Produktionsarbeit, die Arbeitspflicht – die während des Kriegskommunismus in Kraft getreten war – wodurch Unterschiede aufgehoben worden seien. Die soziale Stellung definiere sich durch die Teilnahme an der Arbeit, nicht länger über Herkunft und Familienstand. Frauen erlangten wirtschaftliche Selbständigkeit und seien nicht länger vom Ehemann materiell abhängig. Ihre Pflicht sei es auch, Kinder für die Erhaltung des Staates zu gebären.[19] Betreuungseinrichtungen seien von den Frauenabteilungen zusammen mit den Betroffenen aufzubauen. 1920 erschien ihre kontrovers diskutierte Schrift „Die neue Moral und die Arbeiterklasse", in der Kollontaj die

---

[17] Wood, Elizabeth A.: The Baba and the Comrade. Gender and Politics in Revolutionary Russia. Bloomington 1997, 127–146.

[18] Clements: Bolshevik Women 226.

[19] Kollontai, Alexandra: Die Situation der Frau in der gesellschaftlichen Entwicklung. Vierzehn Vorlesungen vor Arbeiterinnen und Bäuerinnen an der Sverdlov-Universität 1921. Frankfurt 1975.

Frauenpolitik, Revolution, byt, Kultur

Schaffung neuer Frauen forderte, die sich durch eine freie Wahl der Liebesbeziehungen definieren würden, nicht länger Anhängsel des Mannes seien, was viele Bolschewiki als eine zu liberale Sexualmoral kritisierten, die einen schlechten Einfluss auf das Verhalten von Jugendlichen ausübe.[20] Kollontaj wurde nicht nur wegen ihrer Haltung in der Frauenfrage kritisiert, sondern wegen ihrer politischen Haltung in den zeitgleich stattfindenden parteiinternen Flügelkämpfen, deren Kristallisationspunkt in der Gewerkschaftsfrage lag.

Die politischen Maßnahmen während des sogenannten Kriegskommunismus von 1918 bis 1920, wie die Verstaatlichung der Industrie, eine straffe Parteiführung und strikte Disziplin, waren Grundlage für den Sieg. Die Bolschewiki gewannen den Bürgerkrieg, danach stellte sich ihnen die Frage, wie die neue Gesellschaft gestaltet werden sollte. Streitigkeiten entbrannten in der sogenannten Gewerkschaftskontroverse, wo es um eine Definition der Stellung und Funktionsweise von Gewerkschaften ging.[21] Während des Bürgerkriegs hatten die Gewerkschaften zunehmend staatliche Aufgaben in der Wirtschaftsleitung übernommen, gerieten dann aber in einen Konflikt mit dem neugegründeten Obersten Volkswirtschaftsrat. Die Bolschewiki Lev Trockij und Nikolaj Bucharin forderten eine völlige Verstaatlichung der Gewerkschaften und damit ihre politische Schwächung. Die sich formierende, sogenannte Arbeiteropposition, zu der Kollontaj gehörte, plädierte für ihre Unabhängigkeit, neben Staats- und Parteiorganen, und eine Übertragung der Wirtschaftsverwaltung an die Gewerkschaften. Lenin bezog auf dem IX. Parteikongress 1920 eine Kompromissposition und formulierte seine Auffassung der Rolle der Gewerkschaften als „Schule des Kommunismus".

> Als Schule des Kommunismus und als Glied, das die rückständigsten und noch nicht vollständig von der alten zünftlerischen und beruflichen Beschränktheit befreiten Massen des Proletariats mit der Avantgarde, mit der Kommunistischen Partei verbindet, müssen die Gewerkschaften diese Massen erziehen, kulturell, politisch und administrativ organisieren und auf das Niveau des Kommunismus heben, sie auf die Rolle als Schöpfer der kommunistischen Ordnung vorbe-

---

[20] Auf Kollontajs Moralvorstellungen wird in Kapitel 3 genauer eingegangen.

[21] Eine sehr gute und ausführliche Darstellung der Gewerkschaftskontroverse, aber auch innerparteilicher Konflikte findet sich bei Daniels, V.: Das Gewissen der Revolution. Kommunistische Opposition in der Sowjetunion. Berlin 1978.

Frauenpolitik

reiten, die durch den Sowjetstaat als der historisch entstandenen Form der Diktatur des Proletariats geschaffen wird.[22]

Die Gewerkschaften sollten dem Staat untergeordnet bleiben und im Wirtschaftsbereich gewisse Kompetenzen besitzen. Zugleich schützten sie die Arbeiterinteressen und erzogen die Werktätigen für den Sozialismus. Sie waren keine Zwangs- sondern Erziehungsorgane, Transmissionsriemen zwischen Partei und Masse. Zudem bestätigte Lenin die zentralistische Position der Parteiführung. Die Arbeiteropposition um den Gewerkschaftsführer Šljapnikov und Kollontaj dagegen beharrte auf ihren Positionen, ja trat Ende 1920, Anfang 1921 für eine Trennung von Partei und Gewerkschaften und die Anerkennung der Gewerkschaften als Leitungs- und Kontrollorgane der Wirtschaft ein. Stellvertretend für diesen politischen Flügel verfasste Kollontaj unmittelbar vor dem X. Parteikongress Anfang März 1921 ihre Broschüre „Die Arbeiter-Opposition in Russland", deren Veröffentlichung unter dem Eindruck der Ereignisse von Kronstadt für Wirbel sorgte.[23]

Auch in der Bevölkerung war die Unzufriedenheit mit der Kommunistischen Partei 1920 angewachsen und äußerte sich in Bauernaufständen, Demonstrationen und Arbeiterstreiks. Im Februar griffen Unruhen in Petrograd auf die vorgelagerte Inselfestung Kronstadt über. Dort stationierte Matrosen trafen sich zu einer Protestversammlung und verabschiedeten eine Resolution. Gefordert wurden unverzügliche freie, geheime Wahlen und mehr Zugeständnisse politischer Rechte für andere Gruppierungen außerhalb der kommunistischen Partei sowie die Errichtung einer Rätedemokratie von Arbeitern und Bauern. Eine deutliche Unzufriedenheit mit den Bolschewiki, die entgegen ihrem Selbstverständnis nicht länger als Vertretungsorgan betrachtet wurden, kam zum Ausdruck. Der Aufstand wurde von der Moskauer Regierung, maßgeblich durch Weisungen von Lenin und Trockij, blutig und gewaltsam niedergeschlagen. Die einstige Stütze der Bolschewiki, die Kronstädter Matrosen, waren nun mit ihren Forderungen nach freien Wahlen zu den Räten und Protesten niedergeschlagen worden, wobei es der politischen Führung bewusst war, dass es sich nicht um Klassengegner handelte. Aus Angst vor weiteren Unruhen und sich daraus ableitenden parteiinternen Flügelkämpfen oder sogar einer Spaltung billigten die politischen Entscheidungsträger ihr Verhalten, zumal sie darin einen notwendigen Schritt zum

---

[22] Zitiert in Lewytzkyj, Borys: Die Gewerkschaften in der Sowjetunion. Geschichte, Aufgaben und Stellenwert der Gewerkschaften in der sowjetischen Gesellschaft. Frankfurt/M. 1970, 14.

[23] Abgedruckt in: Die russische Arbeiteropposition. Die Gewerkschaften in der Revolution. Hg. v. Gottfried Mergner. Reinbeck bei Hamburg 1972, 131–177.

Frauenpolitik, Revolution, byt, Kultur

Machterhalt sahen. Mit aller Gewalt sollte ein politischer Zerfall verhindert werden, wozu auch das Mittel einer stärkeren Zentralisierung und zeitweise Unterbindung der innerparteilichen Demokratie gebilligt wurde. Auf dem zeitgleich stattfindenden X. Parteikongress im März 1921 wurde das Vorgehen und die Niederlage der Arbeiteropposition sanktioniert sowie weitreichende innenpolitische Maßnahmen wie eine untergeordnete Stellung der Gewerkschaften und ein als zeitweilig gedachtes Fraktionsverbot beschlossen.[24] Daraufhin entfalteten sich privatwirtschaftliche Strukturen in Handel und Industrie, der Staat hielt aber die „Kommandohöhen der Wirtschaft" – Banken, Währung, Verkehrssystem, Aussenhandel und bestimmte Industriebereiche – fest in der Hand, der Übergang zur NEP war eingeleitet worden.

Wie vereinbarte Kollontaj ihre Haltung, Gewerkschaften als alleinige Vertretungsorgane der Arbeiterschaft zu definieren, mit der Arbeit in der Frauenabteilung? Die *ženotdely* als Vertretungsorgane von Sowjetbürgerinnen, in erster Linie von Arbeiterinnen, standen in direkter Konkurrenz zu den Gewerkschaften, auch wenn das Verhältnis offiziell so nicht benannt wurde. Auf dem vierten Gewerkschaftskongress im Mai 1921 wurde vehement gefordert, es dürfe keine besonderen *ženotdely* geben, da Frauen und Männer, die zusammen arbeiten, auch gleiche Interessen hätten. Eine besondere Arbeit unter Frauen würde ihre Belange, die von einigen Gewerkschaftsmitgliedern durchaus gesehen wurden, gettoisieren und marginalisieren, eine eigene Frauenabteilung verkörpere ein Überbleibsel aus der kapitalistischen Zeit. Wieder entstand Streit in der Frage nach dem Umgang mit der Differenz zwischen den Geschlechtern. Einige Gegner des *ženotdel* argumentierten, Frauen seien nichts Besonderes, sondern Teil des Allgemeinen und deshalb auch nicht in besonderen Institutionen zu organisieren. Zu Recht kritisierten sie eine Renaturalisierung der Sache Frau durch die Existenz von Frauenabteilungen und einen Aufbau von Differenz, wie er durch die *ženotdely* erfolgte. Dennoch muss auch gesehen werden, dass diese Form von Frauenorganisationen einen fortschrittlichen Umgang mit Differenz bedeuteten, der so nur nach der Revolution möglich war, allerdings genauere Konzepte zum Umgang mit Differenz fehlten.

Hinter dem vorgebrachten Vorwurf verbarg sich die Haltung, die bürgerliche Frauenbewegung sei nicht in der Lage gewesen, auf Probleme von Arbeiterinnen und die Klassenwidersprüche einzugehen. Kollontaj kritisierte in der *Pravda* den Kongress und die geringe Anzahl weiblicher Besucherin-

---

[24] Plener, Ulla: Lenin über Parteidisziplin. Ein Exkurs. In: Beiträge zur Geschichte der Arbeiterbewegung 40 (1998) Nr. 4, 56–64, 63.

Frauenpolitik

nen.[25] In einem Artikel vom November 1921 setzte sie sich in der *Kommunistka* mit der Frage von Partei- und Gewerkschaftsarbeit unter Frauen auseinander.[26] Zunächst bemängelte sie die von Lenin geprägte Definition der Gewerkschaften, beugte sich aber der Parteilinie. Weiter betonte sie, die *ženotdely* seien ein nicht wegzudenkender Teil der Partei. Um Arbeiterinnen über den proletarischen *byt* zu informieren, seien sie auch durch die Gewerkschaften zu organisieren. Dennoch betonte sie, dass Frauen neben der Arbeit aber noch in anderen Lebenszusammenhängen lebten, die gewandelt werden müssten und nicht von den Gewerkschaften erfasst würden. Die Entlastung der Frauen im privaten Bereich durch den Bau von Kinderkrippen, Kommunehäusern, Kantinen und Wäschereien durch die Frauenabteilungen ermögliche erst ihre Selbstverwirklichung im Produktionsprozess. Daher schloss sie, die praktische Arbeit solle von den Frauenabteilungen unabhängig von den Gewerkschaften angeleitet und organisiert werden. An den Gewerkschaften kritisierte sie, sie berücksichtigten noch zu wenig die speziellen Bedürfnisse von Frauen als Arbeiterinnen, hier könne die Frauenabteilung innerhalb der Gewerkschaften aufklärend wirken. Sie überwachten die Durchführung einer Gleichberechtigung von Mann und Frau, was angesichts der Bevorzugung von Männern für administrative Aufgaben dringend notwendig sei. Männer müssten weiter aufgeklärt werden, dass Arbeiterinnen als Mütter eine wertvolle Arbeit für das Kollektiv leisten würden. Die scharfe Kritik von Kollontaj diente als eine argumentative Untermauerung für die eigenständige Existenz einer Frauenabteilung. Sie hielt die dadurch entstandene Betonung und Sichtbarmachung von Differenz für einen notwendigen Schritt, um zunächst überhaupt die Kategorie Frau und damit auch Geschlecht sichtbar zu machen. Kollontaj wollte Frauenbelange durch eine eigene Organisation aus der Marginalität herausholen und in einer Übergangszeit an den Grundlagen der bestehenden Differenz – unterschiedlichen Lebens- und Produktionsweisen – arbeiten, um zu einem nicht näher bestimmten späteren Zeitpunkt die Gleichheit zu erlangen.

Kollontajs Forderungen waren in zweifacher Hinsicht unbequem: sie wies nicht nur auf eine Differenz zwischen Mann und Frau und die Diskriminierung von Frauen hin, was ihr als feministische Haltung vorgeworfen wurde, sondern Kollontaj forderte auch eine starke Stellung der Frauenabteilungen innerhalb der Partei, die eine Interessensvertretung aller Frauen und ihrer Belange sein würden und als solche Mitspracherecht bei allen Organen und

---

[25] Wood: The Baba, 166.

[26] Kollontaj, A.: Proizvodstvo i byt. In: Kommunistka (1921) Nr. 10–11, 6–9.

Frauenpolitik, Revolution, byt, Kultur

auf allen Ebenen in Frauenfragen haben sollten. Der proletarische, demokratische Ansatz, den sie in der Arbeiteropposition vertrat, fand sich bei der Funktionsbeschreibung der *ženotdely* wieder.

Die Frauenabteilungen hatten einen schlechten Stand innerhalb der Partei. 1921 drohte ihre Auflösung, die Kollontaj abwenden konnte. Auf der lokalen Ebene bevorzugten die Parteiorganisationen eine Einsparung der *ženotdely*. Ihre Schwäche wurde verstärkt, da Kollontaj wegen der Vorbereitung einer internationalen Frauenkonferenz sich 1921 kaum um die Leitung der Abteilung kümmern konnte und häufig abwesend war. Die Arbeitslosigkeit unter Frauen stieg durch den Übergang zur NĖP schnell an, ohne dass die Frauenabteilungen dagegen etwas tun konnten. Viele Kritiker innerhalb der Partei und Staatsorgane glaubten, die Abteilung bestünde nur noch auf dem Papier, sie veranlasse keine Aktionen mehr. 1922 wurde Kollontaj als Leiterin abgesetzt und ging als Diplomatin nach Norwegen. Die genauen Gründe für den Führungswechsel in der Frauenabteilung sind bis heute nicht bekannt. Auch Kollontaj selber hielt sich bedeckt, wieso sie die *ženotdely* verlassen hatte.[27] Die Vermutung liegt nahe, dass sie als führende Sprecherin der Arbeiteropposition mit Kritik am Übergang zur NĖP und an der Entwicklung der Partei politisch zu unbequem war, da sie eventuell ihre Funktion als *ženotdel*-Vorsitzende für weitere „oppositionelle" Tätigkeiten als Plattform hätte ausnutzen können. Sicherlich verdeutlicht der Rückzug Kollontajs aus wichtigen Parteifunktionen auch ihre Kritik am weiteren Kurs in Russland nach dem X. Parteitag und der Niederschlagung des Kronstädter Aufstandes.

Die Stellung der Frauenabteilung

Die Kompetenzen der Frauenabteilung und ihre Unabhängigkeit wurden nach 1921 zunehmend eingeschränkt und die Kontrolle der Partei über ihre Arbeit ausgeweitet. Die *ženotdely* waren mit verschiedenen Problemen konfrontiert: es fehlten die notwendigen finanziellen Mittel, die geplanten Einrichtungen zur Entlassung von Frauen aufzubauen, hinzu kamen vermehrt Kompetenzkonflikte mit der Parteiführung, dem Komsomol und den Gewerkschaften in der Frage, wer sich um die Organisation und Belange von Frauen zu kümmern habe. Von Beginn an wurde die Frauenabteilung kritisch beäugt und als Organ nur einer Gruppe immer wieder des Separatismus bezichtigt, oder als *centro-baba* sowie *bab-komitet* lächerlich ge-

---

[27] Erstaunlich ist, dass Kollontaj als Anhängerin der linken Opposition die Säuberungen und den Terror der Stalinzeit unbeschadet überlebte. Dieser Tatbestand bedarf der Klärung.

Frauenpolitik

macht.²⁸ Die ambivalente Haltung gegenüber den *ženotdely* zeigte sich auch darin, dass sie zur Abschiebung von Frauen aus Führungspositionen benutzt wurden. Aktive weibliche Bolschewiki erhielten auf Grund ihres biologischen Geschlechts vornehmlich den Arbeitsauftrag, sich um Frauenbelange zu kümmern. Diese Tätigkeit genoss in weiten Kreisen von Partei, Staat und Bevölkerung kein hohes Ansehen. Kritische Aussagen zu dieser Praxis der Aufgabenverteilung finden sich kaum.²⁹ Kollontajs Nachfolgerin wurde ab Februar 1922 Sofija Smidovič, die sich bis 1924 im Amt halten konnte.³⁰ In einer programmatischen Beschreibung der weiteren Aufgaben von den Frauenabteilungen ging sie auf die Arbeit mit den Gewerkschaften ein. Die *ženotdely* verstünden sich nicht als Konkurrenz zu den Gewerkschaften in der Frage, wer sich um die Mobilisierung und Organisierung von Arbeiterinnen kümmern solle, sondern sie wollten mit ihnen kooperieren. Durch die Gewerkschaften sollten neue Mitglieder rekrutiert werden, besonders aus privaten Unternehmen.

---

[28] Die beiden Ausdrücke lassen sich mit „Vereinigung für Großmütterchen" oder ‚Komitee für alte „rückständige Frauen" sinngemäß übersetzen. Auf die pejorative Bedeutung des Wortes *baba*, das mit „Großmütterchen" oder „altes, dummes Weib" übersetzt werden kann, im Kontext der frühen Sowjetunion wird in Kapitel 3.3. genauer eingegangen. *Baba* entsprach damals einem rückständigen, dummen Frauenzimmer vom Land. Männliche Vorurteile und schlechtes Ansehen in der Partei drücken sich bereits in den abfälligen Namen aus.

[29] Hayden, Carol Eubanks: The Zhenotdel and the Bolshevik Party. In: Russian History 3 (1976) 150–173, hier 160–161. Das Verhältnis zur Parteiführung und zu den Gewerkschaften untersucht Wood, Elizabeth A.: Gender and the Politics in Soviet Russia: Working Women under the New Economic Policy, 1918–1928. Ph.Diss. Univ. of Michigan, Ann Arbor 1991. Williams, Beryl: Kollontai and After: Women in the Russian Revolution. In: Women, State and Revolution. Essays on Power and Gender in Europe since 1789. Hg. v. S. Reynolds. Brighton 1986, 60–80, 165, hier 61–62.

[30] Sofija Nikolaevna Smidovič geboren 1872 in Tula, gestorben 1934 im Kreml, war aktive Teilnehmerin der revolutionären Bewegung in Russland und Berufsrevolutionärin. Seit 1898 war sie Mitglied der RSDRP und betätigte sich als Propagandistin und Agitatorin. Wegen ihrer politischen Arbeit wurde sie mehrmals inhaftiert und verbannt. 1918 gehörte sie dem Moskauer Kollegium für Volksbildung an, leitete 1919 bis 1922 das *ženotdel* der Moskauer Abteilung der RKP (b), um 1922 bis 1924 den Vorsitz aller Frauenabteilungen beim CK zu übernehmen. Bis 1931 arbeitete sie als Mitglied der CKK VKP (b), übernahm dann den Vorsitz des Komitees zur Verbesserung der Arbeit und Lebensweise von Frauen und führte die Gesellschaft alter Bolschewiken. Smidovič wurde mit dem Leninorden ausgezeichnet. Die prägende Rolle von Smidovič für die Frauenabteilung nach dem Weggang von Kollontaj muss noch untersucht werden. Leider finden sich dazu keine Materialien in ihrem persönlichen Fond, der überwiegend aus Nachrufen und Beileidstelegrammen besteht. RGASPI f. 124 op. 1 ed.chr. 1789.

Die *ženotdely* sollen ihren Einfluss auf die proletarischen Frauenmassen dafür nutzen. Keine Arbeiterin soll den Gewerkschaftsabteilungen fern bleiben. [...] Im engen Kontakt zu den Gewerkschaften soll die Arbeit ausgeführt werden. Wir können nicht genug von den Gewerkschaften fordern, Abgeordnete von den Gewerkschaften für Arbeiterinnen zu entsenden.[31]

Auf dem XI. Parteikongress Ende März 1922 diskutierten die Delegierten die Frage der Stellung der *ženotdely* innerhalb der Partei als für andere Organe weisungsbefugte Abteilung. Alle Parteiorganisationen wurden zur Unterstützung und besonders politisch korrekten Anleitung der *ženotdely* aufgefordert, da gemäß dem CK der RKP(b)

[...] in der Übergangsphase der politische Einfluss der Partei auf die rückständigen Massen der Arbeiterinnen und Bäuerinnen gestärkt werden muss. Denn sie verfallen besonders leicht den kleinbürgerlichen Elementen.[32]

Dies erschien besonders dringend, weil Frauen nach wie vor an den alten Lebensbedingungen festhalten und den Aufbau einer neuen Gesellschaft durch diese Rückständigkeit behindern würden.

Der Appell hatte offenbar keinen Erfolg, denn auf dem XII. Parteikongress 1923 wurde der Frauenabteilung ‚feministische Abweichung' vorgeworfen. Die Kritik an Kollontajs Emanzipationsgedanken war dabei nur, so scheint mir, ein Anlass. Weit wichtiger war erneut die Kompetenz- und Organisationsfrage der *ženotdely*. Auch andere Bolschewiki in der Frauenabteilung wie Vera Golubeva traten für eine eigenständige Institution nicht nur für Arbeiterinnen, sondern auch Hausfrauen ein. Der Streit entbrannte wieder in der Frage, ob Frauen durch eigene Abteilungen oder über andere Organe wie die Gewerkschaften erreicht werden sollten. Der vorgebrachte Vorwurf lautete:

Ungeachtet der wichtigen Errungenschaften im Bereich der Arbeit unter Frauen muss unbedingt erwähnt werden, dass die Weiterführung dieser Arbeit unter schwierigen Arbeitsumständen bestehen bleibt, da der Bau von Institutionen, die die Situation von Arbeiterinnen erleichtern, nur langsam vor sich geht. Diese Situation eröffnet

---

[31] Smidovič, S.: Očerednye zadači ženotdelov. In: Kommunistka (1922) Nr. 2(19), 32–37, hier 33.

[32] Cirkuljarnoe pis'mo CK RKP (b) oblastnym i gubernskym partijnym komitetam ob usilenii raboty sredi ženščin, 8. maja 1922 g. In: KPSS v rezoljucijach i rešenijach s"ezdov, konferencij i plenumov CK. T. 2, 1917–1924. M. 1970, 372–373.

Frauenpolitik

neue Gebiete für feministische Abweichungen, die wiederum zur Gründung von jenen besonderen Organisationen führen kann, welche unter der Fahne der Verbesserung des *byt* von Frauen zu einer Abspaltung eines Teils der werktätigen Frauen vom alle Klassen umfassenden Kampf führen könnte.[33]

Die Frauenabteilungen blieben bestehen, sollten aber verstärkt durch die Parteiorganisationen überwacht werden. Von der Gleichstellung mit anderen Sektionen und einer Eigenständigkeit war nicht die Rede. Dafür sanktionierte die XII. Parteikonferenz die Arbeit von Frauenbeauftragten innerhalb der Gewerkschaften. Die Kritik an den *ženotdely* und ihren Leiterinnen riss aber nicht ab. Auf dem Ende Mai 1924 tagenden XIII. Parteikongress wurde den *ženotdely* vorgeworfen, dass trotz der Anhebung des allgemeinen Niveaus Arbeiterinnen aus eigenem Verschulden heraus rückständig blieben. Die Rückständigkeit äußere sich in ihrer mangelhaften Qualifikation. Im Gegensatz zu Arbeitern würden sich Arbeiterinnen dem Einfluss der Partei und damit den Verbesserungen der Lebensweise entziehen. Zudem hätten die *ženotdely* trotz des Leninaufgebots es nicht geschafft, den weiblichen Anteil der Parteimitglieder namhaft zu erhöhen. Der weitere Kritikpunkt betraf die inhaltliche Arbeit. Statt einer wirklichen Verbesserung des *byt* sei es bei einer einseitigen Arbeit im Bereich Agitation und kulturelle Aufklärung geblieben. Als Konsequenz wurden die genauen Aufgaben der Partei für die Arbeit unter Frauen vorgeschrieben, um eine angebliche Ineffizienz der *ženotdely* durch klare Arbeitsaufträge zu beseitigen.[34] Im selben Jahr wurde Smidovič durch Klavdija Nikolaeva in der Leitungsposition der *ženotdely* abgelöst. Die Kritik aber riss nicht ab, wie wir sehen werden.

Alltag und NÈP: Die ženotdely *und die Diskussionen über den* byt

Ein Wesensmerkmal der *ženotdely* und Grundzug ihrer Arbeit war der Versuch, die Lebensverhältnisse zu verändern. Dabei besaßen sie etwa im Vergleich zu den Gewerkschaften eine größere Nähe zu Frauen an der Basis und mehr Verständnis für deren Probleme. Die Anliegen etwa von Arbeiterinnen oder auch Ehefrauen von Arbeitern wurden ernst genommen und als

---

[33] Dvenadcatyj s"ezd RKP(b). Moskva. 17.–25. aprelja 1923 g. O rabote RKP sredi rabotnic i krest'janok. In: KPSS v rezoljucijach i rešenijach s"ezdov, konferencii i plenumov CK. T. 2, 1917–1924, M. 1970, 481.

[34] Trinadcatyj s"ezd RKP(b). Moskva. 23.–31. maja 1924 g. O rabote sredi rabotnic i krest'janok. In: KPSS v rezoljucijach i rešenijach s"ezdov, konferencij i plenumov CK. T. 3, 1924–1927. M. 1970, 122–124.

Frauenpolitik, Revolution, byt, Kultur

Handlungsanweisungen verstanden. Allerdings blieb die konkrete Arbeit in einem beschränkten Rahmen, da es an einer ausreichend großen Personaldecke, Geldern für den Bau neuer Einrichtungen und einem flächendeckenden Netz von *ženotdely* mangelte. Auch nach der Absetzung von Kollontaj als Leiterin der *ženotdely* blieb die Diskussion um den *byt* ein Dauerthema, besonders im Zusammenhang mit der NĖP.

Während Krieg und Bürgerkrieg ersetzten viele Frauen die fehlenden männlichen Arbeitskräfte in der Industrie, wurden bei deren Rückkehr jedoch oft als erste wieder entlassen. Der Arbeitsmarkt veränderte sich angesichts der Wiederzulassung privatwirtschaftlicher Strukturen und wirtschaftlicher Rechnungsführung. Galten Frauen vor 1917 noch als billige und unpolitische Arbeitskräfte, die nicht an Streiks teilnahmen, änderte sich nun diese Haltung. Arbeiterinnen waren politisch mobilisiert worden, was sich etwa in Brotunruhen äußerte, zudem waren sie häufig schlechter als Arbeiter qualifiziert. Besonders Alleinerziehende galten als Unsicherheitsfaktor, da sie bei der Krankheit eines Kindes von der Arbeit fern blieben mangels anderer Möglichkeiten der Kinderbetreuung. Als Folge der Armut suchten zahlreiche Frauen ihre Existenz durch Prostitution abzusichern. In der allgemein schwierigen wirtschaftlichen Lage zu Beginn der NĖP stieg die Arbeitslosigkeit stark an, besonders unter Frauen. Gleichzeitig wurden Maßnahmen zur Betreuung von Kindern und Unterstützung von Alleinlebenden gekürzt. Die Ideale der neuen Lebensweise rückten somit in weite Ferne.

Als erste konkrete und dringende Maßnahme nach der Oktoberrevolution wurde bereits im November 1917 eine Abteilung zum Schutz von Mutterschaft und Kindheit (*otdel ochrany materinstva i mladenčestva*, OMM) gegründet, die ab dem 1. Januar 1918 unter der Leitung von Vera Pavlovna Lebedeva zu arbeiten begann.[35] Entscheidende Impulse gab Aleksandra Kollontaj, die bereits 1914 die Errichtung einer staatlichen Mutterschutz-

---

[35] Vera Pavlovna Lebedeva, geboren 1881 in Nižnij Novgorod, gestorben am 10.12.1968 in Moskau. Seit 1896 gehörte sie der revolutionären Bewegung an und trat 1907 der RSDRP bei. 1910 beendete sie das Petersburger Medizinische Institut für Frauen und lebte von 1912 bis 1917 im Genfer Exil. 1918 bis 1928 leitete sie die Abteilung OMM beim Narkomzdrav der RSFSR. Auf ihre Initiative entstand 1922 das Institut für OMM, dort leitete sie 1924 bis 1930 den Lehrstuhl für soziale Hygiene von Mutter und Kind. Lebedeva schrieb Artikel für die Zeitschrift „OMM". Von 1930 bis 1934 arbeitete sie beim Volkskommissariat für soziale Sicherung der RSFSR, 1934 bis 1938 bei der staatlichen Hauptabteilung des Narkomzdrav der RSFSR für sanitäre Kontrolle. 1935 promovierte Lebedeva zum Doktor der Medizin. 1938 bis 1959 war sie Direktorin des Zentrums zur Weiterbildung von Ärzten. Sie erhielt drei Leninorden und andere Auszeichnungen.

Frauenpolitik

versicherung gefordert und Pläne dafür entworfen hatte. Sie war als Volkskommissarin für soziale Versorgung die Initiatorin der Begründung von OMM und saß dem Kollegium vor.[36] Es bestand eine enge personelle und inhaltliche Zusammenarbeit zwischen den *ženotdely* und der Abteilung OMM. Die anfänglichen Aufgaben bestanden im Kampf gegen eine hohe Kindersterblichkeit, dem Aufbau einer staatlichen Mutterschutzversicherung und eines Hauses für Mutter und Kind. Kollontaj beabsichtigte auch die Begründung eines Netzes staatlicher Kinderbetreuungsinstitutionen, da die Mütter von dieser Arbeit durch den Staat entlastet werden sollten. Gleichzeitig besaßen die Abteilungen von OMM einen politischen Arbeitsauftrag, unter Frauen zu agitieren und den Aufbau einer neuen Lebensweise und die Schaffung eines neuen Menschen zu propagieren. Die Tätigkeiten der Abteilung für OMM wurden unter Frauen positiv aufgenommen, da sie darin während des Bürgerkriegs eine wichtige soziale Unterstützung sahen. Dennoch fehlte qualifiziertes Personal, noch reichten Räumlichkeiten, finanzielle und materielle Mittel sowie politische Unterstützung aus, auf alle Bedürfnisse einzugehen.[37] Der Mutterschutz war eng verbunden mit Fragen des *byt*:

> Der Mutter- und Säuglingsschutz macht Frauen und Kinder zum Mittelpunkt seiner Aufmerksamkeit und behandelt die Frage über die Stellung der Frau und des Kindes im Kollektiv und über die Umwandlung des Lebens vom Gesichtspunkt seiner Reorganisation auf neuen sozialen Grundlagen. Es handelt sich hier nicht um eine Bemitleidung des schwachen und hilflosen Wesens und nicht nur um eine soziale Sicherstellung der Frauen, sondern um eine Umwandlung des ganzen Familienlebens.[38]

Die Umstellungen auf wirtschaftliche Rechnungsführung und privatwirtschaftliche Strukturen zu Beginn der NÉP bedeuteten für die *ženotdely* und die Abteilungen von OMM einen tiefen Einschnitt. Oftmals weigerten sich lokale Stellen, die Einrichtungen zu finanzieren, die nicht länger vom Staat unterstützt wurden. Neben konkreten organisatorischen Problemen machte sich bei den Aktivistinnen eine große Enttäuschung über den politischen Rückschritt hinter die Ziele der Revolution breit. Vera Lebedeva beklagte in einem

---

[36] Zur Geschichte von OMM siehe Konjus, Esther M.: Puti razvitija sovetskoj ochrany materinstva i mladenčestva. M. 1954.

[37] Lebedeva, V.: Ochrana materinstva. In: Kommunistka (1920) Nr. 6, 12–14.

[38] Lebedewa, W.: Mutter- und Säuglingsschutz als Vorbedingung zur Schaffung neuer Lebensformen. In: Die Arbeit der KPR unter den Frauen. Hamburg 1924, 63–68, hier 64.

Frauenpolitik, Revolution, byt, Kultur

Artikel in der *Kommunistka*, besonders Frauen seien von der NĖP hart getroffen. Die Lösung der Frauenfrage müsse verschoben werden, da ihre Realisierung in weite Ferne rücke.

[...] Krieg und Revolution haben Tausende von Frauen in die Produktion eingebunden. Die NĖP schmeißt sie nun wieder hinaus. Die auf der wirtschaftlichen Buchführung aufgebaute NĖP betrachtet Tausende von Frauen als überflüssige Arbeitskräfte, [...]. Aber leider schaffen es die Frauen nicht, gegen diesen Alptraum der bürgerlichen Welt anzugehen und etwas zu tun. Nach den Angaben der Petrograder Arbeitsbörse sind unter den 27 000 registrierten Arbeitslosen 17 000 Frauen, also 67 Prozent, und wie viele von ihnen haben noch Kinder! Auch in anderen großen Zentren findet sich diese Erscheinung. Wohin gehen diese Tausende? Zunächst konnte der private Markt einige von ihnen aufnehmen, aber es fehlen die Mittel zu ihrer sozialen Absicherung. Kindergärten und -krippen wären ein Ausweg zur Hilfe der Arbeiterinnen. Aber es gibt nur einen Weg – die Straße. Und hier haben wohnungslose Frauen und verwahrloste Kinder die Zahl der Prostituierten enorm in die Höhe getrieben. Sie betreiben es wieder als Beruf und bewirken damit eine Zerrüttung der Arbeiterinnen. Und weiter steigt auch die Zahl der Abtreibungen an. Es gibt lange Schlangen bei den Stellen, die eine Hilfe gewähren. Manchmal kommen dort 17 bis 18 Frauen pro Tag vorbei. Leider sind auch die Einrichtungen von OMM noch nicht genügend für die neuen Ansprüche ausgebaut. Ökonomisch unabhängige Frauen besitzen oft keine Familie. Die Erleichterung der Ehescheidung führte dazu, dass es nun viele alleinstehende Frauen gibt. Sie müssen die Sorge um die Kinder nun allein tragen. Stellen sie sich diese Frauen vor, ohne die Hilfe eines Ehemannes, mit den Kindern an den Händen, mit gekürzten Mitteln des Staates und aus dem Haus für Mütter und Kinder hinausgeworfen, wo man nicht über eine bestimmte Dauer verweilen darf. Solche Frauen setzen oft ihre Kinder aus. [...]

Arbeiterinnen, besonders Mütter, leben in einer sehr schwierigen Zeit. In der ganzen Republik werden die Mittel für Unterstützungen gekürzt. Natürlich ist es unvermeidlich, dennoch gibt es bei den Notwendigkeiten auch Grenzen.

Natürlich muss es Entlassungen geben, aber nicht immer unbedingt von Frauen, da sie oft besser qualifiziert sind als Männer. Es muss etwas getan werden, eventuell eine neue Steuer eingeführt werden, aber man kann nicht einfach diese Aufgaben von sich weisen.

Frauenpolitik

Deshalb sollen sich die Parteiorgane auch besonders für diese Fragen interessieren, um die schwere Situation der Arbeiterinnen zu verbessern.[39]

Stellvertretend für andere weibliche Bolschewiki beklagte Lebedeva den Rückzug der Partei von wichtigen sozialen Aufgaben und einen Rückfall in kapitalistische Zeiten. Damit verbunden sah sie eine Schwächung der eigenen Arbeit, die von der Politik wesentlich ernster genommen und unterstützt werden müsste. Frauenabteilungen und OMM übten keine offene Opposition gegen die Entscheidungen der oberen Parteileitung, ließen aber ihrem Unmut in öffentlicher Kritik freien Lauf, da sie sich im Kampf um sachliche Fragen alleingelassen fühlten. Als Folge der NĖP fanden zahlreiche Reorganisationen statt. Die Abteilung OMM wurde an verschiedene Institutionen angebunden und blieb ab Ende der zwanziger Jahre beim Narkomzdrav (Volkskommissariat für Gesundheit). Sie entwickelte sich nach einer Krisenzeit ab 1923 zu einer eigenen, zunehmend unabhängigen Institution mit einem erweiterten Aufgabenfeld. OMM baute ein Netz von Geburtshilfen auf, kümmerte sich um Abtreibungen und Fragen der Verhütung, gründete Mütterberatungsstellen und ein eigenes wissenschaftliches Forschungsinstitut für Mutter- und Kinderschutz in Moskau, wo auch Fachpersonal ausgebildet wurde. OMM unterhielt Heime für Mutter und Kind, errichtete Krippen und Beratungsstellen für Schwangere und Stillende.[40] Diese Maßnahmen bewirkten einen deutlichen Rückgang der Kindersterblichkeit, einen Anstieg von städtischen Entbindungen durch geschulte Hebammen, aber auch eine zunehmende Medikalisierung von Schwangerschaft, Geburt und Pädiatrie. Durch OMM entstanden neue Standards und Normen für Mütter, die in das Alltagsleben eingriffen. OMM war auch ein Instrument, auf die Geburtenzahlen einzuwirken. Ab 1930 galt es als die wichtigste Aufgabe der Organisation, „die für die Gesellschaft wichtige Geburtsfunktion der Mutter zu organisieren und zu erleichtern."[41] Die Institutionen von OMM besaßen ein gutes Ansehen, da sie eine weit verbreitete Sichtweise unterstützten, eine wichtige Aufgabe der Frau sei die Mutterschaft, in dieser Funktion müsse sie vom Staat geschützt wer-

---

[39] V.L. [Vera Lebedeva]: Vlijanie novoj ėkonomičeskoj politiki na byt trudjaščichsja ženščin. In: Kommunistka (1922) Nr. 3–5, 16.

[40] Lebedewa, Wera: Neues Leben in der Sowjetunion. Mutter- und Kindesschutz. In: Das Neue Russland 5 (1928) Nr. 2, 28–31.

[41] Boruchin, S.: Mutter- und Säuglingsschutz im neuen Russland. In: Archiv für soziale Hygiene und Demographie NF 5 (1930) 172–179, hier 172.

den.⁴² Die anfänglich noch emanzipatorisch ausgerichtete, kämpferische Haltung verblasste durch die zunehmende Etablierung von OMM. Im Gegensatz zu den politisch arbeitenden *ženotdely*, die deshalb stärker unter Druck gerieten, entwickelten sich die Einrichtungen von OMM zu einer festen, unangefochtenen Institution, eben weil sie weitgehend unpolitisch arbeiteten.

Ženotdel-Mitarbeiterinnen formulierten im Verlauf der NĖP immer wieder ihre Unzufriedenheit mit der Parteiführung und ihren politischen Entscheidungen. Führende Frauen in diesem Bereich waren fast alle sogenannte alte Bolschewiki, die bereits vor der Revolution politisch tätig waren. Sie hatten Seite an Seite mit Männern für politische Rechte unter dem Zaren gekämpft und persönlichem Leid wie Verbannung und Verhaftungen nicht entsagt. Die Erfahrungen von Untergrundarbeit, Exil aber auch vom Bürgerkrieg bildeten die Grundlage für eine kollektive Identität, die durch einen ungebrochenen Glauben an die revolutionäre Zielsetzung und eine eiserne Disziplin gekennzeichnet war. Private Bedürfnisse und Wünsche standen hinter den Interessen und Aufgaben der Partei zurück.⁴³ Die Revolution bedeutete für viele eine Realisierung der Utopien, dagegen erschien die NĖP mit ihrem realpolitischen Charakter wie ein Verrat. Die Kritik von Aktivistinnen aus den *ženotdely* wurde gut begründet mit der ursprünglichen Zielsetzung der Partei, aber auch durch die Erfahrungen in der Arbeit mit Frauen. Von einer Emanzipation sei man angesichts kapitalistischer, bürgerlicher Lebensweisen mit patriarchalischen Elementen weit entfernt. Akzeptanz herrschte in der Frage, das angestrebte Ziel ließe sich nicht so schnell wie anfangs erwartet umsetzen.

Fanni Njurina setzte sich im April 1924 mit den an die *ženotdely* gerichteten Vorwürfen auseinander, es passiere zu wenig beim Aufbau neuer Lebensweisen.⁴⁴ Auf der Leitungsebene hatte ein Wechsel stattgefunden, der die Frage nach dem weiteren Vorgehen nach sich zog. Njurina begann ihren Artikel mit einem Zitat des wenige Monate zuvor gestorbenen Lenin, über die heuchlerische Demokratie der Bourgeoisie, die nichts mit einer sowjeti-

---

[42] Interessant wäre eine Untersuchung über die Geschichte von OMM in Bezug auf die Prägung des Frauen- und Mutterbildes sowie einer ideologischen Verknüpfung von Mutterschaft und Nation.

[43] Barbara Evans Clements hat versucht, Bolschewikinnen unter dem Aspekt einer sozialen Bewegung zu untersuchen. Clements: Bolshevik Women; Fieseler, Beate: Frauen auf dem Weg in die russische Sozialdemokratie, 1890–1917. Eine kollektive Biographie. Stuttgart 1995.

[44] Njurina, F.: Revoljucija byta. In: Rabotnica (1924) Nr. 7, 25.

Aleksandra Vasil' evna Artjuchina, 1889-1969, letzte Vorsitzende der Frauenabteilung von 1925 bis 1930. Das Bild entstand vermutlich um 1930.

schen oder sozialistischen Demokratie gemeinsam habe. Damit erfolgte ihre politische Standortbestimmung. Sie bezeichnete sich als Leninistin, definierte aber ihren Demokratiebegriff genauer. Er beinhaltete die Herrschaft der proletarischen Klasse, durch die neue Lebensweisen aufzubauen seien. Nicht von oben nach unten, auf Befehl einer starken Parteiführung verändere sich etwas im *byt*, sondern durch die Jugend und die Arbeiterschaft, die politisch gebildet seien und bereits neue, kollektive Lebensformen ausprobierten. Die Probleme des *byt* diskutierte sie weniger in Bezug auf konkrete Maßnahmen, als in der Frage des politischen Vorgehens. Seit Jahrhunderten habe die Bourgeoisie das Leben, die Lebensweisen und das Verhalten der Menschen geprägt, es würde nun auch nicht von heute auf morgen gehen, diese Ansichten und Sitten radikal zu verändern.

Die Gewohnheiten der Menschen sind sehr hartnäckig, sie halten uns oft im Bann. Es ist schwer sich davon loszureißen, was die Väter und Vorfahren gemacht und wie sie gelebt haben.
Deshalb kann das Neue nur langsam aufgebaut werden, deshalb finden wir im Neuen noch Versatzstücke des Alten. Die Riten der roten Oktobristen, der roten Hochzeiten unterscheiden sich nicht nur dem Namen nach von kirchlichen Riten, sondern sind auch im Inhalt ganz anders.[45]

Njurina bekannte sich damit zu der Idee, die Revolution weiterzuführen und betonte auch in der von ihr gewählten Überschrift „Revolution des *byt*" die avantgardistische Rolle des Proletariats. Nicht Parteiorgane oder die Bürokratie gestalteten das Leben, sondern die politische Basis sollte dies übernehmen. Damit formulierte sie einen zentralen Gedanken. Kultur existiere nicht als etwas Abstraktes, sondern werde von den Menschen, in ihrem Verständnis von dem Proletariat als leitender Klasse, selber geschaffen. Ihre Haltung war repräsentativ für Bolschewiki in der Frauenabteilung, die sich nach der damaligen Einteilung somit politisch als links einordnen ließen. Sie leitete sich aus der Bezeichnung „Linke Opposition" ab, die während der Scherenkrise entstanden war und eine Strömung mit Trockij als Hauptvertreter innerhalb der Diskussionen über Wirtschafts- und Politikfragen bezeichnete. Diese Gruppierung forderte eine radikale Wende in der Wirtschaftspolitik, eine Abkehr vom bürokratischen Führungsstil und mehr innerparteiliche Demokratie. Als Gegner der „Linken Opposition" galten Bucharin, Stalin, Kamenev und Zinov'ev. Dieses Bündnis zerbrach 1925, Kamenev und Zinov'ev bildeten einen eigenen Block, der ab 1926 zusammen mit der „Linken" zur „Ver-

---

[45] Ebd.

Frauenpolitik

einigten Opposition" wurde. 1927 erfolgte der Parteiausschluss von Trockij und Zinov'ev, doch auch die Zusammenarbeit zwischen Stalin und Bucharin, dem auf dem XV. Parteitag „rechte Opposition" vorgeworfen wurde, scheiterte an Meinungsverschiedenheiten über den weiteren Weg.

Die Vermittlung neuer Lebensweisen in der Praxis

Die in den Organen der *ženotdely* geführten Diskussionen zum *byt* besaßen einen großen Praxisbezug. Theoretische Standpunkte wurden immer an konkreten, anschaulichen Beispielen verdeutlicht. Dahinter stand das beschriebene politische Grundverständnis, ein gegenseitiges Wechselverhältnis zwischen Partei und Basis aufzubauen und gleichzeitig die Interessen der Frauen zu vertreten. Ein Wandel der Lebensweisen wurde in den Zeitschriften durch Geschichten, Berichte aus einzelnen Arbeitsbereichen und von lokalen *ženotdely*, Arbeiter- und Bauernkorrespondentinnenbeiträgen und in Leserinnenbriefen vermittelt. Ein Beispiel für eine typische Agitationsform ist die Geschichte der Delegierten Lavrova aus Vyksa im Nižegoroder Gebiet.[46] Anjuta Lavrova war eine engagierte Arbeiterin und Delegierte, die ihr Privatleben hinter gesellschaftliche Tätigkeiten zurückstellte. Damit trug sie Züge einer Frau neuen Typs, die bereits die Relevanz neuer, öffentlicher Arbeitsgebiete erkannt hatte. Eines Tages kam sie zum *ženotdel*, weil sich der Heiratsantrag von einem Kollegen im Betrieb für sie als ein großes Problem darstellte. Die *ženotdel*-Mitglieder wunderten sich über die verunsicherte Reaktion von Anjuta, die sonst eine resolute Frau war. Anjuta fürchtete aber, dass ihr Verehrer, ein parteiloser Arbeiter, ihr zwar ihre Freiheit zusichere, nach der Heirat ihr dennoch die Ketten anlegen würde. Sie hatte Angst, dass er dann ihre Tochter aus einer früheren Beziehung taufen lassen und ihr die Besuche bei Frauenversammlungen und im *ženotdel* verbieten werde. Diese aber war ihr zu „einer zweiten Familie" geworden. Zusammen dachten alle über die Situation nach und kamen zu dem Schluss, dem Mann mitzuteilen, zunächst noch einige Zeit zu warten. Und wenn er sich dann von Anjuta abwende, sei klar, dass er sie auch in ihrer politischen Arbeit nicht unterstützt hätte.

Der Wahrheitsgehalt dieser Episode ist nicht nachzuprüfen, da es unklar bleibt, ob es sich um eine konstruierte Begebenheit oder eine Tatsache handelt. Vorrangig ist aber die Bedeutung dieser Geschichte, die eine Vorbildfunktion für andere Frauen besaß, sich ein Beispiel an Anjuta zu nehmen. Eine Identifikation mit Anjtua fiel leicht, da sie keiner Elite angehörte, son-

---

[46] Delegatka Lavrova: Kak byt'? In: Rabotnica (1924) Nr. 7, 26.

dern eine durchschnittliche Arbeiterin repräsentierte. Der Sinn der Darstellung lag darin, einen normalen Menschen als Träger der neuen Lebensweise zu propagieren. Theoretische Debatten wurden durch lebensnahe Beispiele anschaulich und verständlich umgesetzt. Die Figur von Anjuta verkörperte idealtypisch das neue Selbstbewusstsein einer sowjetischen Frau, die nicht mehr von patriarchalischen Strukturen abhängig war, sondern ihr Leben selbstbestimmt gestaltete. Die Ehe spielte eine untergeordnete Rolle für die emanzipierte Anjuta. Sie wollte sich nicht mehr von einem Mann etwas vorschreiben lassen und durch eine Heirat wieder in einen minderen, hörigen Status als Ehefrau gedrängt werden. Ihr Verhalten lehnte sich an die Entwürfe der „Neuen Frau" von Kollontaj an. Sehr wichtig in dieser Geschichte war die Betonung des politischen Bewusstseins der Arbeiterin: sie engagierte sich nicht nur selber, sondern wusste auch politische Institutionen zu nutzen, in diesem Fall das *ženotdel*. Gleichzeitig verkörperte Anjuta aber auch ein enges, vertrauliches Verhältnis zwischen Arbeiterinnen, Delegierten und den *ženotdely*. Frauen brauchten eine eigene Frauenabteilung, die dadurch wiederum eine Legitimation aus dem Volk heraus erhielt. Denkbar wäre diese Geschichte auch mit der Gewerkschaft als beratender Institution statt dem *ženotdel*. Aber sicherlich sollte bewusst eine Verankerung der *ženotdely* bei den Delegierten gezeigt werden.

Konkret bezog sich *byt* in diesem Artikel auf das partnerschaftliche Verhältnis von Mann und Frau. Eine Beziehung beruhte nicht – wie es bereits Kollontaj ausgeführt hatte – auf wirtschaftlicher Notwendigkeit mit dem Mann als Ernährer von Frau und Kind. Im Gegenteil: Anjuta verdiente ihren eigenen Lohn und konnte sich und ihre Tochter ohne die Hilfe eines Ehemannes versorgen. Grundlage einer Partnerschaft sollten ausschließlich gegenseitiges Interesse, Verständnis und Zuneigung sein. Deshalb wurde Anjuta auch geraten, sich Zeit mit dem Mann zu lassen, um herauszufinden, ob er sie wirklich liebe. Die Frage nach dem „Kak *byt*'?", die mit „Wie leben?" übersetzt werden kann, erhielt hier noch eine emanzipatorische Dimension: Ein Leben ohne Mann konnte freier und unabhängiger sein als mit einem Mann, der in diesem Fall als politisch noch nicht mobilisierter Mensch an alten Geschlechterrollen hing.

Hilfe zur Selbsthilfe

1925 fand erneut ein Wechsel in der Leitung der Frauenabteilungen statt. Die Nachfolgerin von Sofija Smidovič, Klavdija Nikolaeva, wurde nach nur einem Jahr 1925 ihres Amtes enthoben, da sie vermutlich wie andere Leiterinnen zuvor politisch zu links war und der Opposition zugerechnet wurde. Die

Frauenpolitik

neue Führungskraft hieß Aleksandra Artjuchina. Sie stammte aus einer Arbeiterfamilie im Gouvernement Tver' und war durch die Petersburger Metallarbeitergewerkschaft vor dem Ersten Weltkrieg politisiert worden. Am Bürgerkrieg nahm sie aktiv teil und leitete danach verschiedene lokale Frauenabteilungen.[47] Sie war ebenfalls eine sogenannte alte Bolschewikin, stand aber Stalin und Bucharin nahe. Diese beiden Politiker hatten sich in parteiinternen Fraktionskämpfen gegen die „linke Opposition" um Trockij, Zinov'ev und Kamenev durchgesetzt und verstanden sich als legitime Nachfolger Lenins in der Parteiführung. In den Diskussionen über den weiteren politischen Weg von 1925 bis 1927 kritisierte die „linke Opposition" einen Zerfall der innerparteilichen Demokratie und die kapitalistischen Wirtschaftsstrukturen. Sie forderte eine forcierte Industrialisierung. Zinov'ev hatte die Arbeit der Frauenabteilungen unterstützt und hielt ihre Existenz für wichtig und legitim. Er

---

[47] Aleksandra Vasil'evna Artjuchina, geboren am 25.10. (6.11.) 1889 in Vyčniy Voloček, Tver'er Gouvernement, gestorben am 7.4.1969 in Moskau. Aleksandra Vasil'evna Artjuchina wurde unter dem Mädchennamen Afanasenkova am 25.10.(6.11.) 1889 im Tverer Gouvernement als Kind einer Arbeiterfamilie geboren. Von 1896 bis 1899 besuchte sie eine dreijährige Grundschule, danach erlernte sie den typischen Frauenberuf der Schneiderin. Mit zwölf Jahren verdiente sie ihr erstes Geld und unterstützte damit finanziell ihre Familie. Bereits früh musste sie im Haushalt mithelfen und auf die jüngeren Geschwister aufpassen. Die Politisierung von Artjuchina erfolgte im Kreise ihrer Arbeiterfamilie. Alle Verwandten, auch die Mutter, nahmen an Streiks teil und wurden deshalb zeitweise verhaftet und verbannt. 1903 folgte sie ihrer Mutter in eine Petersburger Textilfabrik, wo sie sich weiter politisch engagierte und in der Revolution 1905 die Ideen der Bolschewiki kennen lernte. 1908 trat Artjuchina zunächst in die Petersburger Textilarbeitergewerkschaft ein, später wechselte sie in die Metallarbeitergewerkschaft. Hier erhielt sie politische Schulungen und stieg bald in die Führungspositionen auf. Seit ihrer Gründung 1913 arbeitete Artjuchina bei der proletarischen Frauenzeitschrift *Rabotnica* mit. Bis 1917 wurde sie oft verhaftet und musste in die Verbannung gehen. Die Oktoberrevolution erlebte sie in Petrograd, wo sie 1918 den 1. Arbeiterinnen- und Bäuerinnenkongress besuchte. Nach dem Einsatz im Bürgerkrieg an der ukrainischen Front arbeitete sie für die örtliche Frauenabteilung der Partei unter anderem in Tver' mit. Von 1925 bis zur Auflösung 1930 leitete Artjuchina die Frauenabteilung. Danach gab sie Parteiunterrichtskurse beim CK RKI, war von 1934 bis 1938 Vorsitzende der Gewerkschaft für Baumwollproduktion und arbeitete dann als Direktorin einer Tuchfabrik. 1951 ging sie in Rente. Am 7. April 1969 verstarb sie in Moskau. Zweimal wurde Artjuchina mit dem Leninorden und der Auszeichnung ‚Heldin' der sozialistischen Arbeit' ausgezeichnet. Carmen Scheide: ‚Born in October': The Life and Thought of Aleksandra Vasil'evna Artyukhina, 1889–1969. In: Women in the Stalin Era. Hg. v. Melanie Ilić. Erscheint in London 2001.

Frauenpolitik, Revolution, byt, Kultur

plädierte für eine breite Einbindung der Massen in die Partei und für eine Bolschewisierung der Frauen-Arbeiterinnen-Bewegung.[48] Stalin und Bucharin entwickelten die Idee, den „Sozialismus in einem Lande" aufzubauen. Bis Oktober 1923 bestanden Hoffnungen, dass die revolutionären Ereignisse in der Sowjetunion auch auf andere Länder übergreifen und in die Weltrevolution münden würden. Die größten Chancen wurden dafür in Deutschland gesehen, da hier eine starke Arbeiterbewegung und kommunistische Partei bestand. Die immer wieder geschürten Hoffnungen auf ein Übergreifen der bolschewistischen Revolution auf andere Länder mit Hinführung zu einer Weltrevolution waren schon früher, etwa nach dem Kapp-Putsch in Deutschland 1920, stark beeinträchtig worden. Ein letzter Hoffnungsfunken glimmte im Oktober 1923 auf, als es in Hamburg zu einem Arbeiteraufstand kam, der jedoch nicht auf andere Orte übergriff und blutig von der Polizei niedergeschlagen wurde. Für die innerparteiliche Diskussion in Russland bedeutete es eine Abkehr von weltrevolutionären Vorstellungen und Suche nach einem anderen Weg, wie ihn Stalin und Bucharin mit ihrer Idee vom Aufbau des „Sozialismus in einem Lande" vertraten. Trockij vertrat dagegen die Meinung, der Sozialismus sei nur in einer Überflussgesellschaft herzustellen, weshalb er die Idee vom „Sozialismus in einem Lande" ablehnte.

Die scheinbar gesicherte Führungsposition von Bucharin brach 1929 zusammen, als er von Stalin mit dem Vorwurf, Führer einer „rechten Opposition" zu sein, politisch zur persona non grata wurde. Nacheinander verschwanden die eher dem linken Lager zuzurechnenden Befürworter oder Leiterinnen der Frauenabteilungen aus der politischen Entscheidungsebene, wodurch ihre Stellung zunehmend unsicherer wurde. Die jeweils genauen Gründe für personelle Veränderungen in der Leitung der Frauenabteilung bleiben mangels Quellen unbekannt.

Auf den Beschluss zur Durchführung des „Sozialismus in einem Lande" und den Aufbau kollektiver Lebensformen musste die Frauenabteilung 1926 reagieren. Nicht die neue Leiterin, Artjuchina, sondern Smidovič verfasste im Dezember 1926 in der *Kommunistka* einen Artikel über „Unsere Aufgaben beim Umbau der Lebensweise".[49] Sie argumentierte, zum Erreichen die-

---

[48] Zinov'ev, Grigorij: Rabotnicam i krest'jankam SSSR. Reči i stat'i 1920–1925 gg. L. 1925. Die Haltung formulierte Zinov'ev auf einen Treffen des CK RKP (b) in einem Referat über die weiteren Aufgaben von Arbeiterinnen und Bäuerinnen vom 16.12.1924.

[49] Šmidovič, S.: Naši zadači v oblasti pereustrojstva byta. (Iz doklada, pročitannogo na sovešanie zavedujuščich oblastjamyj ženotdelami.) In: Kommunistka (1926) Nr. 12, 18–25.

Frauenpolitik

ses Ziels sei eben gerade die Arbeit an der Basis, mit Frauen außerhalb der Partei notwendig. Die Durchführung sollte durch die Delegiertenversammlungen erfolgen, auf deren große Erfolge bei der Mobilisierung von Frauen sie verwies. In den Delegiertenversammlungen würden Frauen zur Selbsthilfe angeleitet. Immer wieder berief Smidovič sich darauf, den von Lenin beschrittenen Weg weiter fortzusetzen. Sie legitimierte dadurch nicht nur die Arbeit, sondern betonte, dass es notwendig sei, unter den Massen zu agitieren und die Partei nicht als elitär zu verstehen. Bislang seien Frauen durch die Sowjetverfassung rechtlich den Männern gleichgestellt, „[…] aber bis heute bleibt diese Gleichheit eine formale, solange wir Frauen nicht von der Last des Haushalts befreien." Da sich die Parteizellen auf Propaganda- und Aufklärungsarbeit unter Frauen beschränkten, seien die *ženotdely* für die konkreten Ausführungen und Anleitungen notwendig und zuständig.

Konkret meinte *byt* in diesem Artikel Einrichtungen und Organisationsformen zur Vereinbarkeit von Familien- und Berufsleben. Der Aufbau dieser Einrichtungen sollte von Sowjet-, Gewerkschafts-, Genossenschafts- und anderen Organisationen durchgeführt werden, um so Arbeiterinnen und Bäuerinnen zu stärken und ihre „Eigenständigkeit als Werktätige"[50] zu fördern. Smidovič verwies auch darauf, Arbeit im Bereich des *byt* sei durch die Frauenabteilungen bereits seit der Revolution durchgeführt worden, eine entscheidende Verbesserung könne durch die Anleitung zur Selbsthilfe unter Frauen schneller zum Ziel führen. Es mangele allerdings an der notwendigen Unterstützung anderer Organe. Motivierte Delegierte stießen beispielsweise auf bürokratische Widerstände, wenn sie in höhere Funktionen vordringen wollten. Zudem seien viele kollektive Einrichtungen, wie Häuser für Mutter und Kind oder Krippen, geschlossen worden. Nicht Frauen seien wegen ihrer angeblichen Rückständigkeit Schuld an der Existenz alter Verhältnisse.

Smidovič appellierte daran, die bereits bestehenden Modelle zur Selbsthilfe von Frauen durch die Organisationen und Bereitstellung finanzieller Mittel stärker zu unterstützen. Sie erzählte von einem Klub in Moskau mit dem Namen Kuchmisterova. Dort wurden von Frauen eigenständig Tagesmütter organisiert, Bettwäsche gewaschen und Kinder den ganzen Tag über betreut. Dies sei ein Beweis für die Unabhängigkeit der Arbeiterinnen, der zudem wenig Geld der Allgemeinheit verbrauche.[51] Die Lösung sah Smidovič in einer Stärkung der Delegiertenversammlungen:

---

[50] Ebd. 18.

[51] Ebd. 22.

Frauenpolitik, Revolution, byt, Kultur

Unsere Delegiertenversammlungen sollen als Basis für die Reorganisation des *byt* dienen. Wir vergessen oft, dass die Delegiertenversammlungen für Arbeiterinnen nicht nur Schulen der *politgramotnost* [politische Bildung, C.S.] sind, sondern die Zellen zur Reorganisation des *byt*. Die Delegiertenversammlungen sollen selber die Initiative ergreifen und in diesem Bereich tätig werden. Sollen die Delegierten doch Initiative zeigen, sollen sie doch selber zu den Gewerkschaften gehen und die Frage darüber stellen, ob sie einen kleinen Raum im Klub als Zimmer für Kinder oder etwas ähnliches bekommen. Richtig, wir müssen diese Arbeit, ihre Schritte, in eine organisatorische Bahn lenken, wir können keine unorganisierten Zustände zulassen, aber das heißt keineswegs, dass wir überhaupt keine Initiative und Selbständigkeit der Arbeiterinnen zulassen oder begrüßen, ohne die unsere Arbeit überhaupt nicht weiterkommt.[52]

Natürlich dürfe nicht die Erwartungshaltung vorherrschen, der Staat bezahle alles. Auch die Arbeiterinnen müssten in einem vernünftigen Maße finanzielle Beiträge für kollektive Einrichtungen erbringen. Dieser konkrete Vorschlag von Smidovič kann als neuer Aspekt in der Frage der Umgestaltung von Lebensformen bewertet werden. In den bis dahin geführten Diskussionen im *ženotdel* war kein private Teilfinanzierung von sozialen Einrichtungen in Erwägung gezogen worden. Die angestellten Überlegungen bedeuteten eine Verlagerung von vormals staatlichen und kommunalen hin zu privaten Aufgaben.[53]

Smidovič führte noch weitere konkrete Beispiele an, wie sich Arbeiterinnen an einer Verbesserung des *byt* beteiligen konnten. Die starke Betonung der Selbsthilfe war neu in der Strategie der Frauenabteilung und trug eindeutig die Handschrift von Smidovič. Dahinter verbarg sich aber auch eine enttäuschte Abkehr von anderen Organisationen, von denen keine Hilfe bei der Umsetzung frauenpolitischer Ziele erfolgte. Gleichzeitig entwarf Smidovič eine neu akzentuierte Identität für Arbeiterinnen, die ein starkes und neues

---

[52] Ebd. 23.

[53] Interessant ist, das Smidovič auch nach dem Ende der Frauenabteilungen bei ihrer Meinung blieb. 1931 sprach sie ebenfalls davon, Frauen müssten Kinderbetreuungseinrichtungen mitfinanzieren. „Die staatlichen Mittel können unmöglich allein für diese gewaltigen Erfordernisse ausreichen. Deshalb müssen die Mütter selbst darangehen, Vorschulanstalten zu errichten. [...] Die Beiträge, die die Angehörigen für jedes einzelne Kind entrichten, das diesen Kindergarten besucht, sind nach dem Einkommen der Eltern und der Zahl der arbeitsunfähigen Familienmitglieder gestaffelt und machen bis zu 16 Rubel aus." Smidowitsch, S.: Kultur und Lebensweise. M. 1931, 16–17.

Frauenpolitik

Selbstbewusstsein beinhaltete sowie auf Aktion, Solidarität unter Frauen, Wissen um die Dinge des Alltags und eigener Stärke beruhte. Die *ženotdely* versuchten jetzt, Frauen unmittelbar durch die Delegiertenversammlungen zu mobilisieren und ihre Ziele umzusetzen, um dadurch ihren Machtbereich auszuweiten. Dies sei, so Smidovič, in einer Zeit legitim, die Lenin den Übergang des Kapitalismus zum Sozialismus genannt habe und in der sozialistische Kräfte gestärkt werden müssten.

> Wir wissen, dass in unserem Land, einem Land von Bauern, mit einem überwiegend bäuerlichen Anteil an der Bevölkerung, diese Arbeit sehr schwer wird. Wir wissen, dass es große Widersprüche zwischen der Situation des Proletariats in den großen Fabriken und Werken, seiner Bedeutung für den Aufbau des Sozialismus und zwischen dem ärmlichen Dasein ihrer Familien gibt, die manchmal in nichts einer bäuerlichen Familie gleichkommen. [...] Diese Arbeit können wir nur in dem Fall ausführen, wenn wir es schaffen, die Selbständigkeit und Initiativen der Arbeiterinnen selber dafür zu gewinnen.[54]

Interpretiert man dieses Zitat, dann gestaltete sich die Arbeit der Frauenabteilungen nicht allein nach Vorgaben von der Parteiführung, sondern blieb ursprünglichen Prinzipien treu, etwa der Eigenständigkeit, und richtete sich immer nach den konkreten Erfahrungen mit der Arbeit unter Frauen und ihren Lebenszusammenhängen.

Die Diskussion des *byt* war nicht nur ein Thema der Elite, sondern breiter Bevölkerungsschichten. Anders als Wirtschaftsfragen oder innerparteiliche Diskussionen fand hier also tatsächlich eine enge Auseinandersetzung zwischen Partei und einem Teil der Bevölkerung statt, diente der *byt*-Diskurs als der lange gesuchte „Transmissionsriemen", der beidseitig funktionierte. Besonders drei Themen formulierten Arbeiterinnen als ihre Hauptanliegen in Schreiben an die Redaktion der *Kommunistka* in Bezug auf den *byt*: Die Unterstützung für Kinder in Form von Krippen, Kindergärten und -ecken, die Verbesserung des kulturellen und politischen Niveaus der Arbeiterinnen, etwa durch Delegiertenversammlungen oder Klubarbeit, Fragen zur Familie wie beispielsweise die Beziehung zum Ehemann und zum Haushalt.[55] Über die ersten beiden Punkte waren die Briefe begeistert, dagegen wurde das Familienleben als problematisch und negativ geschildert. Der Despotismus des Ehemannes und die Bürden des Haushalts würden alles dominieren. Egal, welche Rolle die Arbeiterin im gesellschaftlichen Leben einnehme, die Last der

---

[54] Smidovič: Naši 25.
[55] Rakitina, Z.: Byt po zametkam rabotnic. In: Kommunistka (1926) Nr. 12, 32–36.

Frauenpolitik, Revolution, byt, Kultur

Hausarbeit liege noch immer auf ihren Schultern.

Aus der Reutovskij Fabrik im Moskauer Gouvernement wird geschrieben: Die Arbeiterin kommt nach einem 8-Stunden Tag nach Hause, isst in acht bis zehn Minuten und schon steht vor ihr wieder eine ganze Reihe körperlicher Aufgaben: das Wäschewaschen, Putzen, usw. Es ist kein Ende für diese Hausarbeit in Sicht – schreibt Genossin Nikitina (Balaševo) in ihrem Brief. – Putzfrau, Köchin, Schneiderin, Wäscherin, Kindermädchen, fürsorgliche Mutter, aufmerksame Ehefrau ... Und wie viel Zeit nimmt das Einkaufen und Zubereiten von Essen in Anspruch...

Solche Briefe gibt es nicht wenige: Ich wurde Delegierte. Aber als ich von einer Versammlung nach Hause kam, hat mein Ehemann mich nicht in das Haus gelassen und ich war gezwungen, viele Stunden an der Tür abzuwarten. Das schreibt die Arbeiterin Formiševa (Ivanovo-Voznesenskaja Gouvernement), aber von ähnlichem Verhalten von Seiten des noch wenig aufgeklärten Arbeiters gegenüber seiner Frau hört man sehr oft. Die Beschreibung von Krippen und Kinderecken ist eines der beliebtesten Themen für die Zuschriften von Arbeiterinnen:

Es ist toll, dass wir eine Krippe haben – schreibt M. Evdokimova aus der Fabrik Abel'man, Vladimirer Gouvernement.[56]

Während einige Jahre vorher Kinderkrippen ablehnend aufgenommen worden seien, erfreuen sie sich jetzt großer Akzeptanz. Rakitina, die Autorin des Artikels, verwies auf einen wichtigen Lernprozess bei Arbeiterinnen, die begriffen hätten, wie nützlich eine kollektive Kinderbetreuung sei. Die schwierige Frage der Erziehung würde dort kompetent gelöst, zudem hätten die Arbeiterinnen nicht länger Sorge um ihre Kinder während ihrer Berufstätigkeit und fänden auch ab und zu mehr Zeit, über sich nachzudenken. Diese deutliche qualitative Lebensverbesserung würde begeistert aufgenommen. Weiter schilderte Rakitina, Frauen hätten einen großen Wissensdrang über Fragen der Erziehung, Hygiene und Krankheiten. Wie weiter oben bereits angesprochen, gehörten die Delegiertenversammlungen zum wichtigsten Programmteil der *ženotdely*. Auch in diesem Artikel wurden sie als zentrale Stelle für die politische und kulturelle Bildung von Arbeiterinnen genannt. Sie dienten als erste Stufe zur Mobilisierung von Frauen, da sie sich mit praktischen Themen befassten. Oftmals waren sie der Beginn eines gesellschaftspolitischen Engagements von Frauen, die als Delegierte auch Klubs besuchten.

[56] Ebd. 32–33.

Frauenpolitik

Industrialisierung

Zur Umsetzung der geplanten forcierten Industrialisierung in der Sowjetunion sollten weitreichende Rationalisierungsmaßnahmen durchgeführt werden. Durch die Anwendung der wissenschaftlichen Arbeitsorganisation (NOT) sollten Werktätige lernen, ihre Arbeitszeit aber auch die einzelnen Bewegungen optimal zu gestalten, um sich dem Rhythmus der Maschinen anzupassen und dadurch die Produktivität zu steigern. Diese Rationalisierungskonzepte als Ideologie für den Aufbau einer modernen Industriegesellschaft wurden auch auf den privaten Bereich übertragen. Frauen sollten angeleitet werden, ihre Zeit überlegt einzuteilen, um allen Aufgaben im Beruf und in der Familie gerecht zu werden. 1927 veröffentlichte Rakitina in der Kommunistka einen Artikel, der die Bedeutung des Klubs für Arbeiterinnen in dieser Frage unterstrich.[57] Nachdem bereits durch die Beratungsstellen von OMM Frauen für Fragen der Kindererziehung mobilisiert worden und auf diesem Gebiet bereits einige Einrichtungen entstanden seien, gelte es jetzt, das Augenmerk auf die Hausarbeit und Haushaltsführung als zweiten wichtigen Punkt des *byt* zu legen. Nach wie vor betrachteten Arbeiterinnen die familiäre Hauswirtschaft als eine Privatangelegenheit, statt sich um kollektive Einrichtungen zu kümmern.

> Hier kann der Klub eine ebenso wichtige Rolle wie die Beratungsstellen für Mutter und Kind spielen. [...] so könnten wir über die Klubs Arbeiterinnen für einen besseren familiären und häuslichen *byt* interessieren. Durch den Klub könnte man Arbeiterinnen auch für die Fragen der richtigen Ernährung interessieren, auch für die gesellschaftliche Ernährung.[58]

In den Diskussionen über den *byt* tauchte ein neues Element auf: die Frage von Kulturlosigkeit und Kultur, verstanden als eine Kategorie der neu aufzubauenden Gesellschaft. Rakitinas Forderung nach „[...] mehr Wissen über eine gesunde Lebensweise!"[59] beinhaltete eine spezifische Aufklärung von Arbeiterinnen durch Klubs über Fragen der gesunden Ernährung und über hygienische, geordnete Wohn- und Lebensbedingungen. Sie forderte den Aufbau einer gesellschaftlichen Ordnung im Sinn von geregelten Verhältnissen. Als Beispiel für veraltete Lebensformen nannte sie den russischen Ofen, der nach wie vor bei Arbeiterfamilien eine zentrale Rolle spielen würde. Beim

---

[57] Rakitina, Z.: Klub v razrežii voprosov novogo byta. In: Kommunistka (April 1927) Nr. 4, 40–43.

[58] Ebd. 41.

[59] Ebd. 43.

Frauenpolitik, Revolution, byt, Kultur

Neubau von Wohnungen würde es darüber immer zu heftigen Streits kommen. Der Ofen sei deshalb so beliebt, weil er backe, wärme, aber eben auch „[…] der wuchtigste und gemütlichste Ort für Kakerlaken" sei.[60] Die Arbeiterin sah sie als Trägerin und Vermittlerin der neuen Kultur, da sie an exponierter Stelle – als Haushälterin und Erzieherin der Kinder – Fragen des *byt* organisiere.

Die neue Parole über den kulturellen Aufbau wurde zum Frauentag im März 1927 herausgegeben:

> Die gesamte werktätige Bevölkerung unserer Union muss in die Produktionsarbeit und den wirtschaftlichen und kulturellen Aufbau eingebunden werden. Dies ist eine Notwendigkeit zum Bau des Sozialismus. Partei und Sowjetmacht stellen diese Aufgabe allen Produktions-, Erziehungs- und Genossenschaftsorganisationen, damit sie die Qualifikation der neuen Kader verbessern und die Landwirtschaft intensivieren durch die Erhöhung des allgemeinen kulturellen Niveaus der Bevölkerung. In Bezug auf den weiblichen Teil der werktätigen Bevölkerung heißt die Aufgabe, Frauen unbedingt von ihrer wenig ertragreichen Arbeit für Familie und Haus zu befreien.[61]

Hier ist eine deutliche Zäsur, eine politische Wende auszumachen. In die Politik kam frischer Wind durch die Propagierung eines gemeinsamen, nationalen Ziels, dem andere Aufgaben untergeordnet wurden. Die staatstragende Bedeutung der Umsetzung von Industrialisierung und Aufbau des „Sozialismus in einem Lande" zeigte Vera Golubeva am Beispiel einzelner Unionsrepubliken. Während bislang die Fragen des *byt* oft auf Russland und hier die größeren Städte bezogen wurden, sprach sie in einem Atemzug von den Frauen im Osten, in Georgien und anderen Unionsrepubliken. Die Nationalitätenpolitik zielte ab 1928/29 nicht länger auf die Stärkung kultureller Besonderheiten, sondern sah eine stärkere Zentralisierung und intensivierte Russifizierung vor. Statt nationaler Autonomie wurde ein starker Führungsanspruch behauptet, um eine engere Bindung an die zentrale Macht und eine Vereinheitlichung des heterogenen Sowjetimperiums zu erwirken.

Um tatsächlich die Politik einheitlich in den sehr unterschiedlichen nationalen und kulturellen Gebieten durchzusetzen wurden bereits 1922 eigene

---

[60] Ebd.

[61] Golubeva, Vera: O zadačach i rabote komisij po ulučšeniju truda i byta ženščin. In: Kommunistka (1927) Nr. 3, 35–37, hier 35.

Frauenpolitik

Kommissionen zur Verbesserung der Arbeit und des *byt* von Frauen gebildet (*Komissija po ulučšeniju truda i byta ženščin vostoka*). Sie waren dem CIK SSSR und den einzelnen Republiken unterstellt und organisatorisch bei den Sowjets angebunden. Über ihre Anzahl, Verbreitung in den einzelnen Republiken, Mitgliederzahlen und Arbeitsweise bis zum Ende der zwanziger Jahre ist wenig bekannt, vermutlich besaßen sie einen formalen Charakter. In der Diskussion über Alltagsleben und Frauenpolitik tauchten sie auf, als die Kritik an den Frauenabteilungen sich verschärfte und die Steigerung der Arbeitsproduktivität unter Werktätigen gefordert wurde. Die staatlichen Kommissionen wurden als ein politisches Druckmittel gegen die parteieigenen Frauenabteilungen eingesetzt, eine Dualität der beiden Institutionen für Frauenpolitik, die bislang nicht zum Tragen gekommen war, nun bewusst als ein Konkurrenzverhältnis dargestellt. Interessanterweise ging Golubeva in ihrem Artikel nicht weiter auf diese Konstellation ein. Sie kommentierte die Aufwertung der Kommissionen durch ihren geplanten Ausbau zu Massenorganisationen nicht, obwohl dadurch offensichtlich die Stellung der *ženotdely* entscheidend geschwächt und auch ihre bisherige Arbeit in Frage gestellt wurde.

> Diese Komitees sollen die Arbeit unter Frauen vor Ort verstärken und die zuständigen Organisationen und Institutionen für die Frage interessieren. Die lokalen *ženotdely* sollen auch Vertreterinnen entsenden und mit praktischem Rat und Tat zur Seite stehen.
> Die Hauptaufgaben des Komitees sind:
> - Aufbau von Einrichtungen, die Frauen stärken und unterstützen.
> - Der Kampf mit Arbeitslosigkeit und *besprizornost'*.
> - Einbindung von Frauen in selbständige Produktionsarbeit.
> - Ausbildung in verschiedenen technischen Kenntnissen.
> - Erhöhung ihres kulturellen Niveaus.
> - Bereitstellung praktischer Hilfe und Rechtsschutz in den Fällen, wenn Frauen unterdrückt und eingeschüchtert werden.
> In folgenden Republiken arbeiten diese Kommissionen bereits: Georgien, Armenien, Azerbajdžan, Usbekistan, Jakutien, Burjat-Mongolei.[62]

Die ursprünglich für Frauen im Osten gegründete Kommission wurde 1929 reorganisiert. Aus der Zusammenlegung mit der *Komissija 8 marta* (Kommission zum Frauentag am 8. März) entstand die *Komissija VCIK po ulučšeniju truda i byta ženščin*. Die Reorganisation erfolgte auf Erlass des Präsidiums

---

[62] Ebd. 36.

des VCIK.⁶³ Auf dem ersten Plenum der Kommission nach der Umstrukturierung erläuterte der Vorsitzende Dosov die neuen Aufgaben und Ziele:

> Früher nannte sich unsere Kommission „Kommission zur Verbesserung der Arbeit und Lebensweise der Frauen im Osten", jetzt nur noch „Kommission zur Verbesserung der Arbeit und Lebensweise von Frauen". Deshalb ist es klar, dass die Kommission sich nicht nur mit den Aufgaben östlicher Frauen beschäftigt, sondern aller Frauen. Aber gleichzeitig wurde die Umbenennung der Kommission deshalb durchgeführt, damit nicht nur die Arbeit unter Frauen der anderen Nationalitäten widergespiegelt wird. Die Reorganisation diktiert die thematischen Bedingungen, dass im Zusammenhang mit der Ausführung des ersten Fünfjahrplans, im Zusammenhang mit der allgemeinen gewachsenen Aktivität in der Stadt und im Dorf die Arbeit unter Frauen mehr Bedeutung erhält, nicht nur unter Frauen der übrigen Nationalitäten, sondern unter der ganzen Masse der Frauen insgesamt.⁶⁴

Auf staatlicher Ebene erfolgte hier eine wegweisende Umstrukturierung, die bald auch Parteiorganisationen betreffen sollte. Statt partikularer Interessen und Unterschiede wurde nun das Allgemeine betont, ohne es genauer zu definieren. Ein floskelhafter, oberflächlicher und beliebiger Charakter hielt Einzug in die politische Sprache, der seit den dreißiger Jahren zu einem prägenden Stil in der Sowjetunion wurde. In der Frage der Reorganisation der Kommission zur Verbesserung der Lebensweise und Arbeit von Frauen benannten die Sitzungsmitglieder mangelnde Organisation und Anleitung als Probleme bei der praktischen Arbeit. Unklar blieb, wie diese Mängel angesichts einer Vergrößerung der Kommission besser in den Griff zu bekommen waren. Zudem zeigten die Redebeiträge deutlich, wie wenig Handlungsräume und Einflussmöglichkeiten die vielen parallel existierenden und arbeitenden Kommissionen für Frauen hatten. Die *ženotdely* erhielten nur eine beigeordnete Funktion und Bedeutung, außerdem war klar, dass die finanziellen Mittel zur Umsetzung der formulierten Politik nicht ausreichten. Unerwähnt blieb die Frage, ob alle Nationalitäten mit ihren kulturellen Besonderheiten überhaupt durch eine vereinheitlichte Politik zu erreichen waren.

---

[63] Stenogramma plenuma komissii VCIK po ulučšeniju truda i byta ženščin sovmestno s sekretarjam komissij po ulučšeniju truda i byta ženščin RSFSR. GARF f. 6983, op. 1, ed.chr. 5, ll. 28–35.

[64] Ebd.

Frauenpolitik

Die Auflösung der Frauenabteilungen

Die Sonne des Sozialismus vertreibt das Dunkel aus der Lebensweise von Frauen.[65]

Die Kraft des Bolschewismus besteht auch darin, dass er nicht dagegen ankämpft, seine Fehler zu erfahren. Alle sollen die Unzulänglichkeiten nennen, damit wir sie beseitigen können. Wir wollen unsere Arbeit jeden Tag verbessern und immer mehr Übel beseitigen. Die erfolgreiche Arbeit ist nun das wichtigste. Und die Feinde dürfen nicht länger Bolschewiki genannt werden! (Stalin)[66]

Zum zehnten Jahrestag der Oktoberrevolution fand 1927 der zweite Allunionskongress für Arbeiterinnen- und Bäuerinnen in Moskau statt, zu dem viele Delegierte angereist kamen. Von Seiten der *ženotdely* wurde betont, weiter das Hauptaugenmerk auf Fragen des *byt* zu richten. Frauen sollten wie schon nach dem ersten Treffen 1918 gestärkt für weitere Aufgaben in ihre Heimatorte zurückkehren.[67] Im Gegensatz zum ersten Kongress von 1918 vermittelte das Treffen jedoch keinen Pioniergeist und entwarf auch keine neuen Programme oder Aktionspläne. Die Stimmung war geprägt von der Verabschiedung des ersten Fünfjahrplans mit Plänen für den Bau sozialistischer Städte und neuen Hoffnungen, die Lebensweisen umzugestalten.

Jedoch war die Position der Frauenabteilungen bereits angeschlagen. Kritische Stimmen innerhalb der Partei gegen eine eigene Organisation für

---

[65] Semaško, N.: Svet i teni byta rabotnic. In: Komunistka (1928) Nr. 5, 27–29, hier 29.

[66] Zitat von Stalin zum Beschluß der Partei zur Selbstkritik in: Artjuchina, A.: Na bor'bu s nedostatkami v bytu i stroitel'stve. In: Kommunistka (1928) Nr. 5, 3–8, hier 5.

[67] Goldman, Wendy Z.: Industrial Politics, Peasant Rebellion and the Death of the Proletarian Women's Movement in the USSR. In: Slavic Review 55 (1996)Nr. 1, 46–77, hier 53; Artjuchina, A.: Itogi vsesojuznogo s"ezda rabotnic i krest'janok – členov sovetov. M.-L. 1927.

Frauenpolitik, Revolution, byt, Kultur

Frauen konnten nicht vom Sinn dieser Arbeit überzeugt werden.[68] Auf lokaler Ebene, besonders in Fabriken, gab es Ressentiments gegen die feministische Haltung und den Druck von Aktivistinnen. Die Gewerkschaften unterhöhlten beständig die Position der *ženotdely*. Bereits Ende Mai 1926 erließ das Organisationsbüro des CK ein Dekret, wonach Fabrikarbeiterinnen nicht länger durch Frauenbeauftragte der Gewerkschaften, sondern bei den Fabrikkomitees zu organisieren seien. Die Stellen der *ženotdely* wurden von den Fabrikleitungen zügig abgeschafft. Dann erklärte man offiziell, die Umstellung der Arbeit sei erfolgreich durchgeführt worden. In den Gewerkschaften fand jedoch keine eigene Arbeit unter Frauen statt, da die Haltung vertreten wurde, Arbeiterinnen besäßen keine spezifischen Belange, sondern würden durch die allgemeine Arbeit erfasst. Somit fühlten sich die betroffenen Frauen auch nicht von den Gewerkschaften angesprochen.[69] Die von Kollontaj früher immer wieder angeführten Argumente für eine eigene Frauenorganisation, andere Institutionen kümmerten sich nicht um spezifische Frauenbelange, bewahrheiteten sich.

Ende 1927 kam es zu einer Liquidationswelle, als die Partei alle Organisationen aufforderte, die Arbeit für eine Hebung der Arbeitseffizienz umzugestalten. In Gewerkschaften und lokalen Parteiorganisationen wurden die Frauenabteilungen abgeschafft, 1928 wurden sie oft durch sogenannte Rationalisierungskomitees ersetzt. Der XV. Parteikongress warf den *ženotdely* im Dezember 1927 vor, nichts anderes als die Abteilung für Agitation und Propaganda auch zu betreiben, die Arbeit parallel auszuführen. Eine Doppelung der Arbeit finde auch durch die Delegiertenversammlungen statt, die als einzige frauenpolitische Organisationsform weiterbestehen bleiben sollten. Richtigerweise wurde auf eine verwirrende Parallelität von verschiedenen Frauenorganisationen auf Staats- und Parteiebene hingewiesen. Dennoch gab es keine gerade deshalb notwendigen Anweisungen, welche Kompetenzen und Weisungsbefugnisse der jeweiligen Organisation zustanden. Artjuchina beschwerte sich gegen diese Schließungswelle und die Vorwürfe, erhielt allerdings vom CK keine Reaktion. Auf einem Treffen im Juli 1928 überlegten aktive Frauen Strategien für ein weiteres Vorgehen, die Debatten wurden in der *Kommunistka* fortgesetzt.

In zwei Richtungen äußerte sich ihre Kritik: zum einen am Verhalten von Gewerkschaften und Partei, die die Stellung der Frauenabteilungen als

---

[68] Goldman: Industrial Politics 54.

[69] Ebd. 55. Das Verhältnis zwischen Gewerkschaften und Arbeitnehmerinnen sowie frauenpolitische Ambitionen dieser Institutionen stellen ein Forschungsdesiderat dar.

Frauenpolitik

Vertretungsorgane der Interessen von Frauen hinterfragten, zum anderen über die Lebensverhältnisse, die mehr als zehn Jahre nach der Revolution noch weit von einem sozialistischen Leben entfernt seien. Das eingeführte Mittel der Selbstkritik fand für die Formulierung von Missmut großen Anklang. Überschriften wie „Grimassen des Lebens", „Licht und Schatten der Lebensweise" oder „Träume des Lebens" verdeutlichten die formulierte Unzufriedenheit mit politischen und sozialen Zuständen.[70]

In Anlehnung an eine Rede von Bucharin auf dem Komsomolkongress von 1928 sah Sofija Smidovič in der „Kleinbürgerlichkeit unserer Lebensweise" einen Feind, der die Diktatur des Proletariats am Aufbau des Sozialismus hindere.[71] Die Existenz kleinbürgerlicher Lebensweisen, auch unter Proletariern und Kommunisten, sei ein Überbleibsel aus alten Zeiten. Obwohl diese Missstände bekannt seien, hätten weder Partei noch Sowjetmacht bislang entschieden genug den Kampf dagegen aufgenommen. Smidovič benannte konkret einige Probleme. Sie berichtete von Kommunisten, die wegen der Verschwendung staatlicher Gelder für Glücksspiele und Saufgelage angeklagt wurden.[72] Besonders beengte Wohnverhältnisse übten einen negativen Einfluss auf die Lebensweise von Kommunisten aus. So hätten Familien zu wenig Platz zum Leben und in Neubauten fehlten oft Einrichtungen zur Kollektivierung der Lebensweise, wie Krippen, Wäschereien und Kantinen. Sie wies darauf hin, dass die Frauenabteilungen sich fast im Alleingang um eine Verbesserung des Lebensraumes bemüht hätten. In privaten Beziehungen gestalte sich die Zahlung von Alimenten als ein zentrales Problem. Ohne den Unterhalt der Männer hätten Frauen oft große Schwierigkeiten, sich und ihre Kinder durchzubringen. Der Fall, dass ein Mann an verschiedene Frauen Unterhalt zahlen musste, sein Lohn dafür jedoch nicht ausreichte, war weit verbreitet.

Eine scharfe Kritik an den Geschlechterbeziehungen übte Fanni Njurina:

> Vor vielen Jahren schrieb Marx an Kugelmann, die Lage einer Gesellschaft könne man nur an der Lage der Frauen in dieser Gesellschaft bewerten. Diese Unterstreichung hat seine ganze Bedeutung auch für unsere sowjetische Gesellschaft bewahrt. Die Beziehung zu

---

[70] Semaško: Svet; Njurina, Fanni: Grimasy byta. In: Novyj mir (1928) Nr. 8, 166–173; Artjuchina, Aleksandra: Meloči byta. In: Rabotnica (Mai 1928) Nr. 18, 3–4.

[71] Smidovič, S.: Iz byta sem'i kommunista. In: Kommunistka (Juni 1928) Nr. 6, 24–29, hier 24.

[72] Ebd. 24.

Frauenpolitik, Revolution, byt, Kultur

den Frauen erweist sich als das Lakmuspapier, das am schnellsten und leichtesten das Vorhandensein der Reaktion aufzeigt. Die Beziehung zu den Frauen ist einer der schwersten, kompliziertesten und grundlegendsten Knoten, in dem sich die Gesamtheit unserer wichtigsten *byt* und kulturellen Fragen konzentriert.[73]

Sie klagte den großen Unterschied zwischen Gesetz und Realität an und behauptete, in der Lebensweise existiere bislang keine Gleichberechtigung von Frauen. Als Beispiele nannte sie die geringschätzige Behandlung von Frauen, ihre Nötigung am Arbeitsplatz, Vergewaltigungen und sogar Ermordungen von gesellschaftlich aktiven Frauen. Nicht ganz so scharf formulierten auch andere Autorinnen die Situation von Frauen. Unter Arbeitern und Bauern sei die Sicht auf Frauen als Sklavinnen nach wie vor weit verbreitet, obwohl sie durch die Oktoberrevolution emanzipiert worden seien.[74] Aleksandra Artjuchina forderte die Aufdeckung des *domašnjaja vojna* (häuslichen Krieges), der sich etwa darin äußere, dass Ehefrauen von ihren Männern geschlagen würden.[75]

Auch unter Artjuchina blieb die Arbeitsweise der *ženotdely* gleich, indem Fragen des *byt* im Vordergrund standen und die Stärkung und Anerkennung der eigenen Stellung gefordert wurde. Sie beklagte, mangelnde Erfolge würden auch durch eine fehlende Unterstützung auf privater, institutioneller und politischer Ebene verursacht:

> Eine Frage wie die Entlassung von Ehefrauen wird auf jeder Versammlung erwähnt, darüber wird in Zeitungen und Zeitschriften geschrieben, in Briefen an unsere Abteilung. Wir antworten immer, dass man nichts machen könne. So eine Reaktion auf die Frage kann nicht den Glauben an uns stärken.[76]

Es herrschte Konsens darüber, dass zur Umsetzung der Ziele der Revolution es nicht ausreiche, juristische Voraussetzungen zu schaffen und die entsprechenden Institutionen zu bilden, sondern dass die Basis, die Gesellschaft, umstrukturiert, ja sogar vollkommen umerzogen werden müsse. Diese Erkenntnis hatten bereits Armand und Kollontaj formuliert. Deshalb maß Njurina den Fragen des *byt* in der „Phase der kulturellen Revolution" eine zentrale Bedeutung zu, auch zur Erziehung der nächsten Generation. Alle Argumente

---

[73] Njurina: Grimasy 167–168.
[74] Semaško: Svet 27.
[75] Artjuchina: Meloči 3.
[76] Artjuchina: Na bor'bu.

Frauenpolitik

sollten als Beweise dienen, eine eigene Arbeit unter Frauen sei dringend notwendig. Einen Ausweg sahen die Autorinnen in einer Stärkung der Rolle der Frauen innerhalb der Familie. Anders als zu Beginn der Revolution, wo von der Auflösung der Familie gesprochen wurde und Zusammenleben nicht länger einen wirtschaftlichen, sondern rein privaten Charakter hatte, erhielt nun die Familie einen öffentlichen Auftrag: sie sollte als kleinste gesellschaftliche Einheit die neue Lebensweise umsetzen. In das Privatleben drang eine politische Komponente ein, da der Frau als Mutter und Ehefrau die Rolle der moralischen Instanz nicht nur für ihre nächste Umgebung sondern für den ganzen Staat übertragen wurde. Übernahmen bislang Frauenabteilungen, Gewerkschaften und Partei die Vermittlung der neuen Lebensweise, lag nun die Betonung auf der Umgestaltung und Verbesserung des Lebens durch die Frauen in den Familien.[77] Sie sollten als Betroffene ihre Männer zur Ordnung rufen, gegen den hohen Konsum von Alkohol angehen und sich um die Einrichtung kollektiver Institutionen kümmern. Nur dadurch würden Frauen tatsächlich entlastet und könnten Übel wie Prostitution und *besprizornost'* bekämpft werden.

Nach dem Aprilplenum des CK der Partei 1929 beschloss das Organisationsbüro des CK im Juni 1929 eine Reorganisation der Arbeit unter Frauen, die im Zusammenhang mit der Ausschaltung der „rechten Opposition" und Bucharin zu sehen ist. Die Maßnahmen müssen auf dem Hintergrund der Industrialisierung und Kollektivierung der Landwirtschaft betrachtet werden, die zu einem schnellen Aufbau des Sozialismus führen sollten, nachdem sich der Unmut über die Entfernung von revolutionären Zielen und die Rückkehr zu Konservatismus und kleinbürgerlichen Haltungen verstärkt hatte. Lazar Moiseevič Kaganovič griff diese Argumentation in der *Kommunistka* auf und folgerte für die Arbeit unter Frauen, dass seines Erachtens die Gleichstellung von Frauen durch die Kulaken verhindert werde, die sich dagegen stellten oder sogar die aktivierten Frauen für ihre eigenen Ziele benutzen würden.[78]

---

[77] Ebd. 4.

[78] Lazar Moiseevič Kaganovič, 1893–1991. Der ehemalige Lederarbeiter stammte aus der Ukraine, trat 1911 der Partei bei und arbeitete seit 1918 in der Parteiführung, Gewerkschaftsleitung und von 1924 bis 1957 im Organisationsbüro des CK mit. Der wichtige Mann an Stalins Seite wurde nach dessen Tod 1953 vier Jahre später aller Ämter enthoben. Die Ausschaltung Bucharins als rechtem Oppositionellen spielte ebenfalls eine Rolle bei der Auflösung, galt Artjuchina doch als ihm politisch nahestehend. Dazu finden sich allerdings keine Hinweise.

Frauenpolitik, Revolution, byt, Kultur

Seine Kritik bezog sich konkret auf die Durchführung der Kollektivierung der Landwirtschaft seit 1929. Besonders Bäuerinnen leisteten dagegen in spontanen Aufständen Widerstand, die *bab'i bunty* genannt wurden.[79] Er ging davon aus, die rückständigen Frauen seien durch klassenfeindliche Elemente aufgehetzt worden. Die Liquidierung der Kulaken im Klassenkampf würde die Widerstände gegen die Gleichstellung aufheben, das Ziel einer klassenlosen Gesellschaft beinhalte die Gleichheit ihrer Mitglieder. Deshalb verkündete er:

> In der Arbeit unter Bäuerinnen muss unbedingt im großen Stil das Moment der Klassendifferenzierung eingeführt werden, die Kämpfe mit den Klassenfeinden. Unterdessen verdunkelt manchmal hauptsächlich die starke Betonung der Aufgabe einer Gleichstellung der Frauen mit den Männern die Schärfe des Klassenkampfes auf dem Dorf. Dieser Umstand kann dadurch erklärt werden, dass in der ersten Periode hauptsächlich die Aufgabe der Mobilisierung der Frauenmassen gestellt wurde, sie in die Arbeit einzubeziehen, ihre geistige Trägheit zu überwinden. Aber das reicht heute nicht mehr aus. Wir sind in so eine Periode eingetreten, wo die Frage des Klassenkampfes im Zentrum unserer gesamten Arbeit stehen soll.[80]

Statt die Aufmerksamkeit auf die Differenz der Geschlechter sowie die Frage nach Lebensformen in der Übergangszeit zu richten, wie es immer wieder von den Frauenabteilungen thematisiert wurde, forderte Kaganovič endlich ein Beendigung dieser Beschwerden. Noch bestehende Klassenunterschiede müssten wahrgenommen werden, da sie ein großes Hindernis beim Aufbau einer gleichgestellten Gesellschaft seien. Seiner Meinung nach gab es keine Benachteiligung von Frauen wegen ihrer Geschlechtszugehörigkeit, sondern mögliche schlechte Erfahrungen von Frauen in den Sowjets seien im gleichen Maß auch bei Männern zu finden. Den Frauenabteilungen unterstellte er eine Überforderung mit den Aufgaben, aber auch ein mangelndes Bewusstsein für die politischen Notwendigkeiten. Sie sollten deshalb nur noch beratend arbeiten, ohne über eigene Kompetenzen und Entscheidungsmöglichkeiten zu verfügen.

---

[79] Viola, Lynne: Bab'i Bunty and Peasant Women's Protest during Collectivization. In: Russian Review 45 (1986) 23–42.

[80] Kaganovič, L.M.: Perestroit' rabotu sredi rabotnic i krest'janok. In: Kommunistka (1929) Nr. 14, 3–6, hier 4.

Sitzung der weiblichen Mitglieder des VCIK. Von rechts nach links: Baranova, Artjuchina, Afanasevna, Dossov, Košagulova, Arykova.

Frauenpolitik, Revolution, byt, Kultur

Wir werden keine besonderen Frauenorganisationen gründen, denn wir sind kein bürgerliches Land. Bei uns gibt es nur die eine, alle Klassen umfassende Organisation.[81]

Obwohl in den offiziellen Verlautbarungen nicht von der Abschaffung der *ženotdely* gesprochen wurde, sondern von einer Reorganisation der Arbeit und Umverteilung der Aufgaben auf alle Parteiorganisationen, Gewerkschaften und Sowjets, bedeutete dies die faktische Auflösung der *ženotdely*.

Angesichts dieser weitreichenden Entscheidungen von oben blieb der Frauenabteilung nur die Rolle der Zustimmung und Rechtfertigung. Als Leiterin fiel Artjuchina die Aufgabe zu, einen zustimmenden Kommentar zu den CK-Beschlüssen zu verfassen. In offiziellen Stellungnahmen unterstützte sie die Maßnahmen, ohne jedoch ihre eigenen Positionen in der Frage der Frauen zu verdecken. Im Gegensatz zu Kaganovič unterstrich sie die Bedeutung der Arbeit unter Frauen angesichts der noch vorhandenen Missstände und sah darin kein Argument für ihre Beendigung.[82] Artjuchina ging davon aus, dass „[...] die Arbeit unter Arbeiterinnen und Bäuerinnen auf eine neue und wesentlich höhere Stufe gestellt [wird C.S.]."[83] Mit einem Zitat von Lenin wies sie darauf hin, dass Frauen sich nun selber ihrer Befreiung annehmen sollten. Ihr Artikel erschien wie eine Mahnung, die bisherigen Errungenschaften bei der Mobilisierung von Frauen in allen genannten Institutionen fortzuführen, segnete aber auch die Reorganisation ab. Sie beugte sich der Parteidisziplin. Gleichzeitig gab sie eine Rechtfertigung über die Existenz der Frauenabteilungen als notwendige politische Maßnahmen ab.

Eine schärfere Stellungnahme von Artjuchina erfolgte auf der Sitzung des Moskauer Parteiaktivs am 18.10.1929.[84] In diesem unveröffentlichten Dokument trat Artjuchinas Standpunkt in der Frauenfrage am deutlichsten hervor und zeigte, dass keinesfalls Konsens über die Auflösung herrschte. Zunächst ging sie auf die allgemeinen Ziele der Partei in der Reorganisationsphase ein, die durch eine breite Masse von Männern und Frauen unterstützt würden und dadurch legitimiert seien. Für die Umsetzung sei weniger eine Mobilisierung von Arbeiterinnen und Bäuerinnen ein Problem, sondern die richtige Anleitung.

[81] Ebd.

[82] Artjuchina, A.: Ženrabotu vesti vsej partiej v celom. In: Kommunistka (1930) Nr. 2/3, 6–10.

[83] Ebd. 6.

[84] Artjuchina, A. V.: Očerednye zadači Partii po rabote sredi ženščin v SSSR. Doklad na zasedanii Moskovskogo partaktiva 18.10.1929. RGASPI f. 17 op. 10 d. 490 ll.31–55.

Frauenpolitik

Missstände sah sie in den nach wie vor existierenden alten Lebensweisen bei alten und ganz neuen Arbeitern. Die alten Arbeiter – besonders in der Textilindustrie – seien nicht bereit, zum 7-Stunden Tag mit einer Dreier- oder Vierer-Schicht überzugehen.

> Bei uns sind in der Arbeiterklasse derzeit viele junge Arbeiter. Auf den ersten Blick ist das sehr gut. Unter diesen jungen Arbeitern gibt es aber so gut wie keine politische Schulung. Diese jungen Arbeiter haben keine Erfahrung und sind erst jetzt mit der Fabrik vertraut gemacht worden.[85]

Artjuchina sprach die zentralen Probleme der Arbeiterschaft zu Beginn der Industrialisierung an: geringe Produktionserfahrungen, niedrige Qualifikation, eine oftmals noch enge Bindung an das Dorf. Die politische Einheit zwischen Arbeiterschaft und Bolschewiki war nicht mehr gegeben, denn auch ältere und erfahrene Arbeiter organisierten sich prozentual am geringsten in der Partei.[86] Die Kritik von Artjuchina muss auf dem Hintergrund dieses immer mehr aus den Fugen geratenden unkontrollierten Prozesses betrachtet werden.

Artjuchina rechtfertigte die ihrer Meinung nach erzielten Erfolge der *ženotdely*. Die Frauenabteilungen hätten bereits durch die Delegiertenversammlungen weibliches Bewusstsein – besonders von Bäuerinnen – für politische und gesellschaftliche Aktivitäten gebildet, jedoch fehle eine Unterstützung dieser Arbeit in den Gewerkschaften, Sowjets und der Partei. Artjuchina befürwortete eine Reorganisation im Sinn einer bis an die Wurzeln reichenden Umkehr in der Frage der Arbeit unter Frauen, was sie angesichts der personellen Unterbesetzung in den Frauenabteilungen für sinnvoll hielt. Eine Auflösung dieser Institution lehnte sie ab. Artjuchina behauptete, es existiere eine reale Geschlechterdifferenz, die nicht länger ignoriert werden dürfe. Nicht nur Frauenorganisationen sollten sich um die spezifischen Belange von Frauen kümmern, sondern nun sollten auch die anderen Organisationen endlich diese Differenzen ernst nehmen und an ihrer Aufhebung mitarbeiten. Die Umverteilung der Arbeit auf allen Ebenen würde zu den schon lange geforderten Veränderungen in den Bereichen der Lebensweise, Kultur und Arbeitswelt führen und alle Frauen erreichen, nicht mehr nur Teile. Als positives Beispiel führte Artjuchina die Kampagnen für die Mobilisierung von Frauen für die Sowjetwahlen an, die nicht von den Frauenabteilungen angeleitet worden seien. Artjuchina betonte eindringlich die Förderung von Frauen und

---

[85] Ebd. 34.

[86] Haumann, Heiko: Geschichte Russlands. München, Zürich 1996, 551–552.

ihrer Gleichstellung durch Qualifikationsmaßnahmen und Quoten in allen Organisationen, bis hin zu Führungspositionen. Sie strebte die Aufhebung der sozialen Geschlechterdifferenz durch Maßnahmen zur Frauenförderung an. Ihr Ziel war die Gleichstellung, definiert als gleiche Arbeitschancen in Industrie, Heimgewerbe und Landwirtschaft sowie gleiche Verdienstmöglichkeiten für gleiche Arbeit. Innerhalb der Partei und den Gewerkschaften forderte sie auch die Gleichstellung von Männern und Frauen durch die Überwindung der sozialen Geschlechterdifferenz und einer dadurch entstehenden Diskriminierung. In diesem Zusammenhang bemängelte sie erneut männliche Vorurteile und Denkkategorien. Sie forderte, dass Frauen endlich als vollwertige Mitglieder der Sowjets anerkannt werden sollten. Das Beispiel von einer erfahrenen Arbeiterin aus Ivanovo-Voznesensk wurde angeführt, die seit 1918 sehr gut in der Abteilung zum Schutz von Mutter und Kind gearbeitet hatte. Sie erhielt einen Führungsauftrag für Frauenfragen im Volkskommissariat für Gesundheit, aber dort übertrugen die Leiter ihr keine verantwortungsvollen Aufgaben, sondern schoben sie von einem Schreibtisch zum anderen, von einer Abteilung in die andere.

> Ein weiterer Fall geschah im Orenburger Gebiet. Als Vorsitzende des Dorfsowjets wurde die Bäuerin-Tagelöhnerin Svetova gewählt, wobei die Parteiorganisation ihr überhaupt nicht bei der Arbeit geholfen hat. Die Umstehenden hatten die Philosophie, dass ‚bei der *baba* die Haare lang sind, der Geist aber kurz'. Svetova wurde in den Gebietskongress abkommandiert. Bei ihrer Rückkehr fragten sie die Genossen nach China, nach der Industrialisierung und nach der Weltrevolution, worauf sie verzweifelte und wahnsinnig wurde. [...] Führen Frauen die neuen Aufgaben nicht sofort richtig aus, werden sie oft gleich entlassen. So hat sich bei den Frauen die Meinung festgesetzt, dass sich die ganze Mühe nicht lohnt, wenn sie doch gleich wieder zurückgeschickt werden. Alle gesellschaftlichen Organisationen und auch die Partei müssen beim Vorrücken von Frauen mithelfen.[87]

Dieses Beispiel beinhaltete die klassischen Vorurteile gegenüber Frauen, sie seien ungebildet, rückständig und nicht fähig, männliche Arbeiten zu übernehmen. Gerade dieses Klischee suchte Artjuchina durch ihre unverhohlene Kritik zu widerlegen. Gleichzeitig lässt sich an Artjuchinas Ausführungen erkennen, dass Frauen veränderte Geschlechterrollen annahmen, indem sie in der Öffentlichkeit politisch aktiv wurden. Damit überschritten sie einen normativen Handlungsrahmen, der Politik als männliche Aufgabe beschrieb.

---

[87] RGASPI f. 17 op. 10 d. 490 ll.31–55, hier 45–46.

Frauenpolitik

Die Rückkehr zu einem traditionellen Bild der Frau, das Mütterlichkeit und neue Weiblichkeit idealisierte, vollzog sich in dieser Phase. Es ist nicht verwunderlich, wenn man bedenkt, dass die Mehrheit der Parteimitglieder vermutlich noch starke Bindungen zum Dorf hatte und somit auch traditionelle Vorstellungen der Geschlechterrollen in die Institutionen hineintransportierte, gleichzeitig die alte intellektuelle Parteielite zunehmend mehr in das politische Abseits gedrängt wurde. Abschließend kritisierte Artjuchina die Ignoranz gegenüber Frauen und ihren speziellen Lebensumständen sowie Bedürfnissen durch die Partei, die sich als ablehnende Haltung gegenüber den Frauenabteilungen äußere, aber auch zu einer sozialen Hierarchisierung der Geschlechterverhältnisse innerhalb kommunistischer Familien führe.

Dennoch stimmte sie, da sie die Linie der Partei für richtig hielt, dem allgemeinen politischen Kurs von Kollektivierung und Industrialisierung zu und sah die Notwendigkeit einer Zentralisierung der Frauenabteilung ein. Sie vermochte die politischen Entscheidungen nicht zu beeinflussen und beugte sich ihnen. Sie war jedoch keine Opportunistin oder Mitläuferin, sondern ein für die Sache engagiertes Parteimitglied. Artjuchina trat konsequent für eine aktive Frauenpolitik als Basis der Emanzipation ein, entwickelte aber keine individuellen Vorstellungen für die weitere politische Zukunft der Sowjetunion. Hier folgte sie der geltenden Parteilinie, weshalb sie eine Reorganisation der Organisationsstrukturen befürwortete und sich freiwillig der Parteidisziplin beugte. Anders als Vordenker und Theoretiker wie etwa Trockij oder auch Bucharin, die im Streit um die Umsetzung des Sozialismus als Oppositionelle aus der Partei ausgeschlossen wurden, vertrat Artjuchina keine polarisierende Haltung, zumal sie vornehmlich praxisbezogen arbeitete und argumentierte. Im Vergleich zu weitreichenden Entscheidungen über Industrialisierung und Kollektivierung stellte die Frauenfrage auch kein vergleichbares Medium für kontroverse politische Grundsatzentscheidungen dar. An dieser allgemeinen Einschätzung konnte Artjuchina durch die Betonung der Dringlichkeit und Bedeutung dieser Aufgaben auch nichts ändern. Diese Bewertung führte zu einem fast kritiklosen Ende der *ženotdely*, wobei angesichts des fehlenden Archivmaterials aus dieser Zeit die tatsächlichen Hintergründe nicht zu rekonstruieren sind. Mit der Proklamierung der ‚Lösung der Frauenfrage' 1930 wurden die Frauenabteilungen aufgelöst, was faktisch das Ende jeglicher partizipatorischer frauenpolitischer Maßnahmen in der Sowjetunion bedeutete. Hier muss noch einmal an die Ursprünge der *ženotdely* erinnert werden: Sie verfolgten mit ihrer Politik ein revolutionäres, utopisches Konzept und besaßen vor allem in sogenannten „linken" Bolschewiki Befürworter. Nachdem diese zunehmend aus der politischen Entscheidungsebene herausgedrängt worden waren, verschwand auch diese Perspektive und Zielsetzung. Die Frauenabteilung hatte zum Zeitpunkt ihrer Auflösung um 1930 in der Führungsebene der Partei keine Befürworter mehr, die allgemeine Zielsetzung war einem einschneidenden Wandel unterworfen. Zudem schienen einige frauenspezifische Belange durch staatliche Organisationen bereits fest etabliert und gut organisiert zu sein.

Utilitaristische Frauenpolitik

Allgemein fand die Auflösung der Frauenabteilungen auf lokaler Parteiebene Zustimmung, nur wenige fragten nach, wer die Arbeit unter Frauen jetzt durchführen werde.[88] *Ženotdel*-Mitarbeiterinnen wiesen mit Nachdruck darauf hin, überall die Arbeit weiterzuführen, aber viele Entscheidungsträger außerhalb der Frauenabteilung hielten den CK Beschluss für eine Maßnahme, jegliche Form der Frauenagitation abzuschaffen. Aktivierte Frauen sahen darin einen Ruin der Parteiarbeit unter Frauen, den sie offen beklagten.

In der Praxis wurde mangels eines geeigneten Forums nicht genauer auf Frauenbelange eingegangen. Statt sich um Fragen des *byt* zu kümmern, stand nun die Erfüllung von Produktionszielen im Vordergrund. Im Nachhinein wurde den Frauenabteilungen immer wieder Ineffizienz vorgeworfen. Ihre Arbeitsweisen, politischen Ansätze und Bedeutung gerieten ebenso wie die Geschichte führender Frauen ins Vergessen. In späteren sowjetischen Werken zur Frauengeschichte galten sie als Keimzelle der linken Opposition, „die die ganze Arbeit unter Frauen an sich gerissen hätten."[89]

Die Kommission zur Verbesserung von Lebensweise und Arbeit unter Frauen diente jetzt offiziell als Anlaufstelle für Frauenbelange. Sie unterstand dem CIK und sollte ein flächendeckendes Organisationsnetz bei den Sowjets aufbauen.

> Mit den Verbesserungen der Arbeits- und Lebensbedingungen der Arbeiterinnen und Bäuerinnen beschäftigen sich Komitees, welche zu diesem Zwecke beim Präsidium des ZEK der UdSSR, dem ZEK der Unionsrepubliken und den Präsidien der Exekutivkomitees organisiert sind.
>
> Durch die entsprechenden Sowjetorgane leiten die Komitees die Organisation der Frauenarbeit, die Hebung des Kulturniveaus, den Umbau der Lebensweise der Frauen und ihren Masseneintritt in die sozialistische Produktion.

---

[88] Goldman: Industrial Politics 66.

[89] Čirkov, Petr Mateevič: Rešenie ženskogo voprosa v SSSR (1917–1937 gg). M. 1978, 67–69.

Frauenpolitik

Das Komitee zur Verbesserung der Arbeits- und Lebensweise der Frauen schenkt allen Maßnahmen besondere Aufmerksamkeit, die die Befreiung und die kulturelle Entwicklung der Frauen der UdSSR sichern.
Besonders wichtig ist die Arbeit der Komitees in den östlichen Gebieten und Republiken. Obgleich die Sowjetgesetze soziale Verbrechen aufs strengste ahnden, sind nicht wenige Frauen Opfer des Kampfes um die Befreiung geworden.[90]

Die ehemalige Direktorin der *ženotdely*, Sofija Smidovič, leitete die Kommission, in der auch Artjuchina mitarbeitete.[91] Da die Arbeiterklasse bereits begonnen hatte, „[...] mit unvergleichlichem Heroismus kommunistisch zu arbeiten [...]"[92] und sie angeblich selber ihr kulturelles Niveau beständig anhob[93], galt das Hauptaugenmerk der Kommission nur noch den rückständigsten Frauen im Osten. Dort sollte in besonderen Frauenklubs Bildung und Kultur vermittelt werden, um die Ziele des Sozialismus umzusetzen.[94] Ebenso wurde die Arbeit unter Frauen noch in den Delegiertenversammlungen fortgeführt, die sich eines wachsenden Zuspruchs erfreuten und besonders auf dem Land zu einer wichtigen Organisationsform heranwuchsen. Ihre Tätigkeiten wurden 1933 beendet, da sie ihre Aufgaben erfüllt hätten. Zudem fehle es an ihrer Anleitung, weshalb dort feindliche Elemente hochgekommen seien.[95] Die weitere Arbeit unter Frauen von Partei- und Staatsorganen reduzierte sich auf floskelhafte Grußadressen zum 8. März, dem Frauentag.

Mit dem Ende der *ženotdely* wurde die Herausgabe ihres Organs *Kommunistka*, somit auch das zentrale Diskussionsforum für Frauenfragen, eingestellt. Seit einer wirtschaftlichen Stabilisierung Mitte der zwanziger Jahre hatten sich auch die Lebensumstände verbessert. Es wurden neue Wohnungen gebaut, die bei weitem nicht den Bedarf der schnell wachsenden städtischen Bevölkerung abdeckten, die Zahl von Kinderbetreuungseinrichtungen stieg an, ebenso von Kantinen.[96] Dennoch blieb die Kernfrage weiblicher Er-

---

[90] Smidowitsch: Kultur 21–22.
[91] Čirkov: Rešenie 79–81. Der Wechsel von Partei- in Staatsorganisationen nach dem Ende der *ženotdely* war typisch und schützte womöglich einige vor späteren Repressionen.
[92] Smidowitsch: Kultur 2.
[93] Ebd. 5.
[94] Ebd. 6–7.
[95] Čirkov: Rešenie 93.
[96] Smidowitsch: Kultur 10–14.

werbstätigkeit – was passiert mit den Kindern und wer übernimmt die Hausarbeit – ungelöst. Statt gesellschaftlicher Lösungen entstand die Bürde der sozialistischen Doppelbelastung für Frauen, die nun als „Reserve der Betriebsarbeiterschaft" galten.[97]

2.2 Die Debatten um die „Dritte Front": Kultur und Alltagsleben

Die im *ženotdel* geführte Diskussion über Alltagsleben basierte auf der Annahme, eine Befreiung und Emanzipation der Frau sei nur durchzuführen, wenn sie von der Hausarbeit und Kinderbetreuung entlastet würde, um am Produktionsleben aktiv teilnehmen zu können. Über dieses bereits von Marx, Engels und Bebel entwickelte Theorem einer Lösung der Frauenfrage herrschte unter Revolutionärinnen und Revolutionären Konsens. Politisch umstritten war dagegen die von *ženotdely*-Mitarbeiterinnen vertretene Meinung, dazu bedürfe es entsprechender Institutionen und besonderer Formen der Mobilisierung, auch von Frauen, die nicht zur proletarischen Avantgarde gehörten, wie Hausfrauen, Ehefrauen von Arbeitern, Angestellte, Dienstbotinnen und Bäuerinnen.

Unmittelbar nach der Revolution standen Fragen der Planung und Organisation von Kultur in der neuen Gesellschaft im Vordergrund, da die Hoffnung bestand, es bedürfe keiner Übergangsstufen und keiner Übergangszeit von patriarchalen Strukturen zum Sozialismus. Nach Beginn der NĖP wurde deutlich, dass mehr Zeit und auch eine bewusste Steuerung sowie Umerziehung der Massen für den Aufbau einer neuen Gesellschaft notwendig waren. Die 1923 einsetzende Diskussion über das Alltagslebens bedeutete eine enttäuschte Abkehr von revolutionären Utopien und eine Auseinandersetzung mit den sozioökonomischen Gegebenheiten. Die Diskussionen in den *ženotdely* setzten den Akzent auf das Alltagsleben von Frauen und ihren Familien. Vertreter vom Partei- und Staatsapparat formulierten ihren Machtanspruch, als einzige Institutionen die weitere Politik der Rekonstruktionsperiode zu bestimmen und anzuleiten. Die Legitimation sahen sie in ihrer Funktion als Vertreter des Proletariats. Auf die Rolle der Frauenabteilungen und unterschiedliche Herangehensweisen für Männer und Frauen wurde beim Entwurf der sozialistischen Kultur- und Lebensbedingungen nur wenig differenziert eingegangen. Alltagsleben stand nicht im Zusammenhang mit der Frage nach der Emanzipation, sondern der Schaffung einer eigenen Kultur, ihrer Definition, Umsetzung und Prägungen für den neuen Menschen. Unterschiede zwischen Kultur und Alltag, Politik und Masse, Fortschritt und Rückständigkeit wur-

---

[97] Ebd. 10–11.

Kultur und Alltagsleben

den in den theoretischen Überlegungen stark kontrastiert und konnotiert: Partei- und Staatsorgane galten als fortschrittlich und Vermittler der neuen Kultur, die Masse wurde wegen der fehlenden Grundbildung, Sauberkeit, Organisationsvermögen und Organisiertheit als rückständig eingeordnet.

Eine breite Debatte über Fragen des Alltagsleben, die von Beginn an ein zentrales Thema der Frauenabteilung waren, fand erst durch das 1923 erschienene Buch „Fragen des Alltagslebens" von Lev Trockij statt. Es stellt sich die Frage, wieso Themen des Alltagslebens erst zu diesem Zeitpunkt eine stärkere Beachtung in den Diskussionen und Publikationen fanden. In welchem Kontext entstanden Trockijs Betrachtungen über Kultur und Alltag? Worin unterschied sich seine Herangehensweise an das Thema von den Betrachtungen der *ženotdely*, welche Gemeinsamkeiten lassen sich finden?

Die Schriften von Trockij

Da die 1923 verfasste Schrift von Trockij besagte breitere Diskussion auslöste, soll hier genauer auf sie eingegangen werden, zumal der Autor ein wichtiger Theoretiker war. Daraus leitet sich die Frage ab, welchen Stellenwert Trockij Fragen nach Kultur und Alltag in seinen politischen Vorstellungen beimaß. Trockij verbrachte einige Zeit der Jahre 1922 und 1923 krankheitsbedingt außerhalb des Moskauer Machtzentrums und schrieb „Literatur und Revolution", eine Abhandlung über das Verhältnis von Sowjetstaat und Kultur und im Sommer 1923 „Fragen des Alltagsleben" (*Voprosy byta*).[98] Während dieser Phase entbrannte in der Parteispitze eine Auseinandersetzung über

---

[98] Trockij, Lev Davidovič (geboren als Leib Bronstein) 1879–1940. Zur Person siehe Deutscher, Isaac: Trotzki. 3 Bde. Stuttgart u.a. 1972; Trotzki, Leo: Mein Leben. Versuch einer Autobiographie. Frankfurt/M. 1987 (Berlin 1929); Abosch, Heinz: Trotzki zur Einführung. Hamburg 1990; Wolkogonow, Dimitri: Trotzki. Das Janusgesicht der Revolution. Düsseldorf u.a. 1992. Trotzkij, Leo: Literatur und Revolution. Nach der russischen Erstausgabe von 1924. Berlin 1968. Leider liegt mir keine russische, sondern nur die deutsche Ausgabe des genannten Buches vor: Trotzki, Leo: Fragen des Alltagslebens. O.O. [Berlin] 1924. Zur Entstehung schrieb Trockij: „Ich verliere keine Zeit unnütz. Ich muss hier voller Entrüstung alle Verleumdungen bezüglich meiner Arbeit zur Untersuchung des Alltags zurückweisen. Für diese Arbeit, die nun wirklich nicht unnütz war, habe ich keine einzige Minute meiner Arbeitszeit verbraucht, ich habe sie während meines Urlaubs in Kislowodsk, den man mir zur Kur gegeben hatte, gemacht." Konspekt der abschließenden Rede des Genossen Trotzki auf dem Vereinigten Plenum des ZK und der ZKK mit Vertretern von 10 proletarischen Parteiorganisationen am 26. Oktober 1923. In: Hedeler, Wladislaw: Stalin-Trotzki-Bucharin. Studien zum Stalinismus und Alternativen im historischen Prozess. Mainz 1994, 95–109, hier 100–101. Über die Rezeption seines Buches ist wenig zu

Frauenpolitik, Revolution, byt, Kultur

die Frage, wer die Leitung der Partei nach Lenin, der bereits schwer erkrankt war, übernehmen sollte. Zudem gab es heftige Diskussionen darüber, wie der weitere Weg der Sowjetunion aussehen sollte. Auf politischer Ebene standen Parteidiktatur oder eine ansatzweise Demokratisierung zur Debatte. Ökonomisch stellte sich die Frage, in welchem Maß und Tempo die Industrialisierung durchgeführt werden sollte. Seit dem XI. Parteitag 1922 arbeitete Stalin als gewählter Generalsekretär der Partei, mit Billigung von Lenin und Trockij. Trockij hatte sich als Kriegskommissar im Bürgerkrieg Macht und Respekt verschafft, was besonders älteren Bolschewiki Anlass zur Besorgnis gab.[99] Sie unterstützten das Führungstrio Stalin, Zinov'ev und Kamenev, die bald zum Gegenspieler von Trockij werden sollten. Lenin versuchte noch zu Lebzeiten, Trockij als neue Führungskraft zu installieren, der den Posten eines Stellvertreters aber ablehnte. Als Grund nannte er die Überlegung, von anderen nicht als Anführer einer eigenen Fraktion betrachtet werden zu wollen.[100] Trockijs Verhalten 1923 war abwartend und fast schon zögerlich. Erst als die Troika versuchte, ihn aus der Position des Kriegskommissars zu verdrängen, reagierte er auf die sich häufenden persönlichen politischen Anfechtungen. In einem offenen Brief an das CK und CKK vom 8. Oktober griff er tendenziell die gesamte Organisationspolitik der Partei an und eröffnete eine heftige Diskussion über die Frage des neuen Kurses der Partei.[101] Er kritisierte die bürokratischen Organisations- und Entscheidungsstrukturen der Partei, die zu einer Entfremdung ihres Apparates von den Mitgliedermassen führe. Um einer zunehmenden Bürokratisierung zu entgehen, forderte Trockij die Wiederherstellung der innerparteilichen Demokratie und die Entmachtung der Staatsfunktionäre durch die Arbeiterklasse.[102] Diese Haltung führte zu einem

---

erfahren. Seine Biographen erwähnen es der Vollständigkeit halber, messen ihm jedoch eine untergeordnete Bedeutung zu. Trockij selber ging in seiner Autobiographie nicht darauf ein.

[99] Abosch: Trotzki 77.

[100] Hedeler: Stalin-Trotzki-Bucharin 95–109.

[101] Daniels: Gewissen 251–252.

[102] „Demokratie und Zentralismus sind zwei Seiten der Parteiorganisation. Das Problem besteht darin, sie auf die richtige Art in Einklang zu bringen. […] In der letzten Periode gab es solch ein Gleichgewicht nicht. Das Schwergewicht lag fälschlich auf dem Apparat. […] Der Gedanke oder zumindest das Gefühl, dass der Bürokratismus die Partei in eine Sackgasse zu führen drohe, war ziemlich allgemein geworden. […] Die Entschließung über den neuen Kurs ist der erste offizielle Ausdruck des Wandels, der sich in der Partei vollzogen hat. Sie wird in dem Maße verwirklicht werden, als die Partei, d.h. ihre vierhunderttausend Mitglieder, sie zu verwirklichen wünscht und das auch erreicht. […] Bevor die Entschließung des Zentralkomitees über den ‚neuen

Kultur und Alltagsleben

sichtbaren Bruch innerhalb der Partei und den Beginn einer Oppositionsbildung um Trockij. Nach dem Tod Lenins im Januar 1924 verschärfte sich die innerparteiliche Auseinandersetzung um die Opposition und endete 1927 im Parteiausschluss Trockijs.

Revolution – Kultur – Alltag

1923 jedoch galt Trockij noch als legitimer Nachfolger des bereits schwer erkrankten und zurückgezogen lebenden Lenins. Sein starker Einfluss auf die Alltags- und Kulturdebatten gründete sich darauf, dass er, nach Lenins Ausführungen zu diesem Thema, für die Übergangszeit neue, ausführliche Überlegungen anstellte und eine theoretische Debatte fortsetzte. Lenin hatte während der Revolutionsjahre kulturtheoretische Betrachtungen vorgenommen.[103] Neben Fragen nach politischer Macht und Wirtschaftsstrukturen bezeichnete er Kulturthemen als „dritte Front" und verlieh ihnen somit eine wichtige Bedeutung für den Aufbau der neuen Gesellschaft. In Anlehnung an Marx definierte Lenin alle gesellschaftlichen Lebenstätigkeiten der Menschen als Kultur, die nicht mehr wie bisher nur geistige Leistungen und Errungenschaften umfasste, sondern alle menschlichen Tätigkeitsbereiche wie etwa die Arbeit und Produktion einschloss. Im Gegensatz zur Kultur in kapitalistischen und antagonistischen Gesellschaften, wo die Kultur immer durch die herrschende Klasse geprägt und bestimmt wurde, basierte der Entwurf der neuen, sozialistischen Kultur auf der Schöpfung aller tätigen Menschen. Durch die Revolution sollte eine neue, qualitativ höhere Kultur geschaffen werden, die eben nicht mehr allein von einer Klasse bestimmt wurde, sondern mit allen ihren

---

Kurs' veröffentlicht wurde, betrachteten bürokratisierte Apparat-Funktionäre den bloßen Hinweis auf die Notwendigkeit, das innere Parteiregime zu ändern, als Ketzerei, als Fraktionsmacherei, als Disziplinbruch. Und jetzt sind die Bürokraten bereit, von dem ‚neuen Kurs' formal ‚Kenntnis zu nehmen', d.h. *ihn bürokratisch zunichte zu machen* [kursiv im Text]. [...] Die Erneuerung des Parteiapparates muss darauf hinzielen, die vertrockneten Bürokraten durch frische Elemente zu ersetzen. [...] Und vor allem anderen müssen die leitenden Posten von denen gesäubert werden, die beim ersten Wort der Kritik, des Einwands oder des Protests den Bannstrahl gegen den Kritiker zücken. Der ‚neue Kurs' muss damit beginnen, dass jedermann das Gefühl hat, dass von jetzt an niemand mehr wagen wird, die Partei zu terrorisieren." Aus dem Brief Trockijs vom 8. Oktober 1923 zitiert in Daniels: Gewissen 265.

[103] Erler, Gernot: Die Leninsche Kulturrevolution und die NĖP. In: Kultur und Kulturvolution in der Sowjetunion. Hg. v. Eberhard Knödler-Bunte - Gernot Erler. Berlin 1978, 33–43.

Errungenschaften frei zugänglich war.[104] Als Grundelement forderte Lenin eine breite Bildung der Massen und die Herausbildung einer neuen sozialistischen Intelligenz.[105] In einer Übergangszeit sollte auf das Wissen alter bourgeoiser Spezialisten zurückgegriffen werden. Alles Wertvolle im Erbe der Vergangenheit sei zu übernehmen und für die sozialistische Gesellschaft zu adaptieren. Trockij stimmte in diesen zentralen Punkten Lenin zu. Unter Kultur verstand er zunächst die Grundbildung der Gesellschaft – Lesen und Schreiben – um darauf aufbauend sogenannte alte kulturelle Werte zu vermitteln: Studieren, Sauberkeit, Genauigkeit, Beobachtung, Sparsamkeit und Ordentlichkeit.[106] Trockij plädierte für die Aneignung der Werte bürgerlicher Kultur, jedoch nur als Weg zur Schaffung einer neuen Kultur. In seinem zeitgleich entstandenen Werk „Literatur und Revolution" vertiefte er seine Ausführungen und Definitionen zur Kultur:

> Unsere gesamte gegenwärtige wirtschaftlich-kulturelle Arbeit ist nichts anderes als eine Gelegenheit, uns zwischen zwei Schlachten und Feldzügen ein wenig in Ordnung zu bringen. Die Hauptkämpfe stehen uns noch bevor – und sind vielleicht gar nicht mehr so fern. Unsere Epoche ist noch nicht eine Epoche der neuen Kultur, sondern nur ein Vorhof zu ihr. Wir müssen in erster Linie die wichtigsten Elemente der alten Kultur unserem Staat dienstbar machen, und sei es nur, um der neuen den Weg zu bahnen.[107]

Lenin und Trockij unterschieden in ihren Ausführungen zwischen Kultur und Lebensweise (*byt*), wobei sie die Schaffung und Aneignung von Kultur als einen bewussten Prozess, die Lebensweise eher als Gestaltung der Beziehungen zwischen den Menschen, individuelle und gesellschaftliche Lebensformen, Lebenshaltung und Einstellungen sahen. Zwischen den beiden Sphären

---

[104] Kosing, Alfred: Wörterbuch der marxistisch-leninistischen Philosophie. Berlin 1989, 305–308.

[105] Karl Marx, Friedrich Engels, Wladimir Iljitsch Lenin. Über Kultur, Ästhetik, Literatur. Ausgewählte Texte. Hg. v. Hans Koch. Leipzig 1987, 329–337.

[106] „Wir müssen ordentlich arbeiten lernen, exakt, sauber, ökonomisch. Wir brauchen Kultur in der Arbeit, Kultur im Leben, Kultur im Alltagsleben. [...] das Niveau der Armee muss angehoben werden, sie muss schlechtweg des Lesens und Schreibens kundig werden, sie muss in der Benützung von Nachschlagewerken, Büchern, Karten unterwiesen werden, sie muss in erhöhtem Maße an Sauberkeit, Genauigkeit, Ordentlichkeit, Sparsamkeit, Beobachtung gewöhnt werden." Trotzki: Fragen 19, 20.

[107] Trotzkij: Literatur 162. Die Orthographie der deutschen Übersetzung – durchweg Kleinschreibung bis auf Satzanfänge, passe ich der üblichen Form an.

Kultur und Alltagsleben

wurde keine scharfe oder klare Trennung vorgenommen, da sie dialektisch miteinander verschränkt waren. Eine mittlere Ebene von kulturellen Regelungen, die sowohl emotional wie auch rational gesteuert werden, also ihrem Charakter nach nicht eindeutig nur der Kultur oder Lebensweise zuzuordnen sind, blieb unbenannt.

Ein weiteres wichtiges Kulturkonzept der Revolutionszeit war der *proletkul't (proletarskaja kul'tura,* proletarische Kultur), mit dem sich Trockij in seinen Ausführungen als einen Gegenentwurf zu seinen Positionen auseinander setzte. Diese am Vorabend der Oktoberrevolution entstandene kulturrevolutionäre Gruppierung hatte das Ziel, sich nach 1917 zu einer Massenbewegung zu entwickeln. Dabei sollte eine eigene proletarische Kultur erschaffen werden, die nicht durch Eingriffe der Kommunistischen Partei, Intelligencija oder Bauernschaft beeinflusst werden sollte. Aleksandr Bogdanov galt als ihr wichtigster Vordenker.[108] Der *proletkul't* gewann schnell an Popularität und entwickelte sich zu einer einflussreichen Strömung mit vielen Anhängern in der Bevölkerung, weshalb er bei Lenin und innerhalb der Partei auf heftigen Wiederstand stieß. Es drohte eine eigene proletarische Organisation mit einer breiten Basis neben der Partei zu entstehen, die von den Bolschewiki als Konkurrenzunternehmen betrachtet wurde.

Über Entwicklung, Zielsetzung und Anspruch des *proletkul't* entwickelte sich ein Streit zwischen Lenin und Trockij einerseits sowie den *proletkul't*-Vertretern andererseits, der sich an der Frage entzündete, wer die neue Kultur schaffen und wo sie institutionell verankert werden sollte. Im *proletkul't* existierte die Meinung, die Avantgarde des Volkes, das Proletariat, sei Kulturträger und -stifter. Das Kollektiv mit seinen vielen geistigen und physischen Elementen sei ein Laboratorium für die Entwicklung einer proletarischen Kultur. Unklar blieb, wieso ausgerechnet Intellektuelle in dieser Organisation für die Schaffung einer neuen proletarischen Kultur verantwortlich sein sollten. Zudem fehlte eine schlüssige Definition von proletarischer Kultur und ihren eindeutig erkennbaren Merkmalen. Lenin wandte sich strikt gegen den *proletkul't* als ein fantastisches Produkt von Futuristen und Idealisten, bürgerlichen Künstlern und Intellektuellen. In Bogdanov sah er seinen persönlichen Rivalen, da er den *proletkul't* möglicherweise als eine politische Operationsbasis gegen ihn verwenden konnte. Die Haltung von Partei und Regierung wurde als die allein mögliche Politik der gesamten Rekonstruktions-

---

[108] Gorzka, Gabriele: A. Bogdanov und der russische Proletkult. Theorie und Praxis einer sozialistischen Kulturrevolution. Frankfurt/M., New York 1980; Bogdanoff, A.: Die Kunst und das Proletariat. Leipzig, Wolgast 1919; Sochor, Zenovia A.: Revolution and Culture. The Bogdanov-Lenin Controversy. Ithaca, London 1988.

periode dargestellt und daher beschloss das CK 1920 die Unterordnung und Eingliederung des *proletkul't* in das Volkskommissariat für Bildungswesen.[109] Trockij kritisierte ebenfalls das vorgesehene Konzept einer eigenständigen proletarischen Kultur, weil er grundsätzlich nichts von einer institutionellen Trennung von Politik und Kultur hielt. In seinen Vorstellungen waren es zwei zusammengehörende Bereiche, die beide durch die Partei angeführt werden sollten. Schwierig sah er den Weg zum Aufbau einer neuen Kultur. Statt einer einfachen Lösung bedürfe es einer gut geplanten, geleiteten und ausgeführten Kulturarbeit, denn proletarische Kultur entstehe nicht – wie vom *proletkul't* konzipiert – auf dem „Laboratoriumsweg". Diese Haltung bezeichnete Trockij als reaktionär, als einen Rückfall hinter die Errungenschaften der Revolution.

In diesem Suchen nach dem Stein der Weisen vereinigt sich die Verzweiflung über unsere Rückständigkeit mit dem Glauben an Wunder, der schon an und für sich ein Merkmal der Rückständigkeit ist. Aber wir haben keinen Grund zur Verzweiflung, und es ist höchste Zeit, auf den Wunderglauben und auf kindisches Pfuschertum im Geiste „proletarischer Kulturen" oder „proletarischer Kriegsdoktrinen" zu verzichten.[110]

Trockij stellte seine Betrachtungen zusammen mit der Frage an, wie das kulturelle Niveau der Arbeiterschaft angehoben werden könne. Dabei berief er sich wie andere Sozialisten auch auf Marx, der davon ausgegangen war, dass jede Klasse ihre eigene Kultur besitze, vermittels derer die jeweils herrschende Klasse dann ihren Herrschaftsanspruch in der Gesellschaft durchsetze.[111]

Dem im *proltekul't* entworfenen positiven Bild der Massen als Kulturträger setzte Trockij seine Sicht vom „Asiatentum des Lebens" in Russland gegenüber und begründete dies mit der im Vergleich zu westeuropäischen Ländern zurückgebliebenen russischen Industrie sowie einem dementsprechend zahlenmäßig geringer entwickelten Proletariat.[112] Nach wie vor gebe es einen großen Anteil Bauern in Russland. Zudem habe die Aufklärung hier erst ver-

---

[109] Peters, Jochen-Ulrich: Kunst als organisierte Erfahrung. Über den Zusammenhang von Kunsttheorie, Literaturkritik und Kulturpolitik bei A.V. Lunačarskij. München 1980, 146.

[110] Trotzki: Fragen 20.

[111] Fitzpatrick, Sheila: The Cultural Front. Power and Culture in Revolutionary Russia. Ithaca, London 1992, 20.

[112] Trotzki: Fragen 40.

Kultur und Alltagsleben

spätet in der zweiten Hälfte des 19. Jahrhunderts durch die *Narodniki* (Volkstümler) begonnen, die allerdings kaum einen Einfluss auf Leben und Sitten des Volkes besessen hätten. Ihr historisches Verdienst lag nach Trockij allein darin, die Bedingungen zur Entstehung eines revolutionären Proletariats in Russland vorbereitet zu haben. Erst durch die Revolution könnten die Lebensverhältnisse verändert werden, da sich nun auch die Produktionsverhältnisse veränderten. Damit besitze das russische Proletariat durch seine Rückständigkeit eine historische Chance, die in bürgerlichen Gesellschaften so nicht bestanden habe. Sprunghaft ermögliche sie der russischen Gesellschaft, nun zur fortschrittlichsten zu werden.[113] Das Proletariat sei zur Revolution in der Lage gewesen, da es wegen seiner fehlenden kulturellen Verwurzelung leicht eine bürgerliche Gesellschaftsordnung übernehmen konnte und als Masse nirgendwo angebunden gewesen sei. Der Preis dafür sei aber eine erschwerte Aufbauarbeit, mangels einer starken proletarischen Basis mit einem ausgeprägten Bewusstsein.

> Die Geschichte gibt einem nichts umsonst: und wenn sie auf das eine – die Politik – Rabatt gewährt, so nimmt sie ein übriges für etwas anderes – für die Kultur. Je leichter – natürlich nur relativ – dem russischen Proletariat der revolutionäre Umsturz geworden ist, desto schwieriger wird ihm die sozialistische Aufbauarbeit.[114]

Für Trockij existierte keine proletarische Kultur, sondern nur eine bürgerliche und die von Marx entworfene, neu zu schaffende Menschheitskultur:

> Hieraus muss man die allgemeine Schlussfolgerung ziehen, dass es eine proletarische Kultur nicht nur nicht gibt, sondern auch nicht geben wird; und es besteht wahrhaftig keinerlei Veranlassung dazu, dies zu bedauern: das Proletariat hat ja gerade dazu die Macht ergriffen, um ein für allemal der Klassenkultur ein Ende zu setzen und der Menschheitskultur den Weg zu bahnen. Das scheinen wir nicht selten zu vergessen.[115]

Die Entstehung von Kultur betrachtete er als ein Wechselspiel zwischen der Intelligenz der Klasse und der Klasse selbst. Dem *proletkul't* warf er vor, die Kultur hinter dem Rücken der Klasse entwickeln zu wollen, statt gemeinsam mit ihr. Um die Klasse mit einzubeziehen sei deshalb der Aufbau des Sozialismus notwendig.

---

[113] Ebd. 16, 20, 40–41.
[114] Ebd. 25
[115] Trockij: Literatur 158.

Der befreiende Sinn der Diktatur des Proletariats besteht ja gerade darin, dass diese nur eine vorübergehende, kurzfristige Erscheinung ist – ein Mittel, den Weg freizumachen, den Grundstein zu legen für eine klassenlose Gesellschaft und die Solidarität der gegründeten Kultur.[116]

Der Aufbau der Kultur erfolge von Generation zu Generation. In der ‚kulturellen Lehrzeit' seien die werktätigen Massen historisch schöpferisch. Nach Beendigung dieser Phase höre das Proletariat auf, eine Klasse zu sein. Dann existiere nur noch eine Menschheit mit ihrer Kultur. Welche Eigenschaften sie besaß, definierte Trockij nicht genauer.

Er berief sich in seiner Argumentation auf den 1923 verfassten Artikel über das Genossenschaftswesen von Lenin, der auch zu einer „radikalen Veränderung unseres ganzen Standpunktes in Bezug auf den Sozialismus" aufgefordert hatte.[117] Die dringendste Aufgabe liege jetzt im Bereich der Kulturarbeit. Trockij forderte ebenso wie Lenin ein flexibles Eingehen auf die veränderten Umstände der NĖP, ein Reagieren auf die neuen Anforderungen durch die Verlagerung des Schwerpunktes. Der Alltag erhalte nun eine größere Bedeutung und die Politik solle die historische Entwicklung vom Paradigma Revolution über Alltag, Kultur hin zum Sozialismus aktiv vollziehen. Die Errungenschaften der Revolution gelte es durch tägliche, kulturfördernde Arbeit zu sichern. Wer dies nicht unterstütze, nehme eine reaktionäre Haltung ein. Wiederholt betonte er, dass Kulturarbeit keinesfalls eine Verweichlichung der Politik oder ein Abgleiten ins Unpolitische sei. Im Gegenteil, bereits durch die Beachtung von Kultur entstehe ein politischer Charakter.[118]

Die Anweisung, kulturelle Aufbauarbeit zu leisten, sei bereits eine politische Handlung. Somit sei es auch notwendig, wenn die Kommunistische Partei sich als politische Organisation mit kulturellen Fragen beschäftige.

> Die Verlegung der Aufmerksamkeit unserer Partei auf die *kulturelle* Arbeit bedeutet deshalb durchaus nicht eine Schwächung der *politischen Rolle* der Partei. Die historisch ausschlaggebende (d.h. politische) Rolle der Partei wird gerade in der planmäßigen Verlegung der Aufmerksamkeit auf die kulturelle Arbeit und in der Leitung dieser Arbeit zum Ausdruck kommen. Nur im Resultat vieler vieler Jahre innerlich erfolgreicher und äußerlich gesicherter sozialistischer Arbeit könnte sich die Partei allmählich von der Hülle der Parteihaftigkeit

---

[116] Ebd. 165.
[117] Trotzki: Fragen 19.
[118] Trockij: Literatur 184–186.

Kultur und Alltagsleben

befreien und sich im sozialistischen Gemeinwesen auflösen. Bis dahin aber ist es noch so weit, dass gar nicht daran zu denken ist.... Für die nächstliegende Epoche muss die Partei ihre Grundzüge voll und ganz bewahren: geistiger Zusammenschluss, Zentralisation, Disziplin und als Resultat hiervon – Kampffähigkeit.[119]

Die Diktatur des Proletariats sei für eine „kurzfristige Übergangszeit" notwendig, dennoch lehnte Trockij, wenn auch mit anderer Begründung, den *proletkul't* ab, weshalb es sich lohnt, näher auf sein Buch einzugehen.[120] Er entwickelte eine mittelfristige Perspektive für den Aufbau des Sozialismus, unterschätzte dabei aber immer noch die Dauer der proletarischen Diktatur.[121]

„Fragen des Alltagslebens" von Lev Trockij

Während Lenin sich vornehmlich mit dem Kulturbegriff auseinander setzte, beschäftigte sich Trockij als einer der wenigen Intellektuellen innerhalb der Partei zusätzlich und konkret mit der Lebensweise, die seines Erachtens ein Teil und eine Grundlage der Kultur sei. Dazu verfasste er das Buch „Fragen des Alltagslebens", das sich aus einzelnen Artikeln zusammensetzte, die teilweise bereits in der *Pravda* abgedruckt worden waren. Die Motivation für diese Schrift lag für Trockij darin, in der Zeit des Übergangs ein „Erziehungswerkzeug" im kommunistischen Sinn für „Durchschnittsarbeiter" zu verfassen. Zwei in der Kulturdebatte herausgearbeitete Grundpositionen finden sich hier wieder: Trockij betrachtete Alltag als ein Übergangsstadium zur Menschheitskultur, die nicht durch die Masse in einem selbstschöpferischen, unangeleiteten und damit unkontrollierten Prozess erschaffen wurde, sondern der Steuerung und Planung durch Parteiorgane unterlag. Aus diesem Selbstverständnis heraus beabsichtigte er, die zeitgenössischen Lebensumstände zu analysieren und den Weg in die kommunistische Zukunft aufzuweisen. Konkret beschäftigte er sich mit der Funktionsweise der Propaganda und der Arbeit von Massenagitatoren. Trockij versuchte mit der Broschüre eine seines Erachtens bestehende Lücke in der Darstellung sowjetischen Lebens zu schließen, indem er Lebens- und Verhaltensweisen von Arbeitern im nachrevolutionären Russland beschrieb. Das Material zu seinem Buch sammelte er in Gesprächen und Fragebogenauswertungen mit Moskauer Parteimassenagitatoren. Er setzte sich zum Ziel, die Fragen des Arbeiterlebens zum

---

[119] Trotzki: Fragen 22.
[120] Trockij: Literatur 157.
[121] Deutscher: Trotzki 198–199.

Frauenpolitik, Revolution, byt, Kultur

Gegenstand eines aufmerksamen Studiums zu machen. Die Ergebnisse versuchte er lesernah zu präsentieren. Das Buch gliedert sich in drei Abschnitte: in theoretische Überlegungen zum Alltagsleben und zur Politik, in die Ausführungen zu den Fragen des Alltagslebens auf der Grundlage der Besprechungen mit den Parteimitgliedern und einem Anhang mit den Fragen und Antworten der Agitatoren. Trockij betonte, dass der Anhang Material von selbständigem Interesse beinhalte. Damit wollte er seine Thesen untermauern und versuchte, ihnen eine im wissenschaftlichen Stil empirische Grundlage zu verleihen, sowie Belege für seine Gedanken zur Übergangsgesellschaft und seine Kritikpunkte anzuführen. Er zeigte einerseits seine Nähe zu normalen Parteimitgliedern auf, die er in der Broschüre zu Wort kommen ließ, andererseits führte er Meinungen aus den einfachen Parteireihen für seine Beobachtungen an. Ein weiteres Ziel seines Buches lag im Aufzeigen der Komplexität von Alltagsleben, das aus diesem Grunde nicht vernachlässigt werden durfte.

Auch wenn die Zielsetzung von Trockijs Buch durchaus ambitioniert war und positiv zu bewerten ist, muss dennoch seine Materialbasis kritisiert werden. Er befragte lediglich eine kleine Gruppe von Agitatoren, die nur aus Moskau berichteten, also keineswegs ein repräsentatives Bild für die Sowjetunion vermittelten. Es handelte sich ausschließlich um Parteimitglieder, weshalb der Eindruck einer instrumentellen Behandlung von Arbeitern entsteht. Unter den im Anhang namentlich genannten 25 Personen befanden sich lediglich drei Frauen.[122] Zudem veröffentlichte Trockij die Dokumentation in einer bearbeiteten, gekürzten Version. Der Ursprungstext ist nicht rekonstruierbar. Die Leser und Leserinnen erhielten bereits gefiltertes Material.

Der Alltag hemmt die kulturelle Entwicklung

Im Gegensatz zur Kultur definierte Trockij Alltag und Alltagsleben als unbeweglich, widerspenstig und rückwärtsgewandt.

> Das Alltagsleben setzt sich zusammen aus der angesammelten spontanen Erfahrung der Menschen, [...] und spiegelt in Summa viel mehr die Vergangenheit der menschlichen Gesellschaft als ihre Gegenwart wider. [...]
> Die Politik ist elastisch, das Alltagsleben aber ist unbeweglich und widerspenstig. Daher kommt es zu so vielen Zusammenstößen

---

[122] Gordon, Chefin der Organisationsabteilung des Rayonkomitees Sokolniki; Lagutina, Mitglied des Fabrikkomitees der Fabrik „Roter Stern" und Zeitlin, Chefin der Frauenabteilung des Moskauer Komitees. In: Trotzki: Fragen 85–86.

Kultur und Alltagsleben

in Alltagsfragen im Arbeitermilieu, in einer Richtung, wo die Bewusstheit auf die Tradition stößt.[123]

Alltag allgemein bedeutete für Trockij ein durch kulturelle Bildung zu verändernder überkommener Zustand, der den Zeitumständen nicht mehr angemessen war. Auf Russland bezogen sah er eine Veränderung der Verhältnisse in technischen Neuerungen, die wiederum Grundlage für wirtschaftliche Umgestaltungen gewesen seien. Träger wirtschaftlicher Entscheidungen sollte nach Trockij allein der Staat, also die Parteiführung sein, die damit auch die Entscheidungen über Veränderungen im Alltagsleben bestimmte. Zusätzlich müssten breite Bildungskampagnen durchgeführt werden. Eine grundlegende Umgestaltung vollziehe sich nach Verbesserung der materiellen Lebensumstände, gemäß Marx' These, dass das Sein das Bewusstsein bestimme. Trockij ging davon aus, eine Aufklärung der Massen führe selbständig zu einem Wandel in allen Lebensbereichen, dieser Vorgang müsse nur von Partei- und Staatsorganen gesteuert werden.

Vermittler zwischen Masse und Partei seien die Zeitungen, die dadurch eine große Macht besäßen. In ihnen sah Trockij die wirksamsten Instrumente zur Umsetzung der Parteipolitik und Umformung der Gesellschaft. Sie sollten eine bestehende Entfremdung zwischen Partei und Masse auflösen, indem sie Aufklärung und Belehrung differenziert und auf einem hohen Wissensniveau vornehmen sollten, statt plumpe Parolen zu transportieren. Das Erreichen der Masse gelinge aber nur durch eine Themenauswahl, die die Interessen der Leser wiederspiegele. Zu wenig Beachtung fände Alltägliches, das in Form von Klatsch kursiere. Gerade die Zeitung besäße die Fähigkeit, alltägliche Begebenheiten wie etwa Gerichtsprozesse zu erklären und Hintergrundinformationen zu liefern.

Konkret forderte Trockij eine Umgestaltung der Zeiteinteilung in einen fortschrittlichen Dreierrhythmus: acht Stunden Arbeit, acht Stunden Freizeit, acht Stunden Schlaf. Der Arbeiter dürfe in seiner Freizeit nicht sich selber überlassen sein. Er würde dann übermäßig Alkohol konsumieren oder religiöse Praktiken ausüben. Neue sozialistische Freizeitbeschäftigungen seien zu erschaffen.

Das Bestreben, sich aufzuheitern, sich zu zerstreuen, zuzuschauen und zu lachen, ist das berechtigste Streben der menschlichen Natur. Wir können und müssen diesem Bedürfnis eine Befriedigung von immer höherer künstlerischer Qualität gewähren und zugleich das Vergnügen zum Werkzeug der kollektiven Erziehung, ohne pädago-

[123] Ebd 33, 36.

gische Bevormundung, ohne aufdringliches Hinlenken auf die Bahn der Wahrheit machen.[124]

Als wichtigste neue Freizeitbeschäftigung und gleichzeitiges Mittel zur Propaganda – Trockij sprach von einem Erziehungsinstrument – sah er das Kino. Diesem neuen Medium maß er große Bedeutung bei, ohne die Manipulationsmöglichkeiten zu bedenken. Nach dem Vorbild der Großstädte Paris und New York, wo das Kino mit den Bierschenken konkurrierte, erhoffte er sich für Russland einen ähnlichen Effekt: eine Abkehr vom kulturlosen Alkoholkonsum und vor allem die Loslösung von der Kirche. Die orthodoxe Kirche sei lediglich ein Lebenszeremoniell. Die Verbindung zwischen Arbeiter und Kirche verglich er mit dem „Faden der Gewohnheit", der hauptsächlich Frauen umgarne. Heiligenbilder dienten als bloße Dekoration und Ostern sei ein willkommener Feiertag im Frühling.

In die Kirche geht man durchaus nicht aus Religiosität: in der Kirche ist es hell, schön, es sind viele Menschen dort, es wird gut gesungen – das ist eine ganze Reihe öffentlich-ästhetischer Anziehungsmomente, die weder die Fabrik, noch die Familie, noch das Alltagsleben der Straße bietet. Glaube ist nicht oder fast nicht vorhanden.[125]

Durch neue Zerstreuungen wie Kino ließen sich neue Lebensformen aufbauen und die Religiosität zerstören. Antireligiöse Propaganda müsse von neuen Freizeitangeboten begleitet werden, damit sie wirksam sei.

Als das konservativste Element der Gesellschaft nannte Trockij die bestehende Familie. Sie befinde sich ebenfalls in einem Übergang, Krieg und Revolution hätten zu ihrer Zerstörung beigetragen. Gründe für einen Zerfall der Familie suchte Trockij im Wegbrechen der alten Ordnung. Ebenso verursachten neue Lebenserfahrungen wie Krieg und Revolution, aber auch das Entdecken der eigenen Persönlichkeit und die Wahrnehmung von individuellen Handlungsräumen, außerhalb bisheriger gesellschaftlicher Normen, Veränderungen in der Familie. Daraus abgeleitete neue Freiheiten würden zunächst in der Familie ausprobiert. Erst durch die Zerstörung alter Lebensformen beginne ein Prozess des Nachdenkens über neue Verhaltensweisen. Dies sei eine Folge der Revolution.[126] Trockij sah durchweg politische Gründe als Ursachen für die Auflösungserscheinungen der alten Familie. Die Ehepartner

---

[124] Ebd 46–47.
[125] Ebd 50.
[126] Ebd 60–61.

Kultur und Alltagsleben

entfremdeten sich dann voneinander, wenn ein Teil politisch gebildeter oder bewusster lebe als der andere, was bedeutete, dass Bildungsunterschiede eine Partnerschaft verhinderten. Obwohl Trockijs Menschenverständnis materialistisch war, sah er die Grundlage einer Familie nicht in ökonomischen Faktoren wie etwa der Wohnungsfrage, der Ernährerrolle, Alimentenzahlungen oder der Versorgung gemeinsamer Kinder, da diese Aufgaben von der Gesellschaft geregelt und übernommen werden sollten. Über Emotionen als Grundlage einer Partnerschaft finden sich bei ihm keine Äußerungen. Problematisch gestaltete sich für Trockij der Aufbau einer neuen Familie, besonders die Übertragung des gesellschaftlichen Gleichheitsideals von Mann und Frau auf das private Leben:

> Die radikale Umgestaltung der Familie und überhaupt des Gefüges des Alltagslebens würde in hohem Grade bewusste Bemühungen der Arbeiterklasse in ihrem ganzen Umfang erfordern und setzt in dieser selbst eine wuchtige Kleinarbeit des inneren kulturellen Aufstiegs voraus. Hier müssen tiefe Schichten aufgepflügt werden. Die politische Gleichheit zwischen Mann und Frau im Sowjetstaat herzustellen – das war eine Aufgabe, die einfachste. Die Gleichheit des Arbeiters und der Arbeiterin innerhalb der Produktion in der Fabrik, im Werk, in der Gewerkschaft herzustellen, so dass der Mann die Frau nicht verdränge – diese Aufgabe ist bereits eine viel schwierigere. Aber die wirkliche Gleichheit zwischen Mann und Frau innerhalb der Familie herzustellen – das ist eine unermesslich schwierige Aufgabe, die die größten Anstrengungen in der Richtung der Revolutionierung unseres ganzen Lebens erfordert.[127]

Den Neuaufbau sah er als einen dialektischen Prozess, dem die kulturelle Bildung des Einzelnen voranging:

> Ohne eine Hebung des individuellen Kulturniveaus des Arbeiters und der Arbeiterin kann es keine neue, höhere Familie geben, denn auf diesem Gebiet kann selbstverständlich nur von innerer Disziplin, keineswegs aber von äußerem Zwang die Rede sein.[128]

Die Basis für eine neue Familie, die ein Spiegel der Gesellschaft sein sollte, bildete der innere Zusammenhang, die Übereinstimmung von Interessen, Einstellungen und Lebensformen. Diese entstünden aus einer allgemeinen Politisierung und einem homogenen Klassenbewusstsein, zusätzlich müssten die

---

[127] Ebd 56.

[128] Ebd 63

Frauenpolitik, Revolution, byt, Kultur

allgemeinen ökonomischen Rahmenbedingungen verbessert werden. Trockij entwarf ein ideales Bild einer neuen, gleichberechtigten Partnerschaft, die durch freie Willensäußerung allein existierte – und nur in einer sozialistischen Gesellschaft zu gewährleisten sei:

> Die Vorbereitungen der materiellen Bedingungen des neuen Lebens und der neuen Familie kann wiederum in ihrer Grundlage nicht von der allgemeinen Arbeit des sozialistischen Aufbaus getrennt werden. Der Arbeiterstaat muss erst reicher werden, damit er ernsthaft und wie es sich gehört die öffentliche Erziehung der Kinder und die Entlastung der Familie von Küche und Waschküche in Angriff nehmen kann. Die Vergesellschaftung der Familienwirtschaft und der Kindererziehung ist undenkbar ohne ein gewisses Reicherwerden unserer Wirtschaft als Ganzes. […]
> Der eine hört auf, das Leben des anderen mit Beschlag zu belegen. Es tritt endlich volle Gleichberechtigung ein. Das Verbundensein wird nur durch gegenseitige Sympathie bedingt.[129]

Trockij vertrat die marxistischen Grundgedanken der Befreiung der Frau in der sozialistischen Gesellschaft durch die Vergesellschaftung von Reproduktionsaufgaben. Leider machte er keine Angaben, in welchem Zeitrahmen und durch welche Organisationen die Vorschläge umgesetzt werden sollten. Die Frauenfrage als zentrales Problem der Übergangsgesellschaft – wie es das *ženotdel* sah – existierte in seiner Denkweise als ein nachgeordnetes Problem, hinter Fragen der Wirtschaft, Parteiführung, dem Weg zum Aufbau des Sozialismus, Kultur und Alltag allgemein.

Seine Ausführungen adressierte Trockij an Arbeiter und Jugendliche, die zuerst Träger der neuen Kultur werden sollten. Konkret wies er deshalb Gewerkschaften und Komsomol eine wichtige Funktion zu, da sie in der Lage seien, durch Errungenschaften in Wissenschaft und Technik zur Bereicherung und Verschönerung des menschlichen Lebens beizutragen.[130] Trockij bewies in seinem Buch eine große Aufmerksamkeit gegenüber der konkreten Lage von Arbeitern, die nur unter wenigen führenden politischen Köpfen und unter *ženotdel*-Mitarbeiterinnen zu finden war.

---

[129] Ebd 64.

[130] Ebd 71.

Kultur und Alltagsleben

Untersuchungen zum byt

Eine breite Diskussion der Fragen des *byt* in den zwanziger Jahren fand parallel zur Diskussion über Kultur statt. Angeregt durch die Ausführungen von Trockij wurden zahlreiche und sehr unterschiedliche wissenschaftliche Forschungen über das Alltagsleben begonnen. Gewerkschaften, Partei und Staatsorgane, etwa das Volkskommissariat für Arbeit oder Gesundheit, gaben Studien über die sozialen und ökonomischen Verhältnisse der Bevölkerung in Auftrag. Forschungsgegenstand war zunächst die Arbeiterschaft, deren Lebensweisen im Mittelpunkt standen. Untersucht wurden Gebiete wie die Zusammensetzung der Arbeiterschaft, die Situation auf dem Arbeitsmarkt, das neue Phänomen der Arbeitslosigkeit, Beschäftigungsstrukturen und soziale Zusammensetzung der Werktätigen, Qualifikationsmuster, Zeiteinteilung, Lohnverhältnisse, private Budgets aber auch Sexualverhalten, Familienstand und politisches Bewusstsein.[131]

Dahinter stand das Bemühen, zunächst den sogenannten alten *byt* kennen zu lernen, um ihn dann umzugestalten. Eine Studie über das Zeitbudget verdeutlichte, dass Frauen nach wie vor weniger freie Zeit zur Verfügung hatten als Männer, da sie sich um den Haushalt kümmern mussten. Diese Daten dienten als Argumentationsgrundlage, dagegen etwas zu unternehmen und die Arbeit von Gewerkschaften und *ženotdely* stärker zu unterstützen.[132]

In einer Untersuchung zum Arbeiterleben wurden in einem Zeitraum von über einem Jahr unter verschiedenen Fabrikarbeitern in Moskau in 49 Familien das Arbeits- und Privatleben erforscht. Als Grundthese wurde von einem unmittelbaren Zusammenhang zwischen kulturellem und materiellen Niveau ausgegangen: je besser die privaten wirtschaftlichen Bedingungen eines Arbeiters seien, desto höher sei sein Lebensstandard. Daran anknüpfend stellte sich die Frage, ob es mit einem steigenden Lebensstandard auch eine stärkere

---

[131] Aus den zahlreichen Titel seien hier nur einige genannt, die auch für die vorliegende Arbeit verwendet wurden: Rabinovič, A.I.: Trud i byt rabočego. M. 1923; Kaplun, S.: Sovremennye problemy ženskogo truda i byta. M. 1925; Kabo, Elena Osipova.: Rabočaja kul'tura i rabočij byt. In: Prizyv (1925) Nr. 3, 49–67; Dies.: Očerki rabočego byta. Opyt monografičeskogo issledovanija domašnego rabočego byta. 2 Bde. Band 1. M. 1928; Dies.: Pitanie russkogo rabočego do i posle vojny. Po statističeskim materialam 1908–1924gg. M. 1926; Kožanyj, P.: Rabotnica i byt. M. 1926; Ženščina i byt. Materialy po rabote sredi ženščin v klube, krasnom ugolke, obščežitii, ženkružke i dr. M. 1926; Byt i molodež. M. 1926; Polljak, G. S.: Bjudžety rabočich i služaščich k načalu 1923 g. M. 1924; Rašin, A. G.: Ženskij Trud v SSSR. Vyp. 1. M. 1928; Strumilin, S.: Bjudžet vremeni russkogo rabočego i krest'janina v 1922–1923 godu. Statistiko-ėkonomičeskie očerki. M.-L. 1924.

[132] Kaplun: Sovremennye 102–113.

Frauenpolitik, Revolution, byt, Kultur

Nutzung der kulturellen Errungenschaften gebe.[133] Es ging zunächst darum, im Einzelnen die Biographien der untersuchten Personen vorzustellen, ihr Bildungsniveau und ihre Prägungen. Dabei wurde auch auf die Situation von Frauen eingegangen, die meistens schlechter als Männer lesen konnten oder als Analphabetinnen gegenüber den Männern in der Mehrheit waren.

Die Forschungen intendierten durch die Aufdeckung eines niedrigen weiblichen Bildungs- und beruflichen Qualifikationsniveaus keine direkte Wertung, zu der sie dennoch führten, da sie einen minderen Status nachwiesen, der sich auch auf die soziale Stellung von Frauen übertrug.

In allen Studien gab es ein immanentes Wertesystem, wonach ein Mensch mit guter Bildung, einer qualifizierten Lohnarbeit in der Produktion, gesellschaftspolitischem Interesse und Engagement in dementsprechenden Organisationen als fortschrittlich, modern und zeitgemäß betrachtet wurde, der schon im neuen *byt* lebte. Den Kontrast dazu bildeten alte Lebensweisen, häufig der Ort von Frauen und Spiegel ihrer Lebenszusammenhänge, weshalb sie als rückständig bezeichnet wurden. „Der Konservatismus der Frauen stellt ungefragt eine Gefahr dar."[134]

Strukturelle Ursachen wie eine hohe weibliche Erwerbslosigkeit und die große Arbeitsbelastung durch die Haus- und Familienarbeit wurden gesehen, aber nur von den *ženotdely* als politische Forderungen hartnäckig eingefordert. Unter Frauen sollte Agitation und Propaganda für eine neue Lebensweise durchgeführt werden. Zu diesem Zweck entstanden Lehrbücher, wie die Arbeit durchgeführt werden sollte.[135] Dabei wurde immer wieder beklagt, die gesetzliche Lage der sowjetischen Frau sei weltweit führend, dennoch finde nur zum 8. März und durch die Frauenabteilungen Aufklärungsarbeit statt, die nicht ausreichend sei und unbedingt ausgeweitet werden müsste.[136]

Mit dem Übergang zum Aufbau des „Sozialismus in einem Lande" und der forcierten Industrialisierung seit 1928 mehrten sich die unzufriedenen Stimmen, dass ein neues gesellschaftliches Kollektiv angesichts des vorherrschenden *byt* nicht aufzubauen sei. Ein Autor formulierte seinen Unmut 1928 in einem Zeitschriftenartikel:

---

[133] Kabo: Rabočaja kul'tura 49–51. Kabo argumentierte hier auf der Grundlage der Ausführungen von Trockij.

[134] Ebd. 63.

[135] Ženščina i byt.

[136] Rastopščina, M.: Na kul'turnyj šturm v bytu. In: Kommunističeskaja Revoljucija (1928) Nr. 17–18, 152–154.

Kultur und Alltagsleben

Die *kul'turnost'* des Menschen findet seinen Ausdruck im *byt*. Das Entfernen unseres *byt* ist das Entfernen unserer Unkultur (*nekul'turnost'*). Es muß zugestanden werden, dass der *byt* einer unserer unerfreulichsten Fronten ist. Es reicht, wenn man 100 Werst von unseren großen Städten wegfährt oder nur zehn oder mehr Kilometer seitwärts von der Eisenbahn geht, um unmittelbar in die Bedingungen des *byt* zu gelangen, die dem 16. Jahrhundert gleichkommen. Die Zeichnungen, die wir von Olearius haben, der im 17. Jahrhundert durch Russland reiste, erinnern in vielen Details an die Typen, die wir heute treffen. Es muß angemerkt werden, dass der *byt* eine der konservativsten, unnachgiebigsten und geistig trägsten Kräfte ist.[137]

Ebenso wie die Wirtschaft sollte auch das private Leben industrialisiert werden, indem auf Sauberkeit und Ordnung verstärkt geachtet werden sollte. Alles Alte müsse dafür zerstört werden, die Arbeit solle mehr Aufmerksamkeit erhalten.[138] Der private *byt* dürfe nicht länger in der Familie eingeschlossen sein, sondern ebenfalls kollektiviert werden.

Wohin führten diese Debatten? 1928 und 1929 wurde ein „Kampfprogramm zur Schaffung einer neuen Intelligenz" vom CK der Partei verabschiedet, das eine stärkere zentrale Anleitung von Wissenschaftlern bewirkte. Auch auf wissenschaftspolitischer Ebene zeigte sich in diesen Jahren eine Zäsur in der sowjetischen Entwicklung, indem kreative Forschungen und damit verbundene wegsuchende Diskussionen zunehmend unterbunden wurden. Somit endeten zu Beginn der dreißiger Jahre allmählich die Untersuchungen zum *byt*.[139] Empirische Forschungen fanden nicht mehr statt, da der historische Materialismus nicht mehr als eine mögliche Forschungsmethode, sondern als allein gültige Wissenschaftstheorie betrachtet wurde, etwa um soziale Prozesse zu erklären.[140]

---

[137] Toporkov, A.: Kul'tura i byt. In: Narodnyj učitel' 10 (1928), 32–38, hier 32.

[138] Fridman, R.: V boj – za novyj byt. In: Molodaja Gvardija 20 (1929) 55–61.

[139] Am 16. Mai 1930 erfolgte ein Beschluss des CK zur Reorganisation der Arbeit im Bereich Alltagsleben. Siehe Die Sowjetunion. Bd. 2. Hg. v. H. Altrichter - Heiko Haumann. München 1987, 309–311.

[140] Pütz, Karl: Zeitbudgetforschung in der Sowjetunion. Zur empirischen Sozialforschung in der UdSSR. Meisenheim am Glan 1970, 5.

Frauenpolitik, Revolution, byt, Kultur

Emanzipation – Aufklärung – Alltag: Zusammenfassung

Drei verschiedene Herangehensweisen an die Fragen des *byt* lassen sich für die Diskussionen in den zwanziger Jahren unterscheiden: der emanzipatorische Ansatz im *ženotdel*, der theoretisch-erzieherische, vertreten zunächst durch Lenin und dann fortgeführt von Trockij und ein empirischer in den zahlreichen Forschungsarbeiten. Übereinstimmung herrschte darüber, sich genauer mit den Alltagsbedingungen im Sowjetstaat auseinander zu setzen, die weit entfernt von den Vorstellungen einer sozialistischen Zukunft waren. Allen gemeinsam war, dass sie in ihren Betrachtungen revolutionäres Neuland betraten und im Verlauf der zwanziger Jahre zunehmend desillusioniert wurden, was zu einem Abbau revolutionärer Perspektiven führte. Gleichzeitig vollzog sich eine Neudefinition des staatlichen Apparates, indem eine Machtverlagerung weg von den Gewerkschaften oder Sowjets hin zu bürokratischen Institutionen stattfand. Damit wurde der Übergang zur Normalität auf staatlich-administrativer Ebene vollzogen, wie es bei Fragen des Mutter- und Säuglingsschutzes durch OMM zu sehen ist. Der breite Diskurs spiegelte eine mehr oder weniger deutlich existierende Wahrnehmung verschiedener Lebensformen wieder, für die in Partei- und Staatsorganen in den zwanziger Jahren noch ein Bewusstsein vorhanden war. Dieser Prozess muss auch als ein – trotz allen Unzulänglichkeiten – vorhanden gewesener Dialog zwischen Partei und Masse betrachtet werden, der am intensivsten in den *ženotdely* geführt wurde.

Unterschiedliche Sichtweisen gab es in der Frage, wie Veränderungen in den Sitten, Gebräuchen, Verhaltensweisen und Gewohnheiten der Menschen bewirkt werden könnten. Die *ženotdely* richteten ihre Arbeit stark an der Praxis aus, versuchten Informationen zu vermitteln und auf grundlegende Bedürfnisse von Frauen einzugehen, wobei die Debatte über die Kulturplanung eine nachgeordnete Rolle spielte. Dies zeigte sich etwa daran, dass die Frauenabteilung nicht allein die Kategorie Klasse als Ordnungskriterium ihrer Arbeit anwandte, also nicht nur unter den Proletarierinnen agitierte, sondern bei Frauen aus verschiedenen Schichten eine Bewusstseinsstärkung für die Emanzipationspolitik der Bolschewiki betrieben werden sollte. Eine Dichotomie von Kultur und Alltag, wie sie von Trockij und Lenin in ihren teilweise elitär wirkenden Ausführungen aufgestellt wurde, fand sich bei den *ženotdel*-Vertreterinnen nicht.

In der allgemeinen Debatte erfolgte eine Höherbewertung der Kultur, im Gegensatz dazu spiegelte der Alltag alles Alte, zu überwindende Traditionen,

Kultur und Alltagsleben

Verhaltensweisen und unbewussten Handlungen. Der Kulturbegriff beinhaltete eine starke Zukunftsorientierung mit utopischen Elementen, Alltag diente als Zustandsbeschreibung der Gegenwart mit allen Mängeln der Übergangsgesellschaft. In der Frauenabteilung fand keine eigenständige oder lebhafte Diskussion von Kultur statt, ebenso gab es kaum allgemeine theoretische Debatten. Die Arbeit war praxisorientiert und zielte konkret auf Veränderungen im Alltag ab. Als zentrale Frage stand dabei der Wandel von der alten zur neuen Lebensweise im Mittelpunkt, wobei die *ženotdely* das Konzept vertraten, nicht nur proletarische Frauen, sondern möglichst weite Teile der sowjetischen Bevölkerung zu mobilisieren, wobei eine Anleitung dafür von den Partei- und Staatsorganen erfolgen sollte. Während die allgemeine Hinwendung zu Alltagsthemen ab 1923 eine Korrektur der revolutionären Ziele bedeutete, besaß die bereits früher begonnene Diskussion des *byt* innerhalb der Frauenabteilung noch eine andere Dimension: Hier war sie als Grundlage der Emanzipation immer auch Teil der revolutionären Utopien.

Geschlecht war durchgängig eine deutlich wahrnehmbare Kategorie, jedoch fehlten andere Theorien über die Differenz der Geschlechter als sie Marx in seiner Klassenlehre vorgedacht hatte. Trockij setzte sich nicht mit einer bestehenden Geschlechterdifferenz auseinander, sondern übernahm die marxistische Sichtweise über die Lösung der Frauenfrage, die aber keine Aktionspläne und Handlungsanweisungen beinhaltete und auch in ihrer Analyse unscharf war. Trockij benannte keine konkreten Organe zur Verbesserung des Alltagslebens und blieb allgemein und theoretisch. Aus einer Grußadresse zur dritten Allunionskonferenz zum Schutz von Mutter und Kind geht hervor, dass er die Einrichtung von OMM sehr schätzte, da es seinem Bild der Frau als Mutter entsprach.[141] Auf frauenspezifische Probleme wie Prostitution oder Arbeitslosigkeit ging er nicht differenziert ein, da er eine allgemeine Anhebung des wirtschaftlichen Niveaus und nachfolgend der Kultur für ausreichend zur Verbesserung des Alltagslebens hielt.

Die empirischen Forschungen zeigten in ihrer Themenwahl einen grossen Unterschied zur Zarenzeit auf, da sie in einem Umfeld entstanden waren, in dem bestehende Konzepte in Frage gestellt wurden. Die biologische Differenz wurde als nicht folgenschwer bewertet, aber wieder zu einer neu bestätigten sozialen Geschlechterdifferenz aufgebaut, indem nachgewiesen wurde, dass Frauen einen schlechteren Bildungs- und Qualifikationsgrad besaßen als Männer. Ebenso verfestigten sich Geschlechterrollenzuschreibungen

---

[141] Trotsky, Leon: The Protection of Motherhood and the Struggle for Culture. Grussadresse zur 3. Allunionskonferenz zum Schutz von Mutter und Kind am 7.12.1925. In: Ders.: Women and the Family. New York 1970, 31–44.

Frauenpolitik, Revolution, byt, Kultur

erneut durch Studien, die empirisch nachwiesen, wie stark Frauen im Gegensatz zu Männern rein zeitlich an den Alltag gebunden waren. Eine Zuschreibung spezifischer Tätigkeiten als weiblich wie Kindererziehung, Haushaltsführung oder mütterliche Fürsorge im familiären Umfeld erfolgte auch durch die Arbeit der *ženotdely*, die die Sache der Frauen unbeabsichtigt erst stark reifizierten und zu etwas Besonderem machten. Eine Geschlechterhierarchie mit männlicher Dominanz setzte sich nach der Revolution fort, wurde aber gleichzeitig auch durch das diskursive Feld Alltag, Emanzipation und Kultur aufs neue bestätigt.

Dennoch ist die Auflösung der Frauenabteilungen von 1930 als das schmerzhafte Ende eines interessanten Experiments zu bewerten, da danach keine aktive Frauenpolitik in der Sowjetunion mehr betrieben wurde. Als Gründe für die „Reorganisation" im Zusammenhang mit der Proklamierung der „Lösung der Frauen" muss in erster Linie der politische Wandel zu Beginn der dreißiger Jahre gesehen werden. Während die Umwandlung der Lebensweisen bei Revolutionären wie Kollontaj, Lenin oder Trockij noch eine zentrale konzeptionelle Rolle spielte, gehörte dieses Ziel nicht mehr zu den Grundelementen der Politik von Stalin und Kaganovič. Sie maßen dem Alltag keine politische Bedeutung bei, ebenso erachteten sie auch die Frage der Emanzipation der Geschlechter nicht als Gradmesser für das Erreichen sozialistischer Ziele, auch wenn rein formal in der Propaganda daran festgehalten wurde. Es bestand also eine Deckungsgleichheit von politischem und gesellschaftlichen Wandel im Verlauf der zwanziger Jahre sowie einer Abwertung und zunehmenden Vernachlässigung von einst wichtigen revolutionären Zielen und Vorstellungen.

3. Geschlechterordnungen zwischen Utopie und Tradition

> Wir können (und müssen) beginnen, den Sozialismus aufzubauen, und zwar nicht aus einem phantastischen und nicht aus einem von uns speziell geschaffenen Menschenmaterial, sondern aus dem Material, das uns der Kapitalismus als Erbteil hinterlassen hat. Das ist sehr ‚schwer', wer will es leugnen, aber jedes andere Herangehen an diese Aufgabe ist so wenig ernst, dass es gar nicht lohnt, davon zu reden.[1]

Die Oktoberrevolution 1917 fand mit dem Anspruch statt, eine neue Gesellschaft zu schaffen, in der alle Mitglieder gleichberechtigt leben sollten. Dieses von Marx erhobene Postulat der Gleichheit, die auch eine Gleichheit von Mann und Frau umfasste, war radikal, neu und weit vorausgedacht. Doch schnell wurde den Bolschewiki nach der Machtübernahme bewusst, dass neue Gesetze wie Lohngleichheit, Abschaffung von Privateigentum, Liberalisierung der Ehegesetze und Legalisierung von Abtreibungen zum Aufbau einer kollektiven Lebensform nicht ausreichten. Die aus dem Marxismus entwickelte Theorie des Kommunismus bedurfte nach der Revolution entgegen früherer Annahmen konkreter Umsetzungen, Aktionspläne und Handlungsanweisungen. Zusätzlich zu politischen und wirtschaftlichen Veränderungen mussten alle Lebensformen umstrukturiert werden. Dazu fanden in den zwanziger Jahren zahlreiche richtungssuchende Debatten über *byt* und Kultur statt, über Werte und Normen der Zukunftsgesellschaft, eng verflochten mit Entwürfen des neuen Menschen und Debatten über Liebe, Sexualität und ideale Menschenbilder. Dieses diskursive Feld war aus dem Problem der Übergangsgesellschaft entstanden und spiegelte die Erfahrungen einer Gesellschaft im Umbruch während der NÉP wieder, ebenso einen Wandel von rein theoretischen, revolutionären Idealen, die noch ganz von gesellschaftlichen Utopien geprägt waren, zu oftmals ganz anderen Bildern und Vorstellungen, basierend auf praktischen Erfahrungen. Dieser lebhafte Austausch von Meinun-

---

[1] Lenin, Wladimir I.: Der „linke Radikalismus", die Kinderkrankheit im Kommunismus. In: Lenin Werke. Bd. 31, April – Dezember 1920. Berlin 1959, 35.

Geschlechterordnungen

gen endete Ende der zwanziger, zu Beginn der dreißiger Jahre. Die Phase zwischen Oktoberrevolution, Bürgerkrieg und beginnendem Stalinismus diente zur Re-Konstruktion von Geschlechterrollen, die hier genauer betrachtet werden sollen. Konkret ging es bei den Auseinandersetzungen um eine neue Gesellschaftsordnung immer auch um Männlichkeits- und Weiblichkeitsvorstellungen, wobei es zahlreichere Debatten über Frauen gab. Welche Denktraditionen bestanden dafür, wo wurden die Entwürfe diskutiert und welche konkreten Vorstellungen bestanden darüber, welche Ideale konnten sich durchsetzen? In welchem Verhältnis standen Weiblichkeitsentwürfe zum Bild des neuen Menschen und gab es auch Vorschläge für Männlichkeit? Als ein wichtiges Thema bei der Betrachtung von Geschlechterrollenentwürfen erweist sich auch die Frage, wie mit Differenz zwischen den Geschlechtern umgegangen wurde.

3.1 Entwürfe des Neuen Menschen

Bereits in der ausgehenden Zarenzeit begannen Diskussionen über eine neue Gesellschaftsordnung. In der Zeit eines gesellschaftlichen Aufbruchs angesichts tiefgreifender Reformen unter Zar Alexander II. entstanden um 1860 erste Entwürfe für eine veränderte Gesellschaft mit einem neuen Menschen. Schriften des prominenten Mediziners und Pädagogen Nikolaj Pirogov und des Schriftstellers Nikolaj Černyševskij fanden große Verbreitung und beeinflussten das Denken vieler Intelligenzler, Feministinnen sowie Revolutionäre und Revolutionärinnen. Sie galten als Väter der sich um diese Zeit formierenden russischen Frauen- und Reformbewegung, da es besonders ihre literarischen Frauengestalten waren, die die neuen Eigenschaften wie Bildung, Engagement für das Gemeinwohl, erzieherische Verantwortung und eine fortschrittliche Definition der zwischengeschlechtlichen Beziehungen verkörperten.[2] Diese neuen Gesellschaftsentwürfe entstanden zu einer Zeit, als sich die traditionellen russischen Stände aufzulösen begannen und die soziale Ordnung in Bewegung geriet, etwa durch die Bauernbefreiung 1861 und die beginnende Industrialisierung, die sowohl die Bildung eines Mittelstandes als auch einer Arbeiterschaft nach sich zog. In der Beschreibung eines neuen Menschen und einer neuen Frau lag der Versuch, ein Koordinaten-

---

[2] Müller, Derek: Der Topos des Neuen Menschen in der russischen und sowjetischen Geistesgeschichte. Bern 1998, 23–45. Müller sieht eine Kontinuität vom Bild des Neuen Menschen im 19. Jahrhundert bis zu den Vorstellungen in der Stalinzeit.

Der Neue Mensch

system für die soziale Verortung zu entwerfen – ein Prozess, der sich nach der Oktoberrevolution wiederholte.³

Konzeptionen in marxistischen Schriften

Entwürfe des neuen Menschen entstanden im Kontext der erwähnten sozioökonomischen Veränderungen im 19. Jahrhundert. Neben den genannten russischen Geistestraditionen, besonders dem populären Roman „Was tun? Erzählungen vom neuen Menschen", verfasst von Nikolaj Černyševskij und 1863 veröffentlicht, wurden die Vorstellungen der Bolschewiki von marxistischen Ideen geprägt.⁴ Sie bildeten eine Grundlage für die konkrete Frauenpolitik und die Formulierung von Geschlechterrollen in der Sowjetunion. Das

---

³ Genauer zu untersuchen bleibt, wieweit Männer das Bild einer neuen Frau als Projektionsfläche für eine Veränderung ihrer eigenen Rolle benutzten. Pietrow-Ennker, Bianka: Russlands „neue Menschen". Die Entwicklung der Frauenbewegung von den Anfängen bis zur Oktoberrevolution. Frankfurt/M. 1999; Rosenholm, Arja: Gendering Awakening. Femininity and the Russian Woman Question of the 1860s. Helsinki 1999.

⁴ Hier nenne ich die m.e. wichtigsten Schriften, die für die Geschichte der Sowjetunion relevant waren. Marx, Karl - Friedrich Engels: Die deutsche Ideologie. Kritik der neuesten deutschen Philosophie in ihren Repräsentanten Feuerbach, B. Bauer und Stirner, und des deutschen Sozialismus in seinen verschiedenen Propheten. In: Karl Marx, Friedrich Engels. Werke. Band 3, Berlin 1969, 28–33; Marx, Karl: Das Kapital. MEW Bd. 23. Berlin 1986; Engels, Friedrich: Der Ursprung der Familie, des Privateigentums und des Staats. Im Anschluss an Lewis H. Morgans Forschungen. (1884) 4. Auflage, Stuttgart 1892; Bebel, August: Die Frau und der Sozialismus. Berlin 1974. Bebels Buch erschien 1879 – fünf Jahre vor Engels Abhandlung über den Ursprung der Familie. Es gilt als das wichtigste Werk zur sozialistischen Frauenbewegung. Das Buch musste in der ersten Auflage wegen des Sozialistengesetzes geheim gedruckt werden. 1890 erfolgte eine wichtige Umarbeitung, als Bebel Engels Schrift einarbeitete. Durch seine verständliche Sprache und einen klaren Aufbau fand die Schrift große Verbreitung und wurde in vielen Auflagen und verschiedenen Übersetzungen veröffentlicht. Zetkin, Clara: Nur mit der proletarischen Frau wird der Sozialismus siegen! Rede auf dem Parteitag der Sozialdemokratischen Partei Deutschlands zu Gotha, 16. Oktober 1896. In: Bauer, Karin: Clara Zetkin und die proletarische Frauenbewegung. Berlin 1978, 203–219; Braun, Lily: Die Frauenfrage, ihre geschichtliche Entwicklung und wirtschaftliche Seite. Leipzig 1901. Einen kritischen Kommentar schreibt Beer, Ursula: Theorien geschlechtlicher Arbeitsteilung. Frankfurt/M. 1984; Boym, Svetlana: Common Places: Mythologies of Everyday Life in Russia. Cambridge 1994, 89–90. Müller: Topos. Siehe das Nachwort von Kaplun in Girš, Maks: Zdorov'e i professional'naja zabolevaemost' ženščiny v svete social'noj gigieny. M. 1926, 177–189.

Geschlechterordnungen

Studium von Marx und Engels, darunter die Schriften „Das Kapital", „Deutsche Ideologie" und „Das Kommunistische Manifest", gehörte zum Bildungsstandard russischer Revolutionäre und Revolutionärinnen im Zarenreich ebenso wie Engels Buch „Vom Ursprung der Familie, des Privateigentums und des Staats" und Bebels Werk „Die Frau und der Sozialismus". Zugang zu den Schriften erhielten viele während ihres Aufenthalts im schweizerischen, französischen oder deutschen Exil.[5]

Ausgehend von einer materialistischen Geschichtsschreibung, entworfen von Marx und Engels, sei eine Gleichberechtigung von Mann und Frau zu erreichen, indem für sie durch eine Aufhebung aller Formen der Unterdrückung und Nivellierung von Klassenunterschieden gleiche Bedingungen geschaffen würden.[6] Auf dieser Prämisse baute das Emanzipationsverständnis in der Weiterführung der Ideen von Marx auf. August Bebel, Verfasser einer der weitverbreitetsten Schriften zur Frauenfrage, formulierte es folgendermaßen:

> Sind aber die sozialen Entwicklungsbedingungen für beide Geschlechter die gleichen, besteht für keines irgendeine Hemmung und ist der Sozialzustand der Gesellschaft ein gesunder, so erhebt auch die Frau sich auf die Höhe der Vollkommenheit ihres Wesens, von dem wir noch keine rechte Vorstellung besitzen, weil bisher ein solcher Zustand in der Entwicklungsgeschichte der Menschen fehlte.[7]

Die marxistische Forderung nach Gleichheit war eine radikale gesellschaftliche Utopie, die weit über sogenannte bürgerliche zeitgenössische Emanzipationsforderungen wie Frauenwahlrecht und Frauenbildung hinausging. Marx und Engels kritisierten an einer Demokratie, sie repräsentiere wieder nur bestimmte Klasseninteressen. Die Frauenemanzipation wurde eng mit der politischen Emanzipation der Arbeiterschaft verknüpft. Grundlage des Kommunismus sollte die Beteiligung aller an der Produktion sein. Erst durch bewusste Arbeiter und Arbeiterinnen, die eine Entfremdung von der Arbeit deutlich

---

[5] Sowohl Lenin, Kollontaj und Zetkin durchliefen diese Stationen. In sozialistischen Zirkeln kursierte die genannte Lektüre und gehörte zum grundlegenden Diskussionsstoff. Die Rezeption marxistischer Schriften in der Sowjetunion muss noch genauer untersucht werden, besonders in Hinblick auf die Wende zum Stalinismus. Als These formuliere ich die Annahme, das die Kenntnis der genannten Theorien bei späteren Generationen von Bolschewiki aufgrund fehlender Sprachkenntnisse oder der Zugänglichkeit in Form von Übersetzungen nicht mehr vorhanden war. Beim Aufbau der stalinistischen Gesellschaft fehlte dieses utopische Moment.

[6] Marx, Engels: Deutsche Ideologie 28–30.

[7] Bebel: Frau und Sozialismus 278.

Der Neue Mensch

wahrnehmen, könne eine Revolution durchgeführt und der Kommunismus aufgebaut werden. Arbeit galt als ein grundsätzliches Wesensmerkmal des Menschen. Marx argumentierte mit einem philosophischen Begriff von Arbeit, der über seine traditionelle Bedeutung hinausging und später auf industrielle und gewerbliche Lohnarbeit reduziert wurde. In der „Deutschen Ideologie" verwandte er einen übergeordneten Produktionsbegriff, der alle menschlichen Tätigkeiten, unter welchem Verhältnis auch immer geleistet, umschloss.[8] Die Definition bezog auch das Geschlechterverhältnis als sexuelles in der Bedeutung der Reproduktion der Gattung und als ökonomisches in der Bedeutung der Kooperation im Arbeitsprozess zwischen Mann und Frau ein.

In seiner Theorie über Arbeit und Mehrwert entstand eine Dichotomie zwischen produktiver und reproduktiver Arbeit. Hausarbeit, aber etwa auch Tätigkeiten von Lehrenden, schafften keinen Mehrwert und zählten deshalb zu den reproduktiven Aufgaben. Die Tatsache, dass Frauen stärker von dieser Einteilung betroffen waren, wurde nur mangelhaft reflektiert. Als Ziel der Geschichte strebte Marx eine Überwindung der Arbeitsteilung an, die zu einer Entfremdung führe und einen Widerspruch darstelle:

> […] weil mit der Teilung der Arbeit die Möglichkeit, ja die Wirklichkeit gegeben ist, dass die geistige und materielle Tätigkeit – dass der Genuss und die Arbeit, Produktion und Konsumtion, verschiedenen Individuen zufallen, und die Möglichkeit, dass sie nicht in Widerspruch geraten, nur darin liegt, dass die Teilung der Arbeit wieder aufgehoben wird.[9]

Diese bewusste und verwerfliche Arbeitsteilung unterschied er von einer natürlichen Arbeitsteilung, die selbstbestimmt und lustvoll im menschlichen Geschlechtsakt beginne.

> Damit entwickelt sich die Teilung der Arbeit im Geschlechtsakt, dann Teilung der Arbeit, die sich vermöge der natürlichen Anlagen (z.B. Körperkraft), Bedürfnisse, Zufälle etc. etc. von selbst oder „naturwüchsig" macht. Die Teilung der Arbeit wird erst wirklich Teilung von dem Augenblicke an, wo eine Teilung der materiellen und geistigen Arbeit eintritt.[10]

Marx betrachtete die geschlechtliche Arbeitsteilung als eine anthropologische Grundkonstante, die sich den Kategorien Ausbeutung und Gleichheit

---

[8] Marx, Engels: Deutsche Ideologie 15.
[9] Ebd. 32.
[10] Ebd. 31.

Geschlechterordnungen

entzog und auch keiner gemeinsamen Planung unterlag, wie er sie für die Verteilung und Ausübung von Arbeiten in einer kommunistischen Gesellschaft vorsah. Diese auf der Natur basierende Teilung der Arbeit beruhte nach Marx auf Alter und Geschlecht, weshalb ihm feministische Kritikerinnen vorwerfen, indirekt eine patriarchalische Herrschaft zu legitimieren.[11] Marx beabsichtigte eine Aufhebung von sozialer und kultureller Differenz im Kommunismus, die er trotz der Annahme, es bestehe eine biologische Differenz, nicht bewusst daraus ableitete. Dennoch ging er ungenau mit der Geschlechterdifferenz um und schenkte ihr zu wenig Beachtung, stellte keine Überlegungen an, welchen Ursprung sie habe und wie sie aufzuheben sei.

Engels operierte ebenfalls mit dem Begriff Arbeitsteilung, verwandte ihn aber weitaus konkreter als Marx und nahm ihm damit die analytische Schärfe:

> Die Teilung der Arbeit ist rein naturwüchsig; sie besteht nur zwischen den beiden Geschlechtern. Der Mann führt den Krieg, geht jagen und fischen, beschafft den Rohstoff der Nahrung und die dazu nötigen Werkzeuge. Die Frau besorgt das Haus und die Zubereitung der Nahrung und Kleidung, kocht, webt, näht. Jedes von beiden ist Herr auf seinem Gebiet: der Mann im Walde, die Frau im Hause.[12]

Unerklärt blieb bei ihm, wieso es zu dieser freiwilligen Aufteilung der Aufgaben kam. Unausgesprochen schwang bei Engels eine natürliche Begabung der Geschlechter für bestimmte Tätigkeiten mit, wonach die Frau bereits seit Urzeiten im Kochtopf rühre. Während Marx menschliche Produktion und Reproduktion als eine Einheit betrachtete, unterschied Engels diese Begriffe und wies ihnen unterschiedliche Bedeutungen von Arbeit (Produktion) und Familie (Reproduktion) zu. Aus dem Bild des produzierenden Mannes und der Frau, die dafür alles vorbereite, lässt sich eine theoretische Legitimation für eine männliche Ernährerrolle ableiten. Er begründete – ob nun absichtlich oder nicht – einen Dualismus von privat und öffentlich im marxistischen Denken. Die private Arbeit der Frau in der Familie definierte er nicht als gesellschaftsrelevante Tätigkeit.

Die marxistischen Klassiker behandelten die Frauenfrage nur knapp, konkrete Handlungsanweisungen für eine politische Umsetzung der Emanzipationsideen formulieren sie nicht. Dominant war die Klassenfrage, der Geschlechterantagonismus spielte eine zweitrangige Bedeutung. Gegensätze

---

[11] Beer: Theorien 43. Zu Marx ist anzumerken, dass er relativ wenig und nie konkret zur Frauenfrage und zum Geschlechterantagonismus Stellung bezog.

[12] Engels: Ursprung (1884). In: MEW Bd. 21, 155. Zitiert bei Beer: Theorien 43.

Der Neue Mensch

zwischen Mann und Frau entstanden allein durch verschiedene Klassenzugehörigkeiten, etwa zwischen einer Arbeiterin und einem Unternehmer. Mitglieder derselben Klasse verfolgten auch die gleichen Ziele. Der Zugang aller zu den Produktionsmitteln durch eine Einführung der Arbeitspflicht, also die Teilnahme von Frauen an der Arbeiterschaft, garantierte Emanzipation in einer sozialistischen Gesellschaft.[13] Bebel fand dafür die kurze und prägnante Formel: „Wer nicht arbeitet, soll auch nicht essen". Um der Frau die Teilnahme am gesellschaftlich organisierten Arbeitsprozess zu ermöglichen, plädierte er für die Übernahme häuslicher Verrichtungen durch öffentliche Institutionen. Hausarbeit sollte zudem rationalisiert werden. Kindererziehung definierte er als eine gemeinschaftliche Aufgabe.

Die Frau hat das gleiche Recht wie der Mann auf Entfaltung ihrer Kräfte und auf freie Betätigung derselben; sie ist Mensch wie der Mann, und soll wie er die Freiheit haben, über sie zu verfügen als ihr eigener Herr. [...] Der Fortschritt der Menschheit besteht darin, alles zu beseitigen, was einen Menschen von dem anderen, eine Klasse von der anderen, ein Geschlecht von dem anderen in Abhängigkeit oder Unfreiheit hält. Es hat keine andere Ungleichheit Berechtigung als jene, welche die Natur in der Verschiedenartigkeit des Wesens der einzelnen und zur Erreichung des Naturzwecks schuf. Die Naturschranken wird aber kein Geschlecht überschreiten, weil es damit seinen Naturzweck vernichtete.[14]

Bei Engels und Bebel fand eine Überlagerung von biologischer, kultureller und sozialer Differenz statt. Eigene Erfahrungen von Geschlechterhierarchien prägten die Texte mit. Es erfolgte auch keine Erklärung, wie aus der biologischen Differenz eine andere entstand, ebenso fehlte eine Theorie zu ihrer Aufhebung.

Eine praktische Auseinandersetzung mit der Geschlechterdifferenz erfolgte innerhalb der Sozialdemokratie im Deutschen Kaiserreich. Konkret stellte sich die sogenannte „Frauenfrage" angesichts einer durch die Industrialisierung hervorgerufenen steigenden Zahl von Lohnarbeiterinnen. Eine reaktionäre Haltung gegen Frauenarbeit bestand vor allem im Vorläufer der SPD, dem ADAV (Allgemeiner Deutscher Arbeiterverein). Weibliche Fabrikarbeit galt als ein soziales Übel, als Ursache für den Zerfall von Familien, Verfall der Sitten und eine erhöhte Kindersterblichkeit. Zudem betrachteten Arbeiter die billigeren Arbeiterinnen zunächst nicht als ihre Kampfgenossen,

---

[13] Bebel: Frau und Sozialismus 414.
[14] Ebd. 280.

Geschlechterordnungen

sondern als „Schmutzkonkurrentinnen", weshalb sie ein Verbot der Frauenarbeit in der Industrie forderten.[15] Bebels Schrift bedeutete eine Initialzündung für eine Neudefinition der Frauenfrage, mit der sich am intensivsten Clara Zetkin innerhalb der SPD auseinander setzte.[16]

Sie akzentuierte stark den Klassenkampfgedanken, den Widerspruch von Kapital und Klasse. Erst nach der Aufhebung des Sozialistengesetzes 1890 setzte sich die Meinung durch, weibliche Lebensbedingungen gestalteten sich anders als männliche, weshalb eigene Organisationsmöglichkeiten geschaffen werden müssten. Auf dem Parteitag in Gotha 1896 hielt Zetkin ihre programmatische Rede über konkrete Maßnahmen zur Behandlung der Frauenfrage. Sie bezog sich auf Marx, Engels und Bebel als ihre theoretischen Grundlagen und übernahm deren Thesen über die Unterdrückung von Frauen. Obwohl die Frau nun wirtschaftlich eigenständig durch ihre Lohnarbeit sei, sie in dieser Hinsicht nicht mehr vom Ehemann finanziell abhängig sei, bestünde nun eine Abhängigkeit vom Kapitalisten, vom Unternehmer. Hier sah Zetkin agitatorischen Handlungsbedarf und erhob Forderungen nach einem verbesserten Arbeiterinnenschutz und nach Berücksichtigung der Mutterschaft.[17] Sie erachtete Forderungen nach politischen Grundrechten für notwendig, wie sie von der bürgerlichen Frauenbewegung erhoben wurden. Gleichzeitig grenzte sie sich scharf von dieser Strömung ab, da jene Vertreterinnen nur Klasseninteressen ansprachen, sich aber nicht um das Schicksal des Proletariats kümmerten und keine grundsätzlich andere und gerechtere Gesellschaftsform einforderten. Daraus leitete Zetkin organisatorische Maßnahmen ab:

> Hand in Hand mit dem Mann ihrer Klasse kämpft die proletarische Frau gegen die kapitalistische Gesellschaft. Allerdings stimmt sie auch den Forderungen der bürgerlichen Frauenbewegung zu. Aber sie betrachtet die Erfüllung dieser Forderungen nur als Mittel zum Zweck, damit sie gleichausgestattet an Waffen mit dem Proletarier in den Kampf ziehen kann.
>
> [...] Wir haben nicht spezielle Frauenagitation, sondern sozialistische Agitation unter den Frauen zu treiben. Nicht die kleinlichen Augenblicksinteressen der Frauenwelt dürfen wir in den Vordergrund stellen, unsere Aufgabe muss sein, die moderne Proletarierin in den Klassenkampf einzureihen. [...] Wir haben für die Agitation unter

---

[15] Zetkin: Proletarische Frau 209.

[16] Clara Zetkin, 1857–1933. Zur Biographie s. Badia, Gilbert: Clara Zetkin. Eine neue Biographie. Berlin 1994.

[17] Zetkin: Proletarische Frau 210–211.

Der Neue Mensch

den Frauen keine Sonderaufgaben. [...] Ist es doch Hauptaufgabe, in der Frau das Klassenbewusstsein wachzurütteln und sie in den Klassenkampf einzubeziehen.[18]

Wie bereits Bebel forderte Zetkin die Befreiung der erwerbstätigen Frau von der Hausarbeit durch sozialistische Institutionen und eine Vergesellschaftung der Kindererziehung. Gleichzeitig setzte sie sich für eine Anerkennung der weiblichen sozialen Aufgabe als Mutter ein.

Wesentlich konkreter äußerte sich 1901 Lily Braun über das Verhältnis von Frauenarbeit und Hauswirtschaft.[19] Sie plädierte für die Schaffung eines kommunalen Haushalts zur Befreiung der Arbeiterin von der Hausarbeit in Form von Genossenschaften und selbstorganisierter Hilfe. Auf der Münchner Frauenkonferenz 1902 entwickelte sie zum ersten Mal den Plan einer staatlichen Mutterschaftsversicherung, die von einer progressiven Einkommenssteuer finanziert werden sollte. Sie kritisierte einen fehlenden Schwangerschafts- und Mutterschaftsurlaub, weshalb Arbeiterinnen bis zur Geburt an der Arbeitsstelle bleiben mussten. Beifall fand sie dafür in der bürgerlichen Frauenbewegung und unter den Revisionisten. Zetkin lehnte diese Vorschläge als nicht realisierbar zunächst ab und warf Braun den Aufbau sozialistischer Enklaven innerhalb einer kapitalistischen Gesellschaft vor. Zetkin sah in der Sonderbehandlung von Frauen einen Bruch mit dem egalitären sozialistischen Prinzip. Später griff sie angesichts der schwierigen Situation vieler erwerbstätiger Frauen auf diese Vorschläge zurück.

---

[18] Ebd. 211, 213.

[19] Braun: Frauenfrage. Lily Braun, 1865–1916. Die adlig geborene Lily von Kretschmann trat erst 1896 der SPD bei. Ihr Verhältnis zu Clara Zetkin galt als sehr gespannt, abgeleitet aus der unterschiedlichen Herkunft aber auch verschiedenen politischen Standpunkten. Braun unterstützte durchaus politische Programme der bürgerlichen Frauenbewegung wie die Suffragettenbewegung. Innerhalb der SPD machte sie sich unbeliebt, weil sie als Revisionistin galt. Zetkin warf ihr vor, das Ziel der Revolution zu verraten, weil Braun sich für verbesserte Lebensbedingungen von Arbeiterinnen wie den Mutterschutz innerhalb des bürgerlichen Staates einsetzte. Auf dem Dresdner Parteitag 1903 wurde ihre Haltung von der radikalen Linken, zu der auch Luxemburg und Zetkin zählten, kritisiert, weshalb sich Braun aus der Politik und Parteiarbeit zurückzog. Als Grenzgängerin zwischen Feminismus und Sozialismus fällt Lily Braun aus der Geschichtsschreibung oft heraus, die diese klischeehafte Dichotomisierung reproduziert. M. E. ist bislang die wichtige Verbindung zwischen Brauns Vorstellungen von Mutterschaft, Liebe und Sexualität sowie den Konzeptionen von Kollontaj unerforscht geblieben. Meyer, Alfred G.: The Feminism and Socialism of Lily Braun. Bloomington, Indiana 1985.

Besondere Aufmerksamkeit widmete Braun der Frage der Mutterschaft, die sie fast romantisch verklärt als Wesenszug von Frauen sah:

> Die Mutterschaft ist der Gipfel des Frauentums, und keine rechtliche Emanzipation der Frauen wird über die tatsächliche Versklavung des weiblichen Geschlechts hinwegtäuschen können, so lange noch eine Schwangere unter Lasten keucht, eine Wöchnerin den erschöpften Körper zur Arbeit zwingt, ein verlassener Säugling nach der Mutter schreit. [...]
>
> Kann es aber Natürlicheres, Menschlicheres geben als diese Forderung: jedem Kinde die Mutter, jeder gesunden Frau die Mutterschaft.[20]

Braun führte Feminismus sowie Marxismus zusammen und wandte die Theorie der Entfremdung von der Arbeit auch auf Sexualität und Mutterschaft an. Der Kapitalismus verwandele Arbeiter und Arbeiterinnen in Sklaven und zerstöre die Gesundheit von Müttern, bringe die Menschheit damit in Gefahr durch einen ungesicherten Fortbestand. Das Christentum führe eine Entfremdung von der Sexualität herbei und produziere psychologische Krüppel. „Der Kapitalismus zerstört die Mutterschaft, um zu überleben, müssen wir den Kapitalismus zerstören."[21] Die Entfremdung von der Mutterschaft bewertete Braun als grausamste Form der Entmenschlichung, da Mutterschaft die grundlegende menschliche Beziehung überhaupt sei. Frauen würden durch diesen Prozess zu den schlimmsten Opfern des Kapitalismus gemacht, Mütter erführen die größte Entfremdung.

Braun entwarf die Vision eines neuen Frauenideals, wonach Frauen sowohl im gesellschaftlichen Leben, im Beruf, in der kommunalen Hauswirtschaft aber auch in ihrer sexuellen Selbsterfüllung und gegenüber ihren Kindern stets aktiv und erfolgreich waren. Merkmale dieser Frau neuen Typs, die für sich ein Recht auf freie Liebe proklamierte, das richtige Klassenbewusstsein besaß und sich politisch korrekt engagierte, finden sich bei Aleksandra Kollontaj und einigen weiblichen Bolschewiki wieder.[22]

---

[20] Braun, Lily: Die Mutterschaftsversicherung. Ein Beitrag zur Fürsorge für Schwangere und Wöchnerinnen. Berlin 1906, 11, 26. Erst 1927 wurde in Deutschland eine gesetzliche Mutterschaftsversicherung eingeführt.

[21] Meyer: Lily Braun, 123–127.

[22] Siehe S. 120–125. Eine erste Agitationsbroschüre unter russischen Arbeiterinnen verfasste Nadežda Krupskaja während ihrer Verbannungszeit im sibirischen Žuženskoe. Ihre Broschüre *Ženščina Rabotnica* (Die Frau als Arbeiterin) erschien in sehr geringer Auflage und erweckte wenig Interesse, da Arbeiterinnen als rückständig galten

Der Neue Mensch

Proletarische Menschenideale nach der Oktoberrevolution

Für die Zeit zwischen der Oktoberrevolution und dem Beginn der dreißiger Jahre existierten verschiedene, oft kontrovers diskutierte Entwürfe über den idealen Menschen und seine neuen Lebensformen nebeneinander, auf unterschiedlichen Ebenen von Theorie, Symbolik und Praxis. Die Vielfalt der Vorstellungen tauchten besonders in den Beiträgen zu den Fragen nach Kultur und Lebensweise *(byt)* auf. Als eine theoretische Grundlage bezogen sie sich auf die wesentlichen Grundzüge des neuen Menschen und einer zukünftigen Gesellschaftsordnung aus den genannten marxistischen Schriften als zentrale Elemente.

Obwohl die Annahme einer biologischen Differenz und aus der Natur abgeleitete Unterschiede zwischen Mann und Frau dem sozialistischen Menschenbild zu Grunde lagen, dominierte die Frage der Klassenzugehörigkeit bei der Konstruktion des neuen Menschen.[23] Dieser besaß drei wesentliche Charakteristika: Er sollte sich ganz dem übergeordneten Ziel der Schaffung einer neuen Gesellschaft hingeben und setzte dank seiner praktischen Fähigkeiten die Theorie um, wobei er immer die Klasseninteressen repräsentierte und keine individuellen Züge verfolgte.[24]

Unmittelbar nach der Revolution und während des Bürgerkriegs besaßen die Konzepte und Ideen des *proletkul't (proletarskaja kul'tura,* Proletarische Kultur) einen großen Einfluss auf das Denken und Handeln der neuen Gestalter. Diese kulturrevolutionäre Organisation war kurz vor der Oktoberrevolution gegründet worden und entwickelte sich innerhalb kurzer Zeit zu einer Massenbewegung.[25] 1920 vereinigte sie 400 000 Mitglieder in 300 lokalen

---

und in der RSDRP kaum Interesse an einer Agitation unter ihnen bestand. Krupskaja berief sich auf Bebel und thematisierte die doppelte Unterdrückung der Frau als Arbeitskraft und Geschlechtswesen. Siehe Fieseler, Beate: Frauen auf dem Weg in die russische Sozialdemokratie, 1890–1917. Eine kollektive Biographie. Stuttgart 1995, 246–258.

[23] Attwood, Lynne: The New Soviet Man and Woman – Soviet Views on Psychological Sex Differences. In: Soviet Sisterhood. Hg. v. Barbara Holland. Bloomington 1985, 54–77.

[24] Sinjawskij, Andrej: Der Traum vom neuen Menschen oder die Sowjetzivilisation. Frankfurt/M. 1989, 165–166. Sinjawskij spricht unbewusst vom neuen Menschen immer als einem Mann, das Konzept der neuen Frau findet keine Erwähnung.

[25] Mally, Lynn: Culture of the Future. The Proletkult Movement in Revolutionary Russia. Berkeley u.a. 1990; Gorsen, Peter - Eberhard Knödler-Bunte: Proletkult. 2 Bde. Stuttgart 1974/1975; Plaggenborg, Stefan: Revolutionskultur. Menschenbilder und kulturelle Praxis zwischen Oktoberrevolution und Stalinismus. Köln u.a. 1996; Naiman, Eric: Sex in Public. The Incarnation of Early Soviet Ideology. Princeton, NJ 1997.

Geschlechterordnungen

Organisationen, die sich nicht nur in den Zentren Moskau und Petrograd, sondern gerade auch in der Provinz befanden.[26] Eine zentrale Idee des *proletkul't* war die Proklamierung eines neuen Menschen, der statt individueller ausschließlich kollektive Züge aufwies. Sein ganzes Leben fand im proletarischen Kollektivismus statt, weshalb die Utopie von der Abschaffung der Familie mit ihrem privaten Herd eine wichtige Rolle spielte. Teilweise wurden diese Konzepte in der neuen Ehegesetzgebung umgesetzt, indem Eheschließung und -scheidung stark vereinfacht wurden. Die Charakteristika des neuen Menschen waren eine starke Liebe zum Kommunismus, revolutionäre Gesinnung, Kampfgeist, Einsatzbereitschaft, Arbeitsdisziplin, Bildung und Kollektivismus. Liebe verschwand zunehmend und existierte nur sehr allgemein. Bei diesen Vorstellungen handelte es sich um ein geistiges Konstrukt, das bereits auf zwei zentrale Probleme der *proletkul't*-Bewegung hinweist: die Diskussionen verliefen auf einer abstrakten Ebene, ohne Rückkoppelung zu den vorzufindenden Lebensformen und -entwürfen, zudem beschrieben sie überwiegend einen männlichen kollektiven Körper, der Schaffenskraft und Kreativität besaß, während Frauenkörper eher die Natur symbolisierten.[27] Angesichts des männlichen Ideals galten Frauen als rückständig, als Symbol der Vergangenheit und Hindernis auf dem Weg zur fortschrittlichen Zukunft.

Beim Übergang zur NĖP zeichnete sich ein Scheitern des *proletkul't* ab. Es fehlten nicht nur die finanziellen Mittel zur Aufrechterhaltung der entsprechenden Arbeiterklubs, Agitationsbroschüren und Propagandamittel. Grundsätzlich stellte sich die Frage, ob es eine originär proletarische Kultur gebe und diese allein von Proletariern aufgebaut werden könne.[28] Im *proletkul't* wurde die Oktoberrevolution als eine Schnittstelle zwischen alt und neu betrachtet, die eine klare Abgrenzung schaffte, jedoch keine Übergänge berücksichtigte, etwa in den Lebensformen, dem Umgang mit Traditionen oder Gewohnheiten.[29] Nach wie vor bestehende Differenzen in der Gesellschaft waren einige Jahre nach der Oktoberrevolution noch immer massiv existent und wahrnehmbar, ohne spürbare Veränderungen durch das Wirken des *proletkul't*. Gerade diese Frage stellte sich aber zu Beginn der NĖP und erhielt nun eine zentrale Bedeutung: Wie sieht die Transformation der Gesellschaft von der alten zur sozialistischen Lebensform aus und wie kann sie in der Praxis um-

---

[26] Naiman: Sex 65.
[27] Plaggenborg: Revolutionskultur 37; Naiman: Sex 68–69.
[28] Mally: Culture 224.
[29] Plaggenborg 40–41; Mally: Culture 182–183.

Der Neue Mensch

gesetzt werden? Politisch wurde der *proletkul't* 1920 dem CK unterstellt, da keine unabhängigen Organisationen mehr erwünscht waren.

Auf der symbolischen Ebene diente neben Druckerzeugnissen wie Aufklärungsbroschüren und Zeitungen die politische Ikonographie zur Vermittlung von politischen Inhalten und Zielen, konkret zur Darstellung des neuen Menschen. Dazu entstand eine eigene Bildsprache, die sich wie ein Text lesen ließ und in der Symbolsprache den Proletarier zu einem neuen Helden stilisierte.[30] Frühe Plakate arbeiteten stark mit mythologischen und religiösen Bildern, vermittelten allegorische Konstruktionen, da die Textinhalte über die neue Gesellschaft und eine sozialistische Lebensweise noch abstrakte Idealvorstellungen waren.[31] Der männliche Arbeiter versinnbildlichte das Proletariat, den Helden und das Subjekt der Geschichte. Er wurde oft als riesige, dominierende Figur dargestellt, die Aktionismus und eine starke körperliche Präsenz ausstrahlte. Das Bild der Arbeiterin diente zur Darstellung übergeordneter, abstrakter Ziele wie Freiheit, Sozialismus, siegreiches Proletariat und die sie in eine bessere Zukunft führende Partei. Frauendarstellungen verkörperten Allegorien, die im Betrachter emotionale Assoziationen hervorrufen sollten, ein Medium für übergeordnete Ideale, eine Muse der Revolution.[32]

Ausgehend von dem Glauben an das Proletariat als gesellschaftlicher Avantgarde wurde von der bolschewistischen Frauenbewegung zunächst das Bild der Arbeiterin als eigentlicher Gewinnerin der neuen Zeit propagiert. Arbeiterinnen hatten aktiv an den Revolutionen 1917 teilgenommen und politisches Bewusstsein gezeigt. Ihr Interesse an der ersten allrussischen Versammlung von Arbeiterinnen und Bäuerinnen 1918, organisiert durch Kollontaj, Armand und Nikolaeva, war mit tausend Teilnehmerinnen größer als erwartet. In der seit 1920 erschienenen *Kommunistka*, dem zentralen Organ der *ženotdely*, finden sich Appelle an Bäuerinnen, die weiter entwickelten städtischen Arbeiterinnen als Vorbild für ihre eigene gesellschaftliche Entwicklung und Befreiung von alten Strukturen zu betrachten.[33] In Artikeln

---

[30] Eine proletarische Bildsprache entstand im 19. Jahrhundert. Gillen, Eckhart: Von der politischen Allegorie zum sowjetischen Montageplakat. In: Kultur und Kulturrevolution in der Sowjetunion. Hg. v. Eberhard Knödler-Bunte - Gernot Erler. Berlin 1978, 57–80.

[31] Ebd. 67.

[32] Bonnell, Victoria E.: The Representation of Women in Early Soviet Political Art. In: Russian Review 50 (1991) 267–288, hier 277–281; Gillen: Allegorie 74–77.

[33] Blonina, Elena [Pseudonym von Inessa Armand]: Volostnoe delegatskoe sobranie krest'janok. In: Kommunistka (1920) Nr. 1–2, 34–35.

Geschlechterordnungen

wurden immer wieder Erfahrungen von Arbeiterinnen mit der gesellschaftlichen Arbeit und ihre Wandlung von unpolitischen Frauen zu aktiven Mitstreiterinnen der neuen Zeit beschrieben. Weibliches Engagement während des Krieges wurde bereits als eine Folge der bolschewistischen Revolution gewertet, als Beginn des kommunistischen Lebens, nicht als eine Ausnahmesituation, der keine grundsätzlichen Verhaltenswandel zu Grunde lagen. Angesichts hoher weiblicher Arbeitslosigkeit seit 1921 und einer damit sinkenden Fabrikarbeiterinnenzahl in Sowjetrussland verlor das Bild der Arbeiterin seine gesellschaftliche Basis. Es mussten andere Kontexte gefunden werden, um gezielt Agitation unter Frauen zur Einbindung in gesellschaftliche Tätigkeiten zu betreiben.

Die Suche nach praktikablen Wegen zur Umformung der Gesellschaft zeigten sich in einem Abrücken von der Theorie und einer Hinwendung sowie Auseinandersetzung mit dem *byt*. Der zunächst überwiegend künstlerische Entwurf des neuen Menschen wurde im Verlauf der zwanziger Jahre zunehmend von einer pädagogischen Herangehensweise abgelöst, die stärker die Erziehung neuer Gesellschaftsmitglieder betonte.[34] Trockij normierte ihn als aufgeklärten, gebildeten, fortschrittlichen, kulturellen, berufsqualifizierten männlichen Arbeiter. Besonderheiten der Frau sollten auf dem Weg zum neuen Menschen, hier einer Arbeiterin, durch staatliche Einrichtungen für die Reproduktionsarbeit aufgefangen werden.[35]

Auf der praktischen Ebene schienen während des Bürgerkriegs die anvisierten utopischen Gleichheitsideale in der Arbeiterschaft greifbar nahe zu liegen, da Frauen während der langen Kriegsjahre seit 1914 zunehmend mehr „Männerarbeit" verrichtet hatten und ein Drittel der Werktätigen stellten. Zudem wurde das System unterschiedlicher Lohngruppen für die Bezahlung für diese Zeit ausgesetzt.[36] Aber auch hier bildete der Übergang eine deutliche Zäsur, der veränderte Sichtweisen folgten. Weite Teile der Produktion lagen zerstört am Boden, die wenigen Arbeitsplätze in Fabriken und Betrieben erhielten eher Männer als Frauen, die Bezahlung erfolgte nach einer Einteilung in die an der Qualifikation ausgerichteten Kategorien eins bis 24. Angesichts mangelnder Arbeitsplätze griffen bei ihrer Verteilung wieder Argumente über die Minderwertigkeit von Arbeiterinnen. Ihnen wurde wie schon

---

[34] Boym: Common Places 91.

[35] Trotzki, Leo: Fragen des Alltagslebens. O.O. 1924, 32; Ders.: Literatur und Revolution. (1924) Berlin 1968.

[36] Koenker, Diane P.: Men against Women on the Shop Floor in Early Soviet Russia: Gender and Class in the Socialist Workplace. In: American Historical Review 11 (1995) Nr. 5, 1438–1464, hier 1451.

Der Neue Mensch

in vorrevolutionärer Zeit vorgeworfen, sie seien weniger produktiv, schlechter qualifiziert und hätten größere Ausfallzeiten aufgrund ihrer familiären Belastungen. Nach wie vor galt der Mann als Ernährer und Haupt der Familie, was unter der Prämisse einer gleichberechtigten Gesellschaft – hier der Abhängigkeit der Ehefrau vom männlichen Lohn – von politischen Führungsschichten durchaus kritisch und als Attribut der alten Lebensweise bewertet wurde.[37] Der neue Mensch sollte seine Identität im gesellschaftlichen Engagement und in der Produktionsarbeit finden, aber vornehmlich männliche Lebensumstände entsprachen diesem Entwurf über die Definition der gesellschaftlichen Rolle. Im Zeitraum 1923/24 betrug der durchschnittliche Anteil an Werktätigen in einer Familie 1,09 respektive 1,47 Personen in Bezug auf ihre Mitglieder. Interpretiert man diese Zahlen, wird deutlich, dass es in jeder Familie einen „Hauptarbeiter" gab – meistens den Mann. Eine Studie zum Arbeiterbudget zeigte auf, dass der finanzielle Beitrag der arbeitenden Frau geringer ausfiel als die des Mannes.[38] Männer galten als besser qualifiziert, weshalb ihr Verdienst höher lag, schlechtere Löhne bei Frauen wurden auf ihre fehlende oder niedrige Berufsbildung zurückgeführt.[39]

Aus seiner Lohnarbeit leitete sich die Machtposition des Mannes ab. Er konnte, ohne der Familie gegenüber Rechenschaft ablegen zu müssen, sein Geld für sich in Anspruch nehmen. Dies soll am Beispiel der Familie einer Textilarbeiterin verdeutlicht werden. In der Familie der Spinnerin O. arbeiteten beide Ehepartner, die Frau verdiente als Textilarbeiterin weniger als ihr Mann. Dennoch betrug sein Anteil am Familienbudget lediglich 40 Prozent der jährlichen Ausgaben. Dass er frei über seinen Lohn verfügen konnte, ihn für Kneipenbesuche und Alkohol ausgab, erschien als normal, ein Zeichen für Männlichkeit.[40] Die Frau dagegen war ganz ihrer Familie verpflichtet, besaß keine Freizügigkeit über eigenes Geld, sondern war sparsam. Auch Arbeiterinnen der Süßwarenfabrik „Roter Oktober" in Moskau gingen davon aus, dass Jungen mehr Geld zum Leben benötigten als Mädchen.[41] Der aus seiner Arbeit abgeleitete männliche Machtanspruch war tief im Denken der damaligen Gesellschaft verankert. Dazu trugen nicht nur ungleiche Löhne bei, die ein Produkt der Einteilung von Arbeit in qualifiziert und unqualifi-

---

[37] Kožanyj, P.: Rabotnica i byt. M. 1926, 11.
[38] Ebd. 23.
[39] Ebd. 31–32.
[40] Kabo, E.O.: Očerki rabočego byta. Opyt monografičeskogo issledovanija domašnego rabočego byta. Tom 1. M. 1928, 29–30.
[41] Dmitriev, V. - B. Galin: Na putjach k novomu bytu. M. 1927, 35.

Geschlechterordnungen

ziert durch Männer waren.[42] Arbeiterinnen der fast reinen Frauenfabrik „Dukat" glaubten daran, für wichtige Tätigkeiten seien Männer nötig.[43] Auch nach der Revolution erstellte wissenschaftliche Studien belegten eine biologische Differenz als anthropologische Grundkonstante, aus der eine natürliche Geschlechterordnung abgeleitet wurde. Im Vergleich zum Mann galt eine Frau von Natur aus als schwach und weniger leistungsfähig, bedingt durch Menstruation, Schwangerschaft und Pubertät. Sie erkrankte eher, hatte vermehrte Arbeitsausfälle und starb früher als ein Mann. In Untersuchungen wurde nachgewiesen, dass Frauen körperlich nur 0,6- bis 0,7-mal die Kraft eines Mannes besaßen, eine Arbeiterin schneller als ein Arbeiter alterte.[44] Unreflektiert blieb der Ausgangspunkt, dabei allgemein männliche Maßstäbe als Norm zu definieren.

Die neue Frau

Eine Konkretisierung und Differenzierung der Entwürfe für einen neuen Menschen nahm Aleksandra Kollontaj vor. Sie beschrieb das Bild einer neuen Frau, der sich durch den Aufbau des Sozialismus neue Entwicklungsperspektiven und Emanzipationschancen eröffneten. Den Gleichstellungsgedanken führte sie in ihren Schriften „Neue Frauen" von 1913 und in „Die neue Moral und die Arbeiterklasse" von 1920 genauer aus. Die neue Frau definierte sie als innerlich unabhängig und äußerlich selbständig. Der „Urtyp" einer Gattin im Schatten ihres Mannes, die ein „eifersüchtiges Weibchen" gewesen sei, ohne eine eigene Persönlichkeit, Dienerin ihres Mannes mit einer Sklavenmentalität, sei durch die Schaffung neuer „Heldinnen" zu überwinden.[45] Frauen sollten die Möglichkeit erhalten, sich autonom und in-

---

[42] Koenker: Men against Women 1446.

[43] Dmitriev - Galin: Na putjach 40.

[44] Ženščina i byt. Materialy po rabote sredi ženščin v klube, krasnom ugolke, obščežitii, ženkružke i dr. M. 1926, 90. Auch im *ženotdel* bestand zumindest zu Beginn der NĖP diese Auffassung. Kollontaj ging von einer physischen Unterlegenheit der Arbeiterinnen aus. Kollontaj, A.: Proizvodstvo i byt. In: Kommunistka (1921) Nr. 10–11, 6–9, hier 6. Im Rahmen der Industrialisierung tauchten diese Annahmen wieder auf. Baruškova: Byt tekstil'ščic. In: Kommunistka (1929) Nr. 4, 28–30, hier 29; Nemilov, A.V.: Biologičeskaja tragedija ženščiny. L. 1925; Naiman: Sex.

[45] Kollontaj, A. M.: Die neue Moral und die Arbeiterklasse. Berlin 1920, 5, 8, 28, 38, 41, 46.

Der Neue Mensch

dividuell zu entwickeln, nicht länger durch Unterdrückungsmechanismen unfrei bleiben.[46]

> Der neue Typ der Frau, innerlich selbständig, unabhängig und frei, entspricht der Moral, die die Arbeiterklasse, eben im Interesse ihrer Klasse, ausarbeitet. Für die Arbeiterklasse bedarf es zur Erfüllung ihrer Mission nicht einer Dienerin des Mannes, nicht eines unpersönlichen Hausgeschöpfes, das mit passiven, weiblichen Tugenden ausgestattet ist, sondern einer gegen Sklaverei jeglicher Art sich aufrichtenden, rebellierenden Persönlichkeit, eines aktiven, bewussten, gleichberechtigten Mitglieds der Gemeinschaft, der Klasse.[47]

Erst durch die Rückeroberung der eigenen Handlungsräume sei die neue Frau in der Lage, aktiv an der sozialistischen Gesellschaft teilzunehmen, den Klassenkampf mitzuführen und sich aus freien Stücken sozial zu engagieren.

Kollontaj ging es um eine Demontage verfestigter Sichtweisen über die Geschlechtscharaktere, die sich wie Fesseln um die Entwicklung von Frauen geschlungen hätten. Veränderungen vollzogen sich ihrer Meinung nach zum einen durch den Erwerb ökonomischer Unabhängigkeit durch Lohnarbeit. Frauen machten durch die Industrialisierung neue Lebenserfahrungen, da sie sich selber um ihren Lebensunterhalt kümmern mussten. Zudem hätten sie in Zeiten von Entbehrungen, Hunger und Not gelernt, anerzogene weibliche Tugenden wie Passivität, Ergebenheit, Nachgiebigkeit und Weichheit als überflüssig und falsch zu betrachten.[48] Geschult durch die Wirklichkeit eigneten sich Frauen neue Eigenschaften an wie Aktivität, Widerstandsfähigkeit, Entschlossenheit und Härte. Kollontaj kritisierte, diese Attribute hätten in der bürgerlichen Gesellschaft uneingeschränkt als Männerrechte gegolten.

> Die allmähliche Anhäufung von wertvollen und allgemein menschlichen Eigenschaften der Frau lehren uns, in ihr nicht nur die Vertreterin des Geschlechts, sondern den Menschen, die Persönlichkeit zu schätzen, und die frühere Bewertung der Frau als „Weibchen", das dem Manne eine gesetzliche Aufzucht garantiert, stirbt von selbst ab.[49]

---

[46] Farnsworth, Beatrice: Aleksandra Kollontai. Socialism, Feminism and the Bolshevik Revolution. Stanford 1980. Der genannte Aufsatz liegt mir leider nicht vor, zitiert bei Farnsworth S. xii.

[47] Kollontaj: Neue Moral 46. Eine Beschreibung der neuen Frau findet sich auch in dieser späteren Schrift.

[48] Ebd. 41–43.

[49] Ebd. 39.

Geschlechterordnungen

Ihre Vorstellungen umfassten weitreichende Änderungen im zwischengeschlechtlichen Verhältnis, das durch die neue Frau eine grundlegende Umgestaltung erfahren sollte. Zukünftige Liebe beruhte gemäß Kollontajs Entwurf nicht mehr auf materiellen Notwendigkeiten und Abhängigkeiten sowie bürgerlichen Moralvorstellungen. Das Beisammensein von Mann und Frau sollte „[…] zur Verfeinerung der menschlichen Psyche, zur Bereicherung der Seele, dem Gefühl der kameradschaftlichen Solidarität, zu höherem Gemeinschaftsleben" beitragen.[50] Liebe entkoppelte sie von der Institution der Ehe, die sie für überholt hielt. Kollontaj entwarf die Vision einer „erotischen Kameradschaft", definierte das individuelle Geschlechterverhältnis als eine Privatangelegenheit.

Als Zweck der Liebe und einer neuen Sexualmoral nannte sie die Zeugung einer gesunden Nachkommenschaft. Die Kindererziehung sah sie in einer sozialistischen Gesellschaft nicht länger als eine private Aufgabe der Familien, sondern als eine Aufgabe des Arbeiterstaates.

> Durch ihre Politik aber schützt die Sowjetregierung nicht nur die soziale Funktion der Mutterschaft, sondern entlastet die Mütter, indem sie die soziale Verantwortung für die Kinder auf die Gesamtgesellschaft überträgt. […]
> Wenn wir den Frauen die Mitarbeit in der Produktion ermöglichen wollen, dann muss das Kollektiv den Frauen sämtliche Bürden der Mutterschaft abnehmen, weil sonst die natürliche Funktion der Frauen von der Gesellschaft ausgenutzt wird.[51]

Traditionelle Zuweisungen von männlichem und weiblichem Verhalten hinterfragte sie kritisch. Die Veränderung der Frau erfordere auch ein Überdenken der männlichen Rolle und konkrete Neuorientierungen. Nicht länger definiere sich die Frau am Mann. Für die Geschlechterbeziehung forderte Kollontaj eine neue Moral und einen neuen Liebesbegriff:

> Wir müssen eben die Männer so umerziehen, dass sie die menschliche Anziehungskraft und Persönlichkeit ihrer Frau und nicht deren Kochkunst schätzen.[52]

---

[50] Ebd. 50.

[51] Kollontai, A.: Die Diktatur des Proletariats: Die revolutionäre Veränderung des Alltags. In: Dies.: Die Situation der Frau in der gesellschaftlichen Entwicklung. Vierzehn Vorlesungen vor Arbeiterinnen und Bäuerinnen an der Sverdlov-Universität 1921. Frankfurt/M. 1975, 194–210, 199–201.

[52] Ebd. 196.

Der Neue Mensch

Allerdings seien Männer von diesem Bewusstsein, ihr Verhalten Frauen gegenüber zu überdenken und sie nicht als reine Liebesobjekte wahrzunehmen, noch weit entfernt. Darin sah Kollontaj ein Problem und forderte Männer konkret auf, sich ebenfalls zu verändern. Mit diesem Standpunkt vertrat Kollontaj die Meinung einer Minderheit über die Geschlechtscharaktere in der frühen Sowjetunion.

Grundlagen für ihre allgemeinen Ausführungen bildeten ihre eigenen biographischen Erfahrungen. Die Mutter von Kollontaj, Aleksandra Aleksandrovna Mravinskij, verließ ihren ersten Mann, um mit dem Armeeoberst Michail Alekseevič Domontovič zusammenzuleben. Noch vor der Scheidung wurde Aleksandra 1872 geboren, zu einer Zeit, als es offiziell keine Möglichkeit für die Auflösung einer kirchlich geschlossenen Ehe gab. Kollontaj erhielt die besten Bildungschancen durch Privatunterricht und Besuch der höheren Bestužev-Frauenkurse in St. Petersburg. Ihre erste Ehe mit ihrem Cousin, geschlossen 1893, lebte sich aufgrund intellektueller Differenzen schnell auseinander. Sie ging 1898 für einen einjährigen Studienaufenthalt an die Universität Zürich und trennte sich nach ihrer Rückkehr von ihrem Mann. Der 1894 geborene Sohn Michail blieb währenddessen bei ihren Eltern.[53]

Im Gegensatz zu einem männlich formulierten Allmachtsanspruch, der sich im Entwurf des neuen Menschen ausdrückte, betonte Kollontaj die Schaffung einer neuen Frau. Ihr historisches Verdienst lag in der Begründung einer eigenen Arbeit unter Frauen innerhalb der russischen Sozialdemokratie. Einflüsse durch Clara Zetkins Aufbau einer eigenen Frauenagitation innerhalb der SPD und Lily Brauns Ideal der neuen Frau sind unverkennbar.[54] Aus der Betrachtung von Frauen als etwas Eigenständigem und Besonderem leitete sich die Gründung der *ženotdely* seit 1918 ab, die wesentlich dazu beitrugen, dass Frauen zu einer deutlich wahrnehmbaren Gruppe im kommunistischen Gesellschaftsaufbau wurden.

Die Idee der „Neuen Frau" nahm Ludmila Stal' 1920 in einem gleichnamigen Artikel auf. Die Teilnahme an der Revolution stellte sie als einen Schaffensprozess, ein geburtähnliches Ereignis dar. Am Beispiel konkreter

---

[53] Farnsworth: Kollontai.

[54] Zwischen den genannten Personen bestanden Kontakte. Auf der internationalen sozialdemokratischen Frauenkonferenz in Mannheim traf Kollontaj Zetkin, die hier zu ihrer Mentorin für den Aufbau eines eigenen Frauenapparates innerhalb der russischen Sozialdemokratie wurde. Auf der ersten internationalen sozialistischen Frauenkonferenz in Stuttgart 1907 kam es zu einer erneuten persönlichen Begegnung. Hier trat auch Lily Braun auf und hielt einen Vortrag über Frauenwahlrecht und Sozialismus.

Geschlechterordnungen

weiblicher Lebensgeschichten wies sie auf veränderte Lebensweisen und neu eröffnete Chancen der Gleichberechtigung hin, verschaffte den von Kollontaj entworfenen Heldinnen und Kommunistinnen lebendige Züge.[55]

Helden der Revolution

Unmittelbar nach der Revolution wurde eine allgemeingültige Formel bolschewistischer Männlichkeit im Bürgerkrieg geprägt. Der junge und rebellische Kämpfer – meistens im Komsomol organisiert – repräsentierte eine neue politische Ikone, ohne eine gleichwertige weibliche Entsprechung. Als Vorläufer dieses Bildes diente – zumindest in politischen Plakatentwürfen – die Figur des Heiligen Georg: Der oft in eine Rüstung gekleidete und als Soldat dargestellte Georg kämpfte gegen einen Drachen. Das in der russischen Folklore verwurzelte Bild diente auch in der frühen Sowjetzeit als Symbol für die entschlossene Kampfbereitschaft mit dem Feind, als Demonstration für den Glauben an einen Sieg.[56] Der neue Held verhalf zur „Geburt" und zum Sieg der Sowjets auf dem Schlachtfeld. Männlichkeit definierte sich durch kriegerische Tugenden. Sogenannte bürgerliche Identitätsmerkmale, die auf einen bestimmten sozialen Status durch Kleidung, Verhaltensnormen und Besitzstand hinwiesen, wurden im Kontext des revolutionären egalitären Anspruchs diskreditiert. Die Lebensweise von Rotarmisten war stark bestimmt durch Gewehr und Patronentasche, der „kühne und übermäßige junge Bursche" lehnte Krawatten, Gott, Scheibengardinen, Liebe und vieles andere mehr ab. Alle Mittel zum Erreichen des neuen männlichen Ideals wie Gewaltanwendung, Rücksichtslosigkeit und Schlampigkeit wurden einem Komsomolzen als natürliches Recht im Bürgerkrieg zugestanden.[57]

Während Männer kämpften, blieben Frauen bei den Familien, übernahmen Männerarbeit in den Betrieben und arbeiteten im Sanitärwesen. Das Bild der neuen sowjetischen Frau basierte auf weiblichem Engagement im Bürgerkrieg als Politkommissarinnen, Krankenschwestern und Soldatinnen. 1920 dienten 66 000 Frauen in der Roten Armee (2 Prozent der Streitkräfte). Im

---

[55] Stal', Ludmila: Novye ženščiny. In: Kommunistka (1920) Nr. 6, 17–20.

[56] Gorsuch, Anne E.: „A Woman is not a Man": The Culture of Gender and Generation in Soviet Russia, 1921–1928. In: Slavic Review 55(1996) Nr. 3, 636–660, hier 645. Gorsuch übernimmt die These über die Ausprägung von Männlichkeit im Bürgerkrieg als jung, kämpferisch und rebellisch von Isabel Tirado. Bonnell: Representation of Women 268; Rossija. Istorija strany v plakate. M. 1993.

[57] Kin, Viktor: O tipe komsomol'ca. In: Byt i molodež. M. 1926, 40–42, hier 41–42.

Der Neue Mensch

Gegensatz zu Männern nahmen sie freiwillig an den Kämpfen teil.[58] Dennoch trugen diese Frauen nicht zur Schaffung weiblicher Kriegshelden bei.[59] Sie wurden als individuelle freie Frauen charakterisiert, die aus ihren neuen Handlungsmöglichkeiten einen selbstbestimmten Dienst an der Gesellschaft ableiteten. Im entworfenen Bild dominierten mütterliche Fähigkeiten. Sein Ursprung lag im frühen Romantizismus des 19. Jahrhunderts, der die Rolle der Frau als fürsorgliche, selbstlose Hüterin des Hauses idealisierte.[60] Kämpfende weibliche Bolschewiki wurden in Karikaturen, Witzen und Erzählungen als überemanzipierte, vermännlichte Frauen mit dämonischen Zügen oder als Amazonen, die sich außerhalb der gesellschaftlichen Kontrolle befanden, dargestellt. Es wurde kritisiert, dass sie sich wie Männer anzogen und auch benahmen. Positive Attribute eines Rotarmisten – Entschlossenheit, Mut, Kampfeslust – ebenso wie bestimmte raue Bekleidungs- und Verhaltensweisen, galten bei Frauen als unangebracht. Auch wen weibliche Mitglieder der Roten Armee als frei und emanzipiert gesehen wurden, standen sie nicht für revolutionäre Tugenden, sondern für ein unkontrollierbares Verhalten, außerhalb der Vorstellungen über Geschlechterrollen und -normen.[61]

Durch den Aufstand von Kronstadt im Februar 1921 verfestigte sich die Sichtweise, Männer seien ruhmreiche Soldaten, die von den kämpfenden Frauen unterstützt und bewundert wurden.[62] In den Hungerjahren 1921 und 1922 dominierte die Rolle der Frau als Nährende in der Öffentlichkeit. Sie kümmerte sich um die wertvollen Lebensmittelressourcen und nahm an politischen Hungerkampagnen teil.[63]

---

[58] Clements, Barbara Evans: The Birth of the New Soviet Woman. In: Bolshevik Culture. Hg. v. Abbott Gleason - Peter Kenez - Richard Stites. Bloomington 1985, 220–237, hier 220.

[59] Als Beispiel sei Larisa Reisner (1895–1926) genannt. Sie kämpfte als Politkommissarin in der für Frauen vollkommen untypischen Wolgaflotte mit. Ihre Kriegserlebnisse verarbeitete sie literarisch. Reisner, Larisa: Die Front. In: Dies.: Oktober. Berlin 1929, 3–207. Zeide, Alla: Larisa Reisner: Myth as Justification for Life. Russian Review 51 (1992) Nr. 2, 172–187; Scheide, Carmen: Larisa Reisner. Eine historische Biographie. Unv. Manuskript 1991. (= Magisterarbeit Universität Freiburg/Br.)

[60] Clements: Birth 220–222.

[61] Clements, Barbara Evans: Bolshevik Women. Cambridge 1997, 171–188.

[62] Wood, Elizabeth A.: The Baba and the Comrade. Gender and Politics in Revolutionary Russia. Bloomington 1997, 128. In der unterstützenden Rolle von Frauen wurde eine „heilige Aufgabe" gesehen.

[63] Ebd. 143–146.

Geschlechterordnungen

Der Komsomolze – ein junger, sauberer Held

Die Männerrolle eines Arbeiters war eine elementare Grundform der politischen Ikonographie. Darüber hinaus musste jedoch zu Beginn der NĖP eine neue Identifikation angeboten werden, die es vor 1917 nicht gab und die sich von der Gestalt des revolutionären Soldaten abhob. Die Sowjetunion befand sich nicht länger im Krieg, sondern in einer Phase „friedlich-organisatorischer" Arbeit, die in eine „kulturelle Revolution" übergeleitet werden sollte. Bucharin erläuterte 1926 die damit zusammenhängenden Erfordernisse:[64]

> Was bedeutet eine kulturelle Revolution? Das bedeutet einen Umschwung in der Charaktereigenschaft der Menschen, in ihren Lebensgewohnheiten, in ihren Gefühlen und Wünschen, in ihren Lebensweisen – einen solchen Umschwung, der aus ihnen neue Menschen gestaltet.[65]

Bucharin wandte seine Worte an die im Komsomol organisierte Jugend, Symbolträger eines besseren sozialistischen Lebens in der Zukunft. Die Mitglieder waren überwiegend männlich und prägten diese politische Kultur, auf deren Grundlage eine neues Menschenideal aufgebaut wurde, das überwiegend männliche Charakterzüge trug.[66] Er nannte Jugendliche, die noch den alten revolutionären Idealen von Protest, Anarchie (*neuregulirovannosti*), Unordnung und Autoritätsmissachtung anhingen, „völlige Idioten", die den Wandel der Zeit nicht vollzogen hätten.[67] Konkret beklagte er das Verhalten von Hochschülern, die in den Hörsälen Mützen trugen, durch Rauchen die Luft verpesteten und auf jegliche Einschränkungen bei den Geschlechterbeziehungen wie Treue oder Moral gleichgültig herabschauten.

> Die fortgeschrittene Jugend der Stadt und auf dem Land soll mit diesen Überbleibseln des Alten den Kampf aufnehmen. Sie soll den entschlossenen Kampf für die Regelung der Lebensweise aufnehmen, für die „kulturelle Revolution", für neue Gewohnheiten, für neue Grundzüge und Gewohnheiten der jungen Generation, für einen neu-

---

[64] Bucharin, Nikolaj: Za uporjadočenie byta molodeži. In: Byt i molodež'. M. 1926, 6–9, hier 6.

[65] Ebd. 6.

[66] Gorsuch, Anne E.: „A Woman". Gorsuch zeigt deutlich, dass der Komsomol in seiner Ausformung vorwiegend eine männliche Organisation war, wenngleich der Frauenanteil um die 18 Prozent höher als in der Partei mit sieben bis acht Prozent war.

[67] Bucharin: Byta 7.

Der Neue Mensch

en Typ eines gesunden, fröhlichen, lebensfrohen, aber gleichzeitig auch im hohen Maße umtriebigen, aktiven, zur Arbeit und zur Zeiteinteilung fähigen Menschen.[68]

Der kriegerische junge Held galt als nicht mehr zeitgemäß, seine betont lässigen und gewaltsamen Charaktereigenschaften bedrohten die neue aufzubauende Ordnung. Dies ist ein wichtiger Hinweis darauf, dass das bolschewistische Menschenbild keineswegs durchgängig Gewalt beinhaltete und nur eine Kultur im weitesten Sinne förderte, die Gewalt verherrlichte.[69] Jugendliche Verhaltensweisen wurden nicht als eine wichtige Phase der Identitätsfindung auf dem Weg zum Erwachsenwerden gesehen, sondern ebenso wie anderes differentes Verhalten von Bauern oder „rückständigen Frauen" als eine Provokation und Bedrohung für die Gestaltung der Übergangsgesellschaft betrachtet. Die Diskussion über Heranwachsende spiegelte Ängste von Revolutionsteilnehmern über einen möglichen Macht- und Autoritätsverlust wieder. Sie verdeutlichte gleichzeitig die Notwendigkeit, abstrakte theoretische Ideale in die Praxis umzusetzen, indem Verhaltensnormen neu definiert werden mussten. Das korrekte Klassenbewusstsein von Jugendlichen sah man im Beitritt zum Komsomol, der eine gesellschaftliche Vorbildfunktion übernehmen sollte. Das richtige und angemessene Verhalten umfasste schulische, politische und kulturelle Bildung, aber auch die Fähigkeit, etwa bei der Arbeit auf dem Dorf „der erste der Fröhlichen" zu sein. Ein Komsomolze sollte dort bei seinem Einsatz besser als alle anderen Ziehharmonika spielen, sehr gut *Kasačok* tanzen und sich gute Beschäftigungsspiele ausdenken können. Aus Attributen wie Selbstdisziplin, Kritikfähigkeit, Intelligenz, rationalem Handeln und Verantwortungsbewusstsein leite sich die natürliche „Autorität" des Komsomolzen ab.[70] Das Ideal vereinigte städtische Herkunft, junges Alter, gute Bildung und das richtige politische Bewusstsein und besaß eine geschlechtsspezifische männliche Prägung. Die Fähigkeit zur effektiven Zeiteinteilung basierte auf einer Verherrlichung der Maschine, deren Rhythmus sich die menschliche Psyche anpassen sollte.[71] Der kriegerische Held verwandelte sich in einen friedlichen unter Beibehaltung militärischer Ordnung.

---

[68] Ebd. 8–9.

[69] Plaggenborg, Stefan: Gewalt und Militanz in Sowjetrussland 1917–1930. In: Jahrbücher für Geschichte Osteuropas 44 (1996) Nr. 3, 409–430, hier 422.

[70] Juzovskij, Ju.: Komsomol za garmošku. In: Byt i molodež'. M. 1926, 43–45, hier 44.

[71] Stites, Richard: Revolutionary Dreams. Utopian Vision and Experimental Life in the Russian Revolution. NY, Oxford 1989, 143–155.

Geschlechterordnungen

Die neue Front verlief nun nicht länger zwischen ‚Roten' und ‚Weißen', sondern zwischen alter und neuer Lebensweise.

> Wir brauchen keine hysterischen Gefühlsausbrüche, sondern einen gemessenen Schritt eiserner Bataillone von Proletariern.[72]

Im Kern besaßen einige Charakteristika bereits eine vorrevolutionäre, bürgerliche Konnotation, weshalb es in der Diskussion immer wieder um eine Abgrenzung zwischen fortschrittlichen sowjetischen und überkommenen zaristischen Gewohnheiten ging.[73] Bucharin argumentierte, eine Protesthaltung wie unter der ersten Generation von Revolutionären und unter der Bohème sei angesichts der erfolgreichen Revolution nicht länger notwendig, ihre Vertreter seien „Aristokraten des Geistes", die unbedingt Helden spielen wollten, jedoch ein Denkvermögen besäßen, das „keinen Pfennig wert" sei. Sie hätten den Wandel zur kommenden Epoche nicht begriffen, seien unnütz für die zukünftige Gesellschaft. Die Beschreibung der neuen männlichen Tugenden als zutiefst bolschewistisch erfolgte durch den Vergleich mit Lenin. Sie erhielten durch die ihm zugeschriebene Autorität eine politische Legitimation.

> Wir nehmen uns besser ein Beispiel an Lenin, unseren großen Führer und auch großartigen Menschen: er konnte so viel vollbringen, weil er zu arbeiten vermochte und ein hohes Verantwortungsbewusstsein besaß gegenüber der Klasse, für die Sache, der er sein Leben gewidmet hatte.[74]

Der Weg dorthin erfolge nicht über kleinbürgerliche Undiszipliniertheit oder Unordnung. Die erforderliche Disziplin sei auch kein Ausdruck von Kadavergehorsam, sondern eine entwickelte Form der Selbsterziehung, die auf alle Lebensbereiche angewandt werden solle.[75] Dem Mann wurde die Fähig-

---

[72] Hysterie und Gefühl wird hier eisern und rational gegenübergestellt, was einem Denkmuster von weiblich schwach, emotional und männlich stark, dominant, rational entsprach. Bucharin: Byta 9.

[73] Die ursprüngliche Idee eines neuen Menschen stammte ebenfalls aus dem Roman von N. Černyševskij, Lenins Lieblingsbuch. Der neue Held als Ideal russischer Sozialdemokraten zeichnete sich durch Selbstlosigkeit, Aufopferungswillen und Askese aus. Nach der Revolution wurden statt individueller Züge unpersönliche Eigenschaften betont. Sowohl beim Bild vom Komsomolzen als auch bei Hooligans ging es immer um eine Abgrenzung gegenüber Oberschichten und ihrem Verhalten, einer russischen Denktradition seit Mitte des 19. Jahrhunderts. Boym: Common Places.

[74] Bucharin: Byta 9.

[75] Ebd.

Titelbild der sowjetischen Frauenzeitschrift „Rabotica" vom Februar 1932

Geschlechterordnungen

keit zugeschrieben, aus sich heraus das neue Menschenideal zu erreichen, quasi vollkommen zu werden, durch eine ihm inhärente Rationalität, Intelligenz und Organisationsfähigkeit. Im Gegensatz dazu galten Frauen fast durchweg als Lernende, die nicht aus sich heraus die Kraft zur Umwandlung besäßen.[76]

Die Frage nach der Bedeutung des Leninkultes für die Konstruktion von sowjetischer Männlichkeit blieb bislang unerforscht. Die Entstehung des Kultes unmittelbar nach dem Tod Lenins im Januar 1924 wird als keine spontane soziale Bewegung betrachtet, die es zu diesem Zeitpunkt nicht mehr gegeben habe, sondern als eine intentionelle, angeleitete und von der politischen Führung durchherrschte Aktion. Das Prinzip der Führerschaft als substantieller Bestandteil sowjetischer Herrschaft sei dadurch manifestiert und legitimiert worden. Zudem sei ein psychologisch wichtiger Zusammenschluss zwischen Arbeiterklasse, Partei und Sowjetmacht erfolgt.

Die Darstellung gipfelte in dem Bemühen, Lenin als eine Inkarnation des historischen Subjekts zu sehen, wenn es wörtlich hieß: „Alles, was im Proletariat wahrhaft groß und heroisch ist, fand seine wundervolle Verkörperung in Lenin, dessen Name in der ganzen Welt zum Symbol des neuen Lebens geworden ist." So wurde Lenin in den mythischen Zusammenhang der Inkarnation von Führer und Masse eingespannt.

Das ZK suggerierte eine kollektive Identität, die nicht sozial oder politisch, sondern eher metaphysisch bestimmt zu sein schien.[77]

Betrachtet man die Zeit der NEP als Phase, in der ein während des Kriegskommunismus bestehender „kollektiver Körper" in seine Einzelteile zerfiel und durch das Auftreten von Differenz verunsicherte, dann kann der Leninkult auch als Versuch gewertet werden, den „kollektiven Körper" wieder zu materialisieren.[78] Es verwundert wenig, dass der Leninkult ausschließlich von

---

[76] Nur Aleksandra Kollontaj verwies in ihren frühen Schriften auf das autonome Subjekt Frau, sah in Form der *ženotdely* später jedoch auch eine Notwendigkeit, Frauen anzuleiten.

[77] Ennker, Benno: Leninkult und mythisches Denken in der sowjetischen Öffentlichkeit 1924. In: Jahrbücher für Geschichte Osteuropas 44 (1996) Nr. 3, 431–455, hier 441–442. Ders.: Die Anfänge des Leninkults in der Sowjetunion. Wien u.a. 1997.

[78] Naiman: Sex.

Der Neue Mensch

männlichen Bolschewiki initiiert wurde.[79] In der Kommission für die Vorbereitung der Trauerfeierlichkeiten befand sich keine Frau. Dem Anliegen Nadežda Krupskajas, Lenins Witwe, den Leichnam nicht öffentlich zur Schau zu stellen, sondern schnell beizusetzen, wurde mit einem Scheinkompromiss begegnet. Das Grabmal mit dem einbalsamierten und aufgebahrten Toten sollte nach der Trauerwoche lediglich noch einen Monat der Öffentlichkeit zugänglich sein.[80]

Der Leninkult war keine „säkularisierte Religion", als die er oft vereinfacht rezipiert wird. In Bezug auf die Kategorie gender kann er meines Erachtens als Versuch gewertet werden, die Unsterblichkeit eigener Ideen, Werte und Erfahrungen in einem überhöhten Erinnerungsmythos festzuhalten, der von Männern ausging. Im Zusammenhang mit einer Reorganisation des Menschen verkörperte Lenin alle erwünschten psychischen und durchaus auch physischen Eigenschaften. Sein Körper diente zur Symbolisierung des neuen Menschheitsgeistes. Der abstrakte Held und neue Mensch wurde durch den Leninkult symbolisiert. Lenin diente als Projektionsfläche für alle positiven Tugenden von Revolution, Politik, Partei und Sowjets, die durch seine Person eindeutig männlich definiert waren und einen unangefochtenen Status erhielten.

Wieweit er vornehmlich für Männer eine Identifikationsmöglichkeit bot, muß noch genauer untersucht werden, ebenso, welche Rolle Frauen beim Leninkult spielten. In zeitgenössischen Beschreibungen über das Alltagsleben fällt immer wieder auf, dass es überwiegend Arbeiter oder Kommunisten waren, die ein Bild von Lenin in der häuslichen Umgebung aufhingen, während Frauen nach wie vor Ikonen verehrten, oftmals gegen den Willen ihrer Ehemänner. Das Stereotyp rückständiger, weil religiöser Frauen, fand Eingang in die Geschichtsschreibung, muss in seiner Geschlossenheit jedoch hinterfragt werden. 1924 gab es in Betrieben Kampagnen zum Abhängen von Ikonen, die oftmals von männlichen Meistern dort angebracht worden waren. Es kam zu Streiks und Arbeitsniederlegungen innerhalb der Arbeiterschaft, an denen sich Männer ebenso wie Frauen beteiligten und die durchaus in

---

[79] In der „Kommission des Präsidiums des CIK der Sowjetunion für die Beisetzung des Sovnarkom-Vorsitzenden V.I. Ul'janov-Lenin", die in der Nacht vom 21. zum 22. Januar 1924 eingerichtet wurde, waren folgende Bolschewiki: F. È. Dzeržinskij, K.E. Vorošilov, A.S. Enukidze, I.A. Zelenskij, V.M. Molotov, N.I. Muralov, M.M. Laševič, V.D. Bonč-Bruevič. Ennker: Leninkult 432–433.

[80] Ebd. 435.

traditionell männlichen Industriezweigen stattfanden.[81] Die Mutter der jungen Textilarbeiterin Val'ja Dement'eva war nicht gläubig, hatte dennoch Ikonen und ein Kreuz in der Wohnung aufgehängt. Als sie vom Tod Lenins erfuhr, stimmte sie zu, beides abzuhängen.[82] Beide Beispiele widerlegen Klischees über eine spezifisch weibliche Rückständigkeit, die mit männlicher Fortschrittlichkeit kontrastiert wurde. Die Zuordnung von Frauen und Ikonenverehrung erweist sich somit als ein Stereotyp zur Unterstützung der These, Frauen seien rückständiger als Männer gewesen. Sie diente – bewusst oder unbewusst – zur Untermauerung eines hierarchischen Geschlechterverhältnisses innerhalb der Arbeiterklasse. Die Gegenüberstellung von positiven und negativen Verhaltensweisen war Bestandteil der offiziellen Diskussion über den *byt*. In der Realität existierten oftmals verschiedene Lebensmodelle friedlich nebeneinander, die weitaus komplexer verliefen, als es vermittelt wurde. Der politisch geforderten Ausschließlichkeit stellte sich eine gelebte Vereinbarkeit gegenüber. So gingen auch männliche Parteimitglieder noch in die Kirche, mit der Begründung: „Die Partei ist eine gute Sache, aber Gott schadet nicht."[83]

Die Märznummer der *Kommunistka* 1924 thematisierte den Tod Lenins, in der Aprilnummer erfolgte die Umsetzung des Leninaufgebotes in einem Aufruf, Arbeiterinnen sollten vermehrt in die Partei eintreten. Erinnerung und Andenken an Lenin wurden in Frauenzeitschriften wie *Kommunistka*, *Rabotnica* oder *Krest'janka* fortan kanonisiert, indem immer die Januarnummer ihm gewidmet war. Unbestritten ist die Prägung sowjetischer politischer Kultur durch den Leninkult. Er manifestierte nicht nur die Vorherrschaft des Proletariats, sondern auch einen männlich definierten Heldenkult sowie Führungs- und Erinnerungsanspruch.

Die Komsomolka

Eine geschlechtsspezifische Bewertung gesellschaftlicher Positionen zeigte sich am Beispiel der Komsomolka, die nicht mit ihrem männlichen Kollegen gleichgestellt war. Galt Alkoholkonsum bei Komsomolzen als normal, stellte eine alkoholisierte Komsomolzin ein öffentliches Ärgernis, eine soziale Ge-

---

[81] Pospielovsky, Andrew: Strikes During the NĖP. In: Revolutionary Russia 10 (1997) Nr. 1, 1–34, hier 15.

[82] Rabotnica na socialističeskoj strojke. Sbornik avtobiografii rabotnic. M. 1932, 81.

[83] RGASPI f. 17 op. 67 d. 121 ll. 14–21. Vypiski iz protokolov, zakrytoe pis'mo moskovskoj gubkoma RKP (b) 1925, hier l. 16.

Der Neue Mensch

fahr, eine Untugend dar.[84] Mädchen in der sowjetischen Jugendorganisation fanden es oft schwierig, ihre Position und eine ihnen angemessene Verhaltensweise im männlich dominierten und kodierten Umfeld zu finden. Am Beispiel von Kleidung als Zeichen einer Gruppenzugehörigkeit wird die männliche Prägung des Komsomol deutlich. Lederjacken, alte Pullover und kaputte Schuhe, unsaubere sowie ungeflickte Anziehsachen wurden als typische Merkmale von den Jugendlichen favorisiert.[85] Kleidete sich eine junge Arbeiterin in diesem bequemen „Männerstil", galt sie als kokett.[86] Mädchen im Jugendverband gerieten in einen Konflikt zwischen traditionellen Weiblichkeitsvorstellungen und der Annäherung an das Idealbild eines „Arbeitersoldaten".[87] Komsomolzinnen machten sich jedoch Gedanken, wie sie einerseits formal den politischen Ansprüchen als Hoffnungsträger der Sowjetunion gerecht wurden, andererseits aber auch den an die Komsomolzen allgemein erhobenen Vorwurf von Dreck, Unordnung und einem übereifrigen Formalismus bei der Nachahmung politischer revolutionärer Vorbilder wie Lenin überwinden konnten:

> Eine andere Komsomolzin, die unter dem Pseudonym „Šilo" schreibt, stimmt mit mir [...] überein, dass Stiefel und grobe Kleidung vor allem für Lenin seien und bat mich um einen Rat, wie sie sich vor den Vorwürfen von Weiblichkeit von Seiten der anderen Jugendlichen schützen kann. Es ist so, dass sie prinzipiell in Stiefeln und derber Kleidung herumläuft, was sie, ihrer Meinung nach, grundsätzlich von Kleinbürgern unterscheiden und von ihrer Schlichtheit überzeugen sollte. Deshalb näht sie keine kleinen Löcher und Risse im Mantel zu als Zeichen ihres überzeugten Beweises ihres Engagements im Kampf für den Kommunismus.[88]

Der vermännlichte Typ einer neuen sowjetischen jungen Frau wurde im Verlauf der Industrialisierung und als Trägerin des sozialistischen Wettbewerbs

---

[84] Smidovič, S.: Iz byta sem'i kommunista. In: Kommunistka (1928) Nr. 6, 24–29, hier 27; Galin, B.: Delo o devuške. Očerk. In: Molodaja Gvardija 9 (1929) 87–94.

[85] Gorsuch, Anne E.: NĖP be Damned! Young Militants in the 1920s and the Culture of Civil War. In: The Russian Review 56 (1997) 564–580, hier 574.

[86] Katerli, Elena: Parnju možno, devuške nel'zja. M.-L. 1930.

[87] Der Begriff stammte von Bucharin: O starinnych tradicijach i sovremennom kul'turnom stroitel'stve. In: Revoljucija i kul'tura (1927) Nr. 1, 17–22, hier 21.

[88] Kuz'min, Vladimir: O „molodoj starosti", asketizme i kazenščine. In: Byt i molodež'. M. 1926, 28–39, hier 32.

weiter entwickelt. Die Komsomolka kündigte sich durch halbmilitärische Kleidung, einfache Haartracht, Burschikosität, festen Gang, sicheres Auftreten, gespannten Gesichtsausdruck und eine nicht immer gewählte, mit stehenden Redewendungen gespickte Sprache an. Sie verhielt sich oft wie die Jungen, prügelte sich und besaß keine Angst.[89] Vermutlich diente dieses Bild zur Projektion neuer sexueller und sozialer Beziehungen der Geschlechter.[90] Auf dem Hintergrund der Einführung von sozialistischem Wettbewerb und Stoßarbeit in den Betrieben sowie einer unerbittlichen Durchführung der Kollektivierung diente das Konstrukt einer eisernen, paramilitärisch geschulten Komsomolka als adäquate Figur zur Durchsetzung der politischen und wirtschaftlichen Ziele. Ihre furchtlose und kampfbereite Haltung stand für einen erwünschten Zustand der Gesellschaft, ihre Jugend wies den Weg in die Zukunft. Das Bild drückte ein Arrangement von Frauen im Komsomol aus, in dem sie Idealvorstellungen von Männlichkeit übernahmen. Unausweichlich blieb ihnen der Vorwurf älterer Bolschewiki, sie würden vermännlichen, nicht erspart. Diese Kritik zeigte das Bestehen fester Normen über Männlichkeit und Weiblichkeit auf.[91]

Die Motivation für Mädchen, dem Komsomol beizutreten, lag in der Befreiung von der eigenen Familie, in der Hoffnung, das Leben anders gestalten zu können. Dabei stießen sie nicht selten auf herbe Kritik in ihrem unmittelbaren Umfeld.[92] Familien missachteten die Komsomolaktivitäten, vermutlich aus Angst vor einem unkontrollierten, zügellosen Lebensstil sowie antireligiöser Ausrichtung. Die Mädchen fehlten wegen ihrer Aktivitäten im Jugendverband als Hilfe bei der Haus- und Familienarbeit, es brachte in den Augen der Eltern oft keinen Nutzen für ihre spätere Rolle als Hausfrau und Mutter. Einige Komsomolzen betrachteten Politik als eine Männersache, weshalb eine Komsomolzin als Freundin oder Frau abgelehnt wurde.[93]

---

[89] Halle, Fannina: Die Frau in Sowjetrussland. Berlin u.a. 1932, 254–255.

[90] Mally, Lynn: Performing the New Woman: The Komsomolka as Actress and Image in Soviet Youth Theater. In: Journal of Social History 30 (1996) Nr. 1, 79–95, hier 79.

[91] Gorsuch: „A Woman" 656–659.

[92] Dmitriev - Galin: Na putjach 27. Interessant wäre ein Vergleich unter den Aspekten Emanzipation und Geschlecht zwischen der Teilnahme an der revolutionären Bewegung in der Zarenzeit und Motivationen für einen Komsomolbeitritt von Mädchen und jungen Frauen.

[93] Ebd. 37–38.

Der Neue Mensch

„Noch vor nicht langer Zeit hieß es: ‚Hast du eine Frau aus dem Komsomol?' – ‚Nein, ich habe sie privat.'"[94]

Komsomolzinnen wurden in der Jugendorganisation nicht als gleichberechtigte Partnerinnen betrachtet, weshalb man ihnen nur minderwertige Aufgaben übertrug.[95]

Im ersten Halbjahr 1928 gab es in der Komsomolorganisation von Nikolaevsk vier Selbstmorde und drei Selbstmordversuche von Mädchen. Obwohl die Fälle jeweils unterschiedlich lagen, wurde ein Grundmotiv für die Taten angenommen: eine „unkameradschaftliche" Verhaltensweise den Frauen gegenüber, Blicke auf die Mädchen wie auf eine „niedere Rasse", wie auf ein Liebesobjekt mit rein biologischen Funktionen. Unter männlichen Komsomolzen betrachtete man die Selbstmorde als eine Folge emotionaler Verwirrung der Mädchen, andere Instanzen machten dafür die männliche Verantwortungslosigkeit gegenüber leichtfertig geschlossenen Sexualkontakten verantwortlich. Den Aufbau neuer Beziehungen „proletarischer Freundschaft" und „langer Kameradschaft" sah man als Ausweg.[96]

Die Vereinbarkeit von Weiblichkeit und Komsomolaktivitäten erwies sich als schwierig. Paar- oder Ehebeziehungen galten als ebenso unangemessen wie Mutterschaft. Die Jugendkultur grenzte sich deutlich vom Leben Erwachsener ab.[97] Das Ausleben sexueller Bedürfnisse und Freizügigkeit in den Geschlechterbeziehungen nahmen Jugendliche für sich in Anspruch, aber die Konsequenzen einer möglichen Schwangerschaft blieben ein individuelles Problem von Mädchen. Diese Haltung wurde heftig kritisiert. Eine Behandlung der Frau als Hausfrau galt jedoch auch als unkorrekt, weil es eine kleinbürgerliche Manier sei.[98] Die Diskrepanz, Frauen theoretisch als gleichberechtigt zu betrachten, in der Praxis aber deutlich noch eine Differenz zwischen den Geschlechtern zu erleben, äußerte sich nicht nur in der Suche, dieses Verhältnis zu ordnen, sondern im Bild der „Krankheit Frau" als schwächendes Element der Gesellschaft.

---

[94] Halle: Frau 251.

[95] „You cant' make a skilled workman out of a baba". In: Gorsuch: „A Woman" 652.

[96] Zaslavskij, D.: Otryzki starogo byta. In: Kommunistka (1929) Nr. 16, 17–20.

[97] Kommuna molodeži. M.-L. 1929, 33; Gorsuch: „A Woman".

[98] Slepkov, A.: Sem'ja i stroitel'stvo socializma. In: Byt i molodež. M. 1926, 53–57. Hier spiegelt sich die Debatte über Asketismus oder freie Liebe wieder. Smidovič nannte diese Art der Beziehung zur Frage der Sexualität Hottentotismus (*gottentotskim*), durchweg wild und auf der niedrigsten Stufe der Kultur. Smidovič, S.: Molodež i ljubov'. In: Byt i molodež'. M. 1926, 60–64, hier 63.

Geschlechterordnungen

„Die Komsomolzin ist ohne Frage schwächer und schutzloser als der Mann. Es ist eine der vielen schwierigen Fragen unserer Gesellschaft."[99] Traditionelle Vorstellungen von Weiblichkeit wurden auf die neue Generation übertragen und somit fortgeschrieben. Mädchen galten ebenso wie Frauen als passiv, auch sexuell, als Opfer und Leidtragende.

Hooliganismus – unerwünschte Männlichkeit

Das Bild des männlichen Komsomolzen diente als neues Ideal und wurde durch die Kontrastierung mit „falschen" Lebensgewohnheiten von Jugendlichen erhöht. Als Gegenentwurf diente das durchweg als negativ gezeichnete Dasein des Hooligan (*chuligan*). Der Begriff leitete sich aus dem Ende des 19. Jahrhunderts aus dem Englischen ins Russische als Lehnwort aufgenommenen *chuliganstvo* ab, was mit ‚grober Unfug' oder ‚Rowdytum' übersetzt werden kann, im damaligen Sprachgebrauch aber zahlreiche Bedeutungen trug. Zu Beginn des Jahrhunderts häuften sich Klagen über Hooliganismus. Dazu gerechnet wurden obszöne Belästigungen von Frauen auf offener Straße, Blockieren des Gehwegs, das Lösen von Schrauben an Parkbänken, Bespritzen von Passanten in Straßencafés sowie öffentliches Betteln, Fluchen und Herumtreiberei. Oft galten Männer zwischen 30 und 45 Jahren als Hooligans. Diese häufig vom Land kommenden Wanderer, die Arbeit in der Stadt suchten, wurden trotz ihres Alters als „Jugendliche" und Bedrohung wahrgenommen. Ihre Betrachtung als Fremde basierte auf der Konfrontation ländlicher mit städtischen Lebensweisen und der fehlenden sozialen Bindung der neuen Fabrikarbeiter. Dieses fast ausschließlich unter Männern vorkommende Phänomen und die verängstigte Reaktion darauf traten infolge der zunehmenden Industrialisierung und einer sich verändernden sozialen und kulturellen Ordnung im ausgehenden Zarenreich auf.[100]

In dieser vorrevolutionären Verhaltensform muss der Versuch einer sich neu formierenden gesellschaftlichen Gruppe gesehen werden, sich eine eigene Identität zu schaffen. Der Hooliganismus zeigte vor dem Ersten Weltkrieg einen Zerfall der etablierten Kultur auf und verwies gleichzeitig auf das Un-

---

[99] Kaktyn', A.: Problema pola dlja sovremennoj molodeži. In: Jaroslavskij, Em. - A. Sol'c - N. Semaško - S. Smidovič - A. Kaktyn': Polovoj vopros. M. 1924, 29–36, hier 29.

[100] Neuberger, Joan: Hooliganism. Crime, Culture, and Power in St. Petersburg 1900–1914. Berkeley 1993.

Der Neue Mensch

vermögen von Staat und Gesellschaft, neue soziale Gruppen in eine bestehende Ordnung zu integrieren.[101]

In der Großen Sowjetenzyklopädie von 1934 wurde *chuliganstvo* (Hooliganismus) als ein weit verbreitetes Verbrechen bezeichnet, das die öffentliche Ruhe und Ordnung störe.[102] Eine sowjetische Erklärung des Phänomens basierte auf der Aussage Lenins, Hooliganismus sei ein Bazillus, wie die Pest, oder ein Geschwür, das dem Sozialismus als Folge des Kapitalismus anhafte.[103] Es sei eine Form der Anarchie und der Konterrevolution, die bekämpft werden müsse. Dieser Vergleich mit einer lebensbedrohlichen, zerstörerischen und heimtückischen Krankheit, die einen gesunden Körper befällt, gleicht einer Metapher. Nicht zufällig entstand er beim Übergang von der Theorie zur Praxis, von der Revolution zum Alltag nach dem Kriegskommunismus. Hooligans stellten eine Bedrohung für die sozialistische Gesellschaft dar, aufgrund ihres fehlenden Klassenbewusstseins. Der ideale Mann gehörte zur proletarischen Avantgarde, der Arbeiterklasse, Hooligans dagegen ließen sich weder als Gruppe noch als Individuum kontrollieren oder einbinden, sondern übten permanent einen schlechten Einfluss auf die Gesellschaft aus. Der Vorwurf des Hooliganismus umfasste Delikte vom einfachen Unfug bis zu staatsfeindlicher Tätigkeit, sowie Kritik an bestimmten Verhaltensweisen und Lebensgewohnheiten, die als nicht sowjetisch empfunden wurden. Er war sehr schillernd und seine Auslegung sowie Anwendung eine Ermessenssache. Immer schwang eine politische Komponente mit, da Hooliganismus durchweg als Folge eines falschen Klassenbewusstseins gesehen wurde. Zu Beginn der dreißiger Jahre waren es vor allem Kulaken und Staatsfeinde, denen Hooliganismus zugeschrieben wurde. Die Wurzeln wurden in der vorrevolutionären Zeit gesehen, die Lösung glaubte man in der Schaffung eines einheitlichen Klassenbewusstseins und einer harten Bestrafung zu finden, die zwischen kurzfristigem Freiheitsentzug und langer Zwangsarbeit ausfallen konnte.[104] Die Zahlen stiegen seit 1923 an, weshalb der Kampf gegen Hooliganismus seit Mitte der zwanziger Jahre verschärft geführt wur-

---

[101] Neuberger, Joan: Culture besieged: Hooliganism and futurism. In: Cultures in Flux. Lower-Class Values, Practices, and Resistance in Late Imperial Russia. Hg. v. Stephen Frank, Mark D. Steinberg. Princeton, NJ 1994, 185–203.

[102] BSÈ Bd. 60. M. 1934, 277–278.

[103] Ebd.

[104] Die Höchststrafe im Strafgesetzbuch der RSFSR von 1922 sah dafür einen Freiheitsentzug von bis zu einem Jahr vor, 1926 wurde sie auf zwei Jahre erhöht. Später folgte einer Freiheitsstrafe von bis zu drei Monaten eine lange Zwangsarbeit. Ebd.

Geschlechterordnungen

de. Im zweiten Quartal 1926 wurden 39.000 Menschen als Hooligans verurteilt, bis 1926 stieg die Zahl auf 111 000.[105] Betrachtet man das kriminalisierte Phänomen genauer, erweist es sich als ein vielschichtiges, vorrangig soziales Problem. Hooligans waren zumeist Jugendliche, die eine geringe Bildung besaßen, keine feste Arbeitsstelle hatten, teilweise arbeitslos, manchmal obdachlos waren und im Freien ohne geregelte Nahrungsaufnahme oder einen Schlafplatz lebten.[106] Von Zeitgenossen wurde Hooliganismus als öffentliches Ärgernis wahrgenommen, verursacht durch deklassierte Elemente:

> Die Biographien junger Arbeiter, die in die Reihen von Hooligans gelangten, sind sich größtenteils alle sehr ähnlich: sie waren nicht in der Armee, im Verlauf von zwei bis drei Jahren haben sie an ganz verschiedenen Orten gearbeitet, oft haben sie ihre Beschäftigung gewechselt. [...] Typisch ist auch eine sozial desorganisierte Lebenslinie der Gemengelage-Arbeit und ein andauerndes Nichtstun, wo sich dann besonders leicht eine Beziehung zum freien und fröhlich vor sich hin lebenden Lumpenproletariat entwickelt.[...] Ganz einfach und beständig wird hier mit verwegener Nachlässigkeit gelehrt, Zoten zu reißen und nach jeder ausgesprochenen Phase auszuspucken, sich einen streitsüchtig-frechen Ton anzueignen, sich an das Gefühl der Verantwortungslosigkeit zu gewöhnen, ausgeliehen bei vagabundierenden Elementen, mit welchen hier enge Kontakte entstehen. Nachdenkliche und zur Selbstkontrolle fähige junge Burschen, die an solchen gesellschaftlichen Arbeiten teilnahmen, haben oft über diese Art der Wahrnehmung berichtet, die von allen moralischen Ketten befreit sei, über die sich eingebürgert habenden merkwürdigen Zustände, wo auf Kartons sitzend gegessen und unter freiem Himmel geschlafen wird.[107]

Häufig diente Hooliganismus als Synonym für sogenannte feindliche Verhaltensweisen, wozu auch dörfliche Lebensweise und Jugendliche gehörten, die mangels organisatorischer Einbindung nicht zu kontrollieren waren. Ihnen fehle die Erfahrung der „Schule der Männlichkeit" als Soldat. Statt mit eiserner Disziplin aus den Kriegserlebnissen einen neuen Tugendkatalog für Männ-

---

[105] Šatov, V.: Chuligany i „chuliganstvujuščie". M. 1927, hier 3. S. a. Bugajskij, Ja.: Chuliganstvo kak social'no-patologičeskoe javlenie. M.-L. 1927.

[106] Šatov: Chuligany 4.

[107] Ebd.

Der Neue Mensch

lichkeit zu schmieden, abgeleitet aus militärischer Ordnung, symbolisierten Hooligans die Schattenseiten der zerstörerischen Zeit von Hunger und Elend. Straßenkinder wurden ebenso wie Jugendliche auf dem Dorf angeklagt. Schlechte Witze, Mutterflüche, Bummelei, Trinken von *samogon* (Selbstgebranntem) und ein „unsittliches" Geschlechtsleben in Form von Promiskuität gehörten dazu.[108] Das negative Spiegelbild eines sauberen, disziplinierten und asketischen Komsomolzen zeigte einen dreckigen, faulen und unordentlichen Jugendlichen. Dieser war in der Regel männlich, da Hooliganismus unter Mädchen nur sehr selten auftauchte.[109] Als einen Ausweg aus dem Problem sollte der väterliche Einfluss gestärkt werden. Die Rolle des Vaters als Erzieher wurde mit den Attributen autoritär, züchtigend und beispielgebend besetzt. Nicht die Mutter, die eigentlich für die Erziehung zuständig war, konnte Vorbild für einen Jungen sein, sondern allein der genügend Härte und Selbstkontrolle besitzende starke Vater.[110]

Die Diskussion über das richtige Verhalten sowjetischer Jugendlicher sollte zu ihrer Disziplinierung führen. Gleichzeitig spiegelte es eine Ohnmacht der politischen Führung gegenüber massiven sozialen Problemen von Kindern und Jugendlichen, die als Waisen oder Obdachlose versuchten, sich am Leben zu halten. Von *besprizornye* (verwahrloste, unbeaufsichtigte Kinder) ist bekannt, dass sie sich teilweise hierarchisch in Gruppen organisierten, die aufgrund ihrer hohen Mobilität sich jeder Kontrolle entzogen. Ein typisches Merkmal von ihnen war Beschaffungskriminalität für Lebensmittel. Für 1922/23 schwankten die Zahlenangaben für *besprizornye* zwischen sieben und neun Millionen.[111]

---

[108] Juzovskij, Ju.: Komsomol za garmošku. In: Byt i molodež'. M. 1926, 43–45, hier 44; Sazonova, N.: Protiv p'janstva i chuliganstva. M. 1929.

[109] Šatov: Chuligany 5. Hooligans wurden fast ausschließlich als männliche Jugendliche dargestellt, in der Frage der Geschlechterbeziehungen ging es meistens um Männer, die viele Sexualkontakte zu Frauen hatten. Eine Frau mit hoher Promiskuitätsrate galt nicht als Hooligan, sondern als Prostituierte, einem vollkommen anderen sozialen Problem. Auch in der vorrevolutionären Zeit zeichnete sich Hooliganismus besonders durch Angriffe von Männern gegen Frauen ab. Neuberger: Culture 190.

[110] Šatov: Chuligany 5.

[111] Bosewitz, René: Waifdom in the Soviet Union. Features of the Sub-Culture and the Re-Education. Frankfurt/M., Bern, NY, Paris 1988; Ball, Alan: State Children, Soviet Russia's Besprizornye and the New Socialist Generation. In: Russian Review 52 (1993) 228–247; Ders.: Survival in the Street World of Soviet Russia's Besprizornye. In: Jahrbücher für Geschichte Osteuropas 39 (1991), Nr.1, 33–52; Ders.: The Roots of Besprizornost' in Soviet Russia's First Decade. In: Slavic Review 51 (1992), Nr.2, 247–270.

Geschlechterordnungen

3.2 Der Mensch als Geschlechtswesen

Kontrollierte Sexualität oder freie Liebe

Die breite Diskussion über Sexualität während der NĖP bildete einen Teil des diskursiven Feldes zur Neuordnung der Geschlechtercharaktere, wozu zahlreiche Studien erschienen.[112] Der Beginn einer russischen Sexualwissenschaft datierte zurück auf die Jahrhundertwende. Ausgangspunkt waren Fragen nach dem Zusammenhang von Gesundheitsproblemen, Abtreibung und Prostitution in einem größeren Rahmen von Industrialisierung und Urbanisierung.[113] Wissenschaftler untersuchten in den zwanziger Jahren in Erhebungen das Sexualleben der Bevölkerung, besonders von Jugendlichen. Daten über den Beginn des Geschlechtslebens, Sexualpartner, Selbstbefriedigung, Häufigkeit der Sexualkontakte und kriminelle Delikte in diesem Bereich wurden erforscht. Eine geschlechtsspezifische Rollenzuweisung zeigte sich auch hier. Die meisten Studien befassten sich mit männlicher Sexualität, nur wenige mit weiblicher.[114] Das Grundmodell ging vom heterosexuellen Geschlechtsleben aus, Homosexualität galt als widernatürlich und pervers, als eine unbedingt zu heilende Krankheit.[115] In der Fallbeschreibung lesbischer Frauen übernahm immer eine Partnerin die Rolle des Mannes. Homosexuelles Geschlechtsleben wurde im Rahmen der Kategorien männlicher und weiblicher Charakteristika gesehen, einer auch außerhalb Russlands verbreiteten Sichtweise. Die typische Biographie einer homosexuellen Frau wies bereits im jungen Alter knabenhaftes Verhalten auf, hinzu kam nicht selten eine enttäuschende Ehe. Auch biologische Ursachen wie ein spätes Einsetzen der Men-

---

[112] S. a. Naiman: Sex.

[113] Kon, Igor S.: The Sexual Revolution in Russia. From the Age of the Czars to Today. NY 1995, 40.

[114] Als Beispiele seien hier nur einige genannt. Man‚kovskij, B.S.: Sovremennaja polovaja prestupnost'. In: Pravonarušenija v oblasti seksual'nych otnošenij. M. 1927, 77–107; Gamburg, M.I.: Polovaja žizn' krest'janskoj moloděži. Saratov 1927; Golosovker, S. Ja.: O polovom byte mužčiny. Kazan' 1927; Čučelov, N.I.: Načalo polovoj žizni v svjazi s suščestvujuščim zakonodatel'stvom. Iz rabot stežerov Gos. In-ta Social'noj Gigieny. In: Social'naja Gigiena M.-L. (1926) Nr. 6, 139–145; Jaroslavskij u.a.: Polovoj vopros.

[115] Interessanterweise sind mir nur Fälle weiblicher Homosexualität bekannt. Dies mag an der lückenhaften Literatursuche liegen, kann aber auch als ein weiterer Ausdruck der Geschlechterhierarchie und der „Krankheit Frau" gewertet werden. Gleichzeitig stehen dahinter klare Vorstellungen, was weiblich und männlich sei, geknüpft an den biologischen Körper.

Der Mensch als Geschlechtswesen

struation oder ein frühes Klimakterium, also Abweichungen von der „normalen" weiblichen Natur, wurden zur Erklärung herangezogen. Hinzu kam ein niedriger Bildungsgrad und fehlendes Klassenbewusstsein.[116]

Dem Mann wurde allgemein ein stärkerer Sexualtrieb als der Frau unterstellt, weshalb er auch schon vor einer Eheschließung und eher als die Frau Sexualkontakte besaß. Anders als bei Frauen konnte bei Männern der Geschlechtsverkehr ohne Gefühle, ohne Liebe erfolgen. Er war rational, die Frau emotional.[117] Der Mann übernahm sexuell die Rolle des Aktiven.

Doch statt eines ungebändigten Auslebens des Triebes, konnotiert als bürgerliche Dekadenz, floss in die *byt*-Diskussion die Frage nach einer neuen proletarischen Sexualmoral ein. Individuelles Begehren sollte für das Leben im Kollektiv aufgegeben werden.[118] Während in der vorrevolutionären *Intelligencija* Fragen nach Liebe, Begehren, Erotik, subjektiven Empfindungen und Körperlichkeit gestellt wurden, fand in den zwanziger Jahren eine Entkoppelung des rein physiologischen Geschlechtsaktes von diesen emotionalen und psychologischen Bereichen statt. Als Beispiel, wie dieses Ideal literarisch verarbeitet wurde, dient der satirische Roman *My* (Wir) von Evgenij Zamjatin, geschrieben 1920.[119] Die sexuellen Beziehungen sind darin büro-

---

[116] Krasnuškin, E.K. - N.G. Cholzakova: Dva slučaja ženščin ubijc-gomoseksualistok. In: Prestupnik i prestupnost'. Sbornik I. M. 1926, 105–120; Healey, Dan: Evgeniia/Evgenii. Queer Case Histories in the First Years of Soviet Power. In: Gender & History 9 (1997) Nr. 1, 83–106.

[117] Čučelov: Načalo 139–140. Diese Vorstellungen basierten auf Forschungen, die um die Jahrhundertwende entstanden. Stellvertretend sei das Buch von August Forel genannt: Die sexuelle Frage. (1904) Erlenbach-Zürich 1931. Forels Werk wurde ins Russische übersetzt und dort rezipiert. Zur geschlechtsspezifischen Sexualität schrieb er: „Normal männlich ist es, dass das Gefühl der sexuellen Potenz eine gehobene expansive Stimmung begünstigt, das umgekehrte Gefühl der Impotenz oder schon der geringen Potenz dagegen deprimiert [...]. Wie wir wieder besonders betonen müssen, ist beim normalen Durchschnittsweibe, besonders beim Mädchen, die Libido sexualis der höheren psychischen Liebe untergeordnet. [...] Wenn auch der Mann in seiner Verliebtheit gewalttätiger und stürmischer ist, so verliert er trotzdem durchschnittlich viel weniger Besinnung als das Weib. Und in diesem Sinne kann man wohl sagen, dass die Macht der Gefühle beim Weibe, trotz dessen passiver Rolle, eine noch größere ist." Ebd. 141, 153.

[118] Die asketische Sexualmoral mit einer Idealisierung von Monogamie und Reduzierung der Geschlechtsbeziehungen auf einen biologischen Akt zur Fortpflanzung spiegelte eventuell in Verbannung und Exil gemachte Erfahrungen verschiedener Sozialisten und Sozialistinnen wieder.

[119] Evgenij Ivanovič Zamjatin, geb. am 1.2.1884. Die Veröffentlichung des Romans wurde von der Zensur verboten. Er erschien 1925 als Übersetzung in England und wurde

kratisch geregelt, man benötigt für den Geschlechtsverkehr ein rosa Billet, das den Diensthabenden vorgelegt werden muss. Nur dann dürfen die Rollos in einer ansonsten durchsichtigen Welt heruntergelassen werden. Die zeitliche Dauer des Zusammenseins wird ebenso vorher von der Bürokratie festgelegt. Zamjatin setzte sich hier kritisch mit der Haltung des *proletkul't* zum Verschwinden der Liebe auseinander.

Vor dem Hintergrund dieser asketischen Sexualmoral muss die Rezeption von Aleksandra Kollontaj gesehen werden. Bis heute wird sie vom Nimbus einer sexuell emanzipierten Kommunistin begleitet und als Nymphomanin von ihren Kritikern bezeichnenderweise fälschlich als zügellos kritisiert. Sie stellte einen Zusammenhang zwischen der Emanzipation von Frauen, veränderten Definitionen von Ehe und Familie sowie neuen Moralvorstellungen her.

In ihrer Aufsehen erregenden Schrift „Die neue Moral und die Arbeiterklasse" von 1920 beschrieb Kollontaj einen neuen Typus ledige Frau, die nicht länger von Gefühlen, Eifersucht und Rache geprägt war, sondern befreit aus der staatlichen und familiären Versklavung sowie frei von Eifersucht und Verpflichtung zur ehelichen Treue.[120] Kollontaj forderte für die autonome und ökonomisch unabhängige neue Frau auch eine neue Sexualmoral:

> Die neue Frau verleugnet nicht ihre „weibliche Natur", sie weicht dem Leben nicht aus und weist die „irdischen" Freuden nicht zurück, die die um jedes Lächeln geizende Wirklichkeit gewährt.
>
> Die neuzeitlichen Heldinnen werden Mütter, ohne verheiratet zu sein, gehen von dem Manne oder dem Geliebten fort, ihr Leben kann reich an Liebeserlebnissen sein, und trotzdem werden sie sich selbst so wenig wie der Autor oder der moderne Leser zu den „verlorenen Geschöpfen" zählen. [...] So stellt sich uns die neue Frau dar: Selbstdisziplin statt Gefühlsüberschwang, die Fähigkeit, die eigene Freiheit und Unabhängigkeit zu schätzen statt der unpersönlichen Ergebenheit; die Behauptung der eigenen Individualität statt der naiven Bemühung, das fremde Bild des „Geliebten" in sich aufzunehmen und zu reflektieren. Das Zur-Schau-Tragen des Rechtes auf Familienglück, statt der heuchlerischen Maske der Unberührtheit, endlich Zuweisung der Liebeserlebnisse an einen untergeordneten Platz im

---

1927 auszugsweise in Russisch in einer Prager Emigrantenzeitung gedruckt. 1931 verließ Zamjatin mit Hilfe Gorkis Sowjetrussland und ging nach Paris. Dort starb er am 10. März 1937.

[120] Kollontaj: Neue Moral.

Der Mensch als Geschlechtswesen

Leben. Vor uns steht nicht mehr das „Weibchen", der Schatten des Mannes, – vor uns steht die Persönlichkeit, das Weib als Mensch.[121]
Die Typologisierung von Kollontajs neuer Frau orientierte sich an der Beschreibung männlicher Sexualität. Der weibliche Körper funktionierte nicht länger als Objekt, als Zeichen von weiblicher Ehre und Tugend. Frauen waren autonom und selbständiges Subjekt, ihnen ordnete Kollontaj einen aktiven Sexualtrieb zu. Sie blieben nicht länger passiv sondern suchten sich einen geeigneten Partner, ohne jedoch Liebesbeziehungen als einzige Erfüllung für ihr Leben zu betrachten.

1923 veröffentlichte Kollontaj drei Erzählungen unter dem Titel „Die Liebe der Arbeitsbienen", die zwei Jahre später als „Wege der Liebe" in deutscher Übersetzung erschienen.[122] Sie versuchte sich literarisch mit dem Verhältnis von neuen Frauen und veränderten Ansichten zur Liebe auseinander zu setzen. Viele Zeitgenossen warfen ihr vor, geistige Brandstifterin für zügellose und ausschweifende Sexualkontakte in der jugendlichen Bevölkerung zu sein. Ihre Moralvorstellungen galten als verwerflich, als ein negatives Beispiel. Die heftige Reaktion auf Kollontajs Schriften über Liebe und Moral lassen sich nur teilweise nachvollziehen, verweisen aber auf eine veränderte Diskussionskultur und einen Wandel in den Sichtweisen über neue Gesellschaftsentwürfe. Kollontajs persönlicher Lebenswandel, ihre wechselnden Männerbeziehungen mit teilweise Jüngeren, die hinlänglich öffentlich bekannt waren, wurden zum Gegenstand der Kritik. Politisch galt sie seit ihrer führenden Rolle bei der Arbeiteropposition 1921 als abtrünnig. Ihre Forderungen nach lustvollen, erfüllten Liebesbeziehungen wurden als Tabubruch bewertet, als Rückfall in eine bürgerliche Dekadenz, unvereinbar mit sexueller Askese.[123] Dies widersprach einem von Kontrolle und Disziplin geprägtem Selbstbild vieler Revolutionäre, die den einzigen Sinn von Geschlechtlichkeit in der Fortpflanzung sahen. Kollontaj sprach, wenngleich noch wenig definiert, von weiblicher Sexualität, die es zu entdecken und anzuerkennen gelte. Konsequent weitergedacht rüttelte sie damit radikal an Vorstellungen über Männlichkeit und stellte sie zur Diskussion. Genauer zu hinterfragen bleibt, ob männliche und weibliche Zeitgenossen darin eine Überschrei-

---

[121] Ebd. 41.

[122] Eine gute Zusammenfassung und Interpretation liefert Raether, Gabriele: Alexandra Kollontai zur Einführung. Hamburg 1986.

[123] Damit belebte sie möglicherweise einen Mythos der Frau als dekadent und sündenreich wieder.

Geschlechterordnungen

tung eines weiblichen Handlungsraumes sahen und diesen Schritt deshalb ablehnten.[124]

Vera Pavlovna Golubeva, eine enge Mitarbeiterin in der Frauenabteilung, warf Kollontaj in einem persönlichen Brief von 1923 vor, ihre Romanheldinnen seien schlechte Kommunistinnen, keine Kämpferinnen oder Revolutionärinnen. Sie benutze einen zu künstlerischen, exklusiven Begriff von Schönheit und Liebe, der an alte Traditionen erinnere und die Ideologie einer fremden Klasse vertrete, nicht aber proletarische Gefühle.

Wie der Wilde geliebt hat – so können wir nicht lieben. – Die Menschen der Zukunft werden wahrscheinlich ganz und gar nicht lieben. Ich denke, sie werden Kinder in Glaskolben zur Welt bringen – das ist eine Tatsache. (Sie werden nicht solche Idioten sein, dass sie so eine Gemeinheit mit sich veranstalten lassen, Schwangerschaft, Geburt, usw.)

„Liebe" bei uns ist immer eine Unterdrückung, die Versklavung der Frau, ihre Unterdrückung. […]

Jeder Kommunist soll sein *byt* kommunistisch gestalten (Kantinen, Krippen, Kinderhäuser, Klubs usw.). Das Wichtigste aber ist es, die „Liebe" zu diskreditieren – das ist es, was wir machen sollen, wir Kommunistinnen, Frauen, gestärkt nicht durch Worte, sondern durch eine physische und moralische Versklavung. Deshalb tut es so weh, ihre Ausführungen zu lesen. Es wäre besser gewesen, sie hätten sie nicht geschrieben.[125]

---

[124] M.E. argumentierte Kollontaj im marxistischen Sinne. Engels und Bebel hielten an der Institution der Ehe fest, traten aber vehement für Liebe als deren einzige Grundlage ein. „Die Vereinigung von Mann und Frau führt erst zu einem vollkommenen Menschen. Die Liebe darf aber nicht nur rein körperlich sein, sondern soll auch unbedingt geistig gelebt werden, da sie sonst unsittlich wäre." Bebel: Frau und Sozialismus 134. „Ist nur die auf Liebe gegründete Ehe sittlich, so auch nur die, worin die Liebe fortbesteht. Die Dauer des Anfalls der individuellen Geschlechtsliebe ist aber nach den Individuen sehr verschieden, namentlich bei den Männern, und ein positives Aufhören der Zuneigung, oder ihre Verdrängung durch eine neue leidenschaftliche Liebe, macht die Scheidung für beide Teile wie für die Gesellschaft zur Wohltat." Engels: Ursprung der Familie, 1884, MEW, Bd. 21, 82–83. Ein weiterer zu untersuchender Aspekt bleibt die Haltung von Kollontaj gegenüber der Psychoanalyse, die sie interessant fand, aber nicht offen favorisierte.

[125] Brief von Vera Pavlovna Golubeva an A. Kollontaj von 1923. RGASPI f. 134 op. 1 d. 336 ll. 13–17ob. Vera Golubeva war eine Mitbegründerin der *ženotdely* und arbeitete dort bis 1921 zusammen mit Kollontaj.

Der Mensch als Geschlechtswesen

Grundsätzlich stimmte Golubeva mit Kollontaj überein, Liebe dürfe nur noch eine untergeordnete Rolle im menschlichen Leben spielen, ging aber noch weiter und sprach zunächst von einer Trennung zwischen Liebe und Fortpflanzung. Letztere werde zu einem reinen Produktionsprozess, losgelöst vom Individuum und vom weiblichen Körper, ein rein technischer, steriler Vorgang. Dies bedeute einen großen Fortschritt besonders für Frauen, die nicht länger zu Sklavinnen ihrer reproduktiven, physiologischen Geschlechtsmerkmale würden, sondern eine tatsächliche Befreiung erführen. Liebe an sich besitze keinen Wert für die „Menschen der Zukunft", sei ohne jeglichen Zweck und Nutzen, ein Vorgang, der in der alten Gesellschaft ein Element zur Unterdrückung der Frau gewesen sei.[126] Golubeva plädierte – wie andere Bolschewiki auch – für eine einheitliche und verbindliche Regelung der Moralvorstellungen. Sie lehnte die Transformation alter Werte für eine kommunistische Gesellschaft vollkommen ab und glaubte an die Schaffung neuer, vorher nicht dagewesener Lebensformen. Im Gegensatz zu Kollontaj sah sie als höchstes Ideal das Kollektiv an, während Kollontaj die Vereinbarkeit von individuellen Neigungen und gesellschaftlichen Bedürfnissen erreichen wollte. Da Golubevas Ansichten weitaus radikaler und utopischer als Kollontajs Ausführungen waren, beinhalteten sie vermutlich noch eine andere Ebene der Kritik: Kollontaj habe eben diese revolutionäre, idealtypische Perspektive aufgegeben – ein Zeichen für das Abrücken von den ursprünglichen Zielen – und widme sich zu stark der Frage, wie „alte" Werte und Einstellungen in das nachrevolutionäre Leben, in die Praxis einzuordnen seien. Aus heutiger Sicht kann dieses Unterfangen Kollontajs als Realpolitik, als Suche nach praktikablen Lösungen bewertet werden.

Die Haltung von Kollontaj in Fragen der Liebe und Sexualität wurde damals als „Glas-Wasser-Theorie" bezeichnet, wonach sexuelle Bedürfnisse genauso wie Durst rasch gelöscht werden könnten. Ihr wurde vorgeworfen, sie übe einen schlechten Einfluss auf die Jugend aus.[127] Kollontaj propagierte keinesfalls eine grenzenlose Promiskuität. Von Zeitgenossen missverstanden trat sie fast schon visionär für eine tatsächliche Emanzipation eben auch in

---

[126] Leider liegen keine ausführlicheren Materialien zum Leben und Denken von Golubeva vor. Ihre utopischen Vorstellungen von Sexualität erinnern stark an Zamjatins „Wir" und sind von den Utopien des *proletkul't* geprägt.

[127] Das Schlagwort „Glas-Wasser-Theorie" als Synonym für Kollontajs Ideen stammt vermutlich von Lenin, lässt sich aber nicht genau ableiten. „Die berühmte Glas-Wasser-Theorie halte ich für vollständig unmarxistisch und obendrein unsozial. [...] Aber wird sich der normale Mensch unter normalen Bedingungen in den Straßenkot legen und aus einer Pfütze trinken? Oder auch nur aus einem Glas, dessen Rand fettig von vielen Lippen ist." Zetkin, Clara: Erinnerungen an Lenin. Berlin 1929, 63.

sexuellen Beziehungen ein. Dabei verfolgte sie zwei moralische Ziele: Zum einen die Garantie einer gesunden und normalen Fortpflanzung, zum anderen „die Verfeinerung der menschlichen Psyche, zur Bereicherung der Seele, dem Gefühl der kameradschaftlichen Solidarität".[128] Sie bemängelte die „gegenwärtige" Moral, die immer noch Besitzergedanken und Abhängigkeiten in der Liebe beinhaltete. Nicht nur Frauen, auch Männer sollten ihre Einstellung ändern, verstehen, dass Liebe nicht länger eine käufliche Ware sei – entweder durch Geld oder Status. Unter freier Liebe verstand Kollontaj, im Liebesspiel nicht sein Ich durch einen anderen Verschlingen zu lassen.

Unsere Zeit zeichnet sich durch das Fehlen der Liebeskunst aus. Die Menschen verstehen es durchaus nicht, helle, leuchtende, beflügelte Beziehungen zu unterhalten, sie kennen nicht den Wert der „erotischen Kameradschaft". Die Liebe ist ihnen entweder eine Tragödie, die die Seelen zerreißt, oder ein gemeinsames Vaudeville.[129]

Ihre liberalen Ansichten führte Aleksandra Kollontaj in ihrem „Brief an die arbeitende Jugend: Macht den Weg frei für den geflügelten Eros!" 1923 weiter aus.[130] Zunächst begründete sie die Beachtung weiblicher Interessen bei der Schaffung einer neuen Moral. Hätten bürgerliche Gesellschaften einseitig männliche Standpunkte vertreten, bestehe nun die Chance, beim Aufbau einer neuen Kultur und einer neuen Weltanschauung, die geforderte Gleichbehandlung aller umzusetzen.

Die Ideologie der aufstrebenden arbeitenden Klasse umfasst die Ansprüche, Bemühungen, Gefühle und Wahrnehmungen beider Geschlechter, und diese Ideologie muss etwas fordern: Ein so bedeutender Faktor, wie es die Frau im sozialen Leben der Arbeitergesellschaft ist, kann beim Aufbau einer neuen Kultur nicht übergangen werden. [...]
Die Ideologie der aufstrebenden Klasse sollte die geistig-seelischen Werte von beiden Geschlechtern in sich vereinen."[131]

---

[128] Kollontaj: Neue Moral 50.

[129] Ebd. 61.

[130] Kollontaj, A.M.: Dorogu krylatomu Erosu. Pis'mo k trudjaščeisja molodeži. In: Molodaja gvardija 3 (1923) Nr. 10, 111–113. Diese Angabe zitiert bei Kon: Sexual Revolution 300. Mir liegt eine andere Ausgabe vor in: Kommunističeskaja moral'. L. 1926, 62–87. Eine teilweise deutsche Übersetzung: Kollontaj, A.: Brief an die arbeitende Jugend (1923). Der „Drache" und der „weiße Vogel". In: Stücke der zwanziger Jahre. Hg. v. Wolfgang Storch. Frankfurt/M. 1977, 248–249.

[131] Kollontaj: Brief 248.

Der Mensch als Geschlechtswesen

Konkret erörterte sie die Frage, welchen Stellenwert Liebe in der kommunistischen Moral habe. Keinesfalls propagierte sie Hedonismus oder unverantwortliche Sexualkontakte, sondern individuelle Freiheiten im Geschlechtsleben.[132] Nach den Jahren des Bürgerkrieges, wo Geschlechterverhältnisse eher rational und reproduktiv bestimmt gewesen seien, sei nun Zeit für „romantische" Liebe zwischen Männern und Frauen, für Gefühle und Glück, die trotz der „Glas-Wasser-Theorie" noch eine Rolle spielten. Liebe ohne Emotionen sei eine reine Triebbefriedigung, ein „ungeflügelter Eros", der den seelischen Anforderungen widerspreche und dem „geflügelten Eros" weichen müsse.

Beflügelnde, anregende Liebesfreuden werden „Liebesunterwerfungen" ablösen. Die neue Liebe wird sich auf gegenseitige Anerkennung gründen, auf Behutsamkeit im Umgang mit dem Kameraden, auf Feinfühligkeit, auf Einfühlungsvermögen einander verwandter Seelen.[133]

Liebe sei keine bürgerliche Eigenschaft und damit verwerflich, sondern eine zutiefst soziale Emotion, ein Teil der geistigen Kultur und damit der sozialistischen Gesellschaft, die dem ganzen Kollektiv nutze. Kollontaj ging so weit, das gesellschaftliche Prinzip genossenschaftlicher Solidarität mit einem hohen Maß gegenseitiger Liebe gleichzusetzen, basierend auf der Anerkennung der Gleichheit zwischen Mann und Frau. Sie idealisierte die sogenannte „kameradschaftliche Liebe" als Prinzip kollektiven Lebens, wies gleichzeitig aber auch darauf hin, noch weit von dem Ziel entfernt zu sein. Deshalb ließ sie die Frage, welcher Weg der Liebe der richtige sei, in ihren Erzählungen von 1923 auch offen. Kollontaj sah darin eine Darstellung von Übergangsmenschen, die Realisierung einer neuen Frau liege noch in ferner Zukunft.[134]

Die Kritiker von Kollontaj dagegen erachteten unkontrollierte Promiskuität, die besonders unter Jugendlichen als Zeichen der neuen, revolutionären Freiheiten verstanden wurde, als ein zügelloses, primitives und unkommunistisches Verhalten.[135] Das „kleinbürgerliche" und „bürgerliche" Gebaren wurde als falsche „Ideologie" enttarnt, etwa von Sofija Smidovič, die weit verbreitete

---

[132] Kon: Sexual Revolution 56–57.

[133] Kollotaj: Brief 249.

[134] Brief von A. Kollontaj an Vera Pavlovna Golubeva von 1923. RGASPI f. 134 op. 1 d. 336 ll. 1–6.

[135] Smidovič, S.: O ljubvi. Prosvjaščaetsja našej ženskoj molodeži. In: Polovoj vopros. M. 1925, 24–28, hier 24.

Haltungen unter angeblich fortschrittlichen Jugendlichen beschrieb, um daran massive Kritik zu üben:

1. Jeder Komsomolze, Rabfakabsolvent [Arbeiterfakultät, C.S.] und andere noch sehr junge bartlose Junge möchte und soll seine sexuellen Strebungen befriedigen. Das wird deshalb als eine unbestreitbare Wahrheit betrachtet. Sexuelle Enthaltsamkeit wird als kleinbürgerlich angesehen.
2. Jede Komsomolzin, Rabfakabsolventin, einfach Lernende, auf die die Wahl von dem einen oder anderen Jungen-Männchen fällt (woher bei uns im Norden diese afrikanischen Absonderlichkeiten kommen, kann ich nicht beurteilen), soll ihn treffen kommen. Wenn sie es nicht tut, ist sie eine Kleinbürgerin, die nicht den Namen Komsomolzin tragen oder Rabfakabsolventin sein darf, eine proletarische Studentin.[136]

Smidovič bemängelte in diesem Beispiel die passive Opferrolle der Frau, hervorgerufen durch den männlichen Sexualtrieb. Ihrer Meinung nach sollte der Mann idealerweise Verantwortung übernehmen, seine Triebe disziplinieren. Sowohl ein zu früher Beginn des Geschlechtslebens, häufige Sexualkontakte aber auch Onanieren galten allgemein als gesundheitsschädlich. Diese Bewertung männlicher Masturbation basierte noch auf vorrevolutionären Lehrmeinungen, Sexualität und Selbstbefriedigung seien negative Elemente einer begüterten Klasse, Attribute bürgerlicher Dekadenz.[137] Zur Regulierung des Triebes wurde eine rechtzeitige Eheschließung empfohlen, wie sie auf dem Dorf noch üblich war. Die geringere Häufigkeit des bäuerlichen Onanierens, als Teil der sexuellen Pathologie betrachtet, spreche für diese These.[138] Sozialhygienisch bedeutete die Empfehlung ehelicher Treue eine Minderung der Fälle von weitverbreiteten Geschlechtskrankheiten.[139]

Aron Zalkind propagierte in der NEP ebenfalls eine Disziplinierung des Sexualtriebes zugunsten proletarischer Klasseninteressen. Vom marxistischen Standpunkt aus sei Sexualität eine rein formelle biologische Tatsache. Er betrachtete Sexualität als eine von vielen Körperkräften, sah den Körper als

---

[136] Ebd. Wie auch Golubeva auf ‚Wilde' spielt Smidovič auf ‚afrikanische Absonderlichkeiten' an. Es lässt eine Prägung von einem Rassengedanken und der Vorstellung einer Hegemonie bestimmter Völker und Gesellschaften durchscheinen.

[137] Kon: Sexual Revolution 43.

[138] Gamburg, M.I.: Polovaja žizn' krest'janskoj molodeži. Saratov 1929, 11–13, 15.

[139] Hofmann, E.: Der Kampf gegen die Geschlechtskrankheiten in Sowjet-Russland. Reiseeindrücke. In: Archiv für soziale Hygiene und Demographie 1 (1925/26) 567–573.

Der Mensch als Geschlechtswesen

einen energetischen Fond. Ein zu starkes Ausleben der Sexualität schwäche den Organismus entscheidend, mindere den richtigen und sinnvollen Einsatz der Energien.[140] Auch andere vertraten diese Askese favorisierende Meinung:

> Uneingeschränkte Geschlechtsbeziehungen sind schädlich für den Organismus, verzehrt seine Kräfte, schwächt den Menschen als Kämpfer und als Kommunisten. Die Kräfte des Menschen sind beschränkt.[141]

Diese These erinnert an die frühneuzeitliche Lehre von den Säften, die im Körper des Menschen flossen. Daraus leitete sich eine Definition männlicher Tugenden und Untugenden über seine Körperfunktionen ab. Durch ein ungezügeltes Ausleben seiner Triebe durchbrach der Mann, vielmehr ausströmende „Säfte" wie Samen und Urin, die Grenzen seines Körpers und bedrohten die ihn umgebende, äußere, soziale Ordnung.[142] Zalkind formulierte „12 sexuelle Ratschläge für das revolutionäre Proletariat":[143]

> Hier ist die proletarische Zugangsweise zur Frage der Sexualität:
> 1. Der Beginn des Sexuallebens sollte nicht zu früh unter Proletariern anfangen. […]
> 2. Vor der Ehe sollte es eine sexuelle Abstinenz geben. Es sollte erst beim Erreichen der vollen sozialen und biologischen Reife (ungefähr im Alter zwischen 20 und 25 Jahren) geheiratet werden. […]
> 3. Sex sollte nur die letzte Komponente in einer tiefen, umfassenden Sympathie zum Objekt der sexuellen Liebe sein.
> Reine physische Beziehungen sind unerwünscht. […] Sexuelle Kontakte mit einem Klassenfeind, einem moralischen Feind, einem der Liebe unwürdigen Objekt sind ebenso abzulehnen wie die sexuelle Beziehung eines Menschen mit einem Orang-Utan oder einem Krokodil. […]

---

[140] Zalkind, A.B.: Polovaja žizn' i sovremennaja molodež'. In: Kommunističeskaja moral'. L. 1926, 117–130, hier 117–120.

[141] Diese Meinung stand im Kontext der Beschreibung männlicher Eigenschaften. Sol'c, A.A.: O semejnych otnošenijach. In: Jaroslavskij, Em. u.a.: Polovoj vopros. M. 1925, 13–15, hier 13.

[142] Roper, Lyndal: Männlichkeit und männliche Ehre. In: Frauengeschichte - Geschlechtergeschichte. Hg. v. Karin Hausen, Heide Wunder. Frankfurt/M., NY 1992, 154–172, hier 162–163. S. a. Naiman: Sex in Public 218.

[143] Zitiert in Kon: Sexual Revolution 57–58. Zalkind, Aron: Revoljucija i molodež'. L. 1924.

4. Der Geschlechtsakt soll die letzte Verbindung in einer Kette tiefer und umfassender Gefühle, die die Liebenden verbinden, in einem bestimmten Moment sein. [...]

5. Es sollte nicht zu häufig zum Geschlechtsverkehr kommen.

6. Die Sexualpartner sollten nicht oft gewechselt werden. Weniger Promiskuität ist erforderlich. [...]

7. Liebe muss monogam sein (Ehefrau und Ehemann). [...]

8. Bei jedem Geschlechtsverkehr muss man daran denken, potenziell ein Kind zu zeugen. Allgemein muss immer an die Nachkommenschaft gedacht werden. [...]

9. Die sexuelle Wahl muss immer auf der Klasse und den revolutionär-proletarischen Erfahrungen basieren. Liebesbeziehungen dürfen keine Elemente von Flirt, Frivolität, Koketterie und andere Methoden des sexuellen Wettbewerbs beinhalten. [...]

10. Es darf keine Eifersucht geben.

11. Sexuelle Perversionen sind verboten.

12. Im Interesse der Revolution hat die Klasse das Recht, in das Geschlechtsleben ihrer Mitglieder einzugreifen. Sexualität muss immer der Klasse untergeordnet werden, darf sie nicht stören und muss ihr immer dienen. [...] Von jetzt an müssen alle Aspekte des Sexuallebens, die die Schaffung einer gesunden revolutionären Generation stören, die der Klasse Kräfte rauben, Klassenfreuden verkommen lassen oder Beziehungen innerhalb der Klasse vergiften, erbarmungslos aus der Klassenpraxis entfernt werden.

Zalkind vertrat mit seinem asketischen Moralverständnis ebenso wie Kollontaj mit ihren freigeistigen Ansichten eine polarisierende Stellung, um die sich eine Diskussion über neue moralische Werte rankte. Es wurde immer wieder versucht, den richtigen Rahmen für die Frage der Sexualität abzustecken. Weder Askese noch Zügellosigkeit galten als Lösungsweg. A. Sol'c schlug vor, bereits in der Erziehung von Kindern und Jugendlichen das Verantwortungsbewusstsein für die eigene Sexualität zu stärken, indem sie früh in die gesellschaftliche Arbeit eingebunden werden sollten:

> Im Gegenteil, je früher beim Kind, nicht nur Jugendlichen, der gesellschaftliche Instinkt entwickelt wird, desto früher werden beim Kind gesellschaftliche Wahrheiten wachgerufen, desto früher versteht es

Der Mensch als Geschlechtswesen

das allgemeine Streben. [...] Somit lässt sich die Geschlechtsfrage nur als Folge einer Lösung der sozialen Frage klären.[144]

Obwohl Lenin zum Zeitpunkt der Debatte über den Eros nicht mehr lebte, galt seine Meinung als richtungsweisend. Schon früher hatte er sich ablehnend gegenüber der „Glas-Wasser-Theorie" geäußert.[145] Den Glauben von Jugendlichen, sexuelle Zügellosigkeit sei marxistisch, klagte er als falsch und kulturlos an, sträubte sich aber auch gegen Asketismus. Er plädierte für Selbstdisziplin und Kontrolle und rückte damit näher an Zalkind heran als an Kollontaj.

> Die Revolution fordert Konzentration, Steigerung der Kräfte. Von den Massen, von den Einzelnen. Sie duldet keine orgiastischen Zustände [...]. Deshalb, ich wiederhole es, keine Schwächung, Vergeudung, Verwüstung von Kräften. Selbstbeherrschung, Selbstdisziplin ist nicht Sklaverei, auch nicht in der Liebe.[146]

Lenin lehnte die Freudsche These von der Dominanz menschlicher Sexualität ab, sah darin lediglich einen Teil des menschlichen Daseins.[147]

Emotionsfreie, rein rational und biologisch begründete Geschlechtsbeziehungen bestimmten das neue kommunistische Ideal, da jede Form individueller Autonomie, besonders in den zwischenmenschlichen Beziehungen, als unkommunistisch weil privat galt. Der sowjetische Sexualforscher Igor Kon definiert die sich herausbildende repressive Sexophobie als einen integralen Bestandteil zur Aufrechterhaltung einer totalitären Kontrolle über Individualität.[148] Wieweit diese Ansichten individuell akzeptiert und verinnerlicht wurden, bedarf einer genaueren Klärung. Als Resultat der „repressiven Sexophobie" lässt sich eine Tabuisierung des Themas spätestens seit den dreißiger Jahren feststellen, die vielleicht auch ein Hinweis darauf ist, Sexualität als intime Angelegenheit zu betrachten.

Auf der Suche nach einer neuen Sexualmoral verfestigten sich die Bilder der Geschlechtercharaktere, unabhängig vom jeweiligen politischen Standpunkt. Die körperliche Überlegenheit des Mannes, der stärker und kräftiger

---

[144] Sol'c, A.A.: Podvižniki ili vol'nica? In: Jaroslavskij u.a.: Polovoj vopros 22, 23.

[145] Lenins Haltung ist bekannt aus Aufzeichnungen von Clara Zetkin, in denen sie Gespräche mit Lenin niedergeschrieben hat. Zetkin: Erinnerungen.

[146] Ebd. 65.

[147] Kon: Sexual Revolution 58–59.

[148] Ebd. 1.

Geschlechterordnungen

als Frauen war, wurde auf seine soziale Stellung übertragen.[149] Sein Sexualtrieb sei ausgeprägter als der der Frau, weshalb er meistens der aktive sei. Im Bereich von Sexualdelikten leiteten sich daraus die Rollen des Mannes als gewaltbereiter Täter und der Frau als wehrloses, passives Opfer ab.[150] Wie weit diese Sichtweise in der Bevölkerung verbreitet war und individuellen Handlungsweisen zu Grunde lag, spiegelte sich in der Statistik von Sexualverbrechen wieder. Als Delikte wurden gewaltsame Defloration, Verführung, Vergewaltigung und materielle Ausnutzung Geschädigter genannt und gesetzlich geahndet. Juristen setzten 1922 die Strafe für Notzucht, die Ausführung von Geschlechtsverkehr unter physischem oder psychischem Zwang oder im Wege der Ausnützung des hilflosen Zustandes der Verletzten auf die Dauer von mindestens drei Jahren fest. Folgte der Notzucht ein Selbstmord, erhöhte sie sich auf mindestens fünf Jahre (Paragraph 169, Strafgesetzbuch 1922). 1923 erfolgte der Zusatz (Paragraph 169a), die materielle Abhängigkeit der Frau als Ehefrau dürfe nicht zur sexuellen Nötigung ausgenutzt werden.[151] Die Sichtweise auf Frauen als Objekte sexueller Begierden und Begehrlichkeiten äußerte sich auch in Vergewaltigungen, die häufig in Gruppen vorgenommen wurden.[152] Als Ursachen für Sexualverbrechen wurden zunächst Überbleibsel kapitalistischer Strukturen genannt. Wieder wurde die sogenannte alte Lebensweise für soziale Missstände verantwortlich gemacht. Das fehlende Klassenbewusstsein führe zu geschlechtlichen Ausschweifungen, die in einer Reihe mit Antisemitismus, Hooliganismus und Trunksucht als Hauptübel der Jugend von Komsomolzenführern kritisiert wurden.[153]

Der Kulak stellte den negativen Gegenentwurf zum neuen sowjetischen Männlichkeitsideal dar. Er verkörperte den bei Zalkind erwähnten Klassen-

---

[149] Ženščina i byt 90.

[150] Man'kovskij, B.S.: Sovremennaja polovaja prestupnost'. In: Pravonarušenija v oblasti seksual'nych otnošenij. M. 1927, 77–107; Njurina, F.: Grimasy byta. In: Novyj mir 8(1928) 166–173. Njurina sprach von der Behandlung von Frauen wie Objekten, von Arbeiterinnen, die ihrem Meister sexuell dienen müssten, um einen Arbeitsplatz zu behalten oder zu erlangen und von für Täter folgelosen Vergewaltigungen.

[151] Wolters, Margarete: Sexuelle Gewalt und Strafrecht. In: Sexualforschung und -politik in der Sowjetunion seit 1917. Hg. v. Joachim S. Hohmann. Frankfurt/M. u.a. 1990, 252–269, hier 252, 253. In Deutschland wurde erst 1996 ein entsprechendes Gesetz verabschiedet.

[152] Man'kovskij: Prestupnost' 95–96; Naiman, Eric: The Case of Chubarov Alley: Collective Rape, Utopian Desire and the Mentality of NĖP. In: Russian History 17 (1990), Nr. 1, 1–30.

[153] Man'kovskij: Prestupnost' 78–79.

Der Mensch als Geschlechtswesen

feind, seine Charakteristika enthielten oft auch das Merkmal ungezügelter, unkontrollierter Sexualität. Eine vom Dorf stammende Arbeiterin erinnerte sich in den zwanziger Jahren, dass sie als junge Waise zusammen mit ihren kleinen Geschwistern einen „Kulakenonkel" als Vormund erhielt, der ihre Arbeitskraft ausbeutete. Aus Angst vor einer Vergewaltigung durch ihn verließ sie deshalb so früh wie möglich das Haus.[154] Das Interessante an dieser Erzählung ist die Art und Weise, wie Stereotype entstehen und weitergegeben werden. Die Sicht des Vormunds als eine sexuelle Bedrohung erfolgte in einer späteren Erzählung unter dem Aspekt, wie die Frau zu einer Kommunistin wurde. Hier vermischten sich ihre Kindheitsängste mit der offiziellen Sichtweise eines Kulaken als feindlichem, gesellschaftlich bedrohlichem Element. Es wurde eine unmittelbare Verbindung zwischen korrektem Verhalten und richtigem Klassenbewusstsein konstruiert.

In die sexuelle Disziplinierungsdebatte wurden auch Freier mit einbezogen. Prostitution galt nicht als kriminell, sondern als ein soziales überkommenes Übel. Aus Not würden Frauen dazu gezwungen, erst die Abschaffung der Arbeitslosigkeit führe zu einer Besserung. Wieder tauchte das Motiv des weiblichen Opfers und eines männlichen Täters auf. Freier seien in der Regel qualifizierte Arbeiter. Mit wachsendem materiellem Wohlstand häufe sich auch der Gang zur Prostituierten. Obwohl in der Bevölkerung oftmals die Prostituierte verurteilt werde, ebenso wie zur Zarenzeit, müsse nun ein Umdenken stattfinden. Namentlich Komsomolzen sollten sich dafür stark machen, die Freier anzuklagen. Sie sollten ihre überschüssige Energie nicht im Geschlechtsleben verschwenden, sondern sinnvoll einsetzen, etwa in der Kulturabteilung der Gewerkschaften.[155]

Die Diskussion über neue Geschlechterbeziehungen

Eine brennende Frage im Zusammenhang mit der Umwandlung des *byt* und den Diskussionen über Liebe und Sexualität war die Neugestaltung der Geschlechterbeziehungen. Die vorrevolutionäre patriarchalische Herrschaft des Mannes galt als abzuschaffender Bestandteil kapitalistischer Gesellschaften. Die neuen Ehegesetze von 1920 und 1926 ermöglichten freie Eheschließungen und Scheidungen, um die Familie als wirtschaftliche Einheit aufzulösen. Der Mann sollte nicht länger die Position des Familienoberhauptes ein-

---

[154] Balueva, E.: Kak ja stala kommunistkoj. (Vospominanija rabotnic). In: Rabotnica (1923) Nr. 3, 25–26, hier 25.

[155] Bronner, V.: Iskorenim prostituciju. In: Kommunistka (1928) Nr. 8, 18–25.

Geschlechterordnungen

nehmen, jedoch war seine Funktion als Ernährer oftmals noch ungebrochen, obwohl es auch Familien gab, in denen Frauen den Hauptverdienst erbrachten oder zumindest den größten Teil des Familienbudgets verdienten.[156] Durch die Frauenbewegung hatte sich seit dem ausgehenden 19. Jahrhundert ein Wandel der Geschlechterrollen vollzogen. Nicht nur Weiblichkeit, sondern parallel dazu auch Männlichkeit musste neu definiert werden. Die damit zusammenhängenden Diskussionen fanden in Form der Debatten über die Frauenfrage statt, einer Tradition, die bereits in den 1860er Jahren begonnen hatte.

Auf der Ebene des Alltags spiegelte sich die Frage nach neuen Lebensformen im individuellen Handeln wieder, indem Frauen etwa vor dem Eingehen einer Beziehung überlegten, wie weit diese mit ihren eigenen Emanzipationsansprüchen und Rollenvorstellungen vereinbar sei. Die Delegierte Anjuta zögerte, das Heiratsangebot eines parteilosen Arbeiters anzunehmen. Sie fürchtete, er könne ihr „die Ketten anlegen", ihr den Besuch von Versammlungen und beim *ženotdel* verbieten und sie stark zur Haushaltsführung und Kindererziehung drängen.[157] Zunehmend mehr Frauen waren berufstätig und mussten sich weiterhin allein um den Haushalt kümmern. Dies führte zu Konflikten, weshalb von Arbeiterinnen immer wieder die Forderung erhoben wurde, Ehemänner sollten ihnen entlastend zur Seite stehen.

Die Ehefrau ist nicht nur eine Arbeitskraft, sondern eine Genossin ihres Mannes. [...] Wenn der Arbeiter wirklich eine kameradschaftliche Beziehung zu seiner Frau unterhält, dann soll er sich auch um die Haushaltsdinge kümmern.[158]

Emanzipierte Arbeiterinnen forderten einen Bewusstseins- und Verhaltenswandel der Männer. Eine Illustration veranschaulichte die Differenz im Alltag von Arbeiter und Arbeiterin. Während er noch gemütlich im Bett ausschlief, heizte die Frau mit einem Kleinkind an ihrer Seite den Ofen und kochte das Frühstück. Tagsüber gingen beide ihrer Lohnarbeit in der Fabrik nach. In der Mittagspause aß der Mann in Ruhe, die Frau kümmerte sich um die Essens-

---

[156] Trockij befürwortete den Zusammenbruch alter Familienstrukturen. Trotzki: Fragen 118–119. Die Ehefrau des Metallgießers K. begann mit der außerhäuslichen Lohnarbeit, als ihr Mann 1915 in den Krieg eingezogen wurde und sie sich und ihre vier Kinder durchbringen musste. Kabo: Očerki 35. Artjuchina beklagte die Entlassung von Ehefrauen, nur weil sie einen Ernährer zu Hause hatten. Artjuchina, A.: Meloči byta. In: Rabotnica (1928) Nr. 18, 3–4.

[157] Delegatka Lavrova: Kak byt'? In: Rabotnica (1924) Nr. 7, 26.

[158] Rabočim nado pomoč' svoim ženam. In: Rabotnica (1925) Nr. 13, 17.

Der Mensch als Geschlechtswesen

zubereitung und die Kinder. In der Freizeit ruhte sich der Mann aus oder besuchte eine Bibliothek, die Frau verrichtete Haushaltsarbeit und legte die Kinder schlafen.[159]

Der Entwurf des idealen Komsomolzen diente auch als Vorbild für Männer und ihrer Haltung Frauen gegenüber. Nachdem vorrangig Frauen kritisiert worden waren, kristallisierte sich Ende der zwanziger Jahre zunehmend mehr heraus, dass auch Männer umerzogen werden mussten. Was zunächst im Spaß formuliert wurde – Agitprop müsse ebenso wie unter Frauen unter Männern durchgeführt werden[160] – wurde in einer „Disziplinierungsdebatte" um 1928 herum sehr stark vom *ženotdel* propagiert.

Ehefrauen waren häufig die Leidtragenden der sowjetischen Ehegesetzgebung, wo man sich per Postkarte trauen oder scheiden lassen konnte.[161] Mangels öffentlicher Einrichtungen blieb die Hausarbeit zusätzlich zu neuen Aufgaben am Arbeitsplatz und in gesellschaftlichen Organisationen an ihnen hängen. Frauen kritisierten Vielweiberei von verheirateten Männern, schlagende Ehemänner und solche, die ihren Frauen öffentliche Aktivitäten etwa als Delegierte verboten.[162] Sie sahen sich als Opfer eines gesellschaftlichen Umbruchs, ohne sich ihrem Schicksal zu ergeben. Die Frauenabteilung wurde von Arbeiterinnen und Kommunistinnen als Forum genutzt, auf Missstände hinzuweisen und Forderungen für eine gesellschaftliche Neuordnung aufzustellen. Dies kann als Indikator gesehen werden, dass zumindest ein Teil der sowjetischen Frauen das Gleichheitsprinzip verinnerlicht hatte und deshalb noch bestehende hierarchische Geschlechterverhältnisse öffentlich kritisierte. Im Idealfall sollte ein Ehemann Kommunist sein und sich seiner Familie gegenüber verantwortlich zeigen. Statt Liebesbeziehungen mit verschiedenen Frauen gleichzeitig zu unterhalten oder sich vor der Zahlung von Alimenten zu drücken, sollte er ehelich treu sein und für die Kinder aufkommen. Das asketische, disziplinierte Sexualverhalten war Bestandteil einer guten Ehe. Monogamie galt als wünschenswert, Trunkenheit bei einem verheirateten Mann als unschicklich. Frauen beklagten immer wieder, dass ihre oft kommunistischen Männer zu viel Alkohol konsumierten und sie dann schlugen. Weiter sollten Kommunisten eine Vorbildfunktion für ihre parteilosen Ehefrauen übernehmen:

[159] Ebd.
[160] Kožanyj: Rabotnica 11.
[161] Zur neuen Ehegesetzgebung und Reaktionen darauf s. auch Kapitel 4.2.
[162] Kak s ėtim borot'sja? (Po materialam čitatel'skoj konferencii). In: Rabotnica (1928) Nr. 18, 6; Min, K.: Počemu ja ne vstupaju v partiju. In: Rabotnica (1928) Nr. 33, 4.

Geschlechterordnungen

Man muss aufklärende Arbeit unter kommunistischen Männern durchführen, über Familie und Lebensweise, darüber, wie man die Frau für die Partei erziehen kann und auch dafür, dass der Ehemann bei uns sich weiterentwickelt, die Ehefrau zur gleichen Zeit aber zurückbleibt und die Ehefrau des Kommunisten ein Kreuz trägt, die Kirche besucht und der kommunistische Ehemann es nicht für seine Pflicht hält, die Ehefrau zu erziehen.[163]

Der jeweils „bewusstere" Ehepartner sollte den anderen erziehen und als Vorbild die neue Lebensweise umsetzen. War der Mann Kommunist und die Frau parteilos, galt seine Führungsrolle allgemein als anerkannt.[164]

Der kommunistische Ehemann soll geistig auf seine parteilose Ehefrau einwirken. Denn wir fordern von jedem Parteimitglied, seine Umgebung politisch an die Arbeit heranzuführen. Wieso fordern wir das dann nicht auch in der Beziehung der Männer zu ihren Ehefrauen? Es geht hier nicht um Kulaken, sondern allgemein um das Verhältnis von entwickelteren Menschen zu weniger entwickelten.

Diese emanzipatorischen Forderungen stießen bei Männern meistens auf taube Ohren. Zahlreiche Appelle, Missstände im privaten Leben durch Gewerkschaften und in der Presse öffentlich zu machen, um damit den „häuslichen Krieg" (*domašnjaja vojna*) zu beenden, sind nur unter *ženotdel*-Aktivistinnen zu finden.[165] In Zeiten einer zunehmenden politischen Lähmung und Bedeutungslosigkeit wirkte diese aggressive Politik wie ein Versuch, die eigene Existenzberechtigung zu legitimieren, die drohende Auflösung 1928 abzuwenden.[166] Die durchaus berechtigten Vorwürfe über männliche Verhaltensweisen wurden außerhalb der Frauenabteilungen selten als Arbeitsauftrag akzeptiert. Die Einbindung ihrer Ehefrauen in gesellschaftliche Tätigkeiten hielten Männer oft für überflüssig. Waren sie der Ernährer ihrer Familie, übertrugen sie der Ehefrau alle Aufgaben im Haushalt und bei der Kindererziehung.[167] Entgegen theoretischen Überlegungen zur Gleichheit in der Sowjetunion definierte sich ein Mann nach wie vor auch über die soziale Stellung seiner

---

[163] Smidovič: Sem'i kommunista 27. Sie zitiert hier die Vorstellung einer Arbeiterin.

[164] Kviring, P.: O semejnich otnošenijach. In: Kommunističeskaja moral'. L. 1926, 24–31, hier 26. Der Text wurde erstmals 1923 veröffentlicht.

[165] Artjuchina: Meloči byta 4.

[166] Wood: The Baba 211–212.

[167] Smidovič: Sem'i kommunista 27, 28.

Der Mensch als Geschlechtswesen

Frau, die er ihr zuwies, weshalb eine bessere Bildung oder höhere soziale Position der Ehefrau unerwünscht war. Sie galt dann im negativen Sinne als „Gescheite".[168] Offiziellen Forderungen, Frauen als gleichberechtigte Genossinnen zu betrachten und nicht wie minderwertige Hausfrauen, standen anderen verbreiteten Haltungen gegenüber:

Die Ehefrau soll geringer entwickelt als der Ehemann sein, dann wird alles gut.[169]

Eine Beharrung auf einer traditionellen Geschlechterhierarchie erfolgte also entscheidend durch zwei Komponenten während der NĖP: zum einen durch individuelle Vorstellungen, wie Aufgaben und Rollen von Frau und Mann innerhalb einer Partnerschaft geregelt werden sollten. Zum anderen durch die konkreten sozioökonomischen Lebensbedingungen, indem Frauen in den meisten Fällen finanziell von einem Mann abhängig waren, beziehungsweise eine Ehe mit einem verdienenden Gatten materiell als sicherer galt, als das allein Leben.

Nur in seltenen Fällen betrachteten Ehemänner ihre gesellschaftlich aktiven, emanzipierten Frauen als gleichwertige Partner, als ein Symbol, bereits neue Ideale konkret auszuleben und damit zu einer „Avantgarde" zu gehören. Eine Delegierte des Astrachaner Stadtsowjets, Arbeiterin in einer Fischfabrik mit drei Kindern, berichtete, dass ihr Mann sie nach ihrer Wahl zur Delegierten zunächst nicht hatte weggehen lassen wollen.

Dann hat er es verstanden und war ganz stolz. Als ich in die Partei eintrat hat er vor den Genossen geprahlt. Eine *obščestvennica*, hat er gesagt, ist meine Frau.[170]

Erst nach einigem Zögern wurde der Delegierten die Anerkennung ihres Mannes für dieses neue Engagement zuteil. Wieweit dieser damit lediglich sein eigenes Image aufwerten wollte, indem er für sich „moderne" Lebensweisen akzeptierte, bleibt im Spekulativen. Aus den beschriebenen Geschlechterbeziehungen wird deutlich, dass die biologische Differenz immer auch sozial und kulturell interpretiert wurde und eine wichtige Bedeutung für die Gesellschaftsordnung erhielt. Nicht die emanzipierten, autonomen und individuellen Frauen wie Armand oder Kollontaj wurden neues allgemeines Vorbild,

---

[168] Petrova, An.: Slučaj izuvečenija muža. In: Prestupnyj mir Moskvy. M. 1924, 82–101, hier 83.

[169] Kletlinskaja, V. - V. Slepkov: Žizn' bez kontrolja. (Polovaja žizn' i sem'ja rabočej molodeži). M.-L. 1929, 66.

[170] V obščežitii ... In: Rabotnica (1927) Nr. 34, 7.

Geschlechterordnungen

sondern es waren nach wie vor männliche Verhaltensweisen, die normativen Charakter erhielten.

Als Grund für die mangelnde Gleichberechtigung in den Familien wurde außerhalb des *ženotdel* die bürgerliche Verhaltensweise von Ehefrauen genannt. Sie bestimmten immer noch über den *byt*. Ihre Erziehung sei eine allgemeine gesellschaftliche Aufgabe. Durch ihre Rückständigkeit verhinderten sie nach wie vor den Aufbau neuer Lebensweisen.[171]

3.3 Frauenbilder und Weiblichkeitsvorstellungen

> Bei der *baba* sind die Haare
> lang, der Geist aber kurz.[172]

Die Rückständigkeitsdebatte

In den Diskussionen über den neuen *byt* tauchten immer wieder Klagen über die Rückständigkeit von Frauen auf, die sich auf ihre geringe wirtschaftliche, politische, gesellschaftliche, schulische und berufliche Erziehung bezogen.[173] Dieser Tatbestand wurde als eine zentrale Ursache angeführt, wieso sich der Aufbau einer neuen Gesellschaftsordnung verzögere, nur sehr langsam Fortschritte bei der Umwandlung vom alten zum neuen *byt* erzielt würden. Vor allem Frauen hafteten noch stark an der alten Lebensweise, was sich oft negativ auf ihre Familien auswirken würde. Gleichzeitig ging es um eine neue Geschlechterordnung, da die Rückständigkeit zunächst vor allem Frauen betraf – auch wenn Teile der bäuerlichen Bevölkerung oder verschiedene sowjetische Nationalitäten ebenfalls mit diesem Attribut versehen wurden – und der Maßstab dafür männliche Verhaltensweisen, Qualifikationen oder Handlungsmuster waren. Die durchaus berechtigte Kritik an einem minderen Status von Frauen in den genannten Punkten vermischte sich mit einer geschlechtsspezifischen Rollen- und Aufgabenzuweisung, woraus sich eine Sichtweise entwickelte und fortsetzte, die Frauen eine untergeordnete soziale Stellung zuwies und eine noch bestehende Geschlechterhierarchie aufs neue bestätigte. Daraus leitete sich eine Einteilung in Frau, schwach, passiv, Befehlsempfänger und Mann, stark, aktiv und Macht ab.

---

[171] Ebd.
[172] RGASPI f. 17 op. 10 d. 490 ll. 14–56. Soveščanie otdelom rabotnic MK VKP (b) i oblastn. komiss. truda i byta ot 23.11.1929g., 45. Artjuchina zitiert einen populären zeitgenössischen Spruch.
[173] Kožanyj: Rabotnica 10.

Frauenbilder

Die Frage nach der Rückständigkeit beinhaltete noch eine andere Dimension, indem sie auf zwei Ebenen die Demonstration eines Machtanspruches widerspiegelte: auf der institutionellen Ebene zwischen Frauenabteilung und konkurrierenden Partei- und Gewerkschaftsorganen. Wer besaß den auch politisch angemessenen Lösungsansatz für die Gleichstellung? Auf der sozialen Ebene in der Frage, wie eine neue Gesellschaftsordnung dauerhaft in der Bevölkerung verankert und somit ein loyales Staatsvolk, eine Einigung zwischen stabiler proletarischer Basis und Parteiführung geschaffen werden konnte.

In der politischen Ikonographie und Sprache der zwanziger Jahre diente die Darstellung der *baba* als wichtigstes Symbol für Rückständigkeit, als Projektionsfläche für Ängste und Enttäuschungen.[174] Die Bezeichnung *baba* oder auch *babka* beinhaltete verschiedene, oft widersprüchliche Bedeutungen wie Weibsbild, Mannweib, Feigling, Großmutter und Bäuerin. In der NĖP verfestigte sich die Konnotation des Begriffes *baba* als rückständigstes Element der Gesellschaft, verharrend auf der untersten Entwicklungsstufe. Assoziiert wurde mit der *baba* eine alte Frau vom Dorf, ohne jegliche Schulbildung und vollkommen ignorant in ihrem beschränkten Umfeld der bäuerlichen *izba* (Bauernhütte) lebend. Sie verkörperte das ewig Gestrige, blieb unberührt von Modernisierungserscheinungen. Die *baba* anerkannte den Popen nach wie vor als höchste moralische Instanz, war zutiefst fromm und religiös, weshalb sie statt Lenin-Bilder Ikonen aufhängte und noch die alten kirchlichen Feiertage zelebrierte. Gleichzeitig war sie dumm, ignorant und abergläubisch, da sie sich gegen sinnvolle Neuerungen sträubte. Im Kampf um bessere Hygienebedingungen durch sowjetische Mediziner, besonders bei Geburten und Krankheiten, sah man in der *baba* ein großes Übel. Sie galt als Engelmacherin, half Frauen illegal bei Abtreibungen, die angeblich oft missglückten.[175] Die *baba* verkörpere die unheilvolle Vergangenheit des Volkes, Hoffnungsträger der Zukunft sei ein gut gebildeter, städtischer Genosse, der

---

[174] Zur Darstellung einer alten Frau als Symbol physischen Verfalls und als Allegorie des Lasters s. a. Warner, Maria: Altes Weib und alte Vettel: Allegorien und Geschlechterdifferenz. Hg. v. Sigrid Schade - Monika Wagner - Sigrid Weigel. Köln 1995, 51–63.

[175] Traditionell nahmen ältere Frauen auf dem Dorf die Rolle der Geburtshelferin und Heilerin ein. Sie galten als Bewahrerinnen einer volkstümlichen Kultur, als Hüterinnen von Traditionen, indem sie Geschichten und Märchen überlieferten. Halle: Frau 414–416.

Geschlechterordnungen

entweder Kommunist oder Komsomolze war und seine männlich definierten Eigenschaften für eine allgemeingültige Formel hielt.[176]

Die Figur der *baba* erwies sich als ein Klischee, ein negatives Stereotyp, das häufig von Männern benutzt wurde.[177] In der Frauenpresse gab es Beispiele, wie sich einst rückständige Frauen zur *boj-baba* (kämpfenden *baba*), zur prachtvollen *baba* wandelten, allein durch Aufgeschlossenheit gegenüber der politischen Propaganda der *ženotdely*.[178] Die Realität der zwanziger Jahre gestaltete sich vielfältiger als die Propaganda oder offizielle Darstellungen. Die *babuška* Aljonuška Novikova-Vašincova entdeckte im hohen Alter ihre Begeisterung für die Sowjetunion und schriftstellerte als Arbeiter- und Bauernkorrespondentin, kein seltenes Beispiel.

> 1933, am 8. März, am Internationalen Frauentag, werde ich dreiundsiebzig Jahre alt. Ich bin aber durch die Sowjetregierung verjüngt und habe eine Komsomolzenseele. [...] Denn es gibt keine Angelegenheit, keine Schwierigkeit, der eine Frau, wenn sie nur guten, festen Willens ist, selbst an der Neige ihres Alters nicht gewachsen sein könnte ...[179]

Ärzte diffamierten das traditionelle Wissen über natürliche Heilmethoden weiser Frauen, die ebenfalls zum Bild der *baba* gehörten und als feindliche soziale Elemente galten. In der Praxis ließen sich Kranke, Schwangere und Wöchnerinnen von alten Hebammen und weisen Frauen helfen. Dies schloss den gleichzeitigen Besuch medizinischer Institutionen nicht aus, die jedoch oft weit entfernt lagen oder in ländlichen Gegenden noch nicht existierten. Alte Heilmethoden dienten zur Ergänzung moderner Behandlungsweisen. Viele Frauen schätzten auch die lokale Verfügbarkeit von Hilfe, die in einer vertrauten Umgebung angewendet werden konnte.[180] Für sie stellte die gleichzeitige Inanspruchnahme traditioneller und moderner Methoden kein Problem

---

[176] Wood: The Baba 1; Attwood, Lynne: „Rodina-Mat'" and the Soviet Cinema. In: Gender Restructuring in Russian Studies. Hg. v. Marianne Liljeström - Eila Mäntysaari - Arja Rosenholm. Tampere 1993, 15–28.

[177] Es liegen keine Studien über *babas*, also ältere Frauen oder Bäuerinnen vor, die ihre Denk-, Handlungsweisen und Einstellungen gegenüber der neuen Sowjetmacht differenziert untersuchen würden.

[178] Jarova: Boj-baba. In: Rabotnica (August 1924) Nr. 16, 17.

[179] Halle: Frau 419, 420.

[180] Waters, Elizabeth: Teaching Mothercraft in Post-Revolutionary Russia. In: Australian Slavonic and East European Studies 1 (1987) Nr. 2, 29–56, hier 42–45.

Frauenbilder

dar, wie es ideologisch von sowjetischen Wissenschaftlern konstruiert wurde.

In der Tradition der russischen Folklorefigur der *baba Jaga* existierte die sowjetische *baba* in der Agitation weiter, trug aber nun ausschließlich die negativen Züge einer Hexe.[181] Ihr wurde eine Sogwirkung für soziale Übel zugesprochen; ihre übermenschlichen Kräfte, ihre mythischen Fähigkeiten waren nur eine Entschuldigung für Systemmängel. Damit übernahm diese Konstruktion eine wichtige Funktion im Denkgebäude des neuen Menschen, verkörperte das untere Ende einer neuen sowjetischen sozialen Hierarchie. Wieder wurde eine Frauengestalt zu einem Objekt, passiv, zu einem Opfer. Die negative Darstellung von *babas* kann auch als Unvermögen der neuen Machthaber bewertet werden, sich mit bestimmten Seiten der sogenannten alten Lebensweise auseinander zu setzen, für die es keine theoretischen Vorlagen gab, wie Volksglaube, Religion oder Mystik. Wie gezeigt besaß auch Marx kein Verständnis für diese alten Denkweisen.

Das Bild der rückständigen Frau änderte sich im Verlauf der NĖP. Im Bürgerkrieg entsprach es der Einteilung in Revolutionsgegner und Befürworter. Dem *ženotdel* berichteten *Volost'* Delegierte 1920 auf einer allrussischen Versammlung von Schwierigkeiten bei der Arbeit auf dem Dorf. Das Leben dort sei düster und zurückgeblieben, besonders *babkas* leisteten gegenüber den Kommunisten Widerstand. Konkret hinderten sie, aber auch Ehemänner oder Väter, Frauen an der Teilnahme von Versammlungen. Im Kontrast zu den fortschrittlichen Arbeiterinnen in der Stadt, die bereits teilweise von alten Lebensweisen und Strukturen befreit seien, wurden die *babkas* als rückständig bezeichnet.[182] Unmittelbar nach der Oktoberrevolution 1917 und während des Bürgerkrieges ging es zunächst um die Haltung zur Revolution, seit Beginn der NĖP um die Teilnahme am Arbeitsprozess, die schulische und berufliche Qualifikation sowie gesellschaftliche Organisiertheit. Männliche Verhaltensmuster dienten als Vergleichsebene, wobei sie in allen Gebieten einen Vorsprung aufwiesen und als fortschrittlicher wahrgenommen wurden. Es gab mehr erwerbstätige Männer als Arbeiterinnen, der Männeranteil in der Partei und anderen Organisationen lag weit über dem von Frauen.[183] Auf Grund der fehlenden Schulpflicht in der Zarenzeit besaßen Männer meistens

---

[181] Johns, Andreas: Baba Iaga and the Russian Mother. In: Slavic and East European Journal 42 (1998) Nr. 1, 21–36. Ein Forschungsdesiderat wäre eine Untersuchung über den theoretischen und praktischen Umgang mit Alter in der sowjetischen Gesellschaft.

[182] Blonina: Sobranie.

[183] S. a. Kapitel 4.

Geschlechterordnungen

eine bessere Schulbildung als Frauen, letztlich durch die Alphabetisierung in der Armee.

Volle Fahrt
Die Arbeiterinnen der Strumpf-Trikotagen Fabrik im Baumann Rayon [Moskauer Stadtteil, C.S.] waren in der letzten Zeit sehr rückständig, in jeder Hinsicht. Aber nun machen sie jeden Tag einen Schritt vorwärts. Sie halten Versammlungen ab, besuchen Vorlesungen, gehen in den Klub, liquidieren den Analphabetismus (der in der Fabrik schon fast ganz beseitigt wurde), beschäftigen sich mit Politzirkeln, in Sport- und Theaterstudios, fangen an, aktiv teilzunehmen am gesellschaftlichen Leben.[184]

Rückständigkeit von Frauen wurde auch an der fortschrittlichen Jugend gemessen, die nun als Beispiel diente.

Die Jugend lebte bereits in einer Atmosphäre des „Wissens und der Wissenschaft", wuchs in einer fortschrittlichen Welt auf. Dennoch bestand für rückständige Frauen die Möglichkeit, Defizite aufzuholen, sich weiter zu entwickeln, wie obiges Zitat zeigt.[185] Allerdings vertraten vornehmlich politisch interessierte und aktive Frauen ein dynamisches Entwicklungsmodell, während Arbeiter, Gewerkschafts- oder Parteimitglieder ihnen eine statische Rolle zuwiesen.[186] Statt „rückständig" tauchte auch der Begriff „umnachtet" (*temnaja*) auf. Der Frau fehle es an Bildung und Aufklärung, sie falle in die Rolle einer Schülerin zurück, stehe noch außerhalb der Gesellschaft. Nicht durch eigene Kraft, sondern nur durch Anleitung verwandele sie sich in einen „Menschen", ganz im Gegensatz etwa zum Komsomolzen.

Unser Organisator, Genossin Gorbunova, ist uns gegenüber aufmerksam, erklärt uns alles, behandelt uns liebevoll, so dass ich mit ihr gehen, lernen und arbeiten, ein Mensch sein möchte. […] Führt uns weiter so, dann gelangen wir auch ins Leben, das uns bislang nur im Traum erschienen ist.[187]

Innerhalb der sowjetischen Frauenbewegung bestand dieses starre Bild nicht. Auf dem ersten allrussischen Arbeiterinnen- und Bäuerinnenkongress in Moskau 1918 appellierte Kollontaj an die Delegierten, in ihre Städte und Dörfer

---

[184] Tugolokov, A.: Polnym chodom. In: Rabotnica (1923) Nr. 3, 20.

[185] Rabotnica: K molodeži. In: Rabotnica (1923) Nr. 7, 2.

[186] Koenker: Men against Women.

[187] Rabotnica: Gde i kak my učimsja. In: Rabotnica (1923) Nr. 11, 26.

Frauenbilder

mit einem neuen Bewusstsein zurückzukehren, nicht länger als eine *baba*. Mit dieser symbolischen Geste begeisterte Kollontaj ihre Zuhörerinnen, denen sie eine neue Idee von Identität und Selbstachtung vermittelte.[188]

Die sich emanzipierenden *babas* wurden zu Vorbildern für andere, sich ebenfalls zu verändern, waren sichtbare Beispiele für die Vorteile einer Integration in die neue Gesellschaft. Dahinter stand die Politik der Frauenabteilung, die stark für eine Gleichberechtigung von Frauen eintrat. Die neue alte *baba* diente als Aushängeschild für den Erfolg der Frauenabteilung, legitimierte ihre Existenz und zeigte politische Erfolge auf.

Die Verantwortlichen im *ženotdel* waren sich des Problems der weiblichen Rückständigkeit bewusst, sahen darin jedoch kein Argument, Frauen einen untergeordneten Status zuzuweisen. Sie definierten die Aufhebung der Rückständigkeit als ihre zentrale Aufgabe und legitimierten damit eine eigene Arbeit unter Frauen, die nicht von den Gewerkschaften oder der Partei allgemein durchgeführt werden könne. Unbeabsichtigt erfolgte dadurch eine Reifizierung von Weiblichkeit und Rückständigkeit auf institutioneller Ebene, die wiederum die Wahrnehmung und Gestaltung einer Geschlechterordnung entscheidend mitprägte. Das Bestehen einer Differenz setzte sich personell und organisatorisch fort. Ferner wurde der Frauenabteilung immer wieder der Vorwurf von Separatismus und „Feminismus" gemacht, sie würde sich gegen Männer und damit die allgemeinen revolutionären Ziele stellen. Agitation und Propaganda unter parteilosen Elementen wie Hausfrauen oder *babas* hielt man im Zentralkomitee 1923 für den falschen politischen Weg und für eine Gefahr. Diese von Kollontaj vorgeschlagene Methode wurde als politischer Ansatz abgelehnt, da das Proletariat als politische Basis galt.[189] Allein Klassenunterschiede wurden akzeptiert, aber keine Konfrontation zwischen Mann und Frau. Für den Umgang mit Differenz gab es bis auf die wenigen theoretischen Ausführungen keine konkreten Handlungsanweisungen. Lediglich die *ženotdely* thematisierten sie und suchten nach einer praktischen Umsetzung.

Im Kampf um die politische Existenz der Frauenabteilung gehörte Zinov'ev zu ihren Unterstützern.[190] Er verglich Frauen mit „zurückgebliebenen" Nationalitäten in der Sowjetunion, denen besondere Aufmerksamkeit

---

[188] Farnsworth: Kollontai 149.
[189] Wood: The Baba 188–192.
[190] Bei der Gründung der *ženotdely* 1919 war er noch gegen eine eigene Frauenabteilung.

zuteil werden müsse.[191] Sie seien das rückständigste Element der proletarischen Revolution. Angesichts ihrer Schwäche sei eine Hilfe zur Gleichberechtigung notwendig. Gründe für die Rückständigkeit lägen im Kapitalismus, Anzeichen seien fehlende Qualifikation, mangelndes Wissen und eine geringer Grad an Organisiertheit.

> Wir brauchen deshalb Arbeit unter Frauen, um ihr Klassenbewusstsein anzuheben. Dass die Frau rückständig ist, ist ihre Armut, aber nicht ihre Schuld.[192]

Für eine spezifisch weibliche Rückständigkeit gab es kein männliches Pendant. Die Diskussion untermauerte das Bild der minderwertigen, schwachen Frau, die durch Männer erzogen und angeleitet werden müsse. Oft wurden Frauen in der sozialen Hierarchie noch unter Jugendlichen und Kindern stehend eingeordnet. Die Infantilisierung von Frauen baute ein weiteres Hindernis bei der Umsetzung von Gleichheit auf.[193]

Frauen sollten sich durch gesellschaftliche Arbeit emanzipieren. Sie engagierten sich vornehmlich in sogenannten traditionell weiblichen Bereichen wie soziale Fürsorge und Reproduktion. Oftmals standen ihnen keine anderen autonomen Handlungsräume zur Verfügung. In anderen Fällen wurden qualifizierte Frauenkader „lustlos" auf beliebige Posten gesetzt, die nicht ihrer Qualifikation entsprachen, oder in die *ženotdely* abgeschoben. Als Maßnahme gegen weibliche Arbeitslosigkeit band das Narkomtrud Frauen im Laufe der zwanziger Jahre zunehmend mehr in gesellschaftliche Arbeit ein, weshalb es in bestimmten Angestelltenberufen, etwa dem medizinischen und pädagogischen Bereich, zu einer Feminisierung und niedrigen Löhnen kam.[194] Die Umleitung weiblicher Aktivitäten in diese Bereiche diente zu einer Vermeidung unmittelbarer Konkurrenz zwischen den Geschlechtern. Männliche Hierarchieansprüche, etwa in der Arbeiterschaft, blieben erhalten.[195] Dazu gehörte das propagierte Engagement in Genossenschaften. Frauen kümmerten sich um die Produktion und den Vertrieb von Lebensmitteln und Kon-

---

[191] Zinov'ev, G.: Rabotnicam, i krest'jankam SSSR. Reči i stat'i 1920–1925 gg. L. 1925, 6–7.

[192] Ebd. 8.

[193] Zur Infantilisierung von Frauen siehe Bonhage, Almut: Mutterschaft in der Zeit der Neuen Ökonomischen Politik. Arbeiterfamilien in Moskau im Spiegel einer soziologischen Untersuchung. Unveröffentlichte Lizentiatsarbeit, Basel 1997.

[194] GARF f. 6983 op. 1 ed.chr. 18 ll. 28–117, hier 63, 86–87. Komissija VCIK po voprosam provedenija meždunarodnogo ženskogo dnja 11. maja 1928g.

[195] Koenker: Men against Women.

Frauenbilder

sumgütern, die Gestaltung und Verteilung von Wohnraum sowie den Aufbau von Kinderbetreuungseinrichtungen, Kantinen und Wäschereien. Als neuer Begriff für dieses Frauenideal diente die Bezeichnung *obščestvennica*, auf das weiter unten genauer eingegangen wird.[196]

Wieweit die Debatte über Rückständigkeit eine Neuordnung der Geschlechterverhältnisse beinhaltete, zeigen auch die eher wenigen Versuche im Verlauf der zwanziger Jahre auf, in diesem Zusammenhang Änderungen am Männlichkeitsbild zu diskutieren. So äußerte ein von Trockij für seine „Fragen des Alltagslebens" 1922 befragter Moskauer Parteimassenagitator die Meinung, Frauen seien emanzipierter als Männer, die immer noch alten Modellen in ihren Verhaltensweisen nachhingen.[197] Marija Nikolaeva Troickaja, die im Bürgerkrieg Seite an Seite mit Männern für die Revolution gekämpft hatte und sich selber als Bolschewikin bezeichnete, forderte 1925 in einem Brief an Kalinin endlich eine Gleichberechtigung. Sie bemängelte:

Auf Frauen wird eben nur wie auf Frauen geschaut. Männern muss endlich beigebracht werden, auf Frauen nicht wie auf eine Sache zu schauen, sondern wie auf einen Menschen.[198]

Troickaja schlug eine militante Lösung vor. Sie forderte die Bildung von ausschließlich weiblichen Bataillonen, die eine sehr gute Ausbildung erhalten und alle Ämter wie Männer besetzen sollten. Ihre Aufgabe sei der Kampf für Gleichberechtigung, indem sie Männer bestraften, die Frauen unterdrückten. Die Fälle würden in der Zeitung publiziert, in allen Organisationen und Betrieben arbeiteten verantwortliche Frauen in der beschriebenen Position. Unverkennbar fällt die Prägung von Troickaja durch kriegerische Ereignisse auf.

Der Šachty-Prozess 1928, in dem 53 Ingenieure und Techniker aus dem Donbass-Revier wegen angeblicher sowjetfeindlicher Tätigkeiten vor Gericht in Moskau angeklagt und zum Teil zum Tode verurteilt wurden, diente dem CK zur Aufforderung, in allen Organisationen selbstkritisch über die eigene Arbeit zu reflektieren. Das Instrument der Selbstkritik löste einen scharfen und aggressiven Ton in der Politik aus, kam aber einer Ventilfunktion gleich,

---

[196] Kagan, L.: Itogi soveščanija krest'janok-obščestvennic. In: Kommunistka (1925) Nr. 3, 51–54; Zinov'ev: Rabotnicam.

[197] Trotzki: Fragen 122.

[198] RGASPI f. 78 op. 1 d. 166 ll. 79–90, hier 82ob. Brief von Marija Nikolaeva Troickaja aus Vjatka an das Präsidium des Hohen CIK von 1925.

Geschlechterordnungen

da jetzt Unzulänglichkeiten und Enttäuschungen über einen bislang nicht erfolgten Aufbau des Sozialismus formuliert werden konnten.

Fanni Njurina, Mitarbeiterin im *ženotdel* und Volkskommissariat für Justiz, kritisierte in einem Zeitschriftenartikel 1928 die Behandlung der Frauenfrage. Sich auf Marx und Kugelmann berufend ging sie davon aus, den Zustand einer Gesellschaft könne man nur an der Lage der Frauen bewerten. Partei und Gesellschaft beherrsche nach wie vor stark das Bild von Frauen als dem rückständigstem Element, die die Männer daran hinderten, aktiv am gesellschaftlichen und politischen Leben teilzunehmen. Dies gelte für die Masse, aber es gäbe bereits eine Reihe gesellschaftlich aktiver Frauen, die von den Ehemännern an einem Engagement gehindert würden.[199] Um sowohl bei Frauen als auch bei Männern einen Wandel ihrer Verhaltens- und Denkweise über Rolle und Aufgaben der Geschlechter in der Gesellschaft herbeizuführen, bedürfe es weiterhin einer Unterstützung fortschrittlicher Frauen und ihrer Interessen. Solange Frauen aus Angst, öffentlich als rückständig zu gelten, ihren Vergewaltiger schützten oder sogar mangels Alternativen ein halbliebschaftliches Verhältnis mit ihm eingehen würden, solange noch eine solche Diskrepanz zwischen Gesetz und Realität bei der Gleichberechtigung bestehe, müsse es eine eigene Frauenorganisation geben.[200]

Die Diskussion über Rückständigkeit spitzte sich durch Beiträge der Frauenabteilungen im Jahre 1928 zu und erlangte eine zutiefst politische Dimension in der Frage, welcher Weg für die gesellschaftliche Entwicklung eingeschlagen werden sollte. Die *ženotdely* vertraten nach wie vor eine optimistische Haltung, Rückständigkeit sei ein temporäres Problem, eine Erblast der Vergangenheit, das durchaus beseitigt werden könne, indem Frauen zur Selbsterziehung angeleitet werden sollten. Die Anwendung des Begriffes erfolgte auch auf Männer, eine seltene damalige Praxis. Im Zusammenhang mit der Frage nach der Veränderung der Lebensweise warfen *ženotdely*-Mitarbeiterinnen Männern vor, die Neuerungen noch nicht begriffen zu haben. Männliche Verhaltensweisen wie Trinken und Gewaltanwendung gegen Frauen galten ebenso wie die Ablehnung gesellschaftlicher Arbeit von ihren Töchtern und Ehefrauen als Überbleibsel des alten *byt*.[201] Heftig wurde darauf verwiesen, Frauen hätten ihre Hausaufgaben in puncto neuer Lebensweise vorbildlich erledigt, nun seien die Männer im Hintertreffen und müssten nachziehen. Diese vereinzelte Sichtweise von der emanzipierten Frau und dem zurückgebliebenen Mann setzte sich in der öffentlichen Meinung nicht durch.

[199] Njurina, F.: Grimasy byta. In: Novyj mir 8 (1928) 166–173, hier 167–169.

[200] Ebd.

[201] Kak s ėtim borot'sja?

Befreiung der Frau von der Fronarbeit im Haushalt

„ ... anstatt schöne Worte zu machen, sollten wir zur Frau gehen und ihr sagen: Wir werden dir die Kartoffeln schälen, die Windeln waschen ... "
(Aus der Rede eines Sowjetführers über die Vergesellschaftung des Haushaltes)

Die Hausfrau: „Oh du meine Güte, die Befreier sind da!"
(Sowjetkarikatur)

Geschlechterordnungen

Die *ženotdely* nutzten die erzielten Ergebnisse, etwa die Rekrutierung zahlreicher neuer weiblicher Delegierter, für eine politische Legitimation und die Demonstration ihrer Erfolge. Außer den Sympathisantinnen für die Frauenabteilung gab es in den Kommandohöhen der Politik jedoch keine Lobby mehr. Längst tobte der Kampf an der Front um die Industrialisierung und einer damit verbundenen politischen Reorganisation. Ein Ende der *ženotdely* zeichnete sich ab.

Mit dem Anbruch einer neuen politischen Zeit und der zunehmenden Ausschaltung alter Bolschewiki wurden auch die lebhaft geführten Diskussionen über Gleichberechtigung und Rückständigkeit der zwanziger Jahre beendet. Die Familie rückte zunehmend stärker in den Mittelpunkt des Interesses, gleichzeitig setzte sich ein neues Weiblichkeitsbild durch, das die Rolle der Frau als Hausfrau, Mutter und Erzieherin der Kinder als erste Pflicht der neuen Sowjetbürgerin propagierte.

Weiblichkeit

Über sowjetische Weiblichkeitsvorstellungen wurde bereits einiges gesagt. Zur Zeit der Revolution und während der NĖP existierten gleichzeitig verschiedene, teilweise widersprüchliche Bilder von gender-Konzepten in der Gesellschaft. Parallel zu wirtschaftlichen und politischen Versuchen, eine Lösung für den schnellen Aufbau des Sozialismus zu finden, setzten sich zunehmend mehr offizielle normative Bilder über die Geschlechtercharaktere durch. 1929 erschien erstmals ein Ratgeber für sowjetische Frauen (*Spravočnaja kniga*).[202] Er wurde vom Verlag *Ženskij žurnal* (Frauen Zeitschrift) in der hohen Auflage von 50 000 Exemplaren umsonst herausgegeben. Anders als Periodika wie *Kommunistka* oder *Rabotnica* beinhaltete das *Ženskij žurnal* leichte Themen, praktische Tipps für Haushalt, Kochen und Handarbeiten.[203] Bezeichnenderweise veröffentlichten nicht die Organe der

---

[202] Spravočnaja kniga dlja ženščin. Besplatnoe priloženie k „ženskomu žurnalu" v 1929g. M. 1929.

[203] *Žeenskij žurnal* wurde vom Verlag *Ogonek* seit 1926 herausgegeben. In der ersten Ausgabe wurden die Aufgaben der neuen Frauenzeitschrift erklärt: „[…] Gemäß unseren Gesetzen besitzt die Frau alle Rechte auf ein gleiches und unabhängiges Leben vom Mann. […] Frauen brauchen keine theoretische Zeitschrift, sondern vor allem eine praktische, eine Zeitschrift für das tägliche Leben. Deshalb versucht *Ženskij žurnal* in erster Linie praktische Bedürfnisse von Frauen zu bedienen." Die Themen waren sehr allgemein gehalten und befassten sich mit Haushalt und Küche, Rezepten, Schönheit, Unterhaltung, „1.000 Tipps und Ideen" sowie Mode und Schneidern.

Frauenbilder

ženotdely ein Fragebuch für Frauen, sondern ein staatlicher Verlag. Das Vorwort stammte vom Volkskommissar für Gesundheit, Nikolaj Semaško. Das Buch richtete sich an die Frau als Hausfrau, da sie in den meisten Fällen nach wie vor Herrin und Mutter des Hauses sei.[204] Sie bestimme über den Komplex des häuslichen *byt*, wo ihr eine starke Position und Einfluss zugestanden wurden. Je besser ihr Niveau sei, desto höher das Niveau der gesamten Familie. Der Rolle der Frau als Hausfrau und Mutter wurde eine sehr wichtige soziale Bedeutung beigemessen, weshalb sie betont auf ihre Entwicklung als soziale und gesellschaftliche Komponente achten sollte. Angesichts revolutionärer Konzepte über die Abschaffung der Familie und des Privathaushalts erscheint diese Stärkung traditioneller Weiblichkeitsvorstellungen Ende der zwanziger Jahre nahezu reaktionär. Sie zeigte aber deutlich den Wandel in der Frauenfrage im Verlauf der NĖP und einen starken Bedeutungsverlust der *ženotdely*. Die Restauration der Hausfrauenrolle ging einher mit der Propagierung einer Kernfamilie als gesellschaftlicher Basis. Vermutlich griffen diese bekannten Identifikationsmerkmale eher unter Frauen als revolutionäre Konzepte vom kollektiven Leben, ohne private Kindererziehung und Haushaltung.[205]

Wie dieses Buch unter Frauen aufgenommen wurde und welche Verbreitung es fand, ist leider unbekannt. Seine Relevanz erhielt es durch die eindeutige, normative Formulierung von weiblichen Aufgaben und Rollen, die nun als offizielle Weiblichkeitsideale sich nicht nur durchgesetzt hatten, sondern auch das Bild von Frauen in den dreißiger Jahren bestimmten. Vorherige Diskussionen über Rückständigkeit von Frauen und ihrer Loslösung aus den alten Lebensweisen mit stark negativ besetzten Bildern endeten Ende der zwanziger Jahre, gleichzeitig mit den Diskussionen über das weitere politische und wirtschaftliche Vorgehen in der Sowjetunion sowie der Ausschaltung alter Bolschewiki. Die Proklamierung der forcierten Industrialisierung und des Aufbaus des Sozialismus in einem Lande läuteten die Wende zum Stalinismus ein, verstanden als umfassendes Herrschafts- und Gesellschaftssystem. Den oftmals zermürbenden Debatten, in denen deutlich eine innere Zerrissenheit, die Suche nach einem Weg in die Zukunft und vor allem Probleme einer sehr heterogenen ökonomischen, sozialen gesellschaftlichen Basis klar zu Tage traten, wurden durch positiv-optimistische, beschönigende

---

[204] Ebd. 5.

[205] Goldman, Wendy Z.: Working-Class Women and the „Withering Away" of the Family. Popular Responses to Family Policy. In: Russia in the Era of NĖP. Hg. v. Sheila Fitzpatrick - Alexander Rabinowitch - Richard Stites. Bloomington 1991, 125–143.

Geschlechterordnungen

Leitbilder abgelöst, die allerdings keinen Raum mehr für kritische Reflexionen ließen. In diesem Kontext entstand auch das neue Weiblichkeitsideal, in dem traditionelle Vorstellungen über den Geschlechtscharakter der Frau mit neuen Akzenten versehen wurden. Entsprechende Anleitungsbücher für Männer existierten nicht, die dort angesprochenen Themen wurden eindeutig als weibliche Gebiete thematisiert. Einige Grundannahmen seien hier zur Einstimmung als Zitate genannt:

> Für die Frauen, die Sowjetmitglieder sind, gibt es Arbeitsbereiche, die ihnen nahe stehen – das sind Arbeiten, die mit dem Umbau des *byt* zu tun haben: Schutz der Mutterschaft und Kindheit (OMM), die Organisation von öffentlichen Speiseeinrichtungen, Fragen der Kindererziehung und weitere.
>
> Ein anderer wichtiger Zweig der Arbeit, in dem Frauen ihre Fähigkeiten einsetzen können, ihre praktischen Erfahrungen – ist die Arbeit in allen Arten von Genossenschaften. [...]
>
> Alle Überbleibsel der alten Lebensweise, ihr ganzes Gewicht lastet vor allem und am schwersten auf den Schultern der Frauen.[206]

Obwohl Ende der zwanziger Jahre nach wie vor das Bild der Arbeiterin als Agitationsfigur existierte, verblasste es gegenüber der Betonung von Frauen als moralischer, ordnender Instanz in der Gesellschaft. Einem emanzipatorischen Gesellschaftsentwurf standen jetzt klare Rollenzuweisungen von Mann und Frau im Rahmen von Ehe und Familie als Ordnungskategorie gegenüber. Für die forcierte Industrialisierung rekrutierte man Frauen als billige Arbeitskräfte, jedoch leitete sich aus dieser Rolle nicht das Bild einer autonomen Frau ab. Die Vereinbarkeit von Produktions- und Reproduktionsaufgaben stand im Gegensatz zu den frühen zwanziger Jahren nicht länger zur Debatte, sondern gehörte zu den natürlichen Fähigkeiten und damit auch Aufgaben jeder Frau. 1937 beschrieb ein Autor die neuen weiblichen Eigenschaften:

> ... Die sowjetische Frau hat einen wunderbaren Charakter – mannhaft (*mužestvennoj*), kraftvoll (*energičnoj*), frei von Vorurteilen und darüber hinaus sehr weiblich (*gluboko ženstvennoj*). Ebenso wunderbar, schön und anziehend soll auch das Äußere dieser Frau sein.[207]

Durch die propagierte neue Weiblichkeit wurden Lohnunterschiede und ein fehlendes Netz staatlicher Institutionen für die Übernahme von Reproduktions-

---

[206] Spravočnaja kniga 10, 12.

[207] Olenin, B.: Babuškin sunduk i zerkal'nyj škaf. In: Obščestvennica (1937) Nr. 1, 28.

Frauenbilder

aufgaben kompensiert. Während einige Jahre zuvor die starke Verwurzelung von Frauen im *byt* noch bemängelt worden war, da volle Gleichberechtigung allein durch eigenständige Produktionsarbeit zu erlangen sei, sah man darin eine grundlegende Rolle von Frauen. Allerdings sollten sie gesellschaftlich erzogen und mobilisiert werden, damit es zu einem allgemeinen Fortschritt komme. Daraus erfolgte eine sich fortan in der Sowjetunion etablierende Einteilung der gesellschaftlichen Grundlage, des Alltagslebens, des Zustandes und Schicksals der Bevölkerung als weiblich, Staat, Politik, Wirtschaft und Kultur als männlich.

Mütterlichkeit als Grundmerkmal von Weiblichkeit

> Die Mutterschaft ist eine soziale Funktion der Frau. Die Kinder sind die Blumen des Lebens.[208]

Die Behandlung der Mutterschaft durchlief in den zwanziger Jahren verschiedene Etappen. Zunächst wurde ein vorrevolutionärer Rationalisierungsdiskurs fortgesetzt, in dem es darum ging, Mutterschaft nicht mehr als eine private Angelegenheit von Frauen zu definieren, sondern als ein zu erlernendes Handwerk von öffentlichem Interesse. Kinderkriegen galt als eine soziale Aufgabe von Frauen, weshalb traditionelle Erziehungsmaßnahmen mit fortschrittlichen neuen verglichen wurden. Mütter wurden oft als dumm und hilflos dargestellt, ihr traditionelles Wissen als veraltet und unnütz abgewertet. Ende der zwanziger Jahre erfuhr die Mutterrolle eine ideologische Aufwertung. Die Gebärende und Nährende entwickelte sich zu einem emotional besetzten Bild, Mutterschaft wurde Frauen als sinnstiftende Lebenserfüllung angepriesen, so etwa in einem Zitat von 1929:

> Die Frau – das ist der beste Freund, Kampfgefährte des Mannes, die Wiege der Menschheit. […]
> Wenn man über Frauen redet, muss man sich zuerst daran erinnern, dass eine normale Frau in ihrer biologischen Daseinsform zur Mutterschaft bestimmt ist und ohne die Mutterschaft gibt es für sie kein volles physiologisches Wohlergehen, also Gesundheit.
> […] Die in der Mutterschaft liegende biologische Notwendigkeit ist so offensichtlich, dass es in der jetzigen Zeit schon nicht mehr

---

[208] Sowjetische Losung zu Beginn der dreißiger Jahre, zitiert bei Halle: Frau 199.

Geschlechterordnungen

notwendig ist, dafür zu kämpfen, dass jede Frau im Interesse ihrer Gesundheit unbedingt Mutter sein soll.[209]

Anleitungen zur Mütterlichkeit müssen in der Kontinuität einer vorrevolutionären Hygienebewegung gesehen werden, im Kontext von Modernisierung und Industrialisierung, aber auch im Zusammenhang mit demographischen Argumenten. Eine hohe Kindersterblichkeit und sinkende Geburtenzahlen sah man als gesellschaftliches Problem, welches auf eine zunehmende Erwerbstätigkeit von Frauen zurückgeführt wurde. In aufgeklärten Bevölkerungskreisen hielt man Mitte des 19. Jahrhunderts Mutterschaft nicht mehr für eine intuitive Angelegenheit, für eine angeborene Fähigkeit der Frau. Schwangerschaft, Geburt und Kindererziehung wurden zunehmend Gegenstand wissenschaftlicher Studien und Anleitungen. Ärzte und Mediziner vertraten die Meinung, Frauen für den richtigen Umgang mit der Mutterschaft unterweisen zu müssen.[210]

In Russland erhielt Aleksandra Kollontaj 1915 von der Duma den Auftrag, einen Entwurf für eine Mutterschaftsversicherung auszuarbeiten. Dazu verfasste sie ihre Schrift „Mutterschaft und Gesellschaft", beeinflusst von Lily Brauns Ideen zum gleichen Thema.[211] Hier ging Kollontaj auf das grundsätzliche Verhältnis von Staat und Reproduktion ein. Sie schilderte die schwierige Situation von Arbeiterinnen im Kapitalismus, die Mutterschaft individuell mit Erwerbsarbeit in Einklang bringen mussten, was zu einem ständigen Konflikt führe. Eine Lösung sah Kollontaj allein in der Vergesellschaftung der Kindererziehung. Damit Frauen außerhalb der Familienwirtschaft einem Beruf nachgehen könnten, müsse eine bisher angenommene „natürliche" Vereinbarkeit von Mutterschaft und familiären Aufgaben getrennt werden. Die Familie solle sich deshalb auflösen, ihre Aufgaben durch die Gesellschaft übernommen werden. Es sei Pflicht des Staates, die Erziehung seiner zukünftigen Mitglieder zu übernehmen. Kollontaj betonte aber auch, Mutterschaft

---

[209] Spravočnaja kniga 146, 151–152.

[210] Waters, Elizabeth: The Modernization of Russian Motherhood, 1917–1937. In: Soviet Studies 44 (1992) Nr. 1, 123–235; Bonhage: Mutterschaft. Die Behandlung des Themas war nicht spezifisch für Russland, sondern durchlief in Europa eine vergleichbare Entwicklung.

[211] Kollontaj, A.: Obščestvo i materinstvo. I. gosudarstvennoe strachovanie materinstva. M. 1921. Die erste Ausgabe war bereits 1915/16 erschienen, liegt mir jedoch nicht vor. Kollontaj schrieb den Text ursprünglich für die erste internationale sozialistische Frauenkonferenz 1914, was sich aber durch den Ausbruch des Ersten Weltkriegs verzögerte. Das Vorwort liegt in englischer Übersetzung vor. Kollontai, Alexandra: Selected Articles and Speeches. Moscow 1972, 97–111.

Frauenbilder

sei eine natürliche Berufung von Frauen, ein Dienst für die Gesellschaft. Mit diesen Ausführungen schuf Kollontaj die Grundlage für die Bewertung und Behandlung von Mutterschaft in der Sowjetunion:

> Vom Schicksal der Mutter-Frau (*ženščina-mat'*) hängt das Schicksal der Menschheit ab. Angesichts des gesellschaftlichen Kollektivs erlangt die Mutter-Frau eine neue mitfühlende soziale Bewertung.[212]

Als Voraussetzung für die Gleichstellung von Mann und Frau in der Sowjetgesellschaft musste ein vordringliches Problem geklärt werden. Sollten beide gleichberechtigt in der Produktion arbeiten, musste eine Lösung für die Vereinbarkeit von Mutterschaft und Werktätigkeit, eine Organisation der Kinderbetreuung gefunden werden.

Während Krieg und Bürgerkrieg verschärfte sich die Diskussion um den Schutz von Mutter und Kind. Frauen mussten arbeiten gehen, konnten jedoch nur selten auf geeignete Kinderbetreuungseinrichtungen zurückgreifen. Auf dem Dorf fehlten Kinderkrippen. Besonders während der sommerlichen Erntezeit erwies sich dieser Mangel als tragisches Problem. Während Eltern und Verwandte bei der Erntearbeit halfen, blieben Kinder oft unbeaufsichtigt. Deshalb ereigneten sich häufig Unfälle mit schlimmen Folgen bis hin zum Todesfall.

Als vordringliche Aufgabe des neuen Staates wurde deshalb auch immer wieder gefordert, Mutter- und Kinderschutzinstitutionen OMM aufzubauen. Wortführend war dabei die Bolschewikin Vera Lebedeva. Sie wies auf die Bedürfnisse von Arbeiterinnen und Bäuerinnen in diesem Bereich hin, die nicht als eine drittrangige Frage behandelt werden dürften, sondern ein dringendes Problem seien. Lebedeva beklagte, dass der Aufbau von OMM lediglich als Propaganda diene, Frauen für sich zu gewinnen. Realisiert werde allerdings nichts, da diese Frage von den ausführenden Organen als „*bab'e delo*" (Weibersache) abgetan werde.[213] Zur Senkung der bedrohlichen Kindersterblichkeit und damit zur Stärkung des neuen Staates durch zahlreiche Geburten bestehe sofort dringender Handlungsbedarf, die Unterstützung aller Organe sei gefordert.

Die Notwendigkeit von OMM blieb unbestritten, jedoch fehlte es an Geld, um ein flächendeckendes Netz an Institutionen aufzubauen. Zu Beginn der NÉP sank die Zahl der Einrichtungen angesichts Mittelkürzungen um 30 Pro-

---

[212] Kollontaj: Obščestvo (1921) 8.

[213] Lebedeva, Vera: Ochrana materinstva. In: Kommunistka (1920) Nr. 6, 12–14, hier 13.

Geschlechterordnungen

zent drastisch ab. Der Anspruch, Frauen seien immer auch Mütter, blieb unverändert bestehen. Im Verlauf der NĖP verstärkte sich die Annahme, sie besäßen einen angeborenen Mutterinstinkt, von dem eine Übernahme gesellschaftlicher Arbeiten im sozialen Bereich abgeleitet wurde.[214] Die physiologische Eigenschaft von Frauen, Kinder gebären zu können, diente als Argument, ihnen die damit zusammenhängenden Aufgaben in der Gesellschaft als typisch weibliche, natürliche zuzuschreiben.

Einen Gegenentwurf des Vaters als Erzeuger und eine daraus abgeleitete Bestimmung seiner sozialen Rolle und Aufgabe gab es nicht. Ebenso wurde Mutterschaft selten im Zusammenhang mit Sexualität betrachtet. Angesichts der neuen Gesetzgebung, der vollen Gleichberechtigung nichtehelicher Kinder und schneller Verfahren zur Heirat und Ehescheidung spielte die biologische Zeugungsfunktion des Mannes als Geschlechtscharakteristikum keine Rolle. Der Staat übernahm ideologisch die Verantwortung gegenüber der nächsten Generation, wollte sie sozialistisch und in der Kommune erziehen.

Eine Hinterfragung oder sogar Ablehnung der Mutterrolle als originär weibliches Attribut fand in den Debatten nicht statt. Vermutlich betrachteten die meisten Frauen Mutterschaft als einen natürlichen Vorgang, sobald es zu sexuellen Kontakten kam. Familienplanung wurde zwar propagiert, indem Frauenzeitschriften über die Verhütung von Schwangerschaften berichteten. Wieweit dieses Wissen eine Umsetzung in der Praxis fand, ist unbekannt, da Sexualität in breiten Bevölkerungskreisen nach wie vor tabuisiert wurde. In autobiographischen Lebensberichten fand sie keine Erwähnung. Angesichts einer Knappheit an Konsumgütern dürfte auch konkret der Zugang zu beispielsweise Kondomen schwierig und vermutlich teuer gewesen sein. Zur Geburtenregulierung dienten deshalb am häufigsten Abtreibungen, auf dem Dorf auch die Tötung des Neugeborenen.

Viele Jungen und Männer hielten die neue Ehe- und Familiengesetzgebung für einen Freibrief, beliebig sexuelle Kontakte einzugehen, ohne sich möglichen Kindern gegenüber verpflichtet zu fühlen. Im Komsomol wurden Mädchen teilweise als Objekte zur sexuellen Triebbefriedigung betrachtet. Oft drängten die Jungen sie im Falle einer Schwangerschaft zur Abtreibung oder verweigerten die Alimentezahlung. Beschwerte sich eine Komsomolzin darüber an offizieller Stelle oder suchte dort um Hilfe, erhielt sie zuweilen die Antwort, es sei eine reine Privatangelegenheit, die sie selber erledigen solle.

---

[214] Petrova, An.: Slučaj izuvečenija muža. In: Prestupnyj mir Moskvy. Sbornik statej. M. 1924, 82–101, hier 82.

Frauenbilder

Im schlimmsten Falle wurde sie aus der Jugendorganisation ausgeschlossen.[215] Die Leidtragenden waren Frauen. Sie beschwerten sich über die schlechte Zahlungsmoral von Alimenten durch Väter. Aber auch Vielweiberei prangerten sie als ein unmoralisches Verhalten an.[216] Obwohl sich zunächst starke Widerstände gegen staatliche Betreuungseinrichtungen für Kinder regten, da diese meistens dreckig und unorganisiert waren, wurden in der NĖP bald Einrichtungen dieser Art von Arbeiterinnen gefordert und freudig begrüßt. Sie waren erleichtert, ihre Kinder versorgt und in guten Händen zu wissen. Das Problem, eine private Betreuung zu organisieren, fiel von ihnen ab, ebenso wie die Frage nach der richtigen Erziehung.[217] Zu den vorrangigen Aufgaben von Delegierten gehörte oftmals der Aufbau von OMM-Einrichtungen. Dieses weibliche Engagement verdeutlichte, dass Männer und überwiegend männlich geprägte Organe wie Gewerkschaften oder Parteizellen sich für diesen angeblich typisch weiblichen Bereich nicht zuständig fühlten, obwohl Kindererziehung zu einer gesamtgesellschaftlichen Aufgabe werden sollte. Frauen verwendeten einen großen Teil ihres gesellschaftspolitischen Potentials für diese Aufgaben, wodurch sich eine Wahrnehmung von Geschlechterrollen auf der Grundlage einer biologischen Differenz verhärtete. Die Stärkung des Bildes einer Frau als Mutter ging einher mit einer Rollenfestlegung als Ernährerin und Erzieherin der Kinder.

Gleichzeitig stiegen die Ansprüche an eine Mutter. Sie war für die richtige Bildung, eine angemessene Pädagogik, die notwendige Hygiene und eine harmonische Familienatmosphäre verantwortlich. Zunehmend mehr entwickelten sich pädagogische Konzepte für Kinder und Jugendliche, die ihren Ursprung in der ausgehenden Zarenzeit hatten.[218] Nicht länger mussten bereits Kinder zum Unterhalt der Familie einer Lohnarbeit nachgehen, wodurch sie einen Verlust der Jugend und oft auch schon der Kindheit erlitten. Die allgemeine Grundschulpflicht setzte sich zu Beginn der dreißiger Jahre durch. Anderseits stellte sich jetzt die Frage nach der Erziehung. Radikale revolutionäre Pläne eines kommunal erzogenen Kindes, in der Familie des Staates, ließen sich mangels Finanzen für diese Einrichtungen nicht durchsetzen. Auch die Auflösung der Familie fand nicht statt. Die Kindererziehung blieb eine

---

[215] Smidovič, S.: Za tovariščeskoe otnošenie k devuškam. Izžit' boleznennye javlenija v Komsomole. In: Kommunistka (1929) Nr. 16, 11–16.

[216] Kak s ėtim borot'sja?; Min: Počemu.

[217] Rakitina, Z.: Byt po zametkam rabotnic. In: Kommunistka (1926) Nr. 12, 32–36.

[218] Zu untersuchen bleiben pädagogische Konzepte der frühen Sowjetunion von beispielsweise Anton Makarenko oder Nadežda Krupskaja auf ihren Gehalt an gender-Rollen.

Geschlechterordnungen

familiäre Aufgabe, die dort von der Frau übernommen wurde. Jedoch galten Traditionen und Erfahrungen in diesen Fragen als veraltet, weshalb von rückständigen Müttern gesprochen wurde. In der sich formierenden Gesellschaftsordnung nahmen sie oft einen Platz hinter Mann, Kindern und Jugendlichen ein. Kindererziehung wurde nun als eine schwierige und verantwortungsvolle Aufgabe dargestellt, weshalb an Frauen appelliert wurde, sich durch den Erwerb von Bildung darauf adäquat vorzubereiten. In Klubs, Roten Ecken, Wohnheimen und Frauenzirkeln sollte verstärkt auf ihre gesellschaftliche, familiäre und berufliche Situation eingegangen werden, um sie zu einer sozial engagierten und vorbildlich erziehenden Mutter heranzubilden.[219] Mutterschaft erhielt dadurch eine politische, öffentlich relevante Dimension, die in ihrer Bedeutung fast mit einem Beruf gleichgestellt wurde.

> Kinder sind kein Privateigentum der Eltern, sondern eine Sache der Allgemeinheit, deshalb auch in diesem Sinne zu erziehen.
> Die erste und wichtigste Aufgabe der Mutter ist die Kenntnis, dass das Kind nicht ausschließlich ihr gehört, sondern dem Kollektiv, also auch im Hinblick auf sein kollektives Dasein erzogen werden soll. Die zweite Aufgabe der Mutter (selbst wenn sie persönlich nicht vom religiösen Irrglauben abkommt) ist es, ihr Kind nicht mit Gott und anderen religiösen Dingen zu verderben. Die dritte Aufgabe ist ebenfalls eine Befreiung von Vorurteilen: sollte sie eine Tochter haben, so soll diese nicht in einer Tochterrolle mit dem Ziel einer künftigen Hausfrau erzogen werden, sondern genauso wie Söhne, selbständig und im gesellschaftlich bewussten Sinne. Die vierte und auch sehr wichtige Aufgabe besteht in der Bewahrung der Gesundheit des Kindes durch neun Stunden Schlaf, Spaziergänge an der frischen Luft, einer dem Alter und den Tageszeiten entsprechenden Ernährung und Hygiene.[220]

Das ideale Familienleben mit einer traditionellen weiblichen Rollenzuschreibung schien eine gesunde, natürliche und stabile Ordnung zu verkörpern, wobei für die neue Mutter das Allgemeinwohl an erster Stelle stand.[221] Die Propagierung eines neuen Mutterschaftsideals fiel auf fruchtbaren Boden. Die Verinnerlichung der neuen Maßstäbe bedeutete eine Aufwertung

---

[219] Ženščina i byt 9, 113–114.

[220] Ebd. 113–114.

[221] S. dazu auch Koonz, Claudia: Mütter im Vaterland. Frauen im Dritten Reich. Freiburg/Br. 1991.

Frauenbilder

der individuellen sozialen Rolle. Unabhängig von der Teilnahme am Produktionsprozess ermöglichte Mutterschaft Frauen den Eintritt in die sozialistische Gesellschaft der Zukunft, da sie sich durch ihre Gebärfähigkeit produktiv daran beteiligen konnten. Statt einer Ignoranz gegenüber dem Kinderkriegen und einer Bewertung dieser Tatsache als Privatangelegenheit durchlebte dieser Vorgang eine „Veröffentlichung" und erhielt ein neues, gesellschaftsrelevantes Prestige. Nicht länger erfuhren Frauen eine Abwertung für diese Tätigkeit, sondern eine Anerkennung ihrer Arbeit.[222] Die Stärkung des Mutterbildes trug zu einer wachsenden Loyalität zwischen Frauen und dem sich herausbildenden stalinistischen Herrschaftssystem bei.

In offiziellen Bildern aus den dreißiger Jahren finden sich immer wieder Abbildungen von Stalin als einem liebenden, fürsorglichen Vater, umgeben von ihm huldigenden Frauen. Deutet man diese politische Ikonographie, symbolisierten Frauen das Volk, Männer die Macht und den Staat.[223]

Zwei weitere Aspekte der Mutterrolle sollen erwähnt werden. Die Diskussion darüber verlief vor dem Hintergrund sinkender Geburtenzahlen seit Mitte der zwanziger Jahre, sie besaß eine demographische Dimension. Das Argument, private Kindererziehung sei eine Verschwendung volkswirtschaftlicher Ressourcen, weshalb sie kollektiviert werden müsse, verblasste Ende der zwanziger Jahre zunehmend. Angesichts eines zu erwartenden erhöhten Bedarfs an Arbeitskräften für die Industrialisierung wirkten fallende Geburtenraten als eine Bedrohung. Andererseits musste einer steigenden Zahl von Frauen in der Arbeiterschaft weiterhin das Kinderkriegen schmackhaft gemacht werden. Dies konnte nur über zwei Wege funktionieren: entweder die Bezahlung von Reproduktion, wofür es weder Berechnungen, Pläne noch finanzielle Mittel gab – außerdem wäre eine Lohnarbeit in der Industrie dadurch obsolet geworden – oder durch eine ideologische Erhöhung dieser Funktion und einen Appell an die weibliche Ehre.

Gleichzeitig mit der Propagierung der neuen sowjetischen Mütterlichkeit tauchte das Bild der Frau als ordentlich, vorbildlich und moralisch integer auf. Sie kümmerte sich um die Sauberkeit in Kindereinrichtungen, sorgte für gesundes Essen und häusliche Ordnung. Denn jede bewusst lebende Frau sollte unbedingt auf die Hygiene achten, wodurch viele schlechte Dinge im *byt* beseitigt werden konnten. Grundlage dieses Gedankens war eine beson-

---

[222] Šapiro, G.: „Imeni 8 Marta". In: Rabotnica (1928) Nr. 13, 14.

[223] Attwood: New Soviet Man 2. Das Verhältnis von Mutterschaft, Frauenbild und Nation, auch als konstitutives Element für den Stalinismus, muss noch erforscht werden.

Geschlechterordnungen

dere Erfordernis weiblicher Hygiene wegen Menstruation, Geburt, Schwangerschaft, Stillzeit, aber auch im Alltag.[224] Dabei sei besonders die erste Schwangerschaft sehr wichtig und solle auf keinen Fall abgebrochen werden, da dies für den weiblichen Organismus eine große Katastrophe bedeute:

> Eine Schwangerschaft ist ein natürlicher und wohltuender Prozess für Frauen, erfordert von ihnen aber auch eine besondere Aufmerksamkeit und Beachtung der Hygienevorschriften.[225]

Zudem sei die Frau für Sauberkeit in den sexuellen Beziehungen verantwortlich, ihr obliege die Sorge um die Vermeidung von Geschlechtskrankheiten.[226] Zusätzlich zu den „goldenen Regeln" für das Familienleben wurde extra für die Ehefrau ein Verhaltenskodex erstellt:[227]

> 1. Den Körper sauber halten. Nicht seltener als zwei bis dreimal im Monat in die *vanja* (öffentliches Bad) gehen oder sich baden.
>
> 2. Seinen Körper mit einem eigenen Handtuch trocknen, um Infektionen zu verhindern.
>
> 3. Nicht weniger als zweimal am Tag (morgens und abends) die Hände und auch das Gesicht mit Seife waschen. Wünschenswert ist ein Abreiben nach Körperzonen getrennt.
>
> 4. Niemals mit ungewaschenen Händen an den Tisch setzen.
>
> 5. Mund und Zähne sauber halten. Morgens die Zähne putzen, den Mund nach jedem Essen ausspülen.
>
> 6. Die Haare sauber halten. Während der Arbeit lange Haare unter eine Mütze oder ein Kopftuch stecken.
>
> 7. Die Füße (Beine) sauber halten. Abends vor dem Schlafengehen waschen.
>
> 8. Seine Bettwäsche sauber halten. Einmal in der Woche wechseln.
>
> 9. Seine Kleidung sauber halten. Sie jeden Tag säubern, zum Lüften an die frische Luft hängen.
>
> 10. Die Schuhe sauber halten. Sie jeden Tag säubern und putzen.

---

[224] Spravočnaja Kniga; Nemilov: Biologičeskaja tragedija.
[225] Spravočnaja kniga 149.
[226] Ebd.
[227] Ženščina i byt 119–120.

Frauenbilder

11. Die Speisen sauber halten. Sie vor Schmutz bewahren.
12. Trinken sauber halten. Nicht aus einem dreckigen Glas trinken.
13. Seine Wohnung sauber halten.

Regeln zum Geschlechtsleben:

1. Nur normalen Geschlechtsverkehr zulassen.
2. Nur soviel Geschlechtsverkehr zulassen, wie er nicht den Organismus stört.
3. Seine Geschlechtsteile sauber halten (dies gilt auch unbedingt für unverheiratete Frauen).
4. Unbedingt während der Periode auf Sauberkeit achten.
5. Während der Periode keinen Beischlaf erlauben.
6. Achtung, die meisten Mittel gegen Schwangerschaft verfehlen ihr Ziel und Schaden dem Organismus.
7. Erinnert Euch, künstliche Schwangerschaftsabbrüche (Abtreibungen) sind schädlich für den Organismus und auch für spätere Schwangerschaften.
8. In der Schwangerschaft gesund, normal und vernünftig leben.
9. Die Geburt ist der wichtigste Moment im Leben, sie soll in sauberen Umständen passieren.

Im *Spravočnaja kniga* wurden Angaben zur Sterilisation von Lebensmitteln, zum Reinigen von Wäsche und Kleidung, zum Kampf gegen Ungeziefer in der Wohnung, zur Verwendung von Putzmitteln und zur Körperpflege gemacht.

Reinlichkeit – das ist die Grundlage für die Gesundheit. In einer drekkigen Wohnung kann man nicht kulturvoll leben. Deshalb soll jede Hausfrau den ständigen Kampf mit Parasiten führen. Das *wichtigste* Mittel gegen Parasiten ist die *Sauberkeit*.[228]

Das Pflichtenheft für Hausfrauen las sich wie eine politische Parole. Diesen Stellenwert erhielt das neue Weiblichkeitsideal auch. Es wurde zunehmend zu einer kulturellen Konstruktion, basierend auf der biologischen Geschlechterdifferenz.

---

[228] Spravočnaja kniga 209.

Geschlechterordnungen

Verhielten sich Frauen wie Männer, indem sie tranken oder fluchten, galt dies als ein falsches Verständnis von Gleichheit, als eine überkommene Sitte in der sowjetischen Lebensweise.[229] Es entsprach nicht dem erwünschten Bild der Frau als vorbildlicher Mutter und Erzieherin, die Sauberkeit sowie moralische Integrität verkörperte.

In einer Trinkerfamilie können die Kinder – die Zukunft des Proletariats, die voll und ganz zunehmend mehr in der Verantwortung der Mutter liegen – umkommen und in der Wirklichkeit kommen sie um, ohne das zu finden, was Lenin gesagt hat: „Kinder – das ist die Farbe des Lebens, liebt sie, pflegt und kümmert euch um sie." Wie kann eine betrunkene Mutter darüber nachdenken? Frauen müssen sich darum kümmern.[230]

Frauen avancierten Ende der zwanziger Jahre zu einem Symbol für das Volk, für seine positive Zukunft, für den Sozialismus. Diese Rollenzuschreibung basierte auf einer russischen Tradition, weshalb bei ihrer Umsetzung eine offene mentale Disposition angetroffen wurde.[231] Nicht länger dominierte das Klischee der rückständigen *baba*, endlich gab es für Frauen positive Identifikationsangebote und eine Aufwertung ihrer Rolle als Mutter.

Nicht nur im Kreise ihrer Familie sollte die Mutter fürsorglich sein und moralisch integer, sondern in der Gesellschaft an sich. Im Kampf um die alte Lebensweise wurde besonders Frauen die Beseitigung sozialer Missstände übertragen. So gab es beispielsweise *družinicy* (freiwillige Freundinnen),[232] die sich um *besprizornye*, Kinderprostitution, Obdachlose, alkoholisierte und randalierende Alkoholiker kümmerten.[233]

---

[229] Artjuchina: Meloči 4.
[230] Ebd.
[231] Attwood: New Soviet Man.
[232] Der Begriff leitet sich aus dem russischen Wort *družina* ab, was zunächst Leibwache, später freiwillige Kriegsschar, aber auch Innung oder Freund bedeutete. Als *družinnik'* wurde eine Landwehrmann bezeichnet, eine *družitel'nica* versöhnte und machte etwas bekannt.
[233] Vlast' ulicy. In: Za novyj byt (1928) Nr. 8–9, 14–16.

Frauenbilder

Die Rolle der Frau in der Gesellschaft als Delegierte und obščestvennica

> Die Delegierte im Roten Kopftuch war nicht nur für Konterrevolutionäre und Hooligans ein Ärgernis, sondern auch für Trinker, Saboteure des Sozialismus, alte Besitzer, Bürokraten, also für alle, die noch an der alten Welt hingen.[234]

Die *obščestvennica* war eine gesellschaftlich aktive Frau, die sich um alltägliche Dinge kümmerte, wie etwa Kindergärten, Kantinen, Krippen, Wäschereien, aber auch die öffentliche Ordnung in der Gesellschaft und zu Hause. Diese Figur entwickelte sich als ein zunehmend bedeutenderes Leitbild für Frauen seit Mitte der zwanziger Jahre aus dem System der Delegiertenbewegung heraus.

Die Idee, Frauen aus verschiedenen Gruppen organisatorisch zu erfassen und ihnen politische Grundbildung und Alphabetisierung zu ermöglichen, entwarf 1919 Inessa Armand. Frauen wurden als eine besondere Kategorie wahrgenommen, deren „natürliche" Instinkte als Proletarierinnen erst noch geweckt werden mussten.[235] Beginnend bei Arbeiterinnen in der Stadt sollten Wahlen in verschiedenen Schichten und auch auf dem Dorf durchgeführt werden, wobei in einem Betrieb für zehn Werktätige eine Delegierte vorgesehen wurde. Aleksandra Kollontaj führte den Gedanken weiter und etablierte die Anbindung und Unterweisung der Delegiertenversammlungen bei den *ženotdely*. Sie sollten als Bindeglied zwischen der Partei und der ‚Frauenmasse' dienen. Bereits gesellschaftlich aktive Frauen – Kommunistinnen oder Komsomolzinnen – gehörten nicht zur angesprochenen Zielgruppe. Um die gesammelten Erfahrungen weiterzuleiten, durften bis zu zehn Prozent „alte" Delegierte wieder in der neuen Delegiertenversammlung vertreten sein.[236] Fehlende Lese- und Schreibkenntnisse bedeuteten kein Hindernis für die neue Position als Delegierte. Analphabetische Frauen erhielten vorab eine Grundbildung in Alphabetisierungskursen. Konzeptionell wurde die Frau zunächst als ein geringer entwickeltes Gesellschaftsmitglied betrachtet, weshalb an

---

[234] Artjuchina, A.V.: Polveka. In: Oktjabrem roždenie. M. 1967, 12–25, hier 22.

[235] Mojrowa: Die Delegiertenversammlungen und ihre Rolle in der Arbeit der Partei unter den Arbeiterinnen und Bäuerinnen. In: Die Arbeit der KPR unter den Frauen. Hamburg 1925, 15–25, hier 16.

[236] Sokolova, O.: Kak organizujutsja delegatskie sobranija rabotnic. M.-L. 1926, 13.

Geschlechterordnungen

erster Stelle ihre Erziehung stand, bevor sie gleichberechtigt neben dem Mann neue Aufgaben übernehmen konnte.[237] Nicht zufällig hießen die Delegiertenversammlungen auch „Schule des Kommunismus", wodurch Frauen zu Lernenden, zu einer minderwertigen Minderheit der Gesellschaft wurden.[238]

> Erinnere Dich daran, Delegierte: erst auf dem Leninschen Pfad kannst Du leicht auf den Füßen zur Er-Ka-Pe [RKP, C.S.] gehen.[239]

Diese Einschätzung entsprach dem realistischen Bildungsstand von Frauen, der aber nicht als Legitimation für eine Geschlechterhierarchie dienen konnte. Abgesehen von weiblichen *Intelligencija*-Mitgliedern und städtischen Oberschichten besaßen die wenigsten Frauen eine Grundschulbildung, sondern oft nur rudimentäre Lese- oder Schreibkenntnisse. Auf dem Land sah die Situation mangels eines fehlenden Grundschulnetzes und einer nicht existierenden Schulpflicht noch weitaus schlechter aus. Eltern erachteten es oft als überflüssig, wenn ihre Töchter ihre Zeit mit Schulbesuchen vertaten. Eine geregelte Berufsbildung bestand ebenfalls nicht. Arbeiterinnen lernten in der Praxis ihre neuen Aufgaben in der Fabrik. Ein weiteres Grundanliegen der Delegiertenversammlungen war die Mobilisierung von Frauen außerhalb der Partei, in die sie nach einer erfolgreichen Schulung als neue Mitglieder beitreten sollten.

In der Zeit des Bürgerkriegs wurden Delegierte für drei Monate als Praktikantinnen in die Abteilungen der Sowjets entsandt, um dort nach Missständen zu suchen und die Arbeit von Freiwilligen zu organisieren, danach als Instrukteurinnen und anschließend als Kontrolleurinnen durch das Gouvernement geschickt. Naturallohn und Wohnung bezahlte weiterhin das Unternehmen, von dem die Praktikantin freigestellt wurde, ihren Salär übernahm die Sowjetsektion, in der sie ihren Aufenthalt absolvierte. Zu Beginn der NĖP kam es zu finanziellen Einschränkungen und einem damit verbundenen zeitweisen Rückgang der Delegiertentätigkeiten. 1922 wurde das Organisationsprinzip modifiziert. Delegierte übten ihr Amt nun unter Beibehaltung ihres Arbeitsplatzes zunächst für sechs Monate, ab Herbst 1922 für ein Jahr aus. Sie arbeiteten in Sektionen und trafen sich wöchentlich zu einer Versamm-

---

[237] Rabotnica A.: Mysli delegatki. In: Rabotnica (1923) Nr. 11, 28.

[238] Artjuchina, A.: Delegatskoe sobranija – škola kommunizma. In: Kommunistka (1925) Nr. 7, 4–9; Delegatki o svoej rabote (Po pis'mam s mest). In: Rabotnica (1926) Nr. 16, 17.

[239] Sokolova, O.: Delegatskie sobranija domašnich chozjajek. In: Rabotnica (1925) Nr. 16, 3.

Frauenbilder

lung.[240] Gewählte Delegierte sollten auch immer nachweisen können, in einem ständigen Kontakt zu ihren Wählerinnen zu stehen.[241] Die politische Unterweisung in der Delegiertenversammlung umfasste das kennen lernen theoretischer und praktischer Grundsätze der sowjetischen Politik und die Erziehung von Frauen zu verantwortungsbewussten Staatsbürgerinnen, die ihre Rechte und Pflichten kannten.[242] Zum Abschluss der einjährigen Tätigkeit versammelten sich die Delegierten auf einer Konferenz, um Erfahrungen auszutauschen. Eine eigenständige Zeitschrift mit dem Titel *Delegatka* wurde ab 1923 von der Frauenabteilung für die Delegierten herausgegeben.[243]

Seit 1930 durfte gesellschaftliche Arbeit nicht mehr während der Arbeitszeit durchgeführt werden, sondern nur außerhalb. Es gibt keine Kenntnisse darüber, welchen Einfluss diese Rationalisierungsmaßnahme auf die Delegiertenbewegung hatte, jedoch wurde 1933 diese gelungene Form der Mobilisierung eingestellt.[244] Die Begründung war widersprüchlich. Offiziell hieß es, das Apparatenetz für Frauen sei nun so eng gewesen, dass man die Delegierten nicht mehr benötige.[245] Weitaus problematischer erwies sich die fehlende Kontrolle und organisatorische Einbindung der Delegiertenversammlungen. Dies lässt sich an der Kritik ablesen, sie seien immer wieder Forum für konterrevolutionäre, feindliche Agitation geworden.[246]

Der formale Stellenwert der Delegierten als neue, sowjetische Identifikationsfigur ist vergleichbar mit dem Bild des Komsomolzen. Für die Delegiertentätigkeit gab es kein zaristisches Beispiel. Sie integrierte Frauen unterschiedlicher Provenienz – Hausfrau, Dienstbotin, Arbeiterin, Bäuerin – war auf Stadt, Land und unter verschiedenen Nationalitäten anwendbar. Der Wirkungskreis überschnitt sich mit angestammten gesellschaftlichen Positionen von Frauen in der Familie und im näheren sozialen Umfeld und umfasste Aufgaben, die aus der biologischen, sozialen und kulturellen Konstruktion

---

[240] Ebd.

[241] Delegatskie sobranija domašnich chozjajek. In: Rabotnica (1925) Nr. 16, 3.

[242] Kollontai, Alexandra: Ich habe viele Leben gelebt... Autobiographische Aufzeichnungen. Köln 1986, 3. Auflage, 493.

[243] Delegatka. žurnal otd. massovoj raboty i agitacii MOK VKP (b). M. 1923–1931.

[244] Der genaue Zeitpunkt einer Beendigung der Delegiertenversammlungen ist unklar. Mary Buckley erwähnt in Women and Ideology, 104, dass sie bis in die vierziger Jahre bestanden hätten. Zur Mobilisierung von Frauen durch Delegiertenversammlungen siehe auch Kapitel 4.5.

[245] Čirkov, P.M.: Rešenie ženskogo voprosa v SSSR (1917–1937 gg.). M. 1978, 89.

[246] Ebd. 92.

Geschlechterordnungen

von Weiblichkeit abgeleitet wurden. Die Ausweitung der Zuständigkeiten auf politische und gesellschaftliche Organe sollte behutsam erfolgen, durch eine Zeit des Praktikums bei den entsprechenden Stellen. Anders als etwa die Arbeiter- und Bauernkorrespondentenbewegung waren die Delegiertenversammlungen ein geschlechtsspezifisches Mittel zur Mobilisierung von Frauen. Charakteristisch für eine Delegierte war ihr Engagement im Sowjet, einer Lesehütte, in verschiedenen gesellschaftlichen Kreisen und als Korrespondentin. Die Ablehnung religiöser Praktiken gehörte ebenso zum Bild wie der regelmäßige Besuch von Versammlungen, die Sorge um Kinderbetreuungseinrichtungen – etwa die Eröffnung von Sommerkrippen auf dem Land – und der Agitation unter anderen Frauen, besonders unter *babas*.[247] Äußerlich grenzte sich das neue Weiblichkeitsideal von puppenhaften Ehefrauen aus der bürgerlichen Zeit ab, verwarf damenhafte Toilette, Schmuck, Silber, Genusssucht, leichte Zerstreuung und Eitelkeit.[248] Delegierte, die im Idealfall nicht desorientiert und negativ von der NĖP beeinflusst waren, sollten sich im Kampf um öffentliche Einrichtungen des Gesundheitswesens und der Volksbildung engagieren. Ob in öffentlichen Krankenbetreuungsstellen (*dispanser*), Schulen oder Genossenschaften war es ihre Aufgabe, politisch zu agitieren und auf Ordnung und Sauberkeit zu achten.[249]

Die ursprüngliche Idee für den Aufbau eines Netzes von Delegiertenversammlungen war die Errichtung eines Transmissionsriemens zwischen Partei und der breiten Masse von Frauen. Weibliche Bedürfnisse sollten über die Delegierten aus allen gesellschaftlichen Bereichen in die Parteiorgane transportiert werden. Da Frauenbelange als minderwertig abgetan wurden, die parteieigene Frauensektion immer wieder ihre Existenz rechtfertigen musste und als *centro-baba* oder *bab-komitet* abgeurteilt wurde, darf die Durchsetzung dieses Zieles stark bezweifelt werden. Delegierte berichteten immer wieder von großen Schwierigkeiten bei ihrem Eintritt in Parteiorgane, wo sie nicht für ernst genommen oder vor unerfüllbare Aufgaben gestellt wurden. Die Delegiertenversammlungen wurden nicht als eine soziale Bewegung von Frauen wahrgenommen, die aus ihren alltäglichen Lebensbedingungen heraus allmählich ein politisches Bewusstsein und Handlungsmöglichkeiten entwickelten und damit ein wichtiger Bestandteil der politischen Kultur wäh-

---

[247] Delegatka-selkor Anna Gerasimova: Rabota nalaživaetsja. In: Rabotnica (1925) Nr. 11, 8.

[248] Smidovič: Sem'i kommunista 28.

[249] Pervušina, Ju.: Šag za šagom vpered. In: Rabotnica (1925) Nr. 15, 6; Novym Delegatkam. In: Rabotnica (1927) Nr. 23, 1.

Frauenbilder

rend der NĖP waren. Sie dienten im Verlauf der zwanziger Jahre zunehmend als ein Organ, Normen für weibliche Verhaltensweisen von oben nach unten zu transportieren. In einer Phase, wo der Umbau der Gesellschaft vom alten *byt* zum neuen eine zentrale Rolle einnahm, konnten so bislang organisatorisch ungebundene Frauen erreicht und in die erforderlichen Disziplinierungsmaßnahmen mit einbezogen werden. Die Delegierte definierte die Rolle von Frauen in der neuen Gesellschaft primär durch ihre mütterlichen und hausfraulichen Fähigkeiten, die nun der ganzen Gesellschaft zur Verfügung gestellt wurden. Vormals private Aufgaben im Netz von Familie und Verwandten erhielten einen öffentlichen sozialen Auftrag. Das Selbstbild einer autonomen, durch ihre eigenständige Lohnarbeit unabhängigen Frau, die mit einem Arbeiter gleichgestellt war, trat deutlich in den Hintergrund. Gleichzeitig eroberten sich Delegierte öffentliche Handlungsräume, was sich oft positiv auf ihr Selbstbewusstsein auswirkte.[250]

Wie bereits formuliert entwickelte sich aus der Delegierten eine *obščestvennica*, indem sie die „öffentliche Kontrolle zu ihrer ernsthaften und verantwortungsvollen Aufgabe machte".[251] Hinter dem Bild der *obščestvennica* stand zunächst kein konkretes politisches Konzept oder eine geplante Bewegung. Allgemein drückte sich darin der Wunsch aus, eine breite Masse von Bäuerinnen um die Partei herum zu mobilisieren, da das Verhältnis zwischen Bolschewiki und Bauernschaft gespannt und feindlich war.[252] Um politisch auf dem Land Fuß zu fassen, näherte sich die Partei in Form der Delegiertenversammlungen behutsam den Bäuerinnen, vor allem den Kleinbäuerinnen, an. Der Begriff *obščestvennica* wurde eventuell gerade deshalb verwendet, da er harmlos, ohne Verpflichtungen klang und eher akzeptiert wurde als Delegierte oder Komsomolzin. Klanglich lehnte er sich – ob bewusst oder unbewusst – an den Begriffen *obščina* (Bauerngemeinde) und *obščestvennost'* (Öffentlichkeit) an.[253]

Andererseits beinhaltete er unterschiedliche Zugangsweisen zu nichtproletarischen, klassenfremden Elementen. Zinov'ev wies auf einer Versammlung der *ženotdely* im Dezember 1924 darauf hin, auch unter den nicht werk-

---

[250] Siehe dazu Kapitel 4.5.
[251] Novym Delegatkam 1.
[252] Kagan: Itogi 51.
[253] Die Etymologie muss noch genauer erforscht werden.

Geschlechterordnungen

tätigen Ehefrauen von Arbeitern zu agitieren.[254] Die meisten Frauen von Arbeitern seien Hausfrauen und als solche oft noch sehr rückständig, andererseits stehe ihnen mehr freie Zeit für Engagement als vergleichsweise Arbeiterinnen mit einem acht Stunden Tag zur Verfügung. Mit der Zielsetzung eines verbesserten *byt* seien die Arbeiter-Hausfrauen nach einer Anhebung ihres Bildungsniveaus in den Aufbau und Betrieb von Konsum- und Wohnungsgenossenschaften, Kindererziehungseinrichtungen und Klubs einzubinden. Sie sollten die dort fehlenden Arbeitskräfte durch ihr freiwilliges Engagement ersetzen. Konkret errichteten Hausfrauen Näh- und Strickkurse, kümmerten sich um die Verschönerung und gemütliche Einrichtung von unattraktiven Klubs oder schlossen sich in Kreisen wie „Freund des Kindes" zusammen.[255]

Eine ganz wichtige Aufgabe ist es, die Ehefrau in den Kreis der Interessen des Mannes einzubinden, den Einfluss auf den Mann durch die Frau zu verstärken. Dazu müssen von Zeit zu Zeit nicht nur gemeinsame Sitzungen mit Arbeiterinnen, sondern auch mit den Männern durchgeführt werden.[256]

Organisatorisch sollte die Betreuung der Hausfrauen zusätzlich von den *ženotdely* übernommen werden, die indirekt kritisiert wurden, sich zu wenig um die Masse der Frauen als potenzielle neue Parteimitglieder zu kümmern, sondern lediglich um Arbeiterinnen.

Das Rollenangebot einer sozial engagierten, freiwillig tätigen Hausfrau oder Delegierten, die sich um die öffentliche Ordnung, Sauberkeit und Gemütlichkeit kümmerte, stieß auf positive Resonanz, auch unter Bäuerinnen.[257] Vergleichbar mit der Propagierung des Mutterbildes konnten sich Frauen mit der neuen Rolle identifizieren, die eng an ihre Lebensumstände angelehnt war. Eine Gleichstellung dieser Frauen mit Männern, etwa durch die Bezeichnung „Kommunistin", leitete sich daraus nicht ab. Ihre gesellschaftliche Position befand sich nach wie vor unterhalb der Stellung des der Partei zugehörigen Arbeiters. Dafür erhielten sie die Kontrolle über Erziehungs- und Reproduktionsaufgaben innerhalb und außerhalb der Familie. Die soziale Stel-

---

[254] Sokolova, O.: O rabote sredi žen rabočich – domochozjaek. In: Kommunistka (1925) 4, 15–22, 16.

[255] Sokolova: O rabote 17; Fogel', A.: Ženy rabočich ne dolžny ostavat'. In: Kommunistka (1927) Nr. 12, 21–24.

[256] Sokolova: O rabote 19.

[257] Rakitina: Byt; Artjuchina, A.: Itogi vsesojuznogo s'ezda rabotnic i krest'janok – členov sovetov. M.-L. 1927, 57.

Frauenbilder

lung definierte sich über das propagierte Bild von Weiblichkeit, die auch eine gesellschaftliche Organisiertheit beinhaltete. Die Rolle der Frau als Mutter und Erzieherin bekam durch die *obščestvennica* eine öffentliche Dimension. Der Tätigkeitsbereich von *obščestvennicy* umfasste Arbeiten, die eigentlich vom Staat geleistet werden sollten, aber als ehrenamtliche Funktionen Frauen übertragen wurden. Dies geschah als Kompensation für eine fehlende Bereitschaft, finanzielle Mittel dafür zur Verfügung zu stellen. Dabei verließen sie nicht den Rahmen traditionell weiblicher Aufgaben, die jetzt allerdings zu einer öffentlichen statt privaten Angelegenheit wurden.

Obwohl im Russischen die männliche Bezeichnung *obščestvennik* existierte, oft als Synonym für Komsomolze oder Gewerkschaftsaktivisten gebraucht, war sie nicht mit der weiblichen Bedeutung vergleichbar. Ebenso verhielt es sich mit den Delegiertenversammlungen, die ebenfalls ein männliches Pendant hatten, dort aber eine untergeordnete propagandistische oder öffentliche Rolle spielten.

Nach Schließung der *ženotdely* 1930 und der Einstellung der Delegiertenversammlungen um 1933 herum gab es außer den Institutionen von OMM keine Organisationen, in denen aktiv Frauenpolitik betrieben wurde. Dennoch existierte eine offizielle Frauenpolitik, zu deren Verbreitung die Bewegung der *žen-obščestvennic* (Ehefrauenbewegung) zwischen 1936 und 1941 instrumentalisiert wurde. Eng damit verbunden ist die Durchsetzung von Mittelklassewerten in der frühstalinistischen Gesellschaft.[258] Die Wiederaufnahme und Weiterführung des Bildes der *obščestvennica*, mit allen bereits genannten Attributen einer vergesellschafteten Privatsphäre, der Ableitung „natürlicher" Aufgaben der Frau aus ihren mütterlichen Funktionen und den Umbau des täglichen Lebens durch weibliche Freiwillige erfolgte 1934. Bringt man diesen Zeitpunkt in Verbindung mit dem Ende der Delegiertenversammlungen, erscheint er nicht willkürlich, sondern sehr bewusst gewählt. Bei einem Besuch von Arbeitersiedlungen im Ural entdeckte der Volkskommissar für Schwerindustrie, Sergo Ordžonikidze, die Leitfigur der neuen Bewegung, zwischen allem Dreck und aller Unordnung einen sauberen, gepflegten Park

---

[258] Zur Verbindung zwischen Delegierten und *obščestvennicy* siehe V obščežitii... In: Rabotnica (1927) Nr. 34, 7. Ursprünglich bezeichnete der Begriff die Zugehörigkeit zu einer Gesellschaft. Eine gender und politische Konnotation erhielt er ab Mitte der zwanziger Jahre, zu einem eigenständigen Bild entwickelte sich die Figur im Verlauf der dreißiger Jahre, parallel zu einem verblassenden Image der Delegierten. Fitzpatrick, Sheila: „Middle-class Values" and Soviet Life in the 1930s. In: Soviet Society and Culture. Essays in Honor of Vera S. Dunham. Hg. v. Terry L. Thompson - Richard Sheldon. Boulder, London 1988, 20–38.

Geschlechterordnungen

mit Bänken, Bäumen und Blumenbeeten. Auf seine Nachfrage nach den Verantwortlichen wurde ihm von Klavdija Grigor'evna Surotceva, der Ehefrau eines Vorarbeiters im Elektrowerk berichtet.[259] Aus dieser Episode entstand der Mythos der Ehefrauenbewegung, die sich nach dem Vorbild von Klavdija Surotceva und unter der Patronage von Ordžonikidse in den folgenden Jahren bildete. 1936 fand in Moskau ein Treffen der *obščestvennicy* statt, die nun als Bewegung formal bis 1941 bestanden und eine eigene Zeitschrift mit dem gleichen Namen herausgaben. Die „Hausfrauen der Nation" standen als Stützen und Helfer den aufbauenden Männern an der Seite, symbolisierten den stalinistischen Mutterkult, kompensierten staatliche Defizite im Reproduktionsbereich und bestätigten eine männliche Dominanz in der Geschlechterhierarchie.[260]

Zusammenfassung

Die zwischen Revolution und Ende der zwanziger Jahre geführten Diskussionen über Entwürfe des Neuen Menschen entstanden vor dem Hintergrund, eine neue, kommunistische Gesellschaft aufzubauen. Sie beinhalteten die Suche nach Werten, Normen, Verhaltensweisen und menschlichen Idealen – grundlegenden Elementen einer neuen Gesellschaftsordnung. Unter Anwendung der Kategorie gender erweisen sie sich immer auch als geschlechtsspezifische Diskurse, die Rollenvorstellungen, Orte von Mann und Frau und ihr Verhältnis zueinander zu definieren versuchten. Der Aufbau einer neuen Gesellschaftsordnung ging somit untrennbar einher mit der Schaffung einer

---

[259] Schrand, Thomas G.: Soviet „Civic-Minded Women" in the 1930s: Gender, Class, and Industrialization in a Socialist Society. In: Journal of Women's History 11 (1999) Nr. 3, 126–150, hier 126. Die Entwicklung der Figur und ihres Charakters aus dem Bild der zwanziger Jahre bis zur genannten Bewegung in der Stalinzeit muss noch erforscht werden. In Beschreibungen der Ehe- und Hausfrauenbewegung wird kein Rückgriff auf Bedeutungsursprünge der *obščestvennica* in den zwanziger Jahren oder früher gemacht, sondern darin ein temporäres Phänomen der Stalinzeit gesehen. Buckley, Mary: The Untold Story of *Obshchestvennitsa* in the 1930s. In: Europe-Asia Studies 48 (1996) Nr. 4, 569–586; Maier, Robert: Die Hausfrau als *kul'turtreger* im Sozialismus. In: Kultur im Stalinismus. Hg. v. Gabriele Gorzka. Bremen 1994, 39–45; Neary, Rebecca Balmas: Mothering Socialist Society: The Wife-Activists' Movement and the Soviet Culture of Daily Life, 1934.41. In: The Russian Review 58 (1999) 396–412; Scheide, Carmen: ‚Born in October': The Life and Thought of Aleksandra Vasil'evna Artyukhina, 1889–1969. In: Women in the Stalin Era. Hg. v. Melanie Ilić. Erscheint voraussichtlich London 2001.

[260] Neary 401, Schrand 136.

Frauenbilder

Geschlechterordnung, die zum Teil alte Hierarchien bestätigte, aber auch neue aufbaute, wobei eine männliche Dominanz erhalten blieb.

Das bei Theoretikern wie Marx, Engels und Bebel angestrebte radikale Ideal war die Gleichheit aller im Kommunismus, die Abschaffung von jeglichen Unterdrückungsmechanismen, auch zwischen den Geschlechtern. Daraus leitete sich unmittelbar nach der Oktoberrevolution die Idee eines Neuen Menschen ab, der zunächst die Interessen der proletarischen Klasse, nicht seine individuellen Ziele repräsentierte und zukunftsweisend die neuen Gleichheitsideale verkörperte. Dennoch waren seine Charakterzüge überwiegend männlich geprägt, abgeleitet aus der Annahme, Frauen lebten durch die enge Verhaftung in der Familie und im Privatleben noch stärker in den alten Lebensweisen als Männer, die bereits stärker in den Produktionsprozess eingebunden waren. Zudem schwang in allen Überlegungen immer die Prägung und Erfahrung der Menschen mit, es existiere eine natürliche, biologische Differenz zwischen den Geschlechtern, für die es aber unzureichende theoretische Reflektionen oder praktikable Lösungsvorschläge gab, abgesehen von den Vorstellungen einiger Frauen zunächst in der deutschen, später in der russischen Sozialdemokratie. Die wichtigste Vordenkerin über die neue Frau als Ideal der Zukunft war Aleksandra Kollontaj. Jedoch war nur zur Zeit des Bürgerkriegs sie ein gleichwertiges Bild zum männlichen Revolutionshelden.

Auf einer theoretischen Ebene gab es keinen reflektierten Umgang mit der biologischen Differenz, wobei Karl Marx daraus keine kulturelle oder soziale ableitete. Es fehlten jedoch Überlegungen, wie die Differenz zwischen den Geschlechtern aufzuheben sei. Das Marxsche Modell sah eine Errichtung der Gleichheit durch den Zugang aller zu den Produktionsmitteln vor, wobei die Kategorie Klasse vor der Kategorie Geschlecht stand. Unterschiede zwischen Mann und Frau entsprangen einem Klassenantagonismus und verschwanden nach seiner Aufhebung von selber. Revolutionäre und Revolutionärinnen brachten zudem eine mentale Prägung in ihre Überlegungen mit ein, die sich aus konkreten geschlechtsbezogenen Verhaltensweisen sowie zeitgenössischen Vorstellungen über Geschlechtercharaktere zusammensetzte und eine Hierarchie zwischen Mann und Frau festschrieb.[261] Da reproduktive Tätigkeiten, wie sie etwa Kindererziehung, Haushaltsführung aber auch die Tätigkeit als Lehrer darstellten, keinen Mehrwert schafften, galten sie als nachgeordnet, wobei unberücksichtigt blieb, dass besonders Frauen stark in diesen Bereichen eingebunden waren.

---

[261] Fieseler: Frauen 27–29; Forel, August: Die sexuelle Frage. (1904) 16. Auflage, Erlenbach-Zürich 1931. Forel wies Mann und Frau Eigenschaften zu, die als typisch galten, etwa männlich-stark, weiblich-schwach und romantisch.

Geschlechterordnungen

Die Vielzahl an Studien über eine bestehende Differenz aus den zwanziger Jahren zeigen auf, dass die damaligen Verfasser der biologischen Differenz keine große Rolle zuschrieben, sie andererseits aber in einem gesellschaftlichen Umfeld entstanden, in dem Konzepte in Frage gestellt wurden. Durch den Hinweis auf eine Differenz wurde sie aber aufs neue bestätigt, reifiziert.

Eine Umsetzung in die Praxis erfuhren die theoretischen Überlegungen nach der Oktoberrevolution. Während des Bürgerkriegs schien das Gleichheitsideal angesichts einer großen Zahl von Arbeiterinnen in der russischen Industrie, die die kämpfenden Männer ersetzten, erreicht zu sein. Nach Beendigung des Kriegskommunismus und beim Übergang zur NĖP zeigte sich den Bolschewiki deutlich, dass der Aufbau einer neuen Gesellschaft nicht unmittelbar bevorstand und das Ideal des neuen Menschen noch in weiter Zukunft lag. Nach wie vor beherrschten alte Lebens- und Verhaltensweisen sowie Vorstellungen das Handeln der Menschen. Es musste ein Übergang von der Theorie zur Praxis gefunden werden, der sich nicht von alleine vollzog. Hier erwies sich die mangelnde Reflektion über die Transformation vom Alten zum Neuen, die sich nicht von alleine vollzog, als desillusionierendes, von Utopien sich entfernendes Defizit. Die Suche nach der Durchführung von Veränderungen, die entgegen den ursprünglichen Annahmen angeleitet und in der Praxis durchgeführt werden mussten, äußerte sich in zahlreichen Debatten über *byt* und Kultur.

Mit dem Übergang zur NĖP kehrten Männer von der Front zurück und beanspruchten für sich Arbeitsplätze. Die Arbeitslosigkeit besonders unter Frauen stieg an, für Arbeiterinnen erwies sich die Vereinbarkeit von Lohn- und Hausarbeit als großes Problem. Die angebotene Identifikation als Arbeiterin, einem wichtigen Element der sowjetischen Ideologie, entsprach nur teilweise den Lebensumständen von Frauen. Angesichts ihrer geringeren beruflichen und schulischen Qualifikation galten Frauen als rückständig, woraus sich eine Dominanz männlicher Leitbilder ableitete. Ihr Anteil in der Partei und in politischen Organisationen sei zu niedrig, sie bewahrten zu stark alte Lebensweisen. Frauen wurden wie Kinder behandelt, die erzogen werden mussten.

Der Lernprozess erwies sich als erfolgreich. Sie suchten neue Aufgaben, ihre Tätigkeiten wurden in der Öffentlichkeit in Delegiertenversammlungen, Genossenschaften und Sowjetmitgliedschaft kanalisiert. Durch die Übernahme sozialer Angelegenheiten eroberten sie sich neue Räume. Die vormals private Rolle der Mutter und Hausfrau wurde eine öffentliche, ehrenamtliche Funktion. In einem höheren Maße als Männer unterlagen Frauen einer starken Reglementierung. Ein männliches Pendant zur *obščestvennica* existierte nicht. Ende der zwanziger Jahre avancierten Frauen zu einem Vorbild für

Frauenbilder

Ordnung, Selbstdisziplin und Moral, an denen sich Männer ein Beispiel nehmen sollten. Frauen galten als systemloyal und Stütze des Staates. Politik, Wirtschaft und Militär galten als männliche Bereiche, Gesellschaft und Soziales als weibliche.

Die Zuweisung der Mutterrolle und Fürsorgerin erwies sich bei der Normierung von Geschlechterstereotypen relevanter als das Bild der Arbeiterin. Mit diesen Identifikationen wurde eine Konkurrenz mit männlichen Rollen vermieden und Frauen ein vermeintlich autonomer Handlungsraum angeboten. Die Verknüpfung mit der *obščestvennica* betonte eine enge städtische Bindung und einen sowjetischen Schöpfergeist. Das neue Bild entsprach auch stärker den konkreten Lebensbedingungen und -erfahrungen von Frauen, da etwa die Familie nicht an Bedeutung und Einfluss verloren hatte, sondern nach wie vor ein tragendes gesellschaftliches Element mit wichtigen ökonomischen und sozialen Funktionen war.

Das Experiment, eine emanzipierte Gesellschaft zu schaffen, muss mit Inkrafttreten der Stalinschen Verfassung 1936 als gescheitert betrachtet werden, auch wenn dort formal die Gleichstellung der Frau festgeschrieben wurde. Als Gradmesser diente der Mann, Frauen blieben durch diese Formulierung eine besondere, eigene Kategorie.

Der Frau werden in der UdSSR auf allen Gebieten des wirtschaftlichen, staatlichen, kulturellen und gesellschaftlich-politischen Lebens die gleichen Rechte wie dem Mann gewährt.

Die Möglichkeit zur Verwirklichung dieser Rechte wird der Frau gewährleistet durch Gleichstellung mit dem Manne im Recht auf Arbeit, auf Entlohnung der Arbeit, auf Erholung, auf Sozialversicherung und Bildung, durch staatlichen Schutz der Interessen von Mutter und Kind, durch Gewährung eines vollbezahlten Schwangerschaftsurlaubs, durch das dichte Netz von Entbindungsheimen, Kinderkrippen und -gärten.[262]

In der Sowjetunion galt eine hohe Einbindung von Frauen in die Erwerbsarbeit als Merkmal von Emanzipation, die jedoch nur funktionierte, weil Frauen bereit waren, eine Doppelbelastung durch Produktions- und Reproduktionsarbeit klaglos zu akzeptieren.

---

[262] Artikel 122 der sowjetischen Verfassung von 1936. In: Die Sowjetunion. Bd. 1. Hg. v. Helmut Altrichter. München 1986, 287.

4. Das Wechselverhältnis zwischen Individuum und Politik am Beispiel der Lebenswelten von Moskauer Arbeiterinnen

> Mein Kopftüchlein aus Spitze
> hat eine rosarote Litze
> Einst war ich Weib und kochte Suppe
> jetzt bin ich bei der Frauengruppe.[1]

Dieser volkstümliche russische Spruch aus der Zeit des Ersten Fünfjahrplans verdeutlicht nicht nur ein gewandeltes Frauenbild, sondern vor allem die Sichtweise, dass Frauen für sich einen positiven Fortschritt in ihrem Leben sahen. Der enge Kreis von Hausarbeit und Familie wurde durch das gesellschaftspolitische Engagement in einer Frauengruppe, vermutlich als Delegierte, durchbrochen. Dadurch entstand für einige Frauen eine neue Identifikation und ein gestärktes Selbstbewusstsein.

Am 23. November 1929 klagte dagegen Nadežda Krupskaja auf einer Sitzung:

> Genossen. In der letzten Zeit stellte sich die Frage nach dem *byt* erneut mit seinem ganzen Gewicht. [...] Bis zu diesem Zeitpunkt wurde nicht wenig gemacht. Aber das, was gemacht wurde, erscheint als ein vereinzelter Beginn. Nun ist es notwendig, die bisherigen Leistungen sichtbar zu machen und das ganze Leben sowohl in der Stadt als auch im Dorf neu aufzubauen.[2]

Krupskaja sah die Veränderungen im *byt* kritisch, noch weit entfernt von den angestrebten Zielen. Keineswegs sei ein entscheidender Wandel eingetreten, es müsse noch viel Arbeit geleistet werden. Nach wie vor binde der Kochtopf die Frauen an die Familie und den Herd. Noch schärfer kritisierten *ženotdel*-Mitarbeiterinnen Missstände. Von einer Gleichstellung sei man weit entfernt, Frauen würden nach wie vor unterdrückt oder in ihrer gesellschaftspoliti-

---

[1] Halle, Fannina: Die Frau in Sowjetrussland. Berlin u.a. 1932, 508. Zeitgenössischer Spruch um 1930. Alle bei Halle zitierten Sprüche liegen nur in Übersetzung, nicht im Original vor.

[2] Rede von Nadežda Krupskaja auf der Sitzung des sowjetischen Frauenaktivs, zusammengerufen von der Abteilung für Arbeiterinnen beim MK VKP (b) und der *oblast'*-Kommission für Arbeit und *byt* am 23.11.1929. Soveščanie sovetskogo ženskogo aktiva. Sozvannoe otdelom rabotnic MK VKP (b) i oblastn. komiss. truda i byta ot 23.11.1929 g. RGASPI f. 17 op. 10 d. 490 ll.14ob, 15ob.

Lebenswelten

schen Arbeit nicht ernst genommen. Arbeiterinnen litten weiter an einem Mangel von Einrichtungen zu ihrer Entlastung, es fehle an Krippen, Kantinen, Wäschereien und vor allem an der nötigen Aufmerksamkeit gegenüber weiblichen Belangen von Seiten der Partei- und Sowjetorgane.[3]

Diese zeitgleichen Äußerungen verdeutlichen, wie unterschiedlich Wahrnehmungen zu dem selben Gegenstand, hier der Frage des Alltagslebens, sein konnten. Je nach Standpunkt fielen sie diametral entgegengesetzt aus. Die Frauenaktivistinnen beklagten zu Recht eine fehlende Unterstützung für die Gleichstellung von Frauen, da bei weitem nicht ausreichend Betreuungseinrichtungen für Kinder berufstätiger Frauen existierten. Ebenso waren die Wohnverhältnisse, besonders in Moskau, nach wie vor ärmlich und beengt. Dennoch hatte sich ein Wandel vollzogen, wie ihn Krupskaja beschrieb und wie er von einzelnen Frauen positiv für ihr eigenes Leben empfunden wurde.

Im Folgenden soll untersucht werden, in welchen Verhältnissen Frauen lebten und wie sie ihren Alltag sahen. Es wird die Frage gestellt, ob ein Wechselverhältnis zwischen den Diskussionen über den *byt* und individuellen Wahrnehmungen bestand, und worin es sich zeigte. War ein Wandel der Lebensweisen durch die sowjetische Politik festzustellen? Gab es Reaktionen von Frauen auf politische Themen, die „von oben" in den *byt* eingriffen, und lässt sich auch eine Beeinflussung von Debatten durch Anregungen oder Proteste „von unten" feststellen? Wie war das Verhältnis zwischen Strukturen und Individuum? Die Zielsetzung dieses Kapitels liegt in der Beschreibung von weiblichen Lebenssituationen, das Sichtbarmachen individueller Handlungsmuster und Einstellungen im Kontext zu strukturellen Gegebenheiten, nicht in einer geschlossenen Sozialgeschichte. Das Einzelne soll nicht isoliert betrachtet werden, sondern im Zusammenhang zum Milieu, im Wechselverhältnis zu der aus zahlreichen Faktoren wie Politik, Wirtschaft oder Mentalität geprägten Umgebung. Dabei bildet die Frage nach dem *byt* in der Praxis das Leitmotiv. Um diese Fragen zu beantworten werden verschiedene städtische Lebensbereiche vorgestellt, die typisch oder bedeutend für Frauen waren.

Als Quellen dienen 14 Autobiographien von Arbeiterinnen, die 1932 in einem Sammelband erschienen.[4] Die älteste Frau wurde 1882 geboren, die

---

[3] Über eine bestehende Diskriminierung bei der Bezahlung von Textilarbeiterinnen, mangelnde Unterstützung für Einrichtungen zur Verbesserung des *byt* seitens des VSNCh und andere organisatorische Mängel klagen Mitglieder der Kommission beim VCIK zu den Fragen der Durchführung des internationalen Frauentages in der RSFSR im Mai 1928. Stenogramma zasedanija komissii po provedeniju meždunarodnogo dnja rabotnic ot 16.2.1928 g. GARF f. 6983 op. 1 ed. chr. 18 ll. 118–153.

[4] Rabotnica na socialističeskoj strojke. Sbornik avtobiografii rabotnic. M. 1932.

Quellen

jüngste 1912. Es handelte sich durchweg um Arbeiterinnen der Moskauer Trechgornaja Fabrik, die durch aktive und herausragende Teilnahme an der Stoßarbeit ab 1929 aufgefallen waren. Die Lebensberichte wurden von einer biographischen Kommission der Abteilung der Geschichte des Proletariats des Instituts für Geschichte bei der Kommunistischen Akademie seit 1930 zusammengetragen.

Die lebensgeschichtlichen Erzählungen von Arbeiterinnen entstanden im Zusammenhang mit dem Projekt, die Geschichte der Fabriken und des Proletariats aufzuzeichnen, und wurden als wichtiges Dokumentationsmaterial betrachtet. In Abgrenzung zur bürgerlichen, vorrevolutionären Geschichtsschreibung sollten neue Formen gefunden werden, indem Träger des neuen Staates, Mitglieder des Proletariats, als historische Subjekte im Mittelpunkt standen. Die Erfahrungen einzelner Individuen sollten identitätsstiftend wirken. Die lebensgeschichtlichen Notizen basierten nicht auf einer stereotypen, normierten Befragung, enthielten aber dennoch eine vergleichbare Erzählstruktur durch die vorgegebene Thematisierung von Leben, Revolution und Teilnahme am sozialistischen Aufbau. Obwohl die Autobiographien von den Kommissionsmitgliedern stilistisch, orthografisch und formal bearbeitet wurden, wiesen sie individuelle Züge in Sprachauswahl, Ausführlichkeit und Länge auf. Der Höhepunkt jeder dieser Arbeiterinnenbiographien war die Darstellung der herausragenden Teilnahme am sozialistischen Wettbewerb. Die einzelnen Arbeiterinnen dienten als Beispiele und Vorbilder für das weibliche Fabrikproletariat. Keineswegs verlief die Durchführung der Stoßarbeit in der sowjetischen Industrie seit 1928/29 unproblematisch. Der Fleiß von einigen Teilnehmerinnen wurde von Kolleginnen ablehnend innerhalb der Arbeitsstelle betrachtet und sorgte für soziale Konflikte. Diese Probleme fanden kaum eine Erwähnung in den Biographien, die dazu dienen sollten, andere zu überzeugen, sich positiv und loyal gegenüber dem Sowjetstaat zu verhalten. Trotz Ausblendungen und Tabuisierungen innerhalb der Texte – über mögliche Zensurmaßnahmen liegen mir keine Belege vor – bietet sich hier sehr interessantes und selten auffindbares Material über individuelle Sichtweisen. Durch einen Vergleich mit anderen Arbeiterinnenbiographien, die früher oder in einem anderen Kontext erschienen waren, lassen sich verschiedene Aussagegehalte auf ihre Glaubwürdigkeit hin überprüfen.[5]

[5] Vereinzelte Biographien von Arbeiterinnen finden sich in der *Rabotnica, Kommunistka* bei Bojarskaja, S.: Aus dem Leben der Arbeiterinnen der Sowjetunion. Hamburg, Berlin 1927, und in publizierten Quellen. Durch einen Vergleich mit anderen Ländern lassen sich Thesen ebenfalls überprüfen. Siehe dazu Roberts, Elizabeth: A Woman's Place. An Oral History of Working-Class Women 1890–1940. Oxford 1984; Hagemann, Karen: Frauenalltag und Männerpolitik. Alltagsleben und gesellschaftli-

Lebenswelten

Zunächst geht es um den Versuch, gemeinsame Merkmale aber auch Unterschiede der Biographien herauszuarbeiten. Woher kamen die Frauen, welche Vorprägungen brachten sie mit, wie verlief ihre Kindheit und Jugend, welche Bildung hatten sie erworben und wie gestaltete sich der Beginn von Erwerbs- und Familienleben? Welche Einstellungen entwickelten sie zur Politik und zu ihrem eigenen Leben? Woran orientierten sich Frauen, welche Identitäten besaßen sie? Gab es Unterschiede zwischen Frauen aus verschiedenen Altersklassen und sozialen Schichten? Wie sah das berufs- und familienbedingte Wanderverhalten von Frauen aus, was bewirkte es? Welchen Stellenwert nahm die Familie ein? Spielte die Frage der Emanzipation eine Rolle in ihrem Bewusstsein und welche Geschlechterrollenangebote wurden sich angeeignet? Sogenanntes abweichendes Verhalten wie Kriminalität, Prostitution oder Alkoholismus wird ebenfalls beleuchtet, da es auch zu der Lebenswelt von Frauen in den zwanziger Jahren gehörte und eng verbunden mit dem Leben in der Stadt war. Zudem bietet es Einblicke in Konfliktsituationen und kann als Gradmesser für sich wandelnde Normen gesehen werden. Da die begangenen Delikte eng mit der Existenzsicherung zusammenhingen, werden sie in Beziehung zur Lohnarbeit gesetzt und nicht in einem gesonderten Kapitel über weibliche Kriminalität in den zwanziger Jahren behandelt.

Eine dichte Beschreibung individueller Sichtweisen über zahlreiche lebensweltliche Gebiete lässt sich mangels fehlender Quellen zu bestimmten Bereichen nicht durchhalten. Zudem erweist es sich als unerlässlich, strukturelle Maßnahmen und sie begleitende Diskussionen, etwa die Änderung der Ehegesetzgebung, detaillierter zu beschreiben, um Reaktionen darauf besser einordnen zu können. Dies führt zur Darstellung der Sichtweisen von Personen, die in Organisationen tätig waren und bestimmte öffentliche Funktionen ausübten. Besonders durch die Auswertung von Archivmaterial kommen Frauen zu Gehör, die in den einzelnen Kommissionen bei den Partei- und Sowjetorganen mit der Arbeit unter Frauen beschäftigt waren und nicht zur Elite gehörten, über deren Erfahrungen und Haltungen bislang aber kaum Untersuchungen vorliegen. Was für eine Politik betrieben sie? Wie war ihre Wahrnehmung von der „mittleren Ebene" aus auf die Organisationsfrage der Frauen, wie betrachteten sie die Fragen der Emanzipation und des Alltagslebens?

Weitere Quellen sind Berichte über Arbeits- und Privatleben von Arbeiter- und Bauernkorrespondentinnen an die Zeitschriften *Rabotnica* und *Kommunistka* aus den zwanziger Jahren sowie Leserinnenzuschriften zu Fra-

ches Handeln von Arbeiterfrauen in der Weimarer Republik. Bonn 1990; Wecker, Regina: Zwischen Ökonomie und Ideologie. Arbeit im Lebenszusammenhang von Frauen im Kanton Basel-Stadt 1870–1910. Zürich 1997.

Herkunft, Kindheit, Bildung

gen des *byt*. Auch in sozialwissenschaftlichen Untersuchungen zum Arbeiterleben, Sexualverhalten oder Kriminalität finden sich Angaben über Lebensweisen von Frauen und biographische Beschreibungen wieder. Elena Osipova Kabo führte im Auftrag der Gewerkschaften 1924 eine Studie über das *byt* von Arbeitern und Arbeiterinnen in Moskau durch.[6] Neben einer statistischen und analytischen Auswertung der 16 befragten Familien, die über ein Jahr lang von Ende 1924 bis Januar 1925 systematisch Auskünfte gaben, beschrieb Kabo die einzelnen Fälle ausführlich.

Aus dem genannten Quellenmaterial ergibt sich eine Beschränkung auf die Stadt Moskau und ihre unmittelbare Umgebung mit dem Schwergewicht auf Arbeiterinnen und Ehefrauen von Arbeitern. Da ein Teil der Frauen auf dem Land aufgewachsen war, lassen sich Wanderungsbewegungen, ihre Folgen und die Frage der „Verstädterung" beleuchten.

Ausgeblendet werden andere Nationalitäten als die russische, der Vergleich zu anderen Regionen oder industriellen Zentren, etwa dem russischen „Manchester" in Ivanovo-Voznesensk, Minderheiten wie etwa jüdische Frauen oder Altgläubige.

Noch eine kurze Anmerkung zu den angesprochenen Bereichen der Arbeiterinnen-Lebenswelten: Obwohl Fragen nach der Sexualität, Erfahrungen mit der Geburt von Kindern oder das Verhältnis zur eigenen Mutter interessant wären, bleibt vieles mangels Quellen unbeantwortet. Dazu gehören Untersuchungen zu verschiedenen Schichten von Frauen wie Hausangestellten, Frauen in der Sowjetbürokratie und Angehörige der Parteielite. Es können nur Bereiche bearbeitet werden, die im Material vorhanden sind. Das Fehlen von Aussagen etwa über erste Sexualkontakte, Diskriminierungen und Arbeiterinnenproteste kann nur spekulativ interpretiert werden.

4.1 Herkunft, Kindheit und Bildung: biographische Grundzüge

Herkunft und Kindheit

Tat'jana Egorovna Doncova wurde 1886 im Dorf Golubino im Gebiet Moskau geboren. Ihr Vater arbeitete als Droschkenkutscher in Moskau. Die Mutter lebte dort als Amme bei einer bürgerlichen Familie, ging zeitweise zurück

---

[6] Elena Osipovna Kabo (1888–1968): Očerki rabočego byta. Opyt monografičeskogo issledovanija domašnego rabočego byta. T. 1. M. 1928. Sie arbeitete als Leiterin der Abteilung Arbeiterbudget im Zentralbüro für Arbeitsstatistik von 1921 bis 1929.

Lebenswelten

auf das Dorf, um die arme Landwirtschaft zu führen, wanderte aber bald wieder in die Stadt, um in der Moskauer Trechgornaja Textilfabrik Geld für den Unterhalt der Familie zu verdienen. Tat'jana blieb mit ihren Geschwistern bei der Großmutter auf dem Dorf. Über ihre Kindheit schrieb sie: „Wir waren arm."[7] Mit acht Jahren begann sie selber in einer Tabakfabrik zu arbeiten. Zunächst legte sie *papirosy* (Zigaretten) in Kartons, später stellte sie sie her. Der Lohn war niedrig, die Arbeitszeit lang, oft bis zwei Uhr nachts. Eine Verbesserung ihrer Lebenssituation trat ein, als eine Tante die vierzehnjährige Tat'jana 1900 nach Moskau in die Spinnerei der Trechgornaja Fabrik holte. Die Mutter war zu diesem Zeitpunkt tot. Der Verdienst reichte aus, um noch etwas an die Familie auf dem Dorf abzugeben. Tat'jana reflektierte rückblickend, sie hätte nichts von ihrer Jugend gehabt, kein Vergnügen, nur Arbeit.

Klavdija Sevast'janova Ukolova wurde 1898 als Tochter einer proletarischen städtischen Familie geboren. Die Eltern verdienten relativ wenig in der Fabrik, weshalb der Lohn oft nicht reichte, um Brot für die Familie mit den sieben Kindern zu kaufen. Mit zehn oder 11 Jahren begann ihr Arbeitsleben als Putzfrau und „Mädchen für alles" gegen einen geringen Lohn in einer Kaufmannsfamilie. Als sie 1910 14 Jahre alt wurde, folgte sie der Mutter in die Webereifabrik. Dort arbeitete sie nach einem Jahr Anlernzeit „wie eine Erwachsene".[8]

Olja Volosistova wurde 1912 in Moskau geboren. Ihr Vater war Textilarbeiter in der Trechgornaja Fabrik, die Mutter Hausfrau. Olja verbrachte ihre Kindheit teilweise im Kindergarten. Während des Bürgerkrieges, den sie selber als Hungerzeit bezeichnete, blieb ihr Vater angesichts geschlossener Fabriken zeitweise arbeitslos. Die Familie wanderte zum Überleben 1918/19 auf das Dorf. Olja besuchte von 1920 bis 1928 die Schule. Erste Arbeitserfahrungen sammelte sie durch den Tod der Mutter 1925, als sie den Haushalt führen musste. In die Fabrik trat sie nach Beendigung der Schule 1928 ein. Allen Frauen gemeinsam war eine ärmliche, kurze Kindheit und ein früher Beginn des Erwerbslebens zur eigenen Existenzabsicherung. Schulbesuche beschränkten sich oftmals auf ein Minimum oder fielen mangels einer Schulpflicht sowie der fehlenden Bereitschaft der Eltern, ihren Kindern Bildung zukommen zu lassen, ganz aus.

---

[7] Doncova, Tat'jana Egorovna. In: Rabotnica na socialističeskoj strojke. Sbornik avtobiografii rabotnic. M. 1932, 115–126, hier 115. Sofern es sich im Folgenden um Beispiele aus dem genannten Sammelband handelt, werden sie nicht mehr einzeln belegt. Nur biographische Angaben von Personen, die andersweitig dokumentiert sind, werden genauer zitiert.

[8] Ebd. 60.

Herkunft, Kindheit, Bildung

Die drei Frauen arbeiteten alle um 1930 herum in der größten Moskauer Textilfabrik. Ihre Herkunft war sehr unterschiedlich aber typisch für Textilarbeiterinnen in der frühen Sowjetzeit. Textilarbeiterinnen wiederum stellten den Hauptanteil des weiblichen Proletariats. Ihre Familien lebten zum Teil von der Landwirtschaft, mussten aber in den meisten Fällen noch anderweitig Geld für den Lebensunterhalt verdienen. Durch die Bauernwirtschaft konnten die oft großen Familien mit vielen Kindern nicht mehr allein ernährt werden. Eine ländliche Überbevölkerung trieb Arbeitskräfte vom Dorf wellenförmig in die Stadt. Die Mutter von Balašova arbeitete als Weißwäscherin in der nahegelegenen Stadt, ihr Vater war Schmied. Der Vater von Bušueva lebte als Angestellter bei der Russischen Eisenbahn. Die in der Stadt aufgewachsenen Arbeiterinnen kamen oft aus Familien, die ausschließlich von der Fabrikarbeit lebten und keine Verbindungen mehr zur Landwirtschaft besaßen.

Prägend für russische Unterschichten vor dem Ersten Weltkrieg war die Armutserfahrung, der Kampf um die Absicherung des Existenzminimums sowohl im Dorf als auch in der Stadt.[9] In den meisten Lebensläufen weisen die Autorinnen darauf hin. Armut bildete die Grundlage für soziale Veränderungen, für die Aufnahme von Fabrikarbeit, die relativ gut bezahlt wurde. Sie war der Nährboden für die Revolutionen 1917, die ein besseres Leben in Aussicht stellte. Jüngere Frauen, die wie Olja Volosistova erst 1912 geboren wurden, durchlebten eine Zeit von Mangel und Entbehrungen während des Bürgerkriegs. Diese in den Biographien als „Hungerzeit" bezeichneten Jahre waren, ebenso wie die Armut in der vorrevolutionären Kindheit, geprägt vom Kampf ums Überleben und oftmals dem Tod von Familienangehörigen.

Als Folge der Armut muss der frühe Eintritt ins Arbeitsleben gewertet werden, ebenso der bereits von Tat'jana Doncova angesprochene Verlust von Kindheit und Jugend. Attribute der Kindheit wie Spiele, Geborgenheit, Unbeschwertheit und Zuneigung fanden sich nicht im Leben der Arbeiterinnen vor der Revolution. Der Übergang von der Kindheit zum Erwachsenenleben war kurz. Die spätere Textilarbeiterin Ol'ga Egorovna Meščerjakova ging bereits 1887, mit zehn Jahren, nach Moskau. Sie kam aus einer armen Bauernwirtschaft im Rjazaner Gebiet.

> Eine Bekannte aus Moskau brachte mich in die Fabrik beim Jungfrauenfeld. Ich habe dort Geld verdient. [...] Ich habe heimlich ge-

---

[9] Prägend für das Alltagsleben von Fabrikarbeitern und -arbeiterinnen vor dem Ersten Weltkrieg beschreibt Husband lange Arbeitszeiten, beengte Wohnverhältnisse und einfache, einseitige Ernährung. Husband, William B.: Revolution in the Factory. The Birth of the Soviet Textile Industry, 1917–1920. New York, Oxford 1990, 18.

Lebenswelten

nau wie ein Erwachsener gearbeitet. Eine Kommission hat mich entdeckt. Ich wurde dann mit 12 Jahren eine legale Arbeiterin.[10]

So früh wie möglich mussten Mädchen und Jungen aus den Unterschichten zum eigenen Lebensunterhalt beitragen. Die Mitarbeit in der Familienwirtschaft konditionierte sie für die harte Fabrikarbeit.

Drei Phasen der Arbeitserfahrung lassen sich für Frauen vor der Revolution einteilen. Mädchen halfen zunächst bei der Hausarbeit und Betreuung jüngerer Geschwister in der Familie mit, sobald sie dazu in der Lage waren. Während dieser Zeit erhielten sie oft die einzige Möglichkeit, eine Schule zu besuchen. Dort erwarben sie meistens nur elementare Grundkenntnisse im Lesen und Schreiben, viele blieben mangels Bildung Analphabetinnen. Im Alter zwischen ungefähr acht und 14 Jahren gingen die Mädchen, besonders aus Bauernfamilien, ersten Tätigkeiten außerhalb der eigenen Familie nach, etwa der typischen Stellung eines Dienst- oder Kindermädchens in einer anderen Familie. Die Mädchen erhielten dort in der Regel keinen Lohn, sondern lediglich Kost und Logis. Da das Eintrittsalter in die Fabrik offiziell mindestens 14 Jahre vor der Revolution und 16 Jahre danach betrug, auch wenn es teilweise unterschritten wurde, war die Tätigkeit in Privathaushalten, die sich einer Kontrolle durch staatliche Organe entzog, eine Möglichkeit, das festgesetzte Erwerbsalter zu umgehen. Zudem benötigten die Mädchen keine besondere Qualifikation, beherrschten sie die erforderlichen Tätigkeiten doch bereits durch ihre Familienarbeit. Über die Dienstherrschaften gab es interessanterweise nur wenig Aussagen, etwa, dass das Verhältnis zu ihnen distanziert und unpersönlich war. In den Erzählungen aus der Sowjetzeit wurden sie als Angehörige einer anderen Klasse beschrieben. Diese Aussage erschien weniger als eine individuelle Wahrnehmung, sondern vielmehr als eine von den Frauen angenommene Sichtweise, in Klassenkategorien zu denken. Die Vermutung liegt aber auch nahe, dass viele sich nicht mehr genau erinnern konnten. Die Arbeit empfanden die Mädchen durchweg als schwer und als eine Überforderung für ihr Alter. Die Frage des Alleinlebens, ohne familiäre Kontakte, wurde nicht reflektiert.

Eine andere Möglichkeit des ersten Broterwerbs außerhalb des heimischen Haushalts war für die beiden im Dorf geborenen Frauen Balašova und Doncova die Arbeit in einer Tabakfabrik, die sie dort mit acht und zehn Jahren aufnahmen. Zunächst verrichteten sie dort Hilfsarbeiten, mit der Zeit übernahmen sie anspruchsvollere Tätigkeiten, die ohne besondere Vorkenntnisse

---

[10] Meščerjakova, Ol'ga Egorovna. In: Rabotnica na, 153–156, hier 153–154.

Herkunft, Kindheit, Bildung

ausführbar waren. Da die Arbeit in der Tabakfabrik saisonbedingt war – abhängig von der Ernte der Tabakblätter im Sommer – besuchte Balašova während des Winters noch die Schule. Die geleistete Kinderarbeit unterschied sich nur wenig von Erwachsenenarbeit:

> Dort [in der Etikettierwerkstatt der Tabakfabrik, Anm. v. CS] haben wir Kinder den ganzen Arbeitstag gearbeitet. Von acht Uhr morgens bis halb fünf abends. Wir hatten eine halbe Stunde Pause zur Mittagszeit. Die Arbeit im Sommer hat mir gefallen, da ich ganz unabhängig, wie ein Erwachsener war. [...] Der Besitzer war über die billige Kinderarbeit froh. Die Löhne wurden am Ende des Sommers ausgezahlt.[11]

Wieder tauchte der Vergleich mit Erwachsenen auf, der Wunsch, so früh wie möglich selbständig zu werden.

Eine weitere wichtige Erwerbsquelle innerhalb der häuslichen Umgebung war die Heimarbeit. Als Beispiel sei die Biographie von Aleksandra Vasil'evna Artjuchina genannt. Die spätere Direktorin der *ženotdely* nähte als Mädchen für den Unterhalt der Familie Männerblusen aus zugeschnittenem Kattun. Pro Bluse erhielt sie vier Kopeken. Um ausreichend Brot und Tee kaufen zu können fertigte sie bis zu fünf Hemden im Verlauf eines Tages an. Die Arbeit dauerte oft bis spät in die Nacht.[12]

Die angesprochenen niedrigen Löhne sowohl als Dienstmädchen, Heim- oder Hilfsarbeiterin erhöhten die Attraktivität für einen frühen Eintritt in eine Fabrik. Zudem wurde damit die Hoffnung auf ein besseres Leben verbunden.

> Als ich 13 Jahre alt war, wollte ich nicht weiter Kindermädchen sein. Ich habe es der Mutter gesagt, dass ich nicht weiter bei den Kindern bleiben werde, sondern in die Fabrik gehe – dort arbeiten die Freundinnen, sie kleiden sich gut und ich habe nichts.[13]

Fabrikarbeit bedeutete fast immer die Wanderung in eine Stadt, die als Synonym für ein schöneres Leben galt.[14]

---

[11] Rabot na 104–105.

[12] Artjuchina, A.V.: Polveka. In: Oktjabrem roždenie. M. 1967, 12–25, hier 13.

[13] Guljutina in: Rabotnica na 67–68.

[14] Haumann, Heiko: „Ich habe gedacht, dass die Arbeiter in den Städten besser Leben." Arbeiter bäuerlicher Herkunft in der Industrialisierung des Zarenreiches und der frühen Sowjetunion. In: Schweizerische Zeitschrift für Geschichte 43 (1993) Nr. 1, 42–60.

Lebenswelten

Vor der Revolution gelangten junge Frauen überwiegend durch Landsmannschaften (*zemljačestvo*) oder Genossenschaften (*artel'*) in eine Fabrik. Meistens arbeiteten dort bereits Personen aus dem sozialen Umfeld des jungen Mädchens, im günstigsten Fall die eigene Mutter aber auch Tanten oder andere Bekannte aus dem Dorf. Sie nahmen die neue Arbeiterin mit, führten sie in das Fabrikleben ein. Diese Einbindung wurde als unproblematisch und selbstverständlich empfunden. Die Beziehungen zwischen Wanderarbeitern, proletarischer Familie und dem Dorf waren noch lebendig und gut. Ein Wandel zeichnete sich nach 1917 ab. Die 1912 in Moskau geborene Marusja Rogaeva wuchs in der Stadt auf. Ihr Vater arbeitete als Heizer in einer Fabrik. Sie wanderte mit einem Teil der Familie während der Hungerjahre im Kriegskommunismus auf das Dorf. Mitte der zwanziger Jahre kehrte sie in die Stadt zurück, wo sich die Versorgungslage normalisiert hatte. 1929 nahm sie die Arbeit in der Trechgornaja Fabrik in Moskau auf. Sie musste bewusst nach einer Arbeit suchen, es bestanden keinerlei Verbindungen zu einer Landmannschaft. Auch Guljutina, die vor 1917 bereits als Fabrikarbeiterin lebte, durch Heirat und Hungerjahre jedoch Arbeitsunterbrechungen hatte, wollte 1925 erneut in die Fabrik gehen. Obwohl sie aus dem Dorf stammte und als Jugendliche über eine Landsmannschaft dorthin gelangte, fehlten ihr nun diese Bindungen. Sie musste den offiziellen Weg über eine Arbeitsbörse, eine staatliche Arbeitsvermittlungsstelle gehen, den sie als mühsam empfand.

Hatten Frauen einmal das Dorf verlassen, verloren sie schneller die Verbindung im Vergleich zu Männern, die oftmals Frau und Familie im Dorf zurückließen. Zur Verrichtung der Erntearbeit im Sommer kehrten sie selber dorthin zurück. Vor der Revolution fiel eine enge Bindung an die Scholle für wandernde Frauen weg, da sie kein Recht auf Gemeindeland hatten.

Schwer war auch die Lage der Bäuerinnen [in der Zarenzeit, C.S.]. Sie hatten kein Recht auf Landzuteilung. Mädchen wurden deshalb in der Bauernfamilie als Mühsal betrachtet.[15]

Bestanden noch Kontakte zum Dorf, so oft wegen der Kinder, die bei den Großeltern billiger lebten als bei den Eltern in der Stadt. Ein Teil des Lohnes gaben die Arbeiterinnen für deren Unterhalt ab.

Lag der Beginn von Erwerbsarbeit in einer Fabrik vor der Revolution noch bei ungefähr 14 Jahren, so stieg er danach zumindest bei städtisch sozialisierten Mädchen an. Durch längere Schulbildung trat Rogaeva erst mit 18 Jahren in das Erwerbsleben ein. Unverändert blieb die Mithilfe im Familien-

---

[15] Artjuchina, A.: Projdennyj put'. In: *Ženščiny v revoljucii*. M. 1959, 17–40, hier 18; Fieseler, Beate: Frauen 46.

Herkunft, Kindheit, Bildung

haushalt oder der Landwirtschaft. Dusja Mitina, 1912 auf dem Dorf geboren, arbeitete zunächst ab 1924 als Kindermädchen in der Stadt, bevor sie später in die Trechgornaja Fabrik ging. Statt bei bürgerlichen Dienstherren diente sie einer Fabrikarbeiterfamilie, auf deren Kinder sie aufpasste. Dafür wurde sie kostenlos durchgefüttert.

Bildung

Weder in der Zarenzeit noch in den zwanziger Jahren gab es eine Schulpflicht, die erst in den dreißiger Jahren in der Sowjetunion eingeführt wurde. Das Bildungswesen war schlecht entwickelt, dementsprechend gab es bis zu diesem Zeitpunkt keine flächendeckende Versorgung mit Grundschulen, ebenso fehlten einheitliche, verbindliche Lehrpläne. Für Männer stellte sich die Lage besser als für Frauen dar, da sie spätestens bei der Ableistung ihres Militärdienstes Lesen lernen mussten. Der Analphabetismus, besonders unter Frauen, war verhältnismäßig hoch in der frühen Sowjetunion.

TABELLE 1: ANWACHSEN DER ALPHABETISIERUNG IN DER BEVÖLKERUNG 1897 BIS 1926.[16]

Anzahl Alphabetisierter auf 1000 Einwohner in acht europäischen Teilen der RSFSR	1897		1920		1926	
	Männer	Frauen	Männer	Frauen	Männer	Frauen
	33,7	11,7	44,6	25,8	58,2	34,4

Alphabetisierung städtischer und ländlicher Bevölkerung um 1926 in der RSFSR			
Stadtbevölkerung		Landbevölkerung	
Männer	Frauen	Männer	Frauen
75,8%	67,3%	44,4%	29,7%

Deutlich lässt sich ein Trend zu einer Grundbildung ablesen, die zunehmend mehr im Rahmen einer im Entstehen begriffenen Industriegesellschaft erforderlich war. In der Stadt gab es nicht nur bessere Schulmöglichkeiten als im Dorf. Lesen war hier eine Grundvoraussetzung des alltäglichen Lebens, wenn es etwa um die amtliche Anmeldung, einen Arztbesuch oder die Aufnahme einer Arbeit ging. Diesen Zusammenhang sahen bereits Fabrikarbeiterinnen vor der Revolution. So waren es oft die erwerbstätigen Mütter, die ihre Töch-

---

[16] GARF f. 2314 op. 9 d. 17 ll. 1–2. Die acht Teile werden nicht genauer benannt.

Lebenswelten

ter drängten, Lesen und Schreiben zu lernen, besonders wenn die Mütter schon in der Stadt arbeiteten.

Meine Mutter kam und hat gesagt: ‚Du wirst weiter lernen. Ich war Analphabetin, habe schlecht gelebt, in Armut, ohne irgendetwas Gutes. Wenn du aber ausgelernt hast, kannst du in einem Kontor arbeiten.'[17]

Von den 14 untersuchten Arbeiterinnen besuchten einige keine Schule in ihrer Kindheit. Meščerjakova und Doncova, beide aus einer armen Bauernfamilie, sahen den Analphabetismus ihrer Eltern als Grund für eine eigene fehlende Schulbildung an. Die jüngeren Frauen Rogaeva und Mitina besuchten zunächst keine Schule – um 1920 herum – da sich keine in der Nähe befand.

Mit acht bis neun Jahren wollte ich in die Schule, aber ich hätte fünf bis sechs Werst laufen müssen. Einige Jungen gingen, aber die Mädchen wurden nicht gelassen. Sie mussten auf die jüngeren Geschwister aufpassen und der Mutter helfen. […] Dann wurde eine Schule in der Nähe gebaut, einen halben Werst von uns entfernt. Dort habe ich gelernt. Ich war schon 13 Jahre alt.[18]

Die gleichaltrige Dusja Mitina stand vor dem selben Problem. Zudem fehlten ihr Kleider und Schuhe für den Schulbesuch. Andere lernten im Schnitt bis zu drei Jahren in Kirchengemeinde-, Dorf- oder Sonntagsschulen. Kinder aus proletarischen städtischen Familien bot sich auch die Gelegenheit, eine Fabrikschule zu besuchen. Bušueva, die Tochter des Eisenbahnangestellten, lernte fünf Jahre in einer ministeriellen Eisenbahnschule. Der Schulbesuch der Kinder hing unmittelbar mit Bildungsniveau, sozialer Stellung und Wohnort der Familie zusammen. Je größer die Armut war, desto schneller musste für den eigenen Lebensunterhalt gesorgt werden, umso weniger Zeit blieb für die Grundbildung. Die Qualität der Bildung war je nach Schultyp und dem individuellen Lernverhalten unterschiedlich. Kirchengemeindeschulen vermittelten überwiegend religiöses Wissen, Dorfschulen eher fundierte Lese- und Schreibkenntnisse.

Jüngere Frauen waren durchweg besser gebildet als ältere, was darauf hinweist, dass elementare Lese- und Schreibkenntnisse zunehmend mehr als selbstverständliche Grundbildung betrachtet wurden. Die Schulzeiten wur-

---

[17] Die Mutter von Balašova arbeitete als Weißwäscherin in Moskau, während ihre Tochter noch auf dem Dorf lebte. Rabot na 106.

[18] Rabot na 78.

Herkunft, Kindheit, Bildung

den länger, dadurch verschob sich der bereits weiter oben erwähnte Beginn des Erwerbslebens. Städtische Kinder erhielten eine bessere Bildung als Kinder auf dem Land, da es hier ein dichteres Schulnetz gab. Unterschiede sind bei Mädchen und Jungen festzuhalten. Die spätere *ženotdel*-Direktorin und Sowjetfunktionärin Aleksandra Vasil'evna Artjuchina, 1889 in einer Arbeiterfamilie im Tver'er Gouvernement geboren, besuchte von 1896 bis 1899 die dreijährige Grundschule.[19] Ihr späterer Ehemann Michail dagegen absolvierte die siebenjährige Grundschule.[20]

Nach der Revolution gab es Pläne für breite Alphabetisierungskampagnen innerhalb der Bevölkerung. Die Losung lautete:

Kommunismus ist Sowjetmacht, plus Elektrifizierung, plus Liquidation des Analphabetismus.

Bereits zum zehnjährigen Jahrestag der Oktoberrevolution sollte die durchgängige Grundschulbildung der Bevölkerung als ein grundlegendes Element der sowjetischen Gesellschaft verwirklicht werden. Dafür wurde die Gesellschaft „Weg mit dem Analphabetismus" (*Obščestvo ‚Doloj negramotnost'"*) gegründet und *likbez*-Kampagnen (*likvidacija bezgramotnych*, Liquidierung der Analphabeten) durchgeführt. Unter Frauen, besonders unter Bäuerinnen, galt die hohe Analphabetinnenrate als ein Zeichen ihrer Rückständigkeit. Sie seien weniger in das gesellschaftliche Leben eingebunden und fühlten deshalb schwächer als Männer das Bedürfnis nach Lesekenntnissen. Jede Frau, die sich gesellschaftspolitisch engagierte, sollte deshalb zunächst alphabetisiert werden, eine Aufgabe der *ženotdely*.[21] Die Arbeit sollte in *likpunkty*

---

[19] Die Elementarbildung fiel mangels vereinheitlichter Lehrpläne und Schulzeiten abhängig von Schulträger, Standort und Geschlecht unterschiedlich aus. Ab 1890 ist ein schnelles Wachsen der Zahl von Lernenden und Schulen zu verzeichnen. Der Mädchenanteil an der Grundschulbildung betrug 1896 21 Prozent, 1911 32 Prozent. Fast alle mehrklassigen Grundschulen lagen in den Städten, wo der Anteil an Schülerinnen ständig stieg und 1909 fast 50 Prozent betrug. Dies färbte auf das städtische Umland ab. In: Eklof, Ben: Russian Peasant Schools. Officialdom, Village Culture, and Popular Pedagogy, 1861–1914. Berkeley 1986, 287; Löwe, Heinz-Dietrich: Die arbeitende Frau. Traditionelle Räume und neue Rollen, Russland 1860–1917. In: Aufgaben, Rollen und Räume von Mann und Frau. Hg. v. Jochen Martin - Renate Zoepffel. Freiburg 1989, 937–972, hier 960; Scheide, Carmen: Frauenbildung. Gesellschaftlicher Aufbruch und Mängel staatlicher Politik. In: Aufbruch der Gesellschaft im verordneten Staat. Russland in der Spätphase des Zarenreiches. Hg. v. Heiko Haumann - Stefan Plaggenborg. Frankfurt/M. u.a. 1994, 296–317.

[20] Tverskaja Oblast'. Ėnciklopedičeskij spravočnik. Tver' 1994, 46.

[21] Ssorin, N.: Sputnik likvidatora negramotnosti. M. 1925, 28.

Lebenswelten

(Liquidationspunkten), „Roten Ecken", in den Dörfern in *izbyčital' nye* (Lesezelten) und durch ein ausreichendes Angebot einfacher Lektüre durchgeführt werden. Um Frauen zu bilden, gab es spezielle Literatur. Abgesehen von einer Vielzahl von Frauenzeitschriften, die jeweils eine bestimmte Zielgruppe erreichen wollten, gab es Leseempfehlungen für Frauen. Lektüre für Bäuerinnen und halbalphabetisierte Frauen wurde oft in Broschürenform verfasst. Die Texte waren sprachlich einfach gehalten und mit vielen illustrierenden Bildern durchsetzt. Zu den Autorinnen gehörten Vertreterinnen von Frauenorganisationen, die ebenfalls in den Zeitschriften Artikel verfassten. Interessant ist, dass in einer 1924/25 erstellten Bibliographie über Frauenlektüre die Schriften von Aleksandra Kollontaj nicht erfasst wurden. Sie war eine persona non grata in Frauenfragen geworden, nachdem sie die politische Bühne in der Sowjetunion ab 1923 verlassen hatte.[22] 1928 gab es noch 18 Prozent Analphabeten in der männlichen und 53 Prozent in der weiblichen Bevölkerung. Die 104 600 Schulen wurden von sieben Millionen Kindern besucht.[23] In der bäuerlichen Bevölkerung waren nicht alte, sondern auch junge Frauen ohne Lese- und Schreibkenntnisse. Ein Bildungsgefälle bestand nach wie vor zwischen Stadt und Land. Im Zusammenhang mit der forcierten Industrialisierung und einem steigenden Bedarf qualifizierter Arbeiter und Arbeiterinnen wurde auch die Bildungsfrage als ein drängendes Problem gestellt und nach Lösungen gesucht.

Die Beschreibung eines Bildungserlebnisses als Schlüssel für ein besseres Leben von einer einfachen Arbeiterin zeigte den Erfolg von Alphabetisierungskampagnen nach der Revolution, zumindest unter der Industriearbeiterschaft.

„Jetzt fangen wir Arbeiterinnen an durchzufallen. Man müsste uns nur anspornen. Ich bin eine rückständige/unwissende (*temnaja*)[24] Arbeiterin, obwohl ich ein bisschen in der Schule gelernt habe. Neues habe ich nur in der Fabrik gelernt, als wir unterrichtet wurden, wohin die Delegierten gehen sollten, auf welchen Weg. Unsere Organisato-

---

[22] Bibliotečka rabotnicy i krest'janki. Katalog knig. M.-L. 1928.

[23] Lunačarskij, A. - N. Krupskaja: Narodnoe obrazovanie i ženščina-obščestvennica. M.-L. 1928, 9, 17. 1939 gab es 82 Prozent alphabetisierte Frauen und 94 Prozent Männer in der Sowjetunion. Čirkov, Petr Mateevič: Rešenie ženskogo voprosa v SSSR (1917–1937 gg.) M. 1978, 163.

[24] Das adjektiv *temnyj* hat verschiedene Bedeutungen: dunkel, unklar, unwissend, rückständig. Im Zusammenhang mit dem Bildungsniveau bezeichnete es sicherlich unwissend, meinte aber auch rückständig.

rin, Genossin Gorbunova, ist zu uns aufmerksam, erklärt uns alles, behandelt uns liebevoll, so dass ich mit ihr gehen, Lernen und Arbeiten möchte, ein Mensch sein möchte. Der *ženotdel* arbeitet gut, weil er uns, die Arbeiterinnen, aus der Unwissenheit/Rückständigkeit führt. Vielen Dank Partei der Kommunisten: Führt uns weiter so, dann gelangen wir auch ins Leben, das uns bislang nur im Traum erschienen ist." Unterzeichnet von einer Arbeiterin der Rasskazovskoj Fabrik Komjagina in Tambov.[25]

Eine Arbeiterkorrespondentin aus einer Nahrungsmittelfabrik in Moskau beschrieb 1923 eine Maßnahme zur Alphabetisierung:

Unter den Arbeitern der ersten Makkaroni Fabrik gibt es nicht weniger als 60 Prozent Frauen. Obwohl es keine besondere Arbeit unter den Arbeiterinnen gibt sind die Frauen selber ein sehr bewusster, aktiver Teil. Am 8. März, dem Tag der Frauen, wurde in der Fabrik der Tag des Analphabetismus gefeiert. Es wird nun dafür eine Kampagne durchgeführt. In der Schule sind 32 Personen, die etwas lernen. Am 18. März, dem Tag der Pariser Kommune, wurde ein Klub mit diesem Namen von den Arbeiterinnen gegründet. In die Politschule gehen 18 parteilose Frauen. Die Parteizelle hielt vor nicht langer Zeit Vorträge zur antireligiösen Propaganda. Die Vortragssäle waren immer gut gefüllt. Es gibt also einen engen Zusammenschluss unter den Frauen mit der Parteizelle. Die Versammlungen der Parteizelle sind immer offen für alle. Die Lehre für die Frauen ist, dass die RKP (b) die Interessen aller Arbeitenden in der ganzen Welt verteidigt.[26]

Bei diesen Aussagen wird als neue Errungenschaft auf eine Weiterentwicklung der Arbeiterklasse durch den Bildungserwerb verwiesen, ein Umstand, der erst durch die Partei ermöglicht worden sei. Ein unmittelbarer Zusammenhang zwischen Grundbildung, politischer Schulung und Klassenbewusstsein wird konstruiert, der in diesem Kontext wie eine unreflektierte Aneignung politischer Parolen durch die Arbeiterinnen wirkt. Dennoch wurde eine fehlende Bildung von Industriearbeiterinnen als benachteiligendes Defizit für ihre soziale Stellung in der Sowjetgesellschaft gewertet. Sie selber empfanden sich dadurch als ungebildet, rückständig und unreif, gesellschaftliche Positionen einzunehmen. Rogaeva bezeichnete sich als halbgebildet – *malogramotnaja* – weshalb sie sich nicht traute, in den zwanziger Jahren dem

[25] Rabotnica (1923) Nr. 11, 26.

[26] A.T.: Tesnaja spajka. (1–aja Makaronnaja fabrika Mosel'proma) In: Rabotnica (Juli 1923) Nr. 7, 36.

Lebenswelten

Komsomol beizutreten. Erst durch das Angebot, sie könne noch lernen, ließ sie sich dazu überreden.

> Ich habe mich sehr im Komsomol verändert: ich wurde entwickelter. Früher war ich allgemein sehr still. Wenn ich jetzt in das Dorf komme höre ich von Jugendlichen dort: ‚Wie sich Marusja Rogaeva entwickelt hat, wie sie durch Moskau gelernt hat, und früher hat sie sich nicht getraut, ein Wort zu sagen.' [27]

Die Bildungsangebote in *likbez*-Kursen, *politgramotnost* (politische Grundschulung), Fabrikschulen, Produktionsakademien und anderen Einrichtungen wurden positiv von Frauen angenommen, unabhängig von ihrem Alter. In den Zitaten handelte es sich bei der Sichtweise auf Bildung als Eintrittskarte in ein besseres Leben zunächst um eine Fremdwahrnehmung, die aufgrund persönlicher Erfahrungen aber bei einigen Frauen zu einer inneren Überzeugung wurde. Mit über 50 Jahren lernte Ol'ga Meščerjakova erst Lesen und Schreiben.[28] Die meisten anderen Stoßarbeiterinnen besuchten während des ersten Fünfjahrplans Fortbildungseinrichtungen.

Das Fehlen von Bildung betrachteten die meisten Frauen als ein individuelles Problem, nicht als ein strukturelles angesichts einer fehlenden Schulpflicht und fehlenden Schulen. Verstanden sie etwas nicht in den besuchten Kursen und Schulungen, so suchten sie zuerst den Fehler bei ihren eigenen Wissenslücken. Eine Kritik an Vermittlung und Inhalt des Unterrichts wurde nicht geäußert. Der Bildungsgrad bestimmte damit das nach außen vertretene Selbstwertgefühl der Frauen: je besser die Bildung, desto sicherer traten die Arbeiterinnen auf. Andernfalls beurteilten sie sich selber als rückständig, unterlegen und unabhängig von ihrem Alter als Lernende. Darin sahen sie keinen dauerhaften Zustand, sondern nur eine Phase ihres Lebens, die durch das selbstbestimmte Streben nach Bildung beendet werden konnte. Balašova fand durch das erworbene Wissen einen neuen Zugang zu ihrer Tätigkeit und empfand es als persönlichen Fortschritt. Sie besuchte ab 1926 als Delegierte des Gewerkschaftsaktivs eine Fabrikabendschule, in der es ihr gefiel:

> Mir öffneten sich die Augen über den ganzen Aufbau nicht nur der Gewerkschafts-, sondern auch der Parteiorgane. [...] Als ich in die Fabrik gekommen war, wusste ich nicht, wofür die staatlichen Mittel ausgegeben wurden, wie viel für die Verbesserungen des *byt* der Ar-

---

[27] Rabot na 79.

[28] Ebd. 156.

beiter ausgegeben wurde, für Löhne, Sanatorien und Erholungsheime. Jetzt verstehe ich die Politik der Sowjetmacht.[29]

Ältere Arbeiterinnen appellierten an jüngere, die sich bietenden Bildungschancen wahrzunehmen. Dabei versuchten sie, ihre Erfahrung der sozialen Benachteiligung mangels eines ausreichenden Schulbesuchs weiterzugeben. Eine Arbeiterin schrieb 1923 in der *Rabotnica*

> An die Jugend: Junge Genossen – Mädchen und Jungen!
> Ich war bei euch auf einem Abend und habe mit angehört, wie die parteilose Jugend sich über die Komsomolzen informiert und unterhalten hat. Ich sehe Genossen und bedaure, dass wir so früh geboren worden sind. Ich wäre gerne 14 Jahre später geboren und würde an eurer Stelle leben. Ich kann euch von mir erzählen: ich lernte in der Prokrovsker Fabrik, allerdings brachte man uns dort nichts bei, außer, das Gesetz Gottes zu achten. Leider konnte ich nicht länger als vier Jahre in der Schule lernen. Dafür gab es kein Geld, und ohne Geld konnte man nur unter Protektion lernen, die ich aber nicht hatte. Dann kam ein Soldat (aus dem japanischen Krieg) zu uns dem wir erzählten, dass wir gerne mehr lernen und unter Leute wollten. Er hörte mir aufmerksam zu und riet uns, zu den barmherzigen Schwestern zu gehen, denn an der Front gäbe es nicht genug Personal in den Lazaretten. Ich freute mich mit den Freundinnen sehr darüber. Ich fragte ihn, wohin wir uns wenden sollten.
>   Aber trotzdem wir weit vordrangen, wurden wir nicht in die Welt aufgenommen, sondern in unser Heimatdorf zurückgeschickt.
>   So war es bei uns. Deshalb sitzt nicht mit untätigen Händen herum. Mädchen, lernt etwas. Eure Losung sollte sein: ‚Vorwärts in die Welt, zum Wissen und zur Wissenschaft!'[30]

Der Anteil von Mädchen in allen Schulen der ersten Stufe betrug für die RSFSR 1925/26 34,7 Prozent, im folgenden Jahr 1926/27 stieg er auf 45,6 Prozent an. In den *Socvoz*-Schulen (*social' noe vospitanie*, soziale Erziehung) der zweiten Stufe betrug er 1925/26 52 Prozent.[31] Trotz eines steigenden Trends erhielten noch nicht alle Mädchen eine Grundbildung. Besonders auf dem Dorf war der Mädchenanteil 1925/26 mit 28 Prozent noch verhältnismäßig niedrig. Dies lag nach wie vor an den geschlechtsspezifischen Lebensentwürfen

---

[29] Ebd. 110.
[30] Rabotnica: K moloděži. In: Rabotnica (Juli 1923) Nr. 7, 2.
[31] GARF f. 6983 op. 1 ed.chr. 18 ll.41–43.

ihrer Eltern: Mädchen sollten sich im Haushalt nützlich machen, sie benötigten keine so qualifizierte Bildung wie ihre Brüder. Natürlich wurden Schulen besucht. Die Kinder sollten einmal ein besseres Leben als die Eltern führen, grundlegend dafür sollte eine geregelte Bildung sein. Für Kinder aus städtischen Arbeiterfamilien, etwa Sohn und Tochter der Spinnerin O., war die Fabrikschule die einzige organisierte Betreuung. Ansonsten blieben die Kinder sich selber überlassen und verbrachten ihre Zeit auf Straßen und Korridoren der Arbeiterwohnheime.[32] Die Kinder von Guljutina erhielten eine qualifizierte Berufsbildung. Der 1927 19 Jahre alte Sohn aus der Arbeiterfamilie R. stand im Mittelpunkt seiner Familie. Er beendete die Schule der ersten Stufe und besuchte dann die Fabrikschule bei der Trechgornaja. Sein Wunsch, danach auf eine weiterführende Fachhochschule zu gehen, unterstützte die ganze Familie. Der Vater war deshalb stolz auf seinen Sohn. Die 14 Jahre alte Tochter arbeitete hingegen bereits voll im Haushalt mit. Sie erhielt lediglich eine Grundbildung, da sie später heiraten sollte. Für das zukünftige Familienleben benötigte sie nach Ansicht ihrer Eltern kein qualifiziertes Wissen.[33] Im alltäglichen Handeln zeigt sich hier, dass eine Differenz der Geschlechter in Bezug auf Bildung für etwas natürliches gehalten wurde, wobei Mädchen einen geringeren Status aufgrund ihrer Lebensplanung besaßen. Die vielbeklagte schulische Rückständigkeit von Mädchen und Frauen wurde in der Arbeiterschaft als etwas normales betrachtet, die gleichzeitig eine Geschlechterhierarchie neu bestätigte.

Um geschlechtsspezifisches Lernverhalten aufzubrechen, wurden Ende der zwanziger Jahre Frauenquoten für Bildungseinrichtungen eingeführt. Hintergrund war ein Absinken des Frauenanteils in *VUZy* und Arbeiterfakultäten.[34] Bei Weiterbildungseinrichtungen handelte es sich also nicht um philantrophische Maßnahmen, sondern wirtschaftlichen Notwendigkeiten. Die verstärkten Alphabetisierungskampagnen waren eine politische Reaktion auf den Zustrom neuer Arbeiterinnen aus dem Dorf, deren Ausbildungsniveau sehr niedrig war.

---

[32] Kabo: Očerki 31.
[33] Ebd. 57–58.
[34] In industriellen Technika der VUZy gab es 1923/24 19,9 Prozent, 1925 18 Prozent, 1925/26 17 Prozent und 1926/27 15,9 Prozent Frauen. In den Rabfak sank der Arbeiterinnenanteil von 1923/24 26 Prozent auf 14 Prozent für 1927. Die Zahlen beziehen sich auf die RSFSR. GARF f. 6983 op. 1 ed.chr. 18 ll. 41–43.

Familie, Ehe, Kinder

Zusammenfassung

Arbeiterinnen kamen aus Unterschichten, entweder aus bäuerlichen Familien, oder aus proletarischen Verhältnissen. Die Lebensverhältnisse waren dementsprechend ärmlich, weshalb sie bereits als Kinder so früh wie möglich bei der Familienarbeit mithelfen mussten. Arbeit bedeutete eine notwendige Existenzabsicherung, Bildung dagegen war eher ein Luxus, den sich nur wenige leisten konnten. Trotzdem stieg die Zahl der Schulbesuche deutlich an, wobei die Differenz von höheren Ausbildungszeiten für Jungen im Vergleich zu Mädchen bestehen blieb. Diese geschlechtsspezifische Struktur hing eng mit Vorstellungen darüber zusammen, dass Jungen einen vernünftigen Beruf ergreifen sollten, Mädchen dagegen potentiell immer auch zukünftige Ehefrauen und Mütter waren.

4.2 Familie, Ehe, Kinder

Bereits im Dezember 1917 wurden Dekrete über die Eheschließung und -scheidung erlassen, 1918 erfolgte ein neues Ehe- und Familiengesetz, dem als symbolischer Handlung viel Bedeutung beigemessen wurde. Es war die erste gesetzliche Maßnahme der neuen Sowjetregierung, die einen radikalen Bruch mit der Vergangenheit demonstrieren sollte und im damaligen internationalen Vergleich sehr fortschrittlich war. Während in der Zarenzeit nur die kirchliche Eheschließung möglich war, wurde nun ausschließlich die zivile Registrierung anerkannt. Die Frau benötigte nicht mehr wie früher die Zustimmung eines Vormundes oder männlichen Verwandten. Dafür wurden *ZAGS* (*otdel zapisi aktov graždanskogo sostojanija*, Standesamt) gegründet. Mann und Frau konnten den Familiennamen frei wählen, eheliche und uneheliche Kinder wurden gleichgestellt. Die sowjetischen Juristen versuchten somit, Ehe- und Familienverhältnisse voneinander zu trennen. Die Ehe wurde als ein frei einzugehendes und frei zu lösendes Übereinkommen zwischen Mann und Frau definiert, die Sorge um die Kinder und ihre Erziehung sollten staatliche Stellen übernehmen.[35] Revolutionäre glaubten, die Familie würde

---

[35] Hanfmann, M.: Familien- und Erbrecht. In: Das Recht Sowjetrusslands. Hg. v. A. Maklezow - N. Timaschew - N. Alexejew - S. Sawadsky. Tübingen 1925, 332–363. Zur Diskussion der Ehe- und Familiengesetzgebung, ihren Folgen und Reaktionen darauf siehe Goldman, Wendy Zeva: Women, the State and Revolution. Soviet Family Policy and Social Life, 1917–1936. Cambridge 1993; Dies.: Working-Class Women and the „Withering Away" of the Family. Popular Responses to Family Policy. In: Russia in the Era of NEP. Hg. v. Sheila Fitzpatrick - Alexander Rabinowitch - Richard Stites. Bloomington 1991, 125–143.

Lebenswelten

in der Zukunft verschwinden. Auf diesem Hintergrund stellte Aleksandra Kollontaj 1920 die Frage:

Wird es eine Familie in der kommunistischen Gesellschaft geben?[36]

Sie führte aus, lediglich auf dem Dorf, innerhalb der Bauernschaft existierten noch feste Familienbande, nicht aber in der Stadt. Die ökonomische Funktion der Familie sei im Proletariat aufgehoben, da der Staat zunehmend mehr die Aufgaben von Kinderbetreuung und -versorgung übernehme. Beide Ehepartner verdienten eigenes Geld. Die Funktion einer Ehe sei nicht länger ihre soziale Verantwortung. Sie gestalte sich als eine reine Privatsache, als ein „geistig-seelischer Verband der Familie". Statt einzeln und isoliert bestehender Familien gebe es in der Zukunft nur noch eine „Familie der Werktätigen". Kollontajs utopische Gesellschaftsentwürfe entstanden aufgrund der Erfahrungen von Weltkrieg und Bürgerkrieg. 1919 stieg die Zahl der registrierten Ehen an, da viele Eheschließungen durch den Krieg verschoben worden waren, aber auch die Ehescheidung nun leichter möglich war. Während Männer als Soldaten im Militär dienten, lebten viele Frauen allein. Sie mussten für sich und ihre Kinder den Unterhalt verdienen und auf dem Dorf oft die ganze Landwirtschaft führen. Ihre ökonomische Unabhängigkeit schien bereits Realität zu sein. Die lange Abwesenheit der Ehemänner erwies sich bei ihrer Rückkehr oft als Problem. Die Partner hatten sich manchmal entfremdet, einige waren neue Bindungen und Verpflichtungen eingegangen.

Diese Veränderungen reflektierte Trockij 1923 in seinem Buch „Fragen des Alltagslebens".[37] Er beschrieb eine Evolution der Familie von der alten zur neuen. Dabei sah er auch die zunehmende Politisierung einzelner Bevölkerungsteile als Grund für das Auseinanderfallen von Paarbeziehungen, etwa wenn ein Partner sich politisch engagierte, der andere jedoch nicht. Ebenso wie Kollontaj plädierte er für eine Gleichberechtigung der Ehepartner durch die Vergesellschaftung reproduktiver Aufgaben. Die wirtschaftliche Definition der Familie sollte abgeschafft werden. Der Zusammenschluss der neuen Familie als kleinstem Teil des Kollektivs basierte dann allein auf gegenseitigen Gefühlen. Trockij war sich bewusst, dass Untersuchungen über die inneren Beziehungen sich schwierig gestalteten, eine praktische Umsetzung der revolutionären Idee längere Zeit dauern würde.

1926 wurde die Ehegesetzgebung modifiziert. Die de facto Ehe wurde eingeführt, indem registrierte und nichtregistrierte Ehen gleichgestellt wurden. Als Zeichen einer Ehe galt

---

[36] Kollontaj, A.: Sem'ja i kommunizm. In: Kommunistka (1920) Nr. 7, 16–19, hier 16.
[37] Trotzki, L.: Fragen des Alltagslebens. Berlin 1923, 54ff. S. auch Kapitel 2.2

Familie, Ehe, Kinder

[...] die Tatsache des gemeinschaftlichen Wohnens, das Vorhandensein einer gemeinsamen Haushaltung, das Zeigen der ehelichen Beziehung Dritten gegenüber, in persönlicher Korrespondenz und anderen Urkunden, wie auch je nach Umständen, die gegenseitige finanzielle Unterstützung, gemeinschaftliche Erziehung der Kinder usw.[38]

In der Gesetzgebung von 1918 war eine vollkommene Gütertrennung vorgesehen, in der Ehe konnte kein gemeinschaftliches Vermögen der Eheleute erworben werden. Dieser Punkt wurde durch die Gesetzgeber 1926 geändert. Da die Frau oft keinen eigenen Verdienst erwirtschaftete, sondern sich um Familie und Haushalt kümmerte, sollte ihre nützliche Arbeit mit der des Mannes gleichgestellt werden. Die Ehe wurde nun zu einer Zugewinngemeinschaft. Vor der Ehe erworbenes Gut blieb im getrennten Besitz der Ehegatten, das in der Ehe erworbene wurde bei einer Trennung geteilt. Im Fall einer Scheidung mussten bedürftige Ehepartner sich für sechs bis 12 Monate gegenseitig unterstützen, konkret meistens der Mann die bedürftigere Frau. Juristen wollten damit zwei Dinge vereinbaren: auf neue soziale Probleme wie Frauenarbeitslosigkeit eingehen und alte Forderungen nach freien Beziehungen einlösen.

In der Öffentlichkeit fand eine breite Diskussion der neuen Gesetzgebung auf allen Ebenen statt. Ihre Gegner argumentierten, Frauen würden durch die de facto Ehe in eine leicht verletzbare Lage gebracht und entscheidend geschwächt. Die Zahl der Ehescheidungen stieg, auch verursacht durch eine zunehmende Migration und ein verändertes Heiratsverhalten in der bäuerlichen Bevölkerung. Arbeiterinnen sahen in der schnellen Trennungsmöglichkeit einen Freibrief für Männer, sich durch beliebig häufige Scheidungen von unliebsamen Ehefrauen zu trennen. Sie forderten, Ehemänner müssten mehr in die Verantwortung für Familie und Kinder genommen werden. Oft mussten Frauen per Gericht die Zahlung von Alimenten einklagen, zu der Väter verpflichtet waren. Männer nutzten das neue Recht, um sich von ihren angeblich ‚rückständigen' Ehefrauen zu trennen. Private Trennungsgründe erhielten nun eine politische Legitimation. Einige Frauen vertraten die Meinung, das Gesetz biete Männern viele Vorteile, trage jedoch nicht zur Gleichstellung von Frauen bei.[39]

---

[38] Pasche-Oserski, Nikolai: Das Eherecht in der Sowjetunion. (1929) In: Sexualforschung und -politik in der Sowjetunion seit 1917. Eine Bestandsaufnahme in Kommentaren und historischen Texten. Hg. v. Joachim S. Hohmann. Frankfurt/M., Bern u.a. 1990, 384–397, hier 386.

[39] Goldman: Women.

Lebenswelten

Wie sahen Familienformen aus, wie veränderten sie sich durch einen Wandel der Lebensweisen und Rollenverständnisse? Wie gestaltete sich eine Paarbeziehung, welche ehelichen Machtkonstellationen bestanden? Und wie war die Sichtweise auf Fortpflanzung, Geburtenregelung und Nachkommenschaft?

Familie

In einer 1928 veröffentlichten Gewerkschaftsstudie zum Leben von Arbeitern und Arbeiterinnen in Moskau folgerte die Sozialwissenschaftlerin Elena Kabo, dass die typische Form des Arbeiterlebens in Moskau noch immer die Familie sei. Ihre Hauptfunktion bestehe in der Arbeitsteilung.[40] Entgegen revolutionärer Visionen hatte sich die Familie als gesellschaftliche Formierung weder aufgelöst noch in eine Gemeinschaft gleichberechtigt Liebender auf dem ausschließlichen Fundament gegenseitiger Zuneigung und Achtung verwandelt. Dennoch unterlag sie mit zunehmender Industrialisierung, Modernisierung und Urbanisierung grundlegenden Veränderungen. In den Autobiographien der vorgestellten Textilarbeiterinnen stellte die Familie um 1930 nach wie vor eine zentrale Bezugs- und Orientierungsgröße dar. Frauen sahen die Ehe nicht als eine Gemeinschaft der freien Liebe, sondern als wirtschaftliche und soziale Einheit sowie elementare Lebensform. Im Zusammenhang mit einer voranschreitenden Industrialisierung hatte seit der Jahrhundertwende eine Verschiebung von der Groß- zur Kernfamilie stattgefunden. Dies hing mit der Land-Stadt Wanderung und sich verändernden Lebensweisen zusammen.

In den Arbeiterinnenbiographien tauchten verschiedene Formen des Zusammenlebens auf. Bestand eine Familie auf dem Dorf aus vielen Kindern und den Eltern, so verdiente der Vater das Geld oft durch saisonale Wanderarbeit und Landwirtschaft, während sich die Mutter und dann die älteren Töchter um die Kinderbetreuung und den Familienhaushalt kümmerten. Arbeiteten beide Eltern außerhalb der dörflichen Familienwirtschaft, etwa als Dienstbotin und Fabrikarbeiter, dann lebten die Kinder bei Verwandten oder wurden in der großelterlichen Landwirtschaft erzogen und ernährt. Die Eltern führten einen Teil ihres Einkommens in das Dorf ab, zu dem regelmäßige Verbindungen bestanden.[41] In den Familien von Anna Balašova und Val'ja Dement'eva verstarb der Vater früh. Die Mutter wanderte in die Stadt um

---

[40] Kabo: Očerki 245.
[41] Nikadorova, Komissarova in Rabot na 97, 127.

Familie, Ehe, Kinder

Geld für den Familienunterhalt zu verdienen, ihre Kinder wurden zu fremden Leuten gegeben. Val'ja fühlte sich bei der Witwe, die nun auf sie aufpasste, wohl und betrachtete sie wie eine Mutter: „Ich habe sie Mama genannt und liebte sie sehr."[42] Später heiratete ihre Mutter in der Stadt erneut und holte die Tochter zu sich. Es ist verwunderlich, dass Witwen ihre Kinder nicht in die eigene oder Schwiegerfamilie gaben. Vermutlich hatten sie aber häufig durch die Arbeit in der Stadt die Beziehungen zum Dorf bis auf den Kontakt zu ihren dort weilenden Kindern weitgehend abgebrochen. Vor der Revolution erhielten nur Männer Bauernland, im Ausnahmefall auch Witwen. Frauen wanderten auch zum Heiraten in die Stadt und richteten ihr Leben dort ein. Zu Beginn des Jahres 1929 besaßen nur 4,2 Prozent der Arbeiterinnen in der baumwollverarbeitenden Industrie Moskaus noch eigenes Land, im Vergleich zu 19,7 Prozent bei den Männern. Im Moskauer Gebiet dagegen besaßen 21,2 Prozent der Arbeiterinnen und 28,8 Prozent der Arbeiter eigenes Land.[43] Hier bestand eine größere räumliche Nähe zur Bauernwirtschaft. Bestanden noch Beziehungen zum Dorf, gaben städtische Fabrikarbeiterinnen ihre Kinder zur Betreuung oder auch nur zur Erholung dorthin.[44]

So war es billiger, Verwandte auf dem Land zu ernähren als in der Stadt, wie Beispiele junger Witwen zeigten.[45] Zu Beginn der Abwanderung in die Stadt gab es zunächst mehr Alleinstehende, 1923 betrug ihr Anteil nur noch 34 Prozent im Vergleich zu 93 Prozent 1897.[46] Ein weiterer Familientyp betraf Arbeiter in der Stadt, die keine Verbindungen mehr zum Dorf besaßen.

Kabo strukturierte die untersuchten Familien nach der Einkommensgrundlage. Sie klassifizierte vier unterschiedliche Typen. Dabei definierte sie Familie aus der Sicht von Demographen als

> Gruppe von Personen, die durch eine gemeinsame Abstammung vereinigt ist und verbunden durch wirtschaftliche und räumliche Beziehungen zwischen ihnen.[47]

Die erste Form der Familie umfasste einen Arbeiter, der allein in der Stadt lebte, während seine Familie auf dem Dorf blieb und die noch vollständig

---

[42] Ebd.

[43] Rašin, A.: Sostav fabrično-zavodskogo proletariata SSSR. Predvaritel'nye perepisi metallistov, gornorabočich i tekstil'ščikov v 1929 g. M. 1930, 33.

[44] Kabo: Očerki 99.

[45] Kabo kommt zu diesem Untersuchungsergebnis. Ebd. 23.

[46] Ebd.

[47] Ebd.

Lebenswelten

bestehende Bauernwirtschaft unterhielt. Der alleinstehende Mann brauchte seinen Lohn deshalb nicht mit den Familienmitgliedern teilen, da die sich von der Landwirtschaft ernährten. Ein zweiter Familientyp sah ähnlich aus, allerdings konnte die Familie auf dem Dorf nicht mehr ausschließlich von bäuerlichen Produkten leben und war auf die Unterstützung des Arbeiters angewiesen. Eine dritte Klassifizierung beschrieb einen Arbeiter, der seine bäuerliche Familie komplett von seinem Lohn mit unterhielt. Es gab für die in Stadt und Dorf getrennt lebende Familie nur das Einkommen des Mannes. Kabo sah diese Lebensform als eine Übergangslösung an. Die vierte Familiengruppe wurde von einer Arbeiterfamilie gebildet, die zusammen lebte und sich allein vom Arbeitslohn finanzierte.[48]

Der Mann spielte als Hauptverdiener eine zentrale Rolle bei der Ernährung der Familie, Frauen verdienten ein Zubrot. Der Trend ging von einer Großfamilie auf dem Dorf hin zu einer Kernfamilie in der Stadt, bestehend aus Vater, Mutter und ein bis zwei Kindern. Oder anders formuliert: die Herausbildung des Modells der Kernfamilie war eine Folge von Industrialisierung und Urbanisierung.

TABELLE 2: ZUSAMMENSETZUNG VON ARBEITERFAMILIEN IN PERSONEN FÜR DIE STADT MOSKAU 1897 UND 1923 (IN PROZENT)[49]

Familiengröße in Personen	1897	1923
2	20,2	31,7
3	21,0	26,4
4	20,8	17,0
5	16,6	11,4
6 und mehr	21,4	13,5
Durchschnittliche Personenzahl	4,4	3,5
Durchschnittliche Personenzahl pro Verdienenden	2,1	2,5

Die prägende Wirkung der Familie für Frauen zeigte sich auch daran, dass sie das Wanderverhalten vom Dorf in die Stadt bestimmte. Die Kinder folgten den Eltern, Ehefrauen ihren Ehemännern. Nur in der Zeit des Bürgerkriegs vollzog sich dieser Prozess in umgekehrter Richtung. Stadtbewohner wanderten angesichts der kritischen Versorgungslage in den Städten und im Fall der Schließung vieler Betriebe wenn möglich zurück zu ihren Verwandten auf das Dorf. In kultureller Hinsicht stellte die Familie die Weichen für Bil-

---

[48] Ebd. 22.
[49] Ebd. 24.

Familie, Ehe, Kinder

dung und Berufswahl, sogar die Ehe wurde oft durch sie gestiftet. Sie bestimmte an erster Stelle die Sozialisation. Trockij sah diese elementare Funktion und plädierte deshalb für eine verstärkte Arbeit in diese Richtung. Ein allgemeines Anheben des Lebensniveaus sei nur durch Bewusstseinsbildung und Aufklärung innerhalb der Familie zu erlangen. Auch bei Jugendlichen galt die Familie noch als eine sehr wichtige Bezugsgröße, waren hier doch die Lebenshaltungskosten geringer. Zudem gewährleistete das Familienleben eine Arbeitsteilung alltäglicher Aufgaben.[50]

Liebe, Heirat, Eheleben

Eine Heirat gehörte zum normalen Lebensverlauf von Frauen. Das offizielle Heiratsalter lag bei 16 Jahren, die erste Eheschließung fand aber meistens erst Anfang 20 statt. Bei Frauen vom Dorf wurde die Ehe oft von Verwandten gestiftet, wie bei Anna Guljutina. Gegenseitige Zuneigung, romantische Gefühle oder Liebe schienen nicht unbedingt erforderlich gewesen zu sein.[51] Als Anna 20 Jahre alt war, hielt man sie reif für die Ehe und suchte ihr einen Mann:

> Zu Ostern fuhr ich in das Dorf. Dort hat man mich verlobt. Dann war nichts mehr so wie vorher: man hat sich kennen gelernt, ist ein Jahr zusammen gegangen und hat dann geheiratet. Dann habe ich, als Verlobte, noch sieben Wochen in der Fabrik gearbeitet, um das Geschenk für Verlobte […] zu erhalten.

Das Hochzeitsfest richtete sich in der bäuerlichen Bevölkerung nach dem Jahresverlauf und fiel in die Winterzeit. Diese Sitte bestimmte auch weitgehend die Wahl des Hochzeitstermins in der Stadt. Ob es hier zusätzlich zur nüchternen Registrierung der Ehe auf dem ZAGS noch eine besondere Feier gab und wie sie gestaltet wurde, muss noch genauer untersucht werden.[52] Bei Anna Guljutina fanden sowohl Verlobung als auch Hochzeit um Ostern, dem wichtigsten russischen Fest, statt.

Die Heirat stand im Lebenszyklus von oft Frauen in einem unmittelbaren Kontext zum Beginn des Sexuallebens und fiel somit häufig mit der ersten Schwangerschaft zusammen. Hierin unterschieden sich weibliche von männ-

---

[50] Dmitriev, V.- Galin, B.: Na putjach k novomu bytu. M. 1927, 43–44.
[51] Valentina Petrova beispielsweise heiratete mit 21 Jahren 1911 auf Druck der Familie, besonders der Tante. Rabot na 43, 69.
[52] Von englischen Arbeiterfamilien war bekannt, dass sie keine besonderen Feiern oder Kleidungsrituale anlässlich einer Eheschließung pflegten. Roberts: Woman 82.

Lebenswelten

lichen Biographien. Junge Männer sammelten ihre ersten sexuellen Erfahrungen im Alter zwischen 15 und 18 Jahren. Der erste Geschlechtsverkehr fand häufig mit einer Prostituierten oder Hausangestellten statt und besaß weniger den Charakter einer ersten Bindung, sondern diente zum Sammeln von sexuellen Erfahrungen.[53] Im Alter von 20 Jahren lebten bereits 75 Prozent der Männer aber nur 16,5 Prozent der Frauen ihre Sexualität mit einem Partner aus. Bei über 60 Prozent der Frauen begann das Geschlechtsleben erst mit der Ehe.[54] Die Zahlen sind relativ, verdeutlichen jedoch einen Trend, der die verinnerlichte Sichtweise bestehender Geschlechtercharaktere bestätigte. Die Annahme lautete, Männer besäßen einen aktiven, drängenden, starken, natürlichen Sexualtrieb, den es auszuleben gelte. Dabei sei Geschlechtsverkehr besser als das gesundheitsschädigende Onanieren.[55] Frauen wurden als gefühlsbetonte Wesen gesehen, denen es um Liebe und ernsthafte Bindungen gehe. Das weibliche Sexualverhalten hing auch von der Frage einer Schwangerschaft ab. Die Verbindung von Heirat und erstem Sexualkontakt lässt vermuten, dass Frauen Kinder für ein Produkt der Ehe hielten und uneheliche Schwangerschaften vermeiden wollten.

Wie wichtig eine Ehe für die soziale Stellung von Frauen war, zeigte ihre Verzweiflung, wenn sie alleine leben mussten. Junge Frauen aber auch ältere Witwen sahen darin einen Grund für Selbstmord. Witwer hatten dagegen eine bessere Chance zur Wiederverheiratung.[56] Sicherlich war es einfacher, Lebenshaltungskosten zu teilen, als alleine und möglicherweise ohne festen Lohn zu leben. Zudem beinhaltete eine Ehe zunächst die Möglichkeit, das oft als bedrückend empfundene Elternhaus, wo der Vater gewalttätig war und trank,

---

[53] Golosovker, S. Ja.: O polovom byte mužčiny. Kazan' 1927, 17–20.

[54] Čučelov, N.I.: Načalo polovoj žizni s suščestvujuščim zakonodatel'stvom. In: Social'naja Gigiena 6 (1925) 139–145.

[55] Golosovker: Polovom 10–16. Onanieren galt als eine Krankheit, die durch einen gesunden und starken Organismus vermieden werden sollte.

[56] Lejbovič, Ja.: Ženskie samoubijstva. In: Rabočij Sud (1926) Nr. 8, 552–560; Nr. 9, 623–632. Nach dem Krieg steigt die Selbstmordrate unter Frauen an, was Lejbovič als Folge der veränderten sozialen Stellung von Frauen durch die Emanzipation sieht. Weiter zeigt er den Zusammenhang zwischen steigenden Selbstmordraten bei Unverheirateten, Witwen und Geschiedenen auf. Anderson, Barbara A.: The Life Course of Soviet Women Born 1905–1960. In: Politics, Work, and Daily Life in the USSR. A Survey of Former Soviet Citizens. Hg. v. James Millar. Cambridge 1987, 203–240, hier 207. Die 1905 bis 1930 geborenen Frauen waren alle verheiratet, eine geringe Abweichung gab es nur während der Kriegsjahre 1916 bis 1920.

Familie, Ehe, Kinder

zu verlassen oder auch den tristen Lebenszusammenhängen einer Fabrikarbeiterin zu entkommen.[57] Nach der Heirat musste sich die Ehefrau oft dem Mann und seiner Familie unterordnen. Sie folgte dem Mann an seinen Wohnort, ihr Wanderverhalten richtete sich nach ihm.

Die Ehe wurde von Frauen als funktional und zweckdienlich gesehen, mit Liebe hatte sie kaum etwas zu tun. Im Gegenteil, in den Autobiographien der Arbeiterinnen sind die Berichte über die Ehe fast durchweg negativ.

> Ich wohnte zusammen mit meinem Mann und den Schwiegereltern, nach kurzer Zeit gebar ich ein Kind [um 1912, C.S.]. Nach kurzer Zeit starb auch der Mann, weil er sehr viel trank und sich herumtrieb, was mir aber wenig ausmachte, da ich ihn sowieso nicht liebte. Als er starb weinte ich nicht wegen ihm, sondern weil das Leben nun sehr schwer war.[58]

Das Eheleben war häufig geprägt von Arbeit, sowohl im Haushalt als auch außerhalb. In den Zeiten von Krieg und Bürgerkrieg waren die Ehepartner durch den Einsatz des Mannes bei den Soldaten in der Regel getrennt, was jedoch keine besondere Erwähnung fand. Die Eheleute hatten aufgrund beengter Wohnverhältnisse, entweder in der Familienhütte auf dem Dorf oder in einer Schlafecke im Arbeiterwohnheim, keine Möglichkeit zum Alleinsein. Eine Privatsphäre für Eheleute gehörte nicht zu den Selbstverständlichkeiten, was jedoch keine russische Besonderheit darstellte, sondern für vergleichbare Lebenswelten auch in Deutschland galt. Egal, ob die Frau erwerbstätig war oder zu Hause blieb, sie war für den Haushalt zuständig. Die Frau eines Arbeiters beschrieb ihr Eheleben im Jahr 1925:

> In der letzten Zeit lebe ich vom Unterhalt meines Ehemannes. Ich habe keine Kinder. Meine ganze Arbeit besteht darin, dass ich aufräume, wasche, nähe und Mittagessen für mich und meinen Mann koche.[59]

Männliche Trunksucht, Gewaltausübung, häufig unter Alkoholkonsum, und außerhäusliche Aktivitäten führten zu Ehekonflikten. Männer, die nicht tranken oder ihre Frauen und Kinder schlugen, galten bereits als gute Ehemänner. Die meisten verheirateten Frauen berichteten jedoch von gewalttätigen Männern. Dieses Verhalten tauchte ebenfalls bei den Beschreibungen von

---

[57] Kabo: Očerki 69; Dmitriev - Galin: Na putjach 27.
[58] Rabot na 43.
[59] Rabotnica (1925) Nr. 6, 17.

Lebenswelten

Vätern und Großvätern auf, schien also eher typisch für Männer gewesen zu sein. Die Rolle des Mannes wurde somit als stärker, autoritärer sowie dominanter beschrieben, die von Frauen aber nicht ausschließlich klaglos erduldet wurde.

Die Mutter von Doncova starb an den Schlägen des Ehemannes, als die Tochter 14 Jahre alt war. Meščerjakova wurde noch als verheiratete Frau von ihrem Vater gezüchtigt, weil sie – schon in der Stadt lebend – bei ihren Besuchen auf dem Dorf zu Ostern nicht in die Kirche gehen wollte.[60] Eine „normale" Ehe sah einen sozialen Statusvorsprung des Mannes vor. War die Ehefrau besser gebildet, galt dieser Zustand als Schieflage.[61]

Wie lässt sich das aggressive Verhalten von Männern innerhalb der Familie erklären? Sicherlich folgten Männer traditionellen Verhaltensweisen, zu denen die Züchtigung von sozial unter ihnen Stehenden gehörte. Emanzipationsbestrebungen ihrer Frauen und ein gewandeltes Selbstbewusstsein dadurch forderten Männer sozial heraus, sich an neue Geschlechterverhältnisse zu gewöhnen und eine neue Verortung der Machtpositionen zu finden. Konkret erfuhren viele Männer eine Unterwanderung ihrer Rolle als Haupt der Familie, als Ernährer, indem die Frauen ebenfalls für den Unterhalt der Familie arbeiteten oder teilweise sogar die Hauptverdienerin waren. Dies führte zu Verunsicherungen. Letztlich müssen auch soziale Spannungen und Unzufriedenheit mit dem eigenen Leben von Männern als Erklärung für dominantes Verhalten in Betracht gezogen werden. Vielleicht sahen Männer gerade in ihrer Privatsphäre, also in der Familie, die einzige Möglichkeit, sich unbeschadet an Schwächeren abzureagieren, sich dadurch ihrer dominanteren Geschlechterrolle zu versichern. Und sicherlich war Gewaltanwendung eine naheliegende, da traditionelle und verbreitete Lösung, Konflikte zu bewältigen. Männer erwiesen sich teilweise in ihren Sichtweisen über die Rollenverteilungen innerhalb einer Ehe konservativer als Ehefrauen, da sie sich noch an alten, patriarchalischen Modellen orientierten, etwa eine Unterordnung ihrer Frauen erwarteten. Sie vertraten auch den Standpunkt, die Ehe sei eine Privatangelegenheit, in die sich niemand hineinzumischen habe.[62]

Ein Konfliktpunkt innerhalb der Ehe beruhte deshalb auf einem gewandelten Rollenverständnis von Ehefrauen. Die propagierte Emanzipation bewirkte bei manchen Frauen, sich neue Orientierungen und Lebensentwürfe zu suchen. Engagierten sie sich in gesellschaftlichen Organisationen, etwa

---

[60] Rabot na 115, 153

[61] Petrova, An.: Slučaj izuvečenija muža. In: Prestupnyj mir Moskvy. Sbornik statej. M. 1924, 82–101, hier 83.

[62] Trotzki: Fragen 121–123.

Familie, Ehe, Kinder

als Delegierte, wurden sie häufig von ihren Männern kritisiert, geprügelt und an ihrer Tätigkeit gehindert. Junge Komsomolzinnen beendeten deshalb ihre gesellschaftspolitischen Aktivitäten mit dem Beginn einer Ehe, da sie nicht zum Bild einer verheirateten Frau gehörten. Männer akzeptierten ein neues Selbstbild von Frauen, ein Aufbegehren gegen traditionelle Rollen und deren außerfamiliäre Aktivitäten nur schwer.

> Einige Arbeiter sind sehr wenig mit der Familie verknüpft und vertreten den Standpunkt, dass die Frau alles für den Mann machen müsse, während er irgendwohin fortgeht. Und des Sonntags ist es ebenso. Auf dieser Grundlage nun kommt es zu Skandalen. Die Frau brummt, dass der Mann auch am Feiertag davonlaufe, während sie mit den Kindern zuhause sitzen müsse. Hier macht sich ein gewisses Streben der Frau nach Emanzipation bemerkbar. Die Frauen machen oftmals ihren Männern Vorwürfe, dass andere ihre Kinder in Krippen und Kinderheimen abgäben, wie in den anderen Fabriken, dass deshalb die Frauen der anderen mehr Freizeit hätten, während sie die ganze Zeit bei den Kindern bleiben müssten. Ein solches Streben der Frau nach Emanzipation ist vorhanden.[63]

Sie befürchteten einen Autoritäts- und Statusverlust ebenso wie eine neue, ihnen befremdliche Ordnung der Aufgaben innerhalb der Familie. Eheliche Machtverhältnisse wandelten sich. Formal wurde die Macht des Mannes und eine damit verbundene Hierarchie oft durch seine Stellung als Hauptverdiener und -ernährer bestätigt. In jenen Arbeiterfamilien, wo Frauen ebenfalls zum Einkommen beitrugen, leiteten diese daraus Forderungen ab. Ehegattinnen versuchten, ihren Einfluss innerhalb der Familie auf die Bereiche Finanzbudget und Sexualmoral auszuweiten. Eine weitere Form, eine soziale Bestätigung ihrer unterprivilegierten Stellung zu finden, erfolgte durch das Bemühen, sich als „gute Hausfrau" zu präsentieren. Zumindest in ihrer näheren Umgebung von Familie, Verwandtschaft und Nachbarschaft versuchten sie eine Anerkennung zu erzielen, was sich teilweise positiv auf ihr Selbstbewusstsein auswirkte.[64] Zu diesem Selbstbild gehörte ein kontrolliertes, diszipliniertes Verhalten nach außen, aber auch Kritik am Ehemann, wenn er seine freie Zeit nicht zu Hause verbrachte. Dabei störte die Frauen nicht sein politisches Engagement, sondern die „Herumtreiberei", die sich ihrer Kon-

---

[63] Trotzki: Fragen 125.

[64] Hagemann, Karen: Von „guten" und „schlechten" Hausfrauen. Möglichkeiten und Grenzen der Rationalisierung im großstädtischen Arbeiterhaushalt der Weimarer Republik. In: Historische Mitteilungen 8(1995) Nr. 1, 65–84, 79.

Lebenswelten

trolle entzog. Während seiner außerhäuslichen Abwesenheit konnte der Mann ungehindert Geld etwa für Alkohol oder Prostituierte ausgeben. In empirischen Untersuchungen stellten Sexualwissenschaftler für 1926 fest, dass ein Drittel der Männer ein außereheliches Verhältnis besaß, da sie nach eigenen Angaben in der Ehe keine sexuelle Befriedigung fanden.[65] Nähere Gründe wurden nicht genannt, weshalb eine Interpretation dieser Angaben spekulativ ausfällt. Ebenso wie bei einigen Ehefrauen erwarteten diese Männer keine emotionale Nähe und Vertrautheit in einer Ehe. Vielleicht empfanden sie ihre Ehefrauen auch als sexuell verklemmt, zu sehr noch von alten Moralvorstellungen geprägt und wollten für sich nicht auf das freie Ausleben ihrer Bedürfnisse verzichten. Ein anderer Ansatzpunkt, der jedoch im Rahmen von Studien über Männlichkeit nachgeprüft werden müsste, wäre die Überlegung, ob Männer ihre außerhäuslichen Aktivitäten als autonomen Bereich sahen, in denen die Ehefrauen keinen Einblick erhalten sollten. Hier holten sie sich vielleicht eine Bestätigung ihrer Rolle, über den weiblichen Körper als Lustobjekt frei verfügen zu können, der ihnen in der Ehe verwehrt wurde. Einige Männer betrachteten das Familienleben als angespannt und einengend, die häusliche Atmosphäre als konfliktträchtig und unangenehm. Sie gingen in Kneipen (*pivnaja*), um Bekannte zu treffen und zu trinken.[66] Seltener verbrachten sie ihre Zeit in Klubs und auf Versammlungen.

Folgen dieser Familienzustände waren auf politischer Seite die Forderung nach einer Beendigung des „häuslichen Krieges" (*domašnjaja vojna*).[67] Über Gewerkschaften, *ženotdely*, Parteiorgane und die Presse sollten Disziplinierungsmaßnahmen gegen Trunksucht, Gewalt, Rückständigkeit und Kulturlosigkeit durchgeführt werden. Das Bildungs- und Kulturniveau sollte durch den jeweils bewussteren Partner angehoben werden. Mit politischen Mitteln wurde versucht, in private Bereiche einzugreifen. In der *Rabotnica* wurde die Rubrik *Sud i byt* (Gericht und Lebensweise) eingeführt. Hier wurden private Streitigkeiten zwischen Nachbarn und Eheleuten aus dem Alltagsleben veröffentlicht, um auf die Notwendigkeit eines Wandels hinzuweisen. Die Frage der ungleichen Arbeitsbelastung sollte durch eine Erhöhung der Anzahl öffentlicher Einrichtungen für Reproduktionsaufgaben die Frau aus der häuslichen Sklaverei befreien und ihre Arbeitskraft für die Volkswirtschaft freisetzen.

---

[65] Golosovker: Polovom 19.

[66] Kabo: Očerki 30.

[67] Artjuchina: Meloči byta. In: Rabotnica (1928) Nr. 18, 3–4, hier 3.

Familie, Ehe, Kinder

Eine Lösung für Ehekonflikte und die Unzufriedenheit mit dem Partner war die Scheidung, die durch das reformierte Ehegesetz von 1926 nochmals vereinfacht wurde. Der Betroffene musste zum ZAGS gehen und die Ehe für aufgelöst erklären, es reichte sogar eine Benachrichtigung per Postkarte. Vor allem Männer nutzten dieses Angebot und sahen darin einen Freibrief für eine hohe Promiskuität und Verantwortungslosigkeit gegenüber von ihnen gezeugten Kindern. Dieses Verhalten wurde von Politikern als unmoralisch kritisiert. Denn entgegen Aleksandra Kollontajs Theorie der freien Liebe wandte sich die Mehrheit der politischen Kader gegen eine unkontrollierte Sexualmoral. Sie hielten eheliche Treue und monogame Sexualkontakte für wichtige, sozialistische Werte. Dies lag ganz im Sinn von Frauen, die sich als Opfer von freilebigen männlichen Verhaltensweisen fühlten, gleichzeitig in diesem Punkt aber ein konservatives Verhalten demonstrierten. Sie waren nicht grundsätzlich gegen eine Trennung, die sie für sich selber durchaus in Anspruch nehmen wollten, sondern gegen leichtfertige Scheidungen und einem mangelnden Pflichtbewusstsein, etwa bei der Alimentezahlung.

Genossin Bulkina beklagte 1928, sie könne nicht mit einem Mann zusammenleben, der viele Frauen habe:

> Ich sehe, wie viele Parteimitglieder einfach ihre Frauen verlassen. In unserer Fabrik gibt es keinen Parteilosen, der seine Frau verlassen hat. Es sind immer die Parteimitglieder. Mein Mann, mit dem ich 15 Jahre zusammengelebt habe, hat insgesamt 14 Kinder, davon hat er mich mit meinen vier Kindern vor einiger Zeit allein gelassen. Es ist einfacher, Alimente zu bezahlen, als ein Kind wirklich zu erziehen. Unser Direktor hat offen mit drei Arbeiterinnen gleichzeitig gelebt. Ein anderer Direktor ging weg und hat drei Kinder hinter sich gelassen. Der dritte Direktor – Šumilov – hat bereits die vierte Frau. Es gibt viele, die mehrere Frauen haben, ich habe aber nur die Direktoren genannt. Wie kann ich nach all diesen Beispielen in die Partei eintreten und mich zusammen mit den Vielweiberern in einer Familie befinden?[68]

Hier lässt sich ein Wechselverhältnis zwischen Politik und Alltagsleben feststellen. Auf Druck von Arbeiterinnen fand eine Thematisierung von geregelten Familienbeziehungen in der Politik statt. Dabei wurde über eine Festlegung familiärer Rollen und Machtverhältnisse diskutiert. Besonders von Seiten der Frauen wurde eine neue verbindliche Moral gefordert. Werte wie Treue, Sorge für die Familie – der Mann als Verdiener, die Frau als Erzieherin der

---

[68] Min, K.: Počemu ja ne vstupaju v partiju. In: Rabotnica (1928) Nr. 33, 4.

Lebenswelten

Kinder -, ein ordentliches und gemütliches Familienleben, Monogamie, kurz, Werte einer Mittelklasse, begannen seit Ende der zwanziger Jahre den sowjetischen Alltag zu durchdringen.[69] Das Modell einer Kernfamilie mit bürgerlichen Ordnungsvorstellungen wurde durch die Stalinsche Gesetzgebung im neuen Kodex über die Familie 1936 und eine Erschwerung der Ehescheidung in der sowjetischen Gesellschaft der dreißiger Jahre fest verankert.

In Scheidungsfällen entbrannte um die Frage der Güterteilung und Bezahlung von Alimenten immer wieder Streit. Balašova trennte sich nach ihrem Parteibeitritt um 1928 herum von ihrem Mann, da sie sich auseinandergelebt hatten. Kurz nach der darauffolgenden Geburt des Kindes ging der Ehemann weg und nahm alle Sachen mit. Er missachtete das Gesetz der Zugewinngemeinschaft, weshalb die Angelegenheit vor Gericht verhandelt wurde. Der Mann wurde im Urteil zur Rückgabe persönlicher Dinge und Zahlung von Alimenten verklagt.[70] Auch der Ehegatte von Bušueva reagierte auf ihren Parteibeitritt mit Schlägen. Er konfiszierte ihren Besitz und Arbeitslohn, woraufhin Bušueva sich bei der Parteizelle beklagte und Hilfe einforderte. Sie trennte sich von ihrem Mann, konnte zunächst bei Bekannten wohnen und suchte sich dann ein Zimmer.[71] Das Scheidungsgesetz bot Frauen neue Handlungsmöglichkeiten für ihr Privatleben, die schnell akzeptiert und genutzt wurden. Es gab auch Fälle, in denen Frauen stark unter ihrem Ehemann litten und ihre angestauten Aggressionen an ihm abarbeiteten oder versuchten, ihn umzubringen.[72]

Die 24 Jahre alte Nastja, eine Bäuerin aus dem Tambovsker Gouvernement, stammte aus einer kinderreichen Familie. Für zweieinhalb Jahre besuchte sie eine Dorfschule, mit 15 Jahren ging sie als Näherin in die Lehre. Als sie 17 Jahre alt wurde, 1916, siedelte sie nach Moskau über, ohne dort Kontakte zu besitzen. Sie suchte sich Arbeit und Wohnung und absolvierte Weiterbildungskurse. In der Arbeiterfakultät lernte sie ihren zukünftigen Ehemann kennen, mit dem sie in seiner Familie zusammenlebte. Die Beziehung war platonisch, da Nastja auf ihre Jungfräulichkeit Wert legte. Beide warteten auf die ordentliche Eheschließung, die 1922 erfolgte. Ein halbes Jahr später, nach den ersten Sexualkontakten, erkrankte Nastja an den Geschlechtsorganen, vermutlich an einer von ihrem Mann übertragenen Geschlechtskrank-

---

[69] Fitzpatrick, Sheila: Middle-Class Values' and Soviet Life in the 1930's. In: Soviet Society and Culture: Essays in Honor of Vera S. Dunham. Hg. v. Terry L. Thompson, Richard Sheldon. Boulder 1988, 20–38.

[70] Rabot na 111.

[71] Ebd. 149–150.

[72] Vnukov, V.A.: Ženščiny-ubijcy. In: Ubijstva i ubicy. M. 1928, 191–248.

Familie, Ehe, Kinder

heit. Der Mann wies jede Schuld von sich und meldete sich zur Roten Armee. Nach seiner Demobilisierung im Februar 1923 ließen sie die Ehe bei der Kommandantur registrieren. Dort erfuhr Nastja über die erste Ehe ihres Mannes, aus der Kinder hervorgegangen waren, die er aber nicht anerkannte. Nastja reagierte schockiert und verletzt. Sie zog sich zur Erholung für drei Wochen auf das Land zurück, ohne etwas vom Ehemann zu hören. Bei ihrer Rückkehr stellte sie fest, dass ihr Mann eine Geliebte hatte. Nach einem heftigen Krankheitsschub besuchte sie seine erste Frau und überzeugte sich, dass deren Kind von ihm stammte. Ihr Leben hielt sie jetzt für verloren, sie dachte an Selbstmord und war verzweifelt. Der Mann lebte unbeteiligt neben ihr her und forderte von ihr selbstverständlich die Erfüllung ihrer ehelichen Pflichten, trotz der schmerzhaften Erkrankung. Nach einem erzwungenen Geschlechtsverkehr ergriff sie an einem Morgen im Oktober 1923, nachdem sie seinen Penis gesehen hatte, ein Brotmesser und verstümmelte ihren Mann. Darin sah sie die Ursache allen Übels. Voller Panik reagierte der Mann, der rechtzeitig vom Notarzt in ein Krankenhaus gebracht und dort auch behandelt werden konnte. Das Gericht versuchte zunächst in einem psychologischen Gutachten eine Überforderung der Frau oder krankhafte Züge nachzuweisen, diagnostizierte dann aber eine Kurzschlusshandlung.[73]

Dieser spektakuläre Fall stellte sicherlich eine nicht zu verallgemeinernde individuelle Handlung dar. Dennoch beinhaltete er viele typische Merkmale einer Ehe und Sichtweisen, etwa einer geschlechtsspezifischen Erwartung von Treue. Darüber hinaus vermittelte er die Moral, eine Ehe mit einer gut gebildeten Frau und einem schlechter qualifizierten Mann sei problematisch.

Kinder

Eine hohe Kindersterblichkeit bei gleichzeitig vielen Schwangerschaften gehörte zu den typischen Lebenserfahrungen vieler Frauen zu Beginn dieses Jahrhunderts. Die Ursachen waren mangelnde hygienische Bedingungen, fehlende ärztliche Betreuung, Armut und Hunger. Nach der Revolution wurde ein ganzer Apparat zum Schutz von Mutter und Kind aufgebaut, die Kindersterblichkeit konnte in den Städten vermindert werden.

Die Entwürfe einer sozialistischen Gesellschaft beinhalteten eine Kindererziehung durch den Staat. 1919 trafen sich 300 Delegierte in Moskau zum ersten Allrussischen Kongress zum Schutz der Kindheit. Hintergrund

---

[73] Petrova: Slučaj.

Lebenswelten

war das Problem der *besprizornye*, unbeaufsichtigter Kinder. 1922 gab es schätzungsweise 7,5 Millionen verhungernde und sterbende Kinder in Russland.[74] Es handelte sich dabei um Kinder, deren Eltern verstorben waren, die ausgesetzt wurden oder in die Stadt auf der Suche nach Brot flüchteten. *Besprizornye* lebten wie Obdachlose auf der Straße und in der Nähe der Eisenbahn, entzogen sich jeglicher Kontrolle oder Bildung, bettelten und verübten kriminelle Delikte wie Taschendiebstahl, Raub und Prostitution. Oft rotteten sie sich in Banden zusammen. Um dieses Problem in den Griff zu bekommen, entstand die Idee einer Gesellschaft, die einer großen Familie gleichkam. Mit der Prämisse „Alle Kinder sind Kinder des Staates" forderte die Delegierte Elizarova auf dem Kongress rehabilitierende, antiautoritäre Maßnahmen für *besprizornye*.[75]

Die Vision sah eine „Befreiung der Kinder" von der Familie vor, Kindererziehung sollte sozialisiert werden. Dies stellte gleichzeitig eine Maßnahme zur Befreiung der Frau – von der Kindererziehung – dar, die von den Kongressteilnehmerinnen begrüßt wurde. Die während des Bürgerkrieges errichteten Schulen, Kinderkrippen und -gärten wurden zu Beginn der NĖP geschlossen, da die finanziellen Mittel fehlten oder andere Dinge für unterstützungswürdiger gehalten wurden.[76] Zur Kompensation dieser Politik führte die Kinderkommission (*Detkomissija*) im Februar 1923 eine Kampagne zur Errichtung ehrenamtlicher Einrichtungen durch. Denn nicht nur der Staat, auch lokale Stellen schlossen Institutionen mangels Geld. Daraus ergab sich für den Aufbau eines sozialistischen *byt* ein Teufelskreis: Es fehlten Einrichtungen zur Kinderbetreuung, weshalb Frauen als Hüterinnen der Kinder eine strukturelle Benachteiligung erfuhren. Gleichzeitig stieg die Zahl von *besprizorniki*. Die Befreiung von Kindern und Frauen rückte daher in weite Ferne. Verheiratete Mütter waren nach wie vor durch die private Kindererziehung an die Familie gebunden und auf einen verdienenden Ehemann angewiesen, alleinstehende Mütter mussten ihre Kinder während der Arbeit oft unbeaufsichtigt lassen. Kindereinrichtungen nahmen bevorzugt Waisen auf.[77]

Entgegen revolutionärer Entwürfe verfestigte sich im Laufe der NĖP die Rolle der Mutter als Erzieherin. Traditionell war dies eine weibliche Tätigkeit innerhalb der Familienwirtschaft, aber erst in den zwanziger Jahren wur-

---

[74] Goldman: Women 59ff.
[75] Ebd. 62.
[76] Ebd. 73. Eine weitere Folge der fehlenden Betreuungseinrichtungen war ein Anstieg weiblicher Arbeitslosigkeit.
[77] Goldman: Women 75–77.

Familie, Ehe, Kinder

den Mutterschaft und Kindererziehung als soziale Aufgabe eng miteinander verbunden und reglementiert. Frauen sollten nicht nur während der Schwangerschaft, sondern auch später mit ihrem Kind regelmäßig einen Arzt aufsuchen. In Aufklärungsbroschüren wurde das Bild vermittelt, bisherige Praktiken der Säuglingspflege und Kindererziehung seien vollkommen falsch gewesen, Frauen müssten in allen Dingen neu geschult werden. Neue Normen und Standards, die als angemessen für die neue Gesellschaft und Lebensform galten, wurden für Frauen propagiert:

GRUNDLEGENDE VERHALTENSMASSREGELN FÜR DEN RICHTIGEN UMGANG MIT KINDERN[78]

Das Kind ist ruhig, wenn	Das Kind schreit, wenn
1) man es im bestimmten Zeitrhythmus füttert	1) man es immer auf den Arm nimmt oder überfüttert
2) es in der Sommerhitze abgekochtes Wasser ohne Zucker bekommt.	2) es Tee mit Zucker bekommt.
3) man es nicht zu eng einwickelt und zu warm anzieht.	3) man es zu warm anzieht.
4) es jeden Tag gebadet wird.	4) man es selten badet.
5) es jeden Tag Stuhlgang hat.	5) seine Verdauung nicht richtig arbeitet.
6) seine Windeln sauber und trocken sind.	6) es nass ist.
7) sein Zimmer gut gelüftet wird.	7) es in einem dunklen, muffigen Raum schläft.
8) es nicht von kleinen Tieren beim Schlafen gestört wird.	8) es von Insekten im Schlaf gestört wird.
9) man es nie beunruhigt.	9) es vom ersten Tag seines Lebens an beunruhigt wird.
10) es bis zu seinem sechsten Monat ausschließlich stillt.	10) es zu schnell nach der Geburt mit anderen Sachen gefüttert wird.

Die in den zwanziger Jahren geführte Diskussion über Kinderbetreuung und -erziehung mündete im Frühstalinismus im Modell der Mutter als Erzieherin der Kinder innerhalb der Familie und einer Kanonisierung von Kindheit, Jugend und Mutterschaft.

Wir – die Erbauer des Sozialismus im Lande der Sowjets – wir brauchen eine Veränderung in kultureller und gebildeter Hinsicht. Von den Frauen hängt besonders die Erziehung der Kinder ab. Oft ver-

---

[78] Ženščina i byt. 1926, 113.

Lebenswelten

sperrt eine ungebildete Mutter den besten Kindern die Zukunft. Bei einer kultivierten Mutter ist das Kind lebhaft, energiesprühend, bei einer kulturlosen verschreckt, krank und alles fürchtend. Eine unkultivierte Mutter fördert das Kind nicht bei seiner Entwicklung.[79]

Kinder gehörten unhinterfragt zu einer Ehe und zum Leben dazu. Die bevorstehende Geburt eines Kindes bestimmte häufig den Heiratstermin. Problematisch erwies sich die Frage ihrer Betreuung. In Leserinnenzuschriften an die Redaktion der *Rabotnica* erwies sich die Forderung nach Unterstützung für Kinder als Hauptanliegen. Verhielten sich Frauen zu Beginn Kinderkrippen gegenüber ablehnend, etwa weil sie dreckig und schlecht ausgestattet waren, so empfanden sie diese Einrichtungen bald als eine Erleichterung und Hilfe für die Kindererziehung. Sie sahen darin eine Entlastung, die sie auch vehement einforderten.

> Es ist toll, dass wir eine Krippe haben – schreibt M. Evdokimova aus der Fabrik Abel'man im Vladimirer Gouvernement. Wenn es sie nicht geben würde, müssten wir ein Kindermädchen anstellen. So wird das Kind in die Krippe aufgenommen und ich bin beruhigt. Wir wissen unser Kind in guten Händen, wo es auch verpflegt wird. [...] In den Krippen, schreibt die Frau eines Arbeiters aus einer Kattunfabrik in Moskau, lernen Kinder Ordnung, Sauberkeit, Malen, Lesen und Schreiben. Das Kind geht daraufhin leichter zur Schule, gliedert sich schneller in das gesellschaftliche Leben ein. Ohne Krippen wären unsere Kinder wie Wilde. Sie wären zurückgeblieben, unterentwickelt, da die Mutter sie nicht erziehen kann. Alle Kinder sollten unbedingt in Kinderkrippen und -gärten sein.[80]

Interessant an diesem Zitat ist die Aussage, nicht in der Familie, durch die Mutter, erfahre ein Kind optimale Förderung und Betreuung, sondern durch eigens dafür vorgesehene pädagogische Einrichtungen. Auch wenn diese Sichtweise eine Übernahme propagandistischer Parolen vom Leben im Kollektiv gewesen sein mag, steht sie im Kontrast zum wenige Jahre darauf vermittelten Bild der Frau als Mutter und beste Erzieherin. Revolutionäre Ideale über die Selbstauflösung der Familie und die Vergesellschaftung von Reproduktionsaufgaben sind deutlich zu erkennen.

---

[79] Aus einer Rede von Genossin Kalygina. In: Trud i byt ženščiny kustarki. Vsesojuznyj s"ezd kustarok. M. 1928, 70–71.

[80] Rakitina, Z.: Byt po zametkam rabotnic. In: Kommunistka (1926) Nr. 12, 32–36, hier 33. Der Hinweis auf „Wilde" verdeutlichte die Sichtweise, in einem gesellschaftlich führenden Staat zu leben.

Familie, Ehe, Kinder

Da der Bedarf an Betreuungsplätzen wesentlich höher war als das Angebot, fanden nur wenige Frauen diese optimalen Bedingungen vor. Blieb die Mutter nicht bei den Kindern zu Hause, stellte ihre Betreuung oft ein Problem dar. Die Kinder der verheirateten Textilarbeiterin O. erfuhren keine besondere Bildung, sie wurden durch die Fabrik erzogen. Dort gingen sie zur Schule, ansonsten lungerten sie auf der Straße und in den Korridoren des Arbeiterwohnheims herum. Andere Arbeiterfamilien holten sich ein Kindermädchen vom Land. Als das dritte Kind geboren wurde, engagierten der Drukker Č. und seine erwerbstätige Frau eine Vierzehnjährige, die ganz von ihnen unterhalten werden sollte. Das Mädchen bekam neue Kleider und ging nach einem Monat einfach weg. Frau Č. wollte ihre Schwiegermutter als *njanja* holen, daraus wurde aber nichts. Daraufhin beschäftigten sie wieder für ein paar Monate ein älteres Mädchen.[81]

Familien, die es sich leisten konnten, stellten Gouvernanten oder Bonnen für ihre Kinder ein. Nach dem Vorbild bürgerlicher Familien erhielten die Kinder eine intensive Betreuung sowie gleichzeitig Unterricht in Fremdsprachen und ordentlichen Verhaltensweisen. Diese unter leitenden Angestellten und verantwortlichen Kommunisten verbreitete Praxis wurde zu einer Zielscheibe der Kritik innerhalb der Partei. Sofija Smidovič beklagte 1928 die Einführung bürgerlicher Sitten hinter der Maske kultureller Errungenschaften. Statt Kinder aus kommunistischen Familien bei den Pionieren und im Komsomol das richtige Weltbild mit dem entsprechenden Klassenbewusstsein zu vermitteln, trete hier eine bewusste Entfremdung von der Arbeiterklasse ein.[82] Die staatliche Kindererziehung galt unter Angestellten als eine Notlösung, eine Verhaltensweise der Arbeiterschaft. Wer es sich leisten konnte, übergab seine Kinder nicht in staatliche Verantwortung, sondern sah in der privaten Erziehung ein Privileg und einen Wert.

Die Frage nach der Erziehung von Kindern entstand durch den Wandel von der bäuerlichen Großfamilie zur städtischen Kernfamilie. In den Biographien der Arbeiterinnen wurde das Leben in der Großfamilie auf dem Land beschrieben. Die Betreuung der Kinder fand durch verschiedene Familienangehörige statt, aber nicht zwingend durch die Mutter. Oft waren es die Großmütter, die die Kinder ihrer erwerbstätigen Töchter beaufsichtigten, da sie Zeit hatten. Ein steigender Lebensstandard ermöglichte den späteren Beginn des Erwerbslebens und dadurch Zeit für Bildung. Kinder symbolisierten in Arbeiterfamilien nach der Revolution die Hoffnung auf ein besseres Leben, eine glücklichere Zukunft. Eigene Kindheitserfahrungen wie Armut, schwe-

---

[81] Kabo: Očerki 30, 89.

Lebenswelten

re Arbeit und Hunger sollten der nächsten Generation erspart bleiben. Werte wie familiäre Geborgenheit, eine solide Ausbildung, stabile familiäre Verhältnisse und eine Betreuung der Kinder durch die Eltern bildeten sich aufgrund eigener Armutserfahrungen im Lauf der zwanziger Jahre heraus. Gleichzeitig lösten sich Familienbande auf, etwa durch Wanderung, Krieg und in der Hungerzeit. Die Betreuung von Kindern in der Familie durch zur Verfügung stehende Angehörige war für Stadtbewohner nicht mehr selbstverständlich, da beispielsweise nicht ausreichend Platz in den Unterkünften zur Verfügung stand.

Die Frage öffentlicher Betreuungseinrichtungen wurde immer im Zusammenhang mit der Frage nach der Befreiung der Frau vom häuslichen Leben gestellt. Unmittelbar nach der Revolution formierte sich die Abteilung zum Schutz von Mutter und Kind. Sie konnte viele Frauen mobilisieren. Darin spiegelte sich ein großes Bedürfnis von Frauen nach entsprechenden Einrichtungen wieder. Die Leiterin von OMM beim Narkomzdrav, Vera Lebedeva, beklagte allerdings bereits 1920, die Anliegen von Frauen in diesem Bereich erführen keine Unterstützung durch andere Organe, sondern würden als *bab'e delo* (Weibersache) abgetan.[83] Mit Beginn der NĖP fiel durch die Schließung von Kinderbetreuungseinrichtungen diese Aufgabe wieder an die Frauen und individuelle Lösungen waren gefragt. Die *ženotdely* versuchten durch Kampagnen zur Selbsthilfe einen Ausweg zu finden.

> Der 8. März. Dies ist der Name von einem Kindergarten. Zehn Jahre liefen die Kinder als *besprizornye* herum. [...] Es gibt nur eine Küche, zu wenig Gemeinschaftseinrichtungen. Aber in diesem Jahr, einige Tage vor dem internationalen Frauentag, haben die Frauen dieses Hofes beschlossen, zu handeln. Sie haben einige Frauen aus ihrer Mitte ausgewählt, die dann zur Hausverwaltung gegangen sind. Sie gingen zum Vorsitzenden und forderten angesichts des nahen Frauentages, einen Kindergarten zu organisieren. Sie wollten ihn am 8. März eröffnen und fragten nach einer Unterstützung. ....[84]

Statt einem ausreichenden Bau von Betreuungseinrichtungen verstärkte sich in der NĖP die Diskussion über die Rolle der Frau als Erzieherin, gewissermaßen als Kompensation. Ein Wandel im Frauenbild vollzog sich, eine Ab-

---

[83] Lebedeva, V.: Der Mutterschutz. In: Kommunistka (1920) Nr. 6, 12–14, hier 13; Lebedeva, Vera: Neues Leben in der Sowjetunion. Mutter- und Kindesschutz. In: Das Neue Russland 5 (1928), Nr. 2, 30ff.

[84] Šapiro, G.: „Imeni 8. Marta". (Moskva) In: Rabotnica (1928) Nr. 13, 14.

Familie, Ehe, Kinder

kehr von revolutionären Zielen, wie es bei der Beschreibung von Weiblichkeit weiter oben ausgeführt wurde.

Mütter, die ihre Kinder anschrieen oder schlugen, wurden öffentlich kritisiert. Ihnen warf man in einigen Fällen eine fehlende emotionale Bindung zu ihren Kindern vor, an Männer wurden solche Vorwürfe nicht gerichtet. Die Spinnerin O. verhielt sich so. Sie wurde als unweiblich beschrieben, da ihr der Mutterinstinkt fehle.[85] Ihr Mann wurde in seinem Verhalten den Kindern gegenüber als herzlicher und verständnisvoller dargestellt, da er gebildeter und kulturvoller als seine Frau sei.[86] Agaf'ja Mironova stand wegen Kindesmisshandlung vor Gericht. Ihr wurde vorgeworfen, die Kinder geprügelt zu haben, die deshalb nun vor dieser Mutter geschützt werden müssten. Die Zuhörer im Gerichtssaal entrüsteten sich über ihr Fehlverhalten, da doch gerade eine Mutter den Kindern beibringen sollte, was gut und böse sei. Das Gericht verurteilte sie zu einer Freiheitsstrafe von einem halben Jahr.[87]

Die Frau vom Arbeiter Myšečkin verstarb früh, er blieb mit den Kindern allein. Eine kurze Zeit gab er sie weg, darin lag aber auch nicht die Lösung. Deshalb suchte er sich eine neue Frau, die jedoch die Kinder schlug und anbrüllte. Nachbarn und Verwandte wurden Zeugen des Familiendramas und zeigten die Frau an. Vor Gericht warfen sie der Frau vor:

– Das ist keine Mutter, sondern eine waschechte *tigra livonskaja* [livländische Tigerin, C.S.]. Sie prügelt jeden Tag, jeden Tag treten wir in Erscheinung und die Kinder haben immer neue blaue Flecken.[88]

Das Gericht verurteilte die Frau zu einem Jahr Gefängnis und der Witwer schickte seine Kinder zu ihrer Großmutter.

In den genannten Fällen wurden die Frauen als ungebildet, rückständig und politisch desinteressiert dargestellt. Meistens funktionierte die Kontrolle des Verhaltens durch ein Netz von Frauen in der unmittelbaren Umgebung, die gewalttätige Ehefrauen und Mütter für unehrenhaft hielten. Interessant ist die Tatsache, das ähnliche Vergehen von Männern nicht so eine große Empörung hervorriefen. Prügelnde Ehemänner und Väter wurden zwar kritisiert, doch bei Frauen erschien dieses Verhalten als moralisch verwerflicher, passte es doch nicht zum Bild der liebevollen Mutter und aufmerksamen Erzieherin. Sie handelten aus Dummheit und fehlendem Klassenbewusstsein gegen ihre

---

[85] Kabo: Očerki 31.
[86] Ebd. 29–31.
[87] Rabotnica (1925) Nr. 20, 23.
[88] Rabotnica (1926) Nr. 12, 24. Die Bedeutung des Ausdrucks „livländische Tigerin" ließ sich nicht ermitteln. Er hat eine negative Konnotation.

Lebenswelten

eigene Natur. Dass die Gewaltanwendung ein Ausdruck von Überforderung, Resignation oder Weitergabe des Drucks, den etwa der Ehemann auf die Frau ausübte, sein konnte, wurde nicht in Erwägung gezogen. Die Züchtigung oblag dem Mann, galt traditionell als seine Rolle. Darüber schien Konsens zu herrschen.

Der Entwurf einer neuen Mütterlichkeit, die nun nicht mehr reine Privatsache war und stark biologisch mit dem natürlichen Wesen und Funktionen der Frau begründet wurde, fiel auf fruchtbaren Boden. Sie entsprach durchaus den Rollenvorstellungen von Frauen. Die Mutter und Ehefrau war verantwortlich für die Familie und ihre Lebensweise. Es entstand das Bild, durch die Muttermilch beeinflusse sie die Kinder, sowohl im Negativen wie im Positiven. 1929 informierte man Frauen über die Bedeutung des Stillens, welches besonders für Mädchen wichtig sei. Wissenschaftlich habe man nachgewiesen, dass nichtgestillte Töchter später selber Probleme beim Stillen ihrer Kinder bekommen könnten. Künstliche Säuglingsnahrung fördere Rachitis, eine besonders für Mädchen gefährliche Krankheit. Ihre Geschlechtsorgane litten darunter, in der Zukunft bekämen sie deshalb Probleme bei einer Schwangerschaft.[89] Ein Ansatz zur Verbesserung der Kindererziehung lag in der Schulung von Frauen als bewusste Kommunistinnen.[90] Vaterschaft war angesichts der staatlichen Fürsorge für Mutter und Kind nicht wichtig, aus dem tabuisierten Zeugungsvorgang wurden keine Pflichten für Männer abgeleitet. Zudem wurden Arbeiter und Kommunisten meistens für gesellschaftlich bewusster und fortschrittlicher gehalten als Frauen, weshalb ihnen ein natürliches Wissen für den aufgeklärten, pädagogisch richtigen Umgang mit ihren Kindern unterstellt wurde.

In den Autobiographien der Arbeiterinnen fand Mutterschaft keine besondere Erwähnung. Sie war zunächst eine biologische Tatsache und unabtrennbar mit dem Geschlechtsleben verbunden. Wieweit die Frauen dieses Thema als private Angelegenheit einschätzten und deshalb wenig darüber erzählten, lässt sich nicht ermitteln. Deutlich wird jedoch eine besondere Sorge um die Kinder. Sie erhielten eine bessere Ausbildung, wobei Jungen bevorzugt wurden. So früh wie möglich wurden sie bei den Pionieren oder im Komsomol angemeldet.

---

[89] Spravočnaja kniga dlja ženščin. M. 1929, 149.

[90] Smidovič, Iz byta. Rabotnica (1928) Nr. 7, 18. Besonders Mädchen sollten gestillt werden, da sie später selber als Mütter damit keine Probleme haben würden.

Familie, Ehe, Kinder

Verhütung und Abtreibung

> Eine gesunde Frau sollte Mutter sein, denn nur die Mutterschaft gibt ihr die volle Entwicklung der physischen und geistigen Kräfte. Mit anderen Worten: das Resultat des Geschlechtsverkehrs sollte die Empfängnis sein. Über Möglichkeiten zur Verhinderung einer Schwangerschaft haben wir nur deshalb gesprochen, weil es im Vergleich zu einer unterbrochenen Schwangerschaft das kleinere Übel darstellt.[91]

Abgesehen von der Frage, wie Kinder erzogen werden sollten, stellte sich für jede Frau die Frage der Geburtenregelung, wohlgemerkt nicht für Männer. In einem zunehmend mehr durchorganisierten und rationalisierten Leben war uneingeschränkter Kindersegen nicht erwünscht. Ein höherer Lebensstandard und eine steigende soziale Mobilität ließen die Geburtenzahlen seit Mitte der zwanziger Jahre absinken. Die Kinderzahl pro Familie nahm mit einer zunehmenden Industrialisierung und Verstädterung in der Sowjetunion ab und pendelte sich bei durchschnittlich ein bis zwei Kindern pro Familie ein. Dennoch gehörte Sexualität zum Leben. Ehepaaren wurde von Sexualhygienikern empfohlen, zwei bis dreimal pro Woche miteinander zu schlafen. Natürlich sei es eine Frage von Charakter, Temperament und Alter. Aber häufigere Geschlechtskontakte, etwa täglich oder sogar mehrmals im Verlauf eines Tages, seien nicht gesund und würden Mann und Frau stark schwächen.[92]

In Frauenzeitschriften, Büchern und Broschüren wurden zahlreiche Artikel veröffentlicht, die über Schwangerschaft, Verhütung, Säuglingspflege und Ehehygiene aufklären sollten. Adressat war die Frau, der man die alleinige Verantwortung für den Vollzug sauberer Geschlechtskontakte, Familienplanung und Kindererziehung übertrug. Das Wissen über die Reproduktion hielt man für einen Teil der neuen sowjetischen Alltagskultur. Ebenso wie andere Bereiche des Lebens sollten auch in der Sexualität und Fortpflanzung moderne, hygienische Standards eingeführt werden. Dieser vermeintlich private Bereich wurde wie das Alltagsleben allgemein auch politisiert, wissenschaft-

---

[91] Vrač: Ochrana materinstva. Protivozačatočnye sredstva. In: Rabotnica (1927) Nr. 38, 16.

[92] Bychovskaja, V.M.: Gigiena ženščiny - Rabotnicy. Kiev 1925, 24–25.

Lebenswelten

liche Erkenntnisse einem volkstümlichen Wissen übergeordnet. Auf die Zeugung und den eigentlichen Geburtsvorgang wurde nicht detailliert eingegangen. Den Frauen wurde die menschliche Fortpflanzung als angenehmes, beglückendes Ereignis geschildert. Geburtsschmerzen wurden nicht erwähnt, zumal es keine Mittel für ihre Linderung gab. Frauen wurde geraten, nicht zu unreif mit dem Geschlechtsleben zu beginnen, da es dem Organismus schade und eine Frau trotz des frühen Einsetzens der Geschlechtsreife erst mit 21 Jahren voll entwickelt sei.[93] Die erste Schwangerschaft sollte aus medizinischen Gründen unbedingt ausgetragen und nicht unterbrochen werden.

Eine populäre Form der Sexualaufklärung erfolgte indirekt in Witzen und Liedern. Eltern wichen den Fragen ihrer Kinder nach Sexualität aus und verwiesen darauf, sie würden rechtzeitig davon erfahren.[94] Männliche Jugendliche, die früh in die Arbeiterschaft gelangten, wurden von älteren Kollegen und deren Sexualverhalten teilweise aufgeklärt.[95]

Verschiedene Formen der Verhütung wurden erwähnt, jedoch immer mit dem dringenden Hinweis, keine davon sei zuverlässig oder glaubwürdig. Dazu gehörte die Sterilisation der Frau durch einen chirurgischen Eingriff, chemische Spermienvernichter, die mit dem Hinweis, eine Frau könne davon unfruchtbar werden, eingeschränkt empfohlen wurden, Kondome, Diaphragmen, Jodpräparate, die als gefährlich galten, und Scheidenspülungen, die nur von einem Arzt durchgeführt werden sollten.[96] Auf keinen Fall sollten sich Frauen an *babkas*, weise Frauen, Wunderheilerinnen oder Engelmacherinnen wenden, um deren Rat zu erhalten. Sie besäßen zwar ein reiches Wissen über Verhütungsmittel, dies sei aber fehlerhaft und gesundheitsgefährdend.[97] Verhütungsmittel sollten in Apotheken und Drogerien käuflich zu erwerben sein, waren in der Praxis entweder ein Defizit oder zu teuer, obwohl eine große Nachfrage danach bestand.

Weit verbreitet und bekannt war der *coitus interruptus*. Von der Ärztin A.P. Chomjakova-Buslova wurde er als eine „nicht wünschenswerte Methode" der Empfängnisverhütung bezeichnet, da er für Mann und Frau schädlich

---

[93] Ebd. 23.

[94] Vasilevskij, L.M.: Polovoe vospitanie i polovoe prosveščenie. In: Leningradskij medicinskij žurnal (1926) Nr. 2, 87–94, hier 92.

[95] Golosovker: Polovom 21.

[96] Gofmekler, A.B.: Abort. M. o.J., 16; Bychovskaja: Gigiena 54–56.

[97] Gofmekler: 16–17.

Familie, Ehe, Kinder

sei.[98] Der Samenerguss galt sowohl für einen Mann als auch für eine Frau als Höhepunkt der Sexualität, als alleinige Erfüllung. Durch einen *coitus interruptus* könnten weder Mann noch Frau volle Befriedigung erlangen.[99] Ein anderer Mediziner lehnte empfängnisverhütende Mittel ab, da er befürchtete, durch ihre Anwendung sterbe in der Frau ein bereits verringerter Wille zur Mutterschaft vollkommen ab.[100]

Sowjetbürgerinnen griffen am häufigsten zum Mittel der künstlichen Schwangerschaftsunterbrechung, um die Geburtenzahl zu regulieren. Im Verlauf der zwanziger Jahre verzehnfachte sich die Zahl von Abtreibungen. Bald nach der Oktoberrevolution wurde die Strafbarkeit der Schwangerschaftsunterbrechung de facto und dann durch die Verordnung der Kommissariate für Justiz und Gesundheit vom 18. November 1920 de jure aufgehoben. Die Geburtenzahlen waren nach dem Welt- und Bürgerkrieg stark angestiegen, weshalb in Russland demographische Argumente in der Abtreibungsfrage, anders als etwa in Deutschland, zunächst keine Rolle spielten. Zudem wurden die schlechten wirtschaftlichen Umstände – Hunger, Armut, Wohnungsnot und Arbeitslosigkeit – berücksichtigt, so dass eine Bestrafung für Abtreibung dazu in keinem Verhältnis stand. Frauen sollten nicht länger zu Opfern von Kurpfuschern und ihren angeblich dilettantischen Abtreibungsversuchen werden, zudem glaubten die Bolschewiki, in der sozialistischen Gesellschaft der Zukunft, mit einem staatlichen Schutz von Mutter und Kind und den entsprechenden Einrichtungen, werde es keine Notwendigkeit für Abtreibungen mehr geben. Frauen hätten angesichts der staatlichen Fürsorge keinen Grund mehr, eine Schwangerschaft künstlich zu unterbrechen. Das Ziel war nicht länger eine Bestrafung, sondern Prävention und Aufklärung. Eine Abtreibung war allerdings nur dann legal, wenn sie in den dafür zuständigen Krankenhäusern von den autorisierten Ärzten durchgeführt wurde. Eine Hebamme,

---

[98] Chomjakowa-Busslowa, A.P.: Der Coitus interruptus als nicht wünschenswerte Methode zur Empfängnisverhütung. In: Erfahrungen in der Freigabe der Schwangerschaftsunterbrechung in der Sowjet-Republik. Vollständige Übersetzung der einschlägigen Arbeiten des ersten allukrainischen Kongresses der Geburtshelfer und Gynäkologen in Kiew. Im Auftrag der Deutschen Gesellschaft für Geburtshilfe und Gynäkologie. Hg. und mit einer wissenschaftlichen Einleitung versehen von Prof. Dr. A. Mayer. Beilageheft zur Zeitschrift für Geburtshilfe und Gynäkologie, Bd. 104. Stuttgart 1933, 202–216.

[99] Bychovskaja: Gigiena 28.

[100] Uljanowskij, L.W.: Der Abort und das Dekret vom 20. November 1920. (Die künstliche Abtreibung im Lichte der Wissenschaft und des Lebens). In: Erfahrungen 59–75, hier 61.

Lebenswelten

ein Privatarzt oder andere Personen, die den Eingriff vornahmen, machten sich weiterhin strafbar. Als Indikation für eine Abtreibung galten soziale und medizinische Gründe, die von einer Abtreibungskommission bestätigt werden mussten.[101] Seit November 1924 wurde die Zahl ihrer Mitglieder auf drei Personen erhöht. Dazu gehörten ein Arzt, eine *ženotdel*-Vertreterin und eine Mitarbeiterin von OMM, weshalb die Kommissionen *troiki* genannt wurden. Sie bescheinigten abtreibungswilligen Frauen eine soziale oder medizinische Indikation, die zu einem kostenlosen Eingriff berechtigte. Ohne diesen Beratungsschein musste die Durchführung der Abtreibung privat finanziert werden. Gleichzeitig wurden ab 1924 alle Fälle registriert und eine offizielle Statistik geführt. Eine soziale Indikation lag vor, wenn eine Frau bereits mehr als drei bis vier Kinder hatte oder materiell schlecht versorgt war. Arbeiterinnen entschieden sich manchmal für eine Abtreibung, weil sie nicht ihren Arbeitsplatz verlieren wollten und so die Diskriminierung als Schwangere und Stillende umgingen. Unter Frauen, die in nicht registrierten Ehen lebten, lag der Anteil Jüngerer bei Abtreibungen höher als bei Ehefrauen. Ihre materielle Situation empfanden sie vermutlich als zu unsicher. Geldmangel und Wohnungsnot veranlassten Frauen zu diesem Schritt. Aber auch viele Arbeiterinnen und Angestellte oder Ehefrauen von Arbeitern und Angestellten, die in sicheren Verhältnissen lebten und verheiratet waren, wollten nicht mehr als ein bis zwei Kinder. Ihr Lebensentwurf sah neben der Mutterrolle noch ein Ziel in Erwerbsarbeit, Bildung oder politischen Tätigkeiten.[102] Die Mehrheit der Frauen war zwischen 20 und 30 Jahre alt (60 Prozent), in der Altersklasse bis 40 Jahre betrug der Anteil 30 Prozent.

Die Zahl der legalen Aborte stieg an, jedoch fehlte es an ausreichenden Krankenhausbetten und Abtreibungskliniken, weshalb weiterhin privat eingegriffen wurde. Auf dem Dorf gab es weder Kommissionen noch Kliniken. Der Weg in die nächste Stadt war oft weit, weshalb die Dienste einer Hebamme oder anderer Frauen aufgesucht wurden. Einige illegale Abtreibungen endeten tödlich, andere Frauen schafften rechtzeitig den Weg zu einem behan-

---

[101] Gens, A.: Der künstliche Abortus als soziale und Milieu-Erscheinung. In: Archiv für soziale Hygiene und Demographie NF 3(1928) 554–558; Krassilnikian, Sarkis: Die Freigabe der Abtreibung in der Sowjet-Union. Dissertation Berlin 1929. Berlin 1930; Solomon, Susan Gross: The Demographic Argument in Soviet Debates over the Legalization of Abortion in the 1920's. In: Cahiers du Monde Russe et Soviétique 33(1992) Nr. 1, 59–82.

[102] Chalfin, V.: Istreblenie ploda (abort) v Moskve i Moskovskoj gubernii. In: Problemy Prestupnosti. Sbornik. Vypusk II. M.-L. 1927, 190–211.

Familie, Ehe, Kinder

delnden Arzt.[103] Die Unterbrechung wurde am häufigsten zwischen dem zweiten und dritten Schwangerschaftsmonat vorgenommen.[104]

TABELLE 3: ABORTE IN DER STADT MOSKAU IN DEN JAHREN 1922–1926[105]

Jahr	Zahl der Geburten in Moskau	Gesamtzahl der Aborte	davon künstliche	davon unvollständige	Verhältnis Aborte zu den Geburten in %	Verhältnis der künstl. Aborte zu Geburten in %
1922	35 320	7 969	4 245	3 724	22,56	12
1923	48 852	9 062	3 829	5 233	19,16	8,65
1924	51 980	10 183	5 782	4 401	19,56	11,12
1925	57 537	18 071	15 261	3 810	31,41	26,54
1926	-	31 986	25 259	6 393	-	-

Angesichts allgemein sinkender Geburtenzahlen in den Städten ab Ende der zwanziger Jahre und steigender Abtreibungszahlen erfolgte eine zunehmende Kritik an Schwangerschaftsunterbrechungen, eine pronatalistischer Politik verstärkte sich. Wie in anderen Bereichen auch wurde ein Rückzug von modernen, fortschrittlichen, revolutionären Konzepten gemacht. Stimmen wurden laut, die forderten, Frauen sollten nicht zu leichtfertig mit einer Abtreibung umgehen, immerhin sei es eine ernst zu nehmende Operation.[106] Es müsse mehr auf die Gesundheit der Frauen geachtet werden, gegen Unterbrechungen sei ein Kampf zu führen.[107]

Liberale Ärzte vertraten eine andere Ansicht:

> Die Meinung, als ob die Frau leichten Sinnes zum Abort schritt, ist falsch. Eine jede überlegt lange diese Frage, bis sie den Entschluss

---

[103] Der Abort auf dem Land stellte ein besonderes Problem dar. Frauen mussten sich an illegale Stellen wenden, da das staatliche Gesundheitssystem noch nicht bis in das Dorf vorgedrungen war. A.B. Gens: Abort v derevne. M. 1926.

[104] Gens: Der künstliche 556. In Krankenhäusern erfolgte der Eingriff früher, illegale Abtreibungen fanden etwa einen Monat später statt. Das frühe Erkennen der Schwangerschaft, in einem Stadium, wo noch keine Kindsregungen als Merkmal zu spüren sind, lässt auf das Wissen über ausbleibende Menstruation und Schwangerschaft schließen.

[105] Sserdjukow, M.G.: Der künstliche Abortus als biologisches Trauma und seine Folgen. Aus der Gebäranstalt „Grauermann" in Moskau. In: Erfahrungen 45–58, hier 45.

[106] Gofmekler 7.

[107] Gens, A.: Na bor'bu s abortami. In: Kommunistka (1929) Nr. 2, 37–38. Der Artikel erschien in der Rubrik *Za zdorovuju rabotosposobnuju trudžennicu* (Für die Gesundheit der arbeitsfähigen werktätigen Frau).

Lebenswelten

zur Abortausführung fasst, denn es ist ein gewagter und schmerzhafter Schritt.[108]

Die Frau hat ein Recht auf das Geschlechtsleben und will dasselbe ebenso frei verwirklichen wie der Mann. Und sie muss diese Möglichkeit haben, und zwar mit derselben Normalität, um ihre sozialbiologische Vollwertigkeit zu bewahren. [...] Der Abortus ist ein unbezweifelbares Übel – vorläufig haben sie nichts, womit sie ihn ersetzen könnten...[109]

Es gibt keine Selbstzeugnisse von Frauen, in denen sie über ihre Haltung und Erfahrungen mit einer Abtreibung berichten. Sexualität war ein Tabuthema, vermutlich wurden ebenso alle körperlichen Belange als eine intime Angelegenheit betrachtet, die man mit einem Spezialisten oder einer erfahrenen Frau besprach, sich darüber aber nicht öffentlich äußerte. In der breiten öffentlichen Diskussion über Abtreibungen wurde kaum über ihre Durchführung gesprochen. Meistens erfolgte eine Ausschabung der Gebärmutter. Selbstverständlich erhielten Frauen keine Narkose. Die österreichische Kommunistin Lili Körber besuchte zu Beginn der dreißiger Jahre die Sowjetunion.[110] Dabei schaute sie viele neue Einrichtungen des sowjetischen Lebens an, darunter eine Klinik für Abtreibungen. Ihre Beschreibung war typisch für die Sowjetunion und durfte in den zwanziger Jahren vermutlich ähnlich ausgesehen haben:

Von der Treppe aus geriet ich sofort ins Empfangszimmer, wo die Frauen warteten, an der Wand hingen aufklärende bunte Drucke. Links wurde die Operation in Bildern dargestellt und erklärt, dass einem Hören und Sehen verging. Rechts eine Ausstellung von Empfängnis-Verhütungsmitteln in allen Größen und Farben mit erläuterndem Text. An der rückwärtigen Wand Glasbehälter mit Embryonen verschiedener Stadien, je größer desto hübscher. Über der Tür hing eine Devise – sie fehlen niemals in einer Sowjetinstitution: *Diese Abtreibung sei die letzte.* [...]

Im Vorraum werden die Instrumente ausgekocht. Der Operationssaal ist groß, mit gekacheltem Boden, weiß getünchten Wänden. Moderne Hygiene ersetzt die Romantik der Hintertreppe, den saube-

---

[108] Grajmer, M.L.: Der Abortus und die Psychologie der Frau. In: Erfahrungen 178–183, hier 182.

[109] Meinung von Dr. W.W. Selinskij während der Aussprache. In: Erfahrungen 226.

[110] Körber, Lili: Eine Frau erlebt den roten Alltag. Berlin 1932.

Familie, Ehe, Kinder

ren Geruch billigen Essens und getragener Wäsche, der vorsichtig auf- und zugedrückten Türen, des gedämpften, aber verzweifelten Handelns mit der dicken schmutzigen Hebamme, die Romantik der durchstochenen Gebärmutter und des leisen Verblutens auf einem wackeligen Sofa.

Die Patientinnen erscheinen in langen Hemden [...]. Merkwürdig, sie geben keine besonderen Zeichen von Angst oder Aufregung, auch hier wirkt sich das Kollektiv günstig aus: sie sahen, wie ihre Leidensgefährtinnen aus dem Operationssaal getragen wurden und hörten von ihnen, es sei ‚nicht so schlimm', sie wussten, dass diese nach einigen Tagen gesund die Klinik verlassen. Tödlicher Ausgang ist so gut wie ausgeschlossen.

Die Ärztinnen sind außerordentlich geschickt. Mit langen stumpfen Instrumenten wird die Gebärmutter geweitet, Blut fließt, die Patientin stöhnt. Dann beginnt die eigentliche Auskratzung, die Metallschlinge holt blutige Fleischklumpen aus dem Leib der Frau heraus. Die Unerbittlichkeit der Natur offenbart sich in ekelerregender Weise ... und doch ist der Wille des Menschen stärker als die Materie, heute verfügt die Frau frei über ihren Körper, und wenn die Technik und Aufklärung weiter fortgeschritten sind, werden sich die Sexualvorgänge so regulieren lassen, dass diese Eingriffe überflüssig werden ...

[...] Aber warum geben sie den Frauen keine Narkose?

Die Folgen der Narkose sind oft unangenehmer als der ganze Eingriff ... und er dauert nur wenige Minuten, unsere Ärztinnen haben große Übung!

Kommen Sie her, meine Liebe, ruft Ludmilla Nikolajewna, sehen Sie diese Patientin, sie hat schon einige Geburten gehabt und es macht ihr nichts aus. Es ist nur das erstemal so schmerzhaft.[111]

Eine moralische Verurteilung der Frauen durch physische Schmerzen schien beabsichtigt. Am 27. Juni 1936 trat ein neues Gesetz in Kraft, wonach Abtreibungen, die nicht auf der Grundlage einer medizinischen Indikation durchgeführt wurden, einer Bestrafung unterlagen. Offiziell sollten sich Väter nicht länger ihrer Verantwortung in der Ehe und der Verpflichtung zur Alimentezahlung entziehen können. Frauen wurde das Recht auf eine freie und glückliche Geburt garantiert und vor den gesundheitsschädlichen Folgen einer Abtreibung gewarnt. Anders als in den zwanziger Jahren fand nun keine Dis-

---

[111] Ebd. 168–171.

Lebenswelten

kussion mehr über Familienplanung und Verhütung statt. Kurzfristig stiegen die Geburtenzahlen an, einem beabsichtigten politischen Ziel, sanken ab 1938 aber wieder ab. Die Kriminalisierung führte zu einer Rückkehr zu illegalen Abtreibungen.

Zusammenfassung

Entgegen revolutionären Plänen kam es nicht zu einem verschwinden der Familie, sondern zu einem Weiterbestehen dieser festen sozialen Bezugsgröße, wenngleich es durch eine vermehrte Land-Stadt-Wanderung einen Trend von der Groß- zur Kleinfamilie gab. Eine Heirat gehörte zur normalen Biographie von Frauen und Männern, wobei Eheschließungen weniger auf Liebe sondern auf Gewohnheit und Traditionen beruhten. Die Familie war auch nach der Revolution eine feste Bezugsgröße und funktionierte vor allem als ökonomische und soziale Einheit. Vorstellungen über die Aufgaben von Frau und Mann innerhalb dieser Partnerschaft wie etwa die Frage nach dem meist männlichen Ernährer und der weiblichen Hauswirtschaft waren allgemein verbreitet und wurden selten angefochten. Medizinische und sozialhygienische Diskussionen über neue Lebensformen setzten neue Standards und Normen, wobei aus der biologischen Gebärfunktion der Frau ihre soziale Rolle abgeleitet wurde. Die kulturelle Konstruktion von Differenz wurde hier weiter fortgeschrieben und entsprach durchaus einem weit verbreitetet Denken über natürliche Aufgaben der Geschlechter.

4.3 Wohnen, Zeitbudget, Finanzen

> Bei uns wächst die städtische Bevölkerung in einer außerord-lichen Geschwindigkeit, in allen unseren Städten gibt es eine große Wanderungsbewegung, weshalb es unbedingt notwendig ist, neben den alten Häusern neue zu bauen und sie auf so eine Art und Weise zu bauen, dass sie die Lebensweise von Frauen erleichtern, dass sie den Frauen zu einer besseren Stärke verhelfen und sie von der Hausarbeit entlasten. Es ist eine Sache, wenn man in eine kleine Wohnung kommt, das Brot selbst bäckt und alles selber macht [...], dann verstehen Mann und Frau nicht, dass man die Frau von der häuslichen Arbeit entlasten muss. Aber wenn erst einmal neue Wohnungen gebaut sind und nichts dergleichen gemacht werden muss, dann verspürt die Frau, wie schwer sie zu leben hat.[112]

1929 wies Nadežda Krupskaja auf die Wohnungsnot in den sowjetischen Städten hin, die den Umbau des Lebens verhindere. Statt kollektiver Einrichtungen zur Entlastung von häuslichen Aufgaben erfülle nach wie vor die Frau die gesamte Reproduktionsarbeit. Dieser Umstand war für Krupskaja unvereinbar mit dem angestrebten Ideal einer sozialistischen Gesellschaft. Ihre Kritik griff somit auch das zeitgleich propagierte neue Frauenbild der vorbildlichen Hausfrau an. Im Folgenden sollen das Leben in der eigenen Unterkunft, die Alltagssituation und der Tagesablauf im Wandel zwischen Revolution und erstem Fünfjahrplan sowie unter geschlechtsspezifischen Aspekten näher betrachtet werden.

---

[112] Krupskaja am 23.11.1929. RGASPI f. 17 op. 10 d. 490 l. 15ob.

Lebenswelten

Wohnen, Essen, Haushalt

Während des Kriegskommunismus enteigneten die Bolschewiki in Russland vorhandene Häuser und unterstellten sie der städtischen Verwaltung.[113] Der Wohnraum wurde vorrangig Arbeitern und Arbeiterinnen zugewiesen, deren Unterkünfte bis 1917 ärmlich und sehr beengt waren. Sie lebten meistens in einer Schlafecke von Fabrikwohnheimen. Durch die Zwangsenteignungen wurde das System der Untervermietung von Zimmerteilen aufgehoben. Ol'ga Meščerjakova ging als zehnjähriges Mädchen 1897 vom Dorf nach Moskau in eine Fabrik zum Arbeiten. Sie mietete sich eine Ecke im Mädchenschlafsaal des Fabrikwohnheims und aß in der Kantine.[114] Als Evdokija Nikadorova 15 Jahre alt war, folgte sie 1915 ihrer Mutter in die Trechgornaja Fabrik. Die beiden wohnten zusammen in einem Schlafsaal des Arbeiterwohnheims, wo sie in einer Ecke lebten. Sie besaßen kein Bett und keine Möbel. Ihr Essen bereiteten sie selber zu.[115] Klavdija Ukolova wohnte zusammen mit ihren werktätigen Eltern ebenfalls in einer Fabrikunterkunft. Zunächst teilten sie sich einen Raum mit Nachbarn, später lebten sie in einem eigenen Zimmer, wo sie auch ihre Mahlzeiten zubereiteten.[116] Anna Balašova verbrachte ihre Kindheit als Halbwaise in einer fremden Familie, da ihre Mutter arbeitete. In der Zeit vor dem Ersten Weltkrieg bewohnte sie zusammen mit den Mitgliedern ihrer Betreuer eine Dreizimmer-Wohnung in einem zweistöckigen Haus in Moskau. Nur der kleinste Raum wurde selber genutzt und die übrigen Zimmer an Fabrikarbeiter vermietet, in schlechten Zeiten sogar alle Wohnräume. Dann lebten vier Personen in der Küche.[117]

Zwischen 1919 und 1921 war die Zahlung von Mieten aufgehoben worden, was jedoch zu einem starken Zerfall des Wohnbestandes führte. Geld für Reparaturen und Instandsetzungen fehlte, ebenso die dafür notwendigen Baumaterialien. Statt mit Tapeten wurden Wände behelfsmäßig mit Zeitungen oder anderen, zufällig vorhandenen Papieren beklebt. Zu Beginn der NĖP erfolgte eine teilweise Reprivatisierung, alte Besitzer erhielten Häuser zurück und wurden nicht länger zwangsweise ausgewiesen. Ein angemessener Mietzins durfte erhoben werden, der sich nach dem Einkommen der Mieter

---

[113] Hesse, Erich: Rezension des Buches von Dworetzky, A.: Wohnungsverhältnisse und Wohnungspolitik in Sowjetrussland. In: Archiv für soziale Hygiene und Demographie NF 4 (1929) 538.

[114] Rabot na 153.

[115] Ebd. 98.

[116] Ebd. 60.

[117] Ebd. 103–104.

Wohnen, Zeitbudget, Finanzen

richtete und zwischen 12 und 15 Prozent betrug. Eine privatwirtschaftliche Reorganisation der Wohnraumbewirtschaftung wurde mit dem Ziel durchgeführt, bestehende Wohnungen reparieren zu lassen. Trotz einer Verbesserung der Unterkünfte von Arbeitern waren die Wohnverhältnisse nach der Revolution beengt und ärmlich. Der individuelle Standard richtete sich nach den jeweiligen Finanzen. Allgemein galt das persönliche Wohnumfeld als Maßstab für das kulturelle Niveau. Es drückte in der Realität stärker die Einkommensverhältnisse von Familien und ihren sozialen Status aus. Ein Umzug in bessere Räumlichkeiten wurde angestrebt, konnte aber nur erfolgen, wenn genügend Geld vorhanden war und eine neue Bleibe von der kommunalen Wohnaufsicht zugewiesen werden konnte. Dann sahen Arbeiter und Arbeiterinnen darin eine deutliche Verbesserung ihrer Lebensumstände. Der fehlende Wohnraum wurde von Arbeitern beklagt. Immer wieder forderten sie von den Sowjets und Rayonkomitees der Partei den Bau neuer Unterkünfte und zeigten sich enttäuscht, wenn ihren Interessen nicht nachgekommen wurde.[118]

Bis 1924 bewohnte die Familie der Spinnerin O. ein kleines Zimmer in einem einfachen hölzernen Haus in der Nähe einer Moskauer Fabrik. Mutter und Tochter schliefen in einem Bett, Vater und Sohn auf dem Boden. Es gab weder Matratzen noch Bettzeug, dafür Kakerlaken und anderes Ungeziefer. Die Wände waren mit Plakaten und Zeitungen beklebt, gelüftet wurde durch das einzige Fenster. Die Raumluft war schlecht, kalt und feucht, ein Ofen stand nur auf dem Gang. Kurze Zeit später bezog die Familie O. ein großes Zimmer in einem kommunalen Haus. Niemand musste mehr auf dem Boden schlafen, Mann und Frau besaßen nun jeder eine Zimmerecke für sich. Die Frau hängte in ihrer Ecke eine Ikone mit Papierblumen auf, der Mann dekorierte seinen Bereich mit einem Bild von Lenin. Das Mobiliar bestand aus einem Holzbett, zwei Tischen, zwei Stühlen, zwei Hockern und Ikonen – insgesamt billigen Sachen. Nach dem Umzug kauften sie einen Samovar, ein weiteres Bett, zwei Stühle, einen Spiegel und einen kleinen Schrank.[119] Der Lebensstandard stieg an und drückte sich in einer veränderten Bewertung der eigenen Wohnmöglichkeiten aus.

Die Möblierung erwies sich oft als problematisch. Zum einen gab es nicht genug Waren, zum anderen waren sie oft teuer oder zu groß für die beengten

---

[118] Moskovskij gubkom RKP (b) 1928/29. O rabote sredi ženščin. RGASPI f. 17 op. 67 d. 446 S. 63–64. Es wird hier auch angemerkt, dass Arbeiter im Vergleich zu Angestellten oder freien Berufen am wenigsten Platz hatten.

[119] Kabo: Očerki 31–33.

Lebenswelten

Wohnungen.[120] Die Anschaffungen in den zwanziger Jahren bestanden vornehmlich in der Grundausstattung. Viele Familien hatten während des Kriegskommunismus Haushaltswäsche und Kleidung gegen Lebensmittel eingetauscht und ergänzten jetzt ihre Bestände.[121] Zunächst erhielt jedes erwachsene Familienmitglied ein eigenes Bett. Die Mieter, in erster Linie die Frauen, versuchten, eine individuelle Note in ihre Unterkünfte einzubringen, indem sie die Räumlichkeiten dekorierten. Dazu benutzten sie vorhandene und billige Gegenstände. Überall hingen eine oder mehrere Ikonen oder andere religiöse Bilder, die vermutlich von Generation zu Generation vererbt wurden oder als Geschenk zu Festtagen erworben worden waren. Vermutlich symbolisierten sie weniger eine tiefe und überzeugte Religiosität als vielmehr den Wunsch, den eigenen Lebensraum hübsch zu gestalten. Dabei knüpfte diese Sitte an bäuerliche Lebensgewohnheiten an. Auch Leninbilder oder Darstellungen von Marx, Landkarten sowie Fotos von Familienangehörigen dienten als Wandschmuck. In Ausnahmefällen gab es echten oder papiernen Blumenschmuck.

In Moskau existierten noch viele einfache Holzhäuser, die aus wenigen Stockwerken bestanden. Oft hatten sie weder eine Kanalisation, noch fließendes Wasser, elektrische Leitungen oder eine Zentralheizung, Standards, die von Städteplanern als Merkmal eines zeitgenössischen Wohnens aufgestellt wurden. Wasser musste vom Brunnen geholt und Holz zum Feuern gemacht werden. Die Zimmer wurden mit Eisenöfen geheizt, auf denen gekocht und die Wäsche gewaschen wurde. Die oft kleinen Fenster belüfteten die Räume unzureichend, zumal sie im Winter bis auf die *fortočka* (kleines Fenster zum Lüften) wegen der vorherrschenden Kälte verschlossen blieben. Die Luft war stickig und zum Teil durch den Ofen sehr rußig. In vielen Häusern gab es nur eine Gemeinschaftsküche, die sich von allen Personen geteilt werden musste. Eine Toilette befand sich an einer zentralen Stelle im Haus oder auf dem Hof.

In so einem Haus lebte die Familie vom Metallgießer K.. Es gab 11 Wohnungen mit 80 Mietern. Im Hof stand ein Kuh- und Hühnerstall, Schweine, Gänse und Hühner trieben sich auf dem beengten Raum herum. Das Kleinvieh diente zur Versorgung mit Nahrungsmitteln. Alle kochten und wuschen in der Gemeinschaftsküche auf einem russischen Ofen. Eine einfache Toilette

---

[120] Spravočnaja kniga 206.

[121] Meyer, Gert: Alltagsleben sowjetischer Industriearbeiter Mitte der zwanziger Jahre. In: Beiträge zur Sozialismusanalyse I. Hg. v. Peter Brokmeier - Rainer Rilling. Köln 1979, 252.

Wohnen, Zeitbudget, Finanzen

befand sich im Korridor.[122] Gebadet werden konnte nur in öffentlichen zentralen Einrichtungen.

Waschen musste man sich in der Küche, die für die Bewohner aller 20 Zimmer dieses Stockwerks gemeinsam ist. Das typische Bild einer russischen Küche zeigt einen langen schmalen Tisch entlang den Wänden, auf dem im Abstand von einem halben Meter die berühmten und dem russischen Privatleben ihren Stempel aufdrückenden Primus-Kocher stehen. Während man sich am Wasserlauf rasiert oder wäscht, kocht auf fünf Primussen Teewasser, auf fünf Kohlsuppe und auf weiteren fünf wird Wasser für die Wäsche gewärmt. Kinder krabbeln auf dem Fußboden. Frauen und Männer in halb angezogenem Zustand laufen zwischen Küche und ihren Zimmern hin und her. Unmittelbar daneben ist die Toilette, deren Zustand in jedem anderen Lande längst Seuchen hervorgerufen hätte.[123]

Vor der Revolution gab es bestimmte Arbeiterwohnviertel in Moskau, nach 1917 wurden diese sozialen Unterschiede vorerst aufgehoben. Einige Unternehmer ließen bei ihren Betrieben Unterkünfte bauen, wo bis auf den letzten Platz dicht gedrängt die Menschen lebten. Zwei Wohnformen dominierten: Große Schlafsäle oder abgeteilte Kammern für Familien in einem großen Raum. Um 1925 war die Unterbringung in einer Schlafecke nicht mehr typisch für Moskauer Arbeiter. Fabrikarbeiterinnen und -arbeiter bevorzugten Wohnheime, die nahe bei der Arbeitsstelle lagen. Ansonsten mussten sie sich private Quartiere suchen und oft lange Wege in Kauf nehmen.[124] Hier herrschte eine eigene Ordnung. Es bestanden große Unterschiede zwischen den Zimmern und den Korridoren. Die Privatsphäre wurde gepflegt und von den Arbeiterinnen so angenehm wie möglich gestaltet. Sie legten in der Regel Wert auf Sauberkeit, Gardinen an den Fenstern und Dekorationen. Am Zimmereingang lag ein Tuch zum Abstreifen der Füße. Auf dem Korridor, im öffentlichen Raum, fühlte sich dagegen niemand für Ordnung zuständig. Hier lag überall Zeug herum.[125] In den Schlafsälen drängten sich viele Leute auf we-

---

[122] Kabo: Očerki 37–38.

[123] Mehnert, Klaus: Das zweite Volk meines Lebens. Berichte aus der Sowjetunion, 1925–1983. Stuttgart 1986, 86–87.

[124] Elena: Bez kvartir, bez ban' mojutsja rabočie (Fabrika Moskovs. gub) In: Rabotnica (Januar 1927) Nr. 2, 18.

[125] Riščev, A.: Byt tekstilščikov kak on est'. In: Revoljucija i kul'tura (1928) Nr. 9, 20–31, hier 21.

Lebenswelten

nig Raum, oft ohne Unterschied nach Geschlecht oder Alter. Kleine Kinder wurden neben fluchenden Männern gestillt, Ehestreitigkeiten bekam die ganze Umgebung mit. Unter Frauen entbrannten heftige Streits um den besten Platz am Herd, in der Wäscherei und im Bad.

Vor allem junge, unverheiratete Arbeiterinnen und Arbeiter lebten auch nach der Revolution gerne in Wohnheimen. Mädchen sammelten hier ohne die familiäre Kontrolle oder dem Druck strenger dörflicher Sitten erste Erfahrungen im Umgang mit Männern. Sie trafen Gleichgestellte und Kolleginnen, mit denen sie Kontakte schließen konnten und sich mangels Familienangehöriger ein soziales Umfeld aufbauten. Statt sich individuell um die Nahrungsbeschaffung und -zubereitung zu kümmern, nutzten sie die Gemeinschaftsverpflegung.

Überflüssiger Wohnraum existierte nicht, und falls doch, so wurde er angesichts der zu erwartenden Nebeneinnahmen vermietet. Im Durchschnitt lebten vier bis fünf Personen in einem Zimmer, der zur Verfügung stehende Platz lag damit unter der vorgesehenen Norm.[126]

Die Beschreibung von beengten, ärmlichen und dreckigen Arbeiterunterkünften ließe sich beliebig lang fortsetzen. Sie stellten ein großes Problem dar und erschwerten besonders für Frauen die Ausführung der ihnen obliegenden Hausarbeiten. Neue und gute Wohnungen mit einer Zentralheizung, elektrischem Strom, fließendem Wasser, ausreichend Platz, einer eigenen Badewanne mit einem Gasofen, einer eigenen Küche und möglicherweise noch einem Lift gab es wenige. Trotz der Bildung von Wohngenossenschaften und hohen staatlichen Ausgaben für Bauvorhaben konnte nicht genügend Wohnraum neu geschaffen werden. Ständig kamen neue Arbeitsmigranten in die Städte, die eine Bleibe suchten. Deshalb verschärfte sich die Wohnungskrise zunehmend, der Platz pro Person sank beständig ab und fiel unter die gesetzliche Vorgabe von acht Quadratmetern pro Person. Zu einem Tiefpunkt kam es allerdings erst Mitte der dreißiger Jahre, nachdem während des ersten Fünfjahrplans erneut viele Arbeitsuchende vom Dorf in die Stadt gezogen waren.

---

[126] Kabo: Očerki 157–168.

Wohnen, Zeitbudget, Finanzen

TABELLE 4: WOHNRAUM IN MOSKAU PRO PERSON 1823 BIS 1935[127]

1823	6,8 m²
1924	5,7 m²
1925	5,3 m²
1926	5,2 m²
1928	5,9 m²
1931	4,9 m²
1935	4,2 m²

Die angesprochenen Umstände stießen bei der Diskussion des *byt* auf heftige Kritik. In den beengten Wohnverhältnissen der Arbeiter wurde der Grund für eine unnormale, unkommunistische Lebensweise gesehen.

Es ist offensichtlich, dass die beengten Wohnverhältnisse nur wenig zur Bildung eines gesunden und vernünftigen Gemeinschaftslebens beitragen, so wie es eigentlich für Kommunisten richtig sein sollte.[128]

Wie alle Lebensbereiche so sollten auch Wohnen und Arbeiten nach der Revolution neu geordnet werden, um den Bedürfnissen einer sozialistischen Gesellschaft zu entsprechen. Es wurden Anweisungen gegeben, wie eine Wohnung für eine gesunde Lebensweise ausgestattet sein sollte. Jedes Möbelteil sollte einen Platz zugewiesen bekommen – ein Appell an die vermeintliche Unfähigkeit zur Ordnung –, Schuhe waren vor der Tür auszuziehen und das Rauchen in den Zimmern verboten.[129] Lebensweise, Wohnform, sozialistische Gesellschaft und Kultur galten als eine Einheit. Statt in individuellen Privathaushalten sollten Kochen, Waschen, Essen und Kinderbetreuung in Gemeinschaftseinrichtungen stattfinden. Das Leben in einer Kommune galt als Ideal, nicht nur, um in erster Linie Frauen von der „sklavengleichen" Hausarbeit zu befreien, sondern auch, um optimal die Arbeitskräfte der Werktätigen für die Produktion – und nicht mehr länger für die Reproduktion – einzusetzen.[130] Parallel zu Rationalisierungsmaßnahmen in der Arbeitswelt sollte auch der private Lebensbereich dieser strukturellen Umgestaltung unterworfen werden. Die Beschäftigung mit der Wohnungsfrage stellte also auch ein

---

[127] Šmidt, V.: Rabočij klass SSSR i žiliščnyj vopros. M. 1929, 23; Hoffmann, David L.: Peasant Metropolis: Social Identies in Moscow, 1929–1941. NY 1994, 138–139.

[128] Smidovič: Iz byta 25.

[129] Voroncovskij, G.M.: Kak ozdorovit' žilišče. M. 1925, 22, 39.

[130] RGASPI f. 17 op. 10 d. 490 ll. 15ff.

Lebenswelten

diskursives Feld über die Frage nach dem Aufbau einer neuen Gesellschaft dar, bedeutete eine Politisierung von privaten Lebensbereichen.

Das Leben in Kommunen galt in diesem Zusammenhang als konkretes Projekt zur Umsetzung revolutionärer Ideen. Die Propagierung neuer Lebensformen wurde unter einigen städtischen Jugendlichen begeistert aufgenommen und umgesetzt. Sie sahen darin nicht nur eine Lösung ihrer persönlichen Unterkunftsfrage, sondern einen Versuch, neue Lebensweisen zu erproben.[131] Das Experiment einer Moskauer Jugendkommune scheiterte jedoch nach einem knappen Jahr, die Gemeinschaft zerfiel. Finanzielle Streitigkeiten, die ungelöste Frage, wer welche Aufgaben übernahm aber auch soziale Unterschiede und individuell verschiedene Sichtweisen führten dazu. Persönliche Beziehungen wurden nicht verboten, dafür aber feste Paarbindungen. Zwischenmenschliche Kontakte sollten offen ausgelebt werden.[132]

Eine andere Form des Zusammenlebens prägte dafür die sowjetischen Wohnverhältnisse, die *Kommunalka* (Gemeinschaftswohnung), eine aus dem Mangel heraus entstandene Wohnform, die bis in unsere Zeit weiterexistiert.[133] Sie stellte weniger eine Umsetzung revolutionärer Lebensweisen, als vielmehr eine Notmaßnahme dar. Große Wohnungen wurden mit mehreren Familien belegt, die sich Gemeinschaftseinrichtungen teilten. Dies führte zu vielen Konflikten, etwa beim Kochen, der Hygiene oder der Wahrung einer Privatsphäre. Besonders neu in die Stadt gekommene Migranten lebten in Gemeinschaftswohnungen, die ein schlechtes Prestige besaßen.[134]

Wie bereits gesehen, wurden Kinderkrippen und -gärten nach anfänglicher Skepsis von Frauen gerne in Anspruch genommen, sofern sie vorhanden waren. Das ursprüngliche Modell, Kinder in ein eigenes Haus zu geben, um sie dort im Zeitraum von einigen Tagen zu besuchen, gefiel den meisten Müttern nicht. Sie wollten ihre Kinder um sich haben und abends nach Hause holen, weshalb es Vorschläge gab, Kindergärten und Horte in der unmittelbaren Wohnnähe der Mütter zu bauen, damit sie jederzeit einen Blick auf die spielenden Kinder werfen konnten.[135]

[131] Dmitriev - Galin: Na putjach 14.
[132] Kommuna molodeži. M.-L. 1929.
[133] Schlögel, Karl: Kommunalka – oder Kommunismus als Lebensform. Zu einer historischen Topographie der Sowjetunion. In: Historische Anthropologie 6(1998) Nr. 3, 329–346; Pott, Philipp: Die Geschichte der Kommunalkas in der Sowjetunion. Eine lebensweltliche Untersuchung. Lizentiatsarbeit Universität Basel 2000. (Unveröffentlichtes Manuskript)
[134] Hoffmann: Peasant Metropolis 139.
[135] RGASPI f. 17 op. 10 d. 490 l. 16 ob.

Wohnen, Zeitbudget, Finanzen

In der Frage nach der Akzeptanz öffentlicher Speiseeinrichtungen muss zwischen dem Verhalten von Familien und Ledigen unterschieden werden. Im Mai 1923 wurde die „Genossenschaft zur Organisation öffentlicher Speisung" (*Paevoe tovariščestvo ‚Narodnoe Pitanie', Narpit*) von Partei- und Gewerkschaftsorganisationen, Genossenschaftsverbänden und staatlichen Wirtschaftsorganen gegründet, um ein Netz von Kantinen aufzubauen. Im ersten Halbjahr entstanden 14 Kantinen in Moskau, bis 1926 gab es in der Sowjetunion 506. Eine Arbeiterkorrespondentin beschrieb für die *Rabotnica* 1923 die Moskauer Musterkantine Nummer fünf:

> Die großen, hellen Räumlichkeiten der Kantine sind ganz mit weißer Farbe gestrichen. An den Wänden hängen grellrote Plakate und Portraits der Führer der Revolution. Die Tische sind mit weißem Wachstuch bedeckt. Weißes Steingutgeschirr. Die Suppe wird in weißen Schüsseln ausgeteilt und jedem auf den Teller geschenkt; die Löffel sind aus Metall: Dort in der Kantine befindet sich auch ein Teebuffet. Sauber gekleidete Bedienungen geben das Essen aus und tragen das schmutzige Geschirr weg. All dies macht einen hervorragenden Eindruck. Von der Kantine kommt man durch ein Durchgangszimmer in die große, saubere, helle Küche. In der Küche befinden sich vier Kessel aus rotem Kupfer mit ebensolchen Deckeln. Mitten in der Küche steht ein großer Herd. Hinter einer Anrichte wird das fertige Essen in Portionen geteilt. Die Köche tragen alle weiße Schürzen und Mützen, der Chefkoch beaufsichtigt die Austeilung. Für Brot gibt es einen eigenen Verteiler. Neben der Küche, durch eine Glasscheibe abgetrennt, ist die Spülküche. Das heiße Wasser kommt in der Spülküche aus einem Boiler. Das Geschirr wird von zwei Arbeiterinnen mit Soda und Seife gewaschen. In Zukunft wird das Geschirr in einem speziellen Geschirrtrockner getrocknet werden. Es wurde schon ein Platz vorbereitet, wo ein Spezialofen für die Geschirrtrocknung montiert werden wird. Neben der Küche ist noch ein Raum für das Säubern von Lebensmitteln; dort werden schon vorbereitende Maßnahmen für die Installation von einer Kartoffelschälmaschine getroffen. Von der Küche gibt es einen Zugang zum Keller. Das Kellergeschoss ist für die Aufbewahrung von Lebensmitteln und Gemüse konzipiert. Es gibt dort einen separaten Raum mit einem dicken Zementbehälter für Eis, über dem auf Haken das Fleisch aufgehängt wird.[136]

---

[136] Obrazcovaja stolovaja Nr. 5. In: Rabotnica (1923) Nr. 8, 20.

Lebenswelten

Diese attraktive Schilderung mit der Betonung sauberer, heller, freundlicher, hygienischer Umstände stand im krassen Gegensatz zu den realen Wohnverhältnissen. 1926 besuchten insgesamt nur durchschnittlich 400 000 Personen aus der 2,6 Millionen Menschen zählenden Arbeiterschaft eine Kantine, genauere Zahlen für Moskau liegen nicht vor.[137] Es waren vor allem junge, unverheiratete oder gut qualifizierte und ausreichend verdienende Arbeiterinnen und Arbeiter, die eine öffentliche Speiseeinrichtung zum Essen aufsuchten, wobei eher Männer als Frauen auswärts aßen. Für Jugendliche war der Aufwand, selber einzukaufen, Vorräte anzulegen und Speisen zuzubereiten, zu groß. Familien dagegen speisten meistens das von der Frau gekochte Essen. Dahinter verbarg sich keine grundsätzliche Ablehnung von Kantinen, sondern die Frage der Preise im Verhältnis zum Arbeitslohn.

> Das Budget des Arbeiters, und besonders der Arbeiterin, erlaubt es nicht, in der Kantine zu essen. Und eine Arbeiterin mit Familie kommt nicht.[138]

Bei einer Umfrage über den Besuch von *stolovajas* (Kantinen) 1925 antworteten über 90 Prozent der befragten Arbeiterinnen, kochen zu Hause sei billiger. Ein weiteres Problem seien die Kinder, die man aus Zeitgründen nicht mitnehmen wollte. Natürlich begrüßten die Befragten statt des Kochens mehr Freizeit, jedoch forderten sie dazu auch höhere Löhne. Die Umfrage zeigte deutlich, dass sich Arbeiterinnen nicht mit dem System öffentlicher Speiseeinrichtungen identifizierten. Ein weiteres Argument dagegen war die Qualität des Essens: selber gemacht sei es leckerer.[139] Euphorische Appelle verhallten angesichts der Preisfrage ohne große Wirkung:

> Wir, Frauen-Mütter und Hausfrauen haben keine einzige Minute freie Zeit. Wenn wir von der Arbeit kommen, wissen wir oft gar nicht, womit zuerst beginnen. Essen vorbereiten, Waschen, Putzen, Nähen für die Familie, die Kinder schreien usw. usf. Kurz gesagt gibt es für uns keine Möglichkeit zum Ausruhen oder entspannen. Bei uns gibt es in der Fabrik fast jeden Tag Vorträge, Versammlungen, Gespräche, marxistische Zirkel, *politgramoty* und vieles andere. Es gibt ei-

---

[137] Mojrova, V.: Obščestvennoe pitanie i byt rabočej sem'i. In: Kommunistka (1926) Nr. 10/11, 41–45, hier 41.

[138] Mojrova, V.: Obščestvennoe pitanie i reorganizacija byta. In: Kommunistka (1926) Nr. 2, 49–55, hier 51.

[139] Lochtina, O.: Novyj li byt v našich stolovych? In: Kommunistka (1925) Nr. 9, 36–38.

nige Frauen, die sich engagieren, aber Mütter und Hausfrauen haben dafür keine Zeit.

Genossen Frauen! Obwohl die Revolution schon fünf, fast sechs Jahre her ist, sind wir immer noch nicht gleichgestellt und von der Versklavung befreit. Deshalb können wir auch nicht am großartigen Aufbau unseres Landes teilnehmen.

Genossen Arbeiterinnen!

Unser Heil besteht in der Eröffnung von Kantinen, Wäschereien usw. Wir brauchen unsere Zeit dann nicht mehr zu verschwenden, sondern können in die Kantine gehen, etwas essen und uns anderen Dingen widmen. Statt das jede einzelne ihr kleines Stück Fleisch zubereitet, werden wir bekocht und bekommen so ein viel besseres Essen. Es würde dann auch viel billiger.

Genossinnen, wenn wir nicht stärker unsere Kraft in andere Bedingungen aufwenden, werden wir uns nicht so schnell frei fühlen können.

Lasst uns den Schmutz verlassen und dafür kämpfen, dass wir nicht den letzten Platz in der freien und glücklichen Welt einnehmen.[140]

Trotz ausreichender Kapazität waren einige Kantinen nicht ausgelastet. Verstärkt wurde von der Frauenabteilung gefordert, das System öffentlicher *stolovajas* zu einem eigenständigen Industriebetrieb umzuorganisieren, um dann Essen zu günstigeren Preisen anbieten zu können. Kantinenessen sollte mit dem Preis eines Familienessens konkurrieren können. Um die Akzeptanz unter Frauen zu vergrößern, hielt man ihnen vor, das Essen zu Hause sei nur deshalb billiger, weil ihre Arbeitskraft, Energie und Wasser nicht berechnet würden. Zudem erhielten die Kinder eine falsche Ernährung, was sich an den verschiedensten Krankheitsbildern nachweisen lasse. Die Überzeugungsarbeit bezweckte wenig. Arbeiterinnen ließen sich die Privatsphäre des Essen in der Familie ungern nehmen. Zudem häuften sich Klagen ihrerseits über dreckige Kantinen und schlechte Speisen.[141]

Die Mahlzeiten einer Moskauer Arbeiterfamilie bestanden in der Regel aus zwei warmen Essen, am Mittag und am Abend. Widmete sich die Frau allein dem Haushalt, kochte sie mittags für den ganzen Tag. Nur in der Familie von Facharbeitern war der Anspruch höher, dort wurde abends eine eigene

---

[140] Rabotnica Dedovskoj manufaktury Mill': Golos rabotnicy. In: Rabotnica (1923) Nr. 5, 15–16.

[141] Hoffmann: Peasant Metropolis 145–46.

Lebenswelten

Speise zubereitet. Erwerbstätige Frauen kochten am Abend für einige Tage vor. Die Art der Nahrung hing vom Einkommen und technischen Möglichkeiten ab. Kleine Kinder bis zu zwei Jahren erhielten spezielle Gerichte.[142] Beim Essen wurde zwischen Alltag und Feiertag unterschieden. Die Familie der Spinnerin O. ernährte sich von Suppe, *šči* (Kohlsuppe), Brei, Kartoffeln, Tee, Weißbrot und Hefekuchen. Die Nahrung war einfach, billig und abwechslungslos. An Feiertagen gab es selbstgebackene Piroggen (Teigtaschen). Fleisch wurde jeden Tag in der Suppe mitgekocht, Milch gab es nur selten.[143] Die Ernährung bestand vornehmlich aus kohlehydratreichen Lebensmitteln wie Getreide und Kartoffeln, Fleisch war eher selten, ebenso Obst und Gemüse. Traditionell kümmerte sich die Hausfrau um die Speisenzubereitung, deshalb gab es in Frauenzeitschriften immer wieder Koch- und Ernährungstipps. Vor dem Hintergrund, die Lebensweise und damit auch die Gesundheit der Bevölkerung zu verbessern, versuchte man, Hausfrauen über vernünftige Ernährung aufzuklären.[144] Ihnen wurde die Verantwortung übertragen, auf die Gesundheit aller Familienmitglieder zu achten, die nicht nur als Notwendigkeit für gesunde, kräftige Arbeitskräfte erachtet wurde, sondern auch einen starken, unbeschädigten Volkskörper bilden sollte. Hier zeigte sich wieder eine hohe geschlechtsspezifische Dimension in den Fragen des Alltagslebens und ein Mechanismus, wie traditionelle weibliche Rollen aufs neue als Attribute sowjetischer Frauen rekonstruiert wurden.

Lebensmittel konnten in Läden, auf Märkten, aber vor allem in Verbrauchergenossenschaften bezogen werden. Private Kaufläden wurden 1929 geschlossen, weshalb eine Genossenschaftsmitgliedschaft von Vorteil war und die Nahrungsmittelzuteilung über einen Betrieb sehr wichtig wurde. Für städtische Arbeiter in den zwanziger Jahren war es auch noch durchaus üblich, sich Tiere zu halten, um die eigene Versorgung abzusichern.[145] Angesichts der vorherrschenden Armut entlasteten eine Kuh, Ferkel, Ziegen, Hühner und Hasen das Familienbudget. Gleichzeitig war es eine Gewohnheit, die viele Arbeiter während ihrer Kinder- und Jugendzeit in der Bauernfamilie erlebt hatten und als Sitte aus der Heimat mit in die Stadt nahmen. Die Sorge um die Tiere oblag – ebenso wie in einer bäuerlichen Familie – allein der Frau.[146]

---

[142] Kabo: Očerki 149–150.

[143] Ebd. 34.

[144] Spravočnaja kniga.

[145] Kabo: Očerki 72.

[146] Rabočim nado pomoč' svoim ženam (Orechovo-Zuevskij uezd, Moskovsk. gub.) In: Rabotnica (1925) Nr. 13, 17.

Wohnen, Zeitbudget, Finanzen

Zeitbudget

Frauen übernahmen einen großen Teil der Hausarbeit, wodurch sich für sie eine andere Zeiteinteilung als für Männer ergab. Von früher Kindheit an hatte man ihnen beigebracht, Mithilfe im Haushalt und bei der Kinderbetreuung sei eine weibliche Tätigkeit. Klaglos führten Hausfrauen die zahlreichen Aufgaben durch und akzeptierten eine geschlechtliche Arbeitsteilung im privaten Bereich. Unter Arbeiterinnen wurde Hausarbeit an sich nicht für überflüssig gehalten, aber viele sahen darin ein Hindernis für ihre Emanzipation.[147] Die propagierte Vergesellschaftung dieser Aufgaben verinnerlichten sie teilweise als eigene Sichtweise. In der Sowjetunion galten reproduktive Handlungen im Vergleich zur Produktionsarbeit als weniger relevant, als eine Verschwendung von Ressourcen. Im Laufe der Diskussionen über eine effektive Einteilung und Nutzung der zur Verfügung stehenden Zeit wurden von Sozialwissenschaftlern Berechnungen angestellt, wonach sich für Hausfrauen ihre Freizeit durch die Nutzung staatlicher Einrichtungen wie Wäschereien und Kantinen erheblich erhöhen lasse.[148] Da jedoch der Aufbau eines entsprechenden Netzes von Institutionen nur langsam oder gar nicht erfolgte, gab es ab 1926 verstärkte Versuche, Einzelhaushalte rationaler zu gestalten, indem die Prinzipien der Arbeits- und Bewegungseffizienz von der Industrie auf den privaten Bereich übertragen wurden. Damit verschob sich die Verantwortung von öffentlichen Stellen auf individuelle Lösungen, die jedoch nicht beliebig aussehen sollten, sondern durch öffentliche Anleitung homogenisiert werden sollten.

> Jede Arbeiterin kennt in der Fabrik wahrscheinlich NOT – die wissenschaftliche Organisation der Arbeit. Wahrscheinlich sieht sie, wie die Organisatoren auf wissenschaftliche Weise, durch Beobachtungen und Versuche eine Methode finden, die Arbeit zu vereinfachen und zu erleichtern und den Aufwand an Zeit und Kraft zu verringern. Aber ist der Arbeiterin schon einmal eingefallen, dass sie dasselbe Verfahren auch auf ihre Hausarbeit anwenden kann? Natürlich bestehen in den Fabriken Organisationsbüros, die die Durchführung von

---

[147] Ebd.

[148] Pütz, Karl: Zeitbudgetforschung in der Sowjetunion. Zur empirischen Sozialforschung in der UdSSR. Meisenheim am Glan 1970; Strumilin, S.: Bjudžet vremeni russkogo rabočego i krest'janina v 1922–1923 godu. Statistiko-ekonomičeskie očerki. M.-L. 1924; Micheev, V.: Bjudžet vremeni rabočich i služaščich Moskvy i Moskovskoj oblasti. M.-L. 1932; Meyer: Alltagsleben.

Lebenswelten

NOT leiten. Die Schwierigkeit besteht für die Arbeiterin darin, dass über sie keine solche Hand regiert und sie selbst die Organisatorin ihrer Arbeit sein muss. An diesem Punkt helfen wir ihr, indem wir sie mit den grundsätzlichen Prinzipien von NOT vertraut machen und ihr an Beispielen zeigen, wie man sie auf die Hausarbeit anwenden kann. Danach wird jede Hausfrau mit einer überlegten und aufmerksamen Herangehensweise an ihre Sache unsere Ratschläge in ihrer Arbeit umsetzen können.[149]

Die praktische Umsetzung wurde von einigen Frauen ausprobiert, die durchaus ein Interesse daran besaßen, ihre Hausarbeit umzustrukturieren und mehr freie Zeit für andere Dinge zu gewinnen. Eine Leserin der *Rabotnica*, die sich selber für eine gewissenhafte Hausfrau hielt, schrieb:

Ich habe viel nachgedacht über die Rationalisierung meiner Bewegungen in der Hausarbeit und habe mich bemüht, irgendwie gute Ergebnisse zu erzielen. Aber es gab nur ein Ergebnis: Je mehr und je besser man die Hausarbeit ausführt, desto mehr quillt sie aus allen Ecken heraus. Die Hausarbeit kennt keine Grenzen. […] Wie soll man die wissenschaftliche Arbeitsorganisation anwenden! Nein, nicht NOT, sondern die Organisation von genossenschaftlichen Kantinen ist hier am Platze, […] und unsere Kräfte sollten für die Versorgung solcher Einrichtungen verwendet werden. Das ist es, was uns bedeutend Kraft und Zeit spart.[150]

Damit hatte sie einen empfindlichen Punkt angesprochen und zugleich auf eine allgemeine Tendenz verwiesen. Angesichts fehlender staatlicher Institutionen oder zu hoher Preise für eine öffentliche Speisung verblieb die Reproduktionsarbeit in der Familie. Hier wuchsen die Ansprüche an die Gestaltung des häuslichen Lebens mit einer wachsenden Verbesserung des Lebensstandards. Sie wurden von Familienmitgliedern selber erzeugt, indem die Nahrungszubereitung vielfältiger und aufwendiger oder mehr Wert auf Kleidung und Körperpflege gelegt wurde. Aber auch offizielle Stellen forderten eine Anhebung des allgemeinen Lebensniveaus innerhalb der Familie, worauf die Frau als Hüterin des Hauses zu achten habe.[151] Ihnen blieb in Zei-

[149] NOT v domašnem chozjajstve. In: Rabotnica (1926) Nr. 13, 21.
[150] Otupljajuštrud. In: Rabotnica (1926) Nr. 17, 19.
[151] Ženščina i byt; Spravočnaja kniga mit zahlreichen Anleitungen zur Führung eines modernen Haushalts, Vorratshaltung, Herstellung von Nahrungsmittelkonserven, Pflege von Kleidung, Möbeln und Wohnräumen, Putztipps, Kochrezepten, die abwechslungsreich sein sollten.

Entwurf für das Sowjet-Einheitskleid (Byt-Tracht)

Lebenswelten

ten der Mangelwirtschaft keine Wahl, die Rationalisierungen durch Nutzung staatlicher Einrichtungen durchzuführen. Um 1930 arbeitete die Frau jeden Tag 5,13 Stunden im Haushalt, der Mann immerhin 1,93, wobei es kaum einen Unterschied zwischen einer Arbeiterin und einer Hausfrau gab.[152] Acht Jahre vorher gab es noch Differenzen zwischen Arbeiterinnen und Hausfrauen bei der aufgewandten Zeit für die Hausarbeit. 1923/24 verbrachte eine Hausfrau monatlich fast 300 Stunden für die Hausarbeit, eine Arbeiterin etwa 150 und ein Arbeiter 50 Stunden. Darin enthalten waren Tätigkeiten wie Kochen, Putzen, Waschen, Kinderbetreuung und Körperpflege.[153] Waren beide Ehepartner berufstätig, benötigten sie für den Weg zur Arbeit, reine Arbeitszeit, Überstunden und darüber hinaus gehendes betriebliches Engagement ungefähr die gleiche Zeit. An diesen Relationen änderte sich wenig, allerdings nahm die durchschnittliche tägliche Arbeitszeit, die 1922 noch 14 Stunden betrug, massiv ab und sank bis 1930 auf sieben Stunden.

In einer Arbeiterfamilie beteiligte sich zu Beginn der zwanziger Jahre der Mann noch zu einem Drittel an den Aufgaben im Haushalt, indem er sich um Heizung, Einkauf und Kinderbetreuung kümmerte. In Moskauer Arbeiterhaushalten benötigte der Mann für das Einkaufen monatlich 9,2 Stunden, seine berufstätige Frau nur 6,2. 1930 beteiligte sich der Mann kaum noch an diesen Aufgaben, außer an freien Tagen.[154] Er hatte anscheinend die Kontrolle über die Ausgaben der Finanzen weitgehend an die Frau abgegeben, nachdem er sich nach den entbehrungsreichen Jahren um den Erwerb von Konsumgütern gekümmert hatte. Die Anschaffung der „großen" Dinge übernahm in einer Arbeiterfamilie das Familienhaupt, Nahrungsmittel besorgte die Frau. 1929/30 war die Versorgungslage in Moskau defizitär, Brot wurde rationalisiert. Der Zeitaufwand zur Lebensmittelbeschaffung erhöhte sich deshalb.

Abgesehen von der Hausarbeit verwandte eine Hausfrau in der Regel mehr Zeit für die Kinderbetreuung als eine Arbeiterin, deshalb war sie vermutlich nicht erwerbstätig. Arbeiterinnen hatten oft keine kleinen Kinder unter drei Jahren. Sie konnten sich auch Kindermädchen zur Betreuung leisten oder gaben die Kinder in Krippen und Kindergärten. Eine Hausfrau verbrachte mehr Zeit als eine Arbeiterin für sogenannte landwirtschaftliche Tätigkeiten. Darunter waren vermutlich die Aushilfe bei der Bauernwirtschaft auf dem Dorf zu verstehen, sofern dorthin noch Kontakte bestanden, aber auch die Sorge für das Kleinvieh und kleine Gärten. Die so erwirtschafteten Rohstoffe

---

[152] Micheev: Bjudžet vremeni 15.
[153] Meyer: Alltagsleben 278.
[154] Micheev: Bjudžet vremeni 23.

Wohnen, Zeitbudget, Finanzen

mussten verarbeitet und konserviert werden, was ebenfalls Zeit in Anspruch nahm.

An Sonn- und Feiertagen bereiteten Hausfrau und Arbeiterin Essen für die ganze Familie, weshalb sie diese Tage nicht für ihre ursprüngliche Bestimmung, die Erholung, nutzen konnten.[155] Vermutlich waren die Ansprüche an die Gestaltung der arbeitsfreien Zeit innerhalb einer Familie gestiegen und sollten durch besondere Rituale und Gebräuche, wie bestimmte Speisen, einen deutlichen Kontrast zum Arbeitsalltag darstellen. An diesen Tagen traf man auch Bekannte, lud sie zum Essen ein oder ging zu Besuch.[156] Die soziale Kontaktpflege betrieben sehr stark Männer als wichtigste Freizeitbeschäftigung. In Zeitbudgetuntersuchungen tauchte diese Betätigung, an der Frauen regen Anteil nahmen, in ihrer Statistik nachgeordnet auf, weil sie sich um Essen und Trinken kümmern mussten.

Frauen legten auch zunehmend mehr Wert auf schöne und gute Kleidung. 1923 bat eine Leserin die Redaktion der *Rabotnica*, eine Rubrik mit Schnittmustern einzurichten, da es keine Kleider zu kaufen gebe, Schneider teuer seien und Kleidernähen eine Frauensache sei. Ihre Bitte wurde abgelehnt, da solche privaten Tätigkeiten die Arbeiterin nicht auf den Weg in ein neues *byt* führten. Seit 1924 gab es dann aber doch diese Tipps und Handarbeitsanleitungen. Bereits in der vorrevolutionären Zeit legten Fabrikarbeiterinnen Wert auf gute Kleidung und ein gepflegtes Äußeres.[157] Auch nach der Revolution gingen Mädchen gut gekleidet in die Fabrik. Dieses Verhalten wurde als unproletarisch gewertet.[158]

> Es ist nicht schlecht, wenn Arbeiter und Arbeiterinnen sich bemühen, gut angezogen zu sein. Aber wenn der Schnitt des Kleides oder Mantels zur einzigen wichtigen Frage wird, stimmt das Verhältnis nicht mehr, gerade bei der Jugend. [...] Wenn Marusja selber arbeitet, gibt sie ihr ganzes Geld für Kleidung aus. Essen bekommt sie von den Eltern. Eine alleinstehende Arbeiterin aus Orechove-Zueve hat richtig gehungert, um sich ein englisches Kostüm kaufen zu können. [...] Großen Erfolg bei der Jugend hat Kosmetik, Puder, Lippenstift, Lidschatten, verschiedene Augenbrauenstifte, Wimperntusche, Par-

---

[155] Ebd. 26–27.

[156] Ebd. 100–101.

[157] Engel, Barbara Alpern: Between the Fields and the City. Women, Work, and Family in Russia, 1861–1914. Cambridge 1994, 154.

[158] Dmitriev - Galin: Na putjach 40.

fum und andere Sachen. Dafür wird viel Geld ausgegeben. [...] Man kann sagen, dass es in der Textilarbeiterschaft, besonders unter der Jugend, ungesunde kleinbürgerliche Sitten gibt. Dazu gibt es Spottverse: Wie auf eine Brücke, auf einen Zaun beschmieren sich Mädchen mit Lippenstift, sie beschmieren ihre Fratze, wie der Schuster Leder schmiert.[159]

1923 fragte eine junge Petersburger Fabrikarbeiterin den Genossen Trockij, ob eine Arbeiterin sich pudern und schminken dürfe. Der Spezialist in Fragen der neuen, revolutionären Lebensweise lehnte diese „optische Täuschung" und „Verschandelung" des Gesichts grundsätzlich ab.[160] Mitte der dreißiger Jahre kehrte die Kosmetik in den sowjetischen Alltag zurück, da Frauen ein „natürliches" Streben nach attraktivem Aussehen hätten, das mit traditioneller Weiblichkeit gleichgesetzt wurde. Die Leserinnen von sowjetischen Frauenzeitschriften erhielten nun regelmäßig Mode- und Kosmetiktipps.[161] Anziehen erhielt eine symbolische Bedeutung: Frauen demonstrierten dadurch ihre Weiblichkeit, ihre geschlechtsspezifische Identität als Frauen, die ihnen viel bedeutete. Gute Kleidung vermittelte das Bild von Wohlstand, einem positiven Gefühl nach den Kriegs- und Hungerjahren. Arbeiterinnen setzten ein Zeichen für eine Gruppenzugehörigkeit. Im Gegensatz zu schlecht gekleideten Komsomolzinnen, die in alten, kaputten Anziehsachen herumliefen und gerade von Arbeiterinnen deshalb als unweiblich bezeichnet wurden, fand eine soziale Abgrenzung statt. Natürlich musste die Garderobe hergestellt und gepflegt werden, was zunehmend mehr Zeit in Anspruch nahm.

Zeitforscher und Arbeitswissenschaftler sahen für den optimalen Tagesablauf im neuen *byt* eine Dreiteilung vor: acht Stunden Arbeit, acht Stunden Freizeit und acht Stunden Schlaf. Weder Mann noch Frau lebten nach dieser idealtypischen Vorgabe. Mitte der zwanziger Jahre wurde in der *Rabotnica* die Frage der Zeiteinteilung und eine strukturelle Benachteiligung von Frauen an konkreten Beispielen thematisiert. Als Maßstab diente der fortschrittliche Entwurf einer Gleichstellung von Mann und Frau in allen Lebensberei-

---

[159] Riščev, A.: Byt tekstilščikov kak on est'. In: Revoljucija i kul'tura (1928) Nr. 9, 20–31, hier 28. Im Original lautete der Spruch: Kak za mostom za␣ogradoj devki mažutsja pomadoj. Oni mažut svoju rožu kak sapožnik degtem kožu...

[160] Menis: Juniye Rabotnicy strojat novyj byt. In: Rabotnica (Januar 1924) Nr. 2, 13.

[161] Attwood, Lynne: Rationality vs. Romanticism: Representations of Women in the Stalinist Press. Unveröffentlichtes Manuskript Birmingham 1996, 14.

Wohnen, Zeitbudget, Finanzen

chen, der die frühe Sowjetunion deutlich von anderen europäischen Ländern unterschied.

> Die Arbeiterin steht gewöhnlich um fünf Uhr morgens auf, wäscht sich und füttert die Tiere, bereitet das Frühstück. Um acht, wenn sie bereits müde ist, geht sie in die Fabrik. Dort arbeitet sie bis sechs Uhr abends, mit einer Pause von 12 bis 14 Uhr zum Mittagessen. In der Pause geht sie erneut zu ihrer Familie, kocht Mittagessen, putzt, kümmert sich erneut um die Tiere, wäscht die Kinder. Dann eilt sie wieder in die Fabrik und hat häufig nur ein Stück Brot gegessen. Abends gibt es neue Arbeit, wieder Essen bereiten, Betten bauen etc. Den ganzen Tag ist die Arbeiterin auf den Beinen. Der Mann ist am Abend im Klub, auf einer Versammlung oder bei einem Vortrag, oder er unterhält sich mit den Nachbarn. Eigentlich sollte es selbstverständlich sein, wenn Mann und Frau in der Fabrik arbeiten, dass die Aufgaben des Haushalts von beiden gleichermaßen übernommen werden. [...] Die Ehefrau ist nicht nur eine Arbeitskraft, sondern eine Genossin ihres Mannes.[162]

TABELLE 5: ZEITEINTEILUNG VON ARBEITERN UND ARBEITERINNEN IN STUNDEN FÜR 1929[163]

	Arbeiter	Arbeiterin
1. Fabrikarbeit und Arbeitsweg	8,6	8,6
2. Hausarbeit	2,5	5,6
3. Lernen, gesellschaftl. Engagement	1,9	0,7
4. Erholung und Entspannung	3,2	2,4
5. Schlaf	7,8	6,9
Zusammen	24 Std.	24,2 Std.[164]

Obwohl im Gegensatz zur Zarenzeit die tägliche Arbeitszeit abnahm, konnten fast ausschließlich Männer über freie Zeit verfügen. Für Frauen blieb diese Tagesphase weitgehend ein theoretisches Konstrukt. Während der Mann sich fortbilden und Lesen konnte, mehr Zeit für Erholung und Schlaf fand, kümmerte sich die Frau um den Haushalt und die Familie, oft zusätzlich zur

---

[162] Rabočim nado.
[163] Baruškova: Byt tekstil'ščic. In: Kommunistka (1929) Nr. 4, 28–30, hier 28.
[164] Diese Zeit ist so in den Angaben zu findet. Es wird nicht erklärt, wieso der Tag einer Arbeiterin 0,2 Stunden länger als bei einem Arbeiter dauert.

Lebenswelten

Erwerbsarbeit. Hausfrauen, die keine acht bis zehn Stunden am Tag in einer Fabrik verbrachten, nutzen ihre „freie" Zeit für die Familie und ihr Wohlergehen und führten Handarbeiten aus. Kinder blieben zu Hause bei der Mutter, die sie beaufsichtigte, für Einkaufen und Haushaltsführung blieb mehr Zeit. Die Freizeitgestaltungen von Arbeiterinnen und Hausfrauen unterschieden sich dadurch, dass die Arbeiterin über etwas mehr freie Zeit als eine Hausfrau verfügen konnte. Ihr Tag unterlag einer klaren Strukturierung in verschiedene Abschnitte, was bei einer Hausfrau nicht ohne weiteres möglich war. Die Arbeiterin nutzte ihre geringe Freizeit wesentlich häufiger als eine Hausfrau für Weiterbildung, gesellschaftliche Tätigkeiten und Lesen. Eine Hausfrau lebte isolierter als eine Arbeiterin in ihrer privaten Umgebung. Gesellschaftliche Organisationen und ihre Aufforderung, sich kulturell weiterzuentwickeln, drangen nur schwer in diese Umgebung vor. Zur Abwechslung gingen beide von Zeit zu Zeit in die Kirche, aber auch Kino- oder Theaterbesuche waren beliebt, wenn auch selten.

Der Mann verbrachte seine Freizeit meistens außer Haus. Er besuchte eine *pivnaja* (Bierkneipe), wo männliche Arbeiter ihren geselligen Treffpunkt hatten, seltener einen Klub.[165] Manchmal ging er ins Kino, Theater, in Museen oder zu Vorträgen. Dafür nahm er sich Zeit, regelmäßig eine Zeitung zu lesen oder Radio zu hören. Bücher waren weniger gefragt und wenn, dann Klassiker und Unterhaltungsliteratur.

1930 existierte innerhalb der Arbeiterschaft eine klare Vorstellung über die Nutzung der Freizeit. Seit 1930 durften gesellschaftspolitische Aktivitäten nicht mehr während der Arbeitszeit durchgeführt werden, mit der Begründung, diese sei um eine Stunde, auf sieben Stunden reduziert worden. Arbeiter und Arbeiterinnen in Moskau übten sie nur an Arbeitstagen, nicht an freien Tagen aus. Diese galten als privater Raum für individuelle Beschäftigungen, zu denen nicht die kollektiven Tätigkeiten gehörten.

Eine besondere Form der Freizeit war die Gestaltung des gesetzlichen Urlaubs, der für Arbeiterinnen in die Sommermonate fiel. Wem sich eine Gelegenheit bot, der verbrachte zwei Wochen in einem staatlichen Erholungsheim. Frauen konnten ihre Kinder mitnehmen. Die Werktätigen wurden in Gruppen eingeteilt und lebten nach einem festen Tagesablauf. Neben körperlicher Ertüchtigung stand Bildung auf dem Programm, denn die Arbeiterin-

---

[165] Hatch, John: Hangouts and Hangovers: State, Class and Culture in Moscow's Worker's Club Movement, 1925–1928. In: The Russian Review 53 (1994) Nr. 1, 97–117, hier 103.

nen sollten gestärkt an Leib und Seele in ihren Alltag zurückkehren.[166] Bestanden noch Bindungen zum Dorf, so fuhr man im Sommer dorthin oder schickte die Kinder zu den Verwandten. Viele halfen bei der Erntearbeit mit. Eine andere Form des Reisens waren Exkursionen. Frauen, die sich in irgendeiner Weise ausgezeichnet hatten, Delegierte und Komsomolzinnen, durften daran teilnehmen. Arbeiterinnen der Fabrik „Organisierte Arbeit" aus dem Gouvernement Vladimir reisten während ihres Urlaubs 1924 nach Moskau. Für viele war es die erste Begegnung mit der Hauptstadt, wo sie Kunstmuseen besichtigten, aber auch eine Ausstellung über Mutter- und Kinderschutz. Ebenso gehörte ein Besuch in der Redaktion der *Rabotnica* zum obligatorischen Programm.[167]

Nach wie vor wurden die alten Feiertage Ostern und Weihnachten begangen, auch in Arbeiterfamilien. Die Tradition der Fastenzeit spielte allerdings keine Rolle mehr. In einigen Arbeiterkreisen wurde die *maslennica*-Woche (Butter-Woche) abgewandelt und diente dazu, vermehrt Alkohol zu konsumieren.[168] Wer die Möglichkeit besaß, fuhr an Ostern zu seinen Verwandten auf das Dorf. Der traditionelle *kulič* (Osterkuchen) war nur eine besondere Festtagsspeise. In der Regel wurde zu diesen Anlässen viel getrunken, Freunde eingeladen und gegessen.

Der Versuch, auch hier revolutionäre Änderungen durch neue Feiertage einzuführen, durchdrang nur sehr langsam das Bewusstsein der Sowjetbürger. Der internationale Frauentag am 8. März, der 1. Mai und die Feiertage zur Oktoberrevolution im November hatten einen offiziellen Charakter, wohingegen die alten Festtage als Teil des Privatlebens galten. Sowjetische Feiertage dienten vor allem zur Durchführung von Kampagnen, etwa dem Bau neuer Kindergärten. Zu einer typischen Feier am Frauentag versammelten sich Arbeiterinnen in ihrem Betrieb. Zunächst gab es eine offizielle Begrüßung durch die Frauenorganisatorin, die eine Grußadresse etwa von Clara Zetkin verlas. Daran schlossen sich politische Vorträge und Erinnerungen an die alten, schlechten Zeiten an. Erst nach dieser langen Einleitung fand ein künstlerischer Teil mit Gesang, Tanz und politischem Laientheater statt.[169]

---

[166] Bojarskaja: Arbeiterinnen 46–49.

[167] Naša ėkskursija v Moskvu. In: Rabotnica (1924) Nr. 19, 14–15.

[168] Riščev: Byt 27. Die Butterwoche ist vergleichbar mit dem Karneval. Vor Beginn der Fastenzeit wird noch einmal ausschweifend gelebt.

[169] Bojarskaja: Arbeiterinnen 36–37.

Lebenswelten

Einkommen

Über den privaten Umgang mit Geld in Arbeiterfamilien gibt es kaum Zeugnisse.[170] Nach der Zeit des Kriegskommunismus und der Naturalwirtschaft war der Arbeitslohn ab 1920/21 die Haupteinnahmequelle und deckte 70 bis 80 Prozent des Geldbedarfs. Im Verlauf der zwanziger Jahre stiegen die Reallöhne an. In vielen Familien gab es einen Hauptverdiener – meistens den Mann. Familien, die durch den Lohn der Frau ernährt wurden, waren schlechter gestellt, was auch an insgesamt niedrigeren Arbeitslöhnen von Frauen lag. Durchschnittlich verdienten Fabrikarbeiterinnen nur zwei Drittel des Lohnes von Arbeitern. Als weitere Einnahmequellen dienten Bezüge aus der Sozialversicherung, Gelder für Mutterschutz, Arbeitslosenhilfe, Invaliden- oder Hinterbliebenenrente. Der Lohn aus Nebenerwerben, Kleinhandel, Verkauf von selbsterzeugten Lebensmitteln oder von Haushaltsgegenständen ging allmählich zurück, ebenso die Bedeutung von Arbeiterkrediten. Einige erzielten auch Gewinne aus der Vermietung von Wohnraum an arbeitssuchende Bauern.

Grundsätzlich diente das Familieneinkommen zur Deckung laufender Kosten, wobei es doch geschlechtsspezifische Bereiche und Kompetenzen gab. Der Mann verfügte über eine größere Freiheit bei persönlichen Ausgaben, als seine Frau. Er brachte oft einen großen Teil des Lohnes nach Hause und nahm für sich in Anspruch, davon nach seinem Ermessen Geld für Kneipenbesuche, Alkoholkonsum oder auch den Gang zu einer Prostituierten zu verwenden. Darüber legte er keine Rechenschaft ab, sondern erachtete seinen Verdienst als rechtmäßig erworbenen Besitz, der hauptsächlich ihm zustand. Auch wenn die Frau gleichwertig zum Einkommen beitrug, behielt der Mann dieses geschlechtsspezifische Verhalten bei.[171]

Essen bildete die größte Ausgabe im Budget. Der prozentuale Anteil sank von 1922 bis 1927 geringfügig von 46 auf 43,8 Prozent ab, bedeutete aber keine Verschlechterung. Die relativen Ausgaben blieben gleich, aber die Qualität des Essens verbesserte sich zunehmend, wenngleich sich nach wie vor nicht ausgewogen ernährt wurde. Da die Frau sich hauptsächlich um Einkaufen und Kochen kümmerte, verwaltete sie vermutlich auch dieses Geld selb-

---

[170] Eine wichtige Studie stammt von Meyer: Alltagsleben, der allerdings ungenügend zwischen Männern und Frauen unterscheidet, weshalb seine Analyse teilweise unscharf wird. Kabo: Očerki; Polljak, G.S.: Bjudžety rabočich i služaščich k načalu 1923 godu. M. 1924.

[171] Vergleiche die Beschreibungen von Kabo: Očerki über die Familie der Spinnerin O. und Arbeiter und Arbeiterin B., 29–34 und 47–53.

Wohnen, Zeitbudget, Finanzen

ständig. Ob sie einen festen Betrag als Haushaltsgeld ausbezahlt bekam, mit dem sie dann wirtschaften konnte, oder ob sie immer soviel Geld erhielt, wie sie brauchte, ist nicht bekannt. Die Ausgaben für Essen stellten einen Posten dar, an dem gespart werden konnte, indem weniger hochwertige Nahrungsmittel wie Fleisch- und Milchprodukte durch Grundnahrungsmittel wie Kartoffeln und Mehl ersetzt wurden. Auch die eigene Viehhaltung und die Bearbeitung von Land reduzierten in diesem Bereich die Ausgaben. Das gesparte Geld diente zur Unterstützung von Familienangehörigen.

Der zweitgrößte Ausgabenposten betraf Kleidung und lag zwischen 20 und 25 Prozent. Von 1925 bis 1927 verdoppelte sich die Ausstattung mit Leibwäsche und Strümpfen für Mann und Frau. Die seit 1914 kaum erneuerte und verschlissene Kleidung wurde ausgetauscht. Auch andere Anziehsachen wurden zur Ergänzung der Grundgarderobe gekauft, wenngleich die Nachfrage größer als das Angebot war. Bei der Frauenkleidung fiel ein starkes Anwachsen von Kleidern, Tüchern und Schals auf.[172] Der Erwerb von Textilien unterlag vermutlich auch ihrer Kontrolle.

Ein steigender Ausgabeposten betraf den Erwerb von Alkohol. Das Trinken war eine Reaktion auf unbefriedigende Lebensumstände, elende Wohnverhältnisse und schwere Arbeitssituationen.[173]

Für Bildung und Kultur stiegen die Ausgaben insgesamt an, jedoch blieben sie immer relativ niedrig und lagen unter den Ausgaben für Alkohol. Viele kulturelle Angebote waren kostenlos wie Zeitungsabonnements, Theater- oder Kinobesuche. Für den Besuch von Bibliotheken, Ausstellungen oder Vorträgen wurde ebenfalls kein Entgelt erhoben. Zudem entlasteten die niedrigen Mieten entscheidend das Budget.

Zusammenfassung

Die Wohnverhältnisse von Arbeitern und Arbeiterinnen waren auch nach der Revolution beengt, da es an ausreichenden Unterkünften mangelte. Oft lebte eine Familie in einem Zimmer. Die hohe Belegung von Wohnraum führte unter den Mietern zu Konflikten über die Nutzung gemeinschaftlicher Einrichtungen wie Küche oder Toilette. Individuell wurde zwischen privatem und gemeinschaftlichem Bereich unterschieden, was sich darin äußerte, dass die Fürsorge und der Ordnungssinn an der eigenen Türschwelle endeten. Insgesamt verbesserte sich für Arbeiter nach der Revolution durch einen stei-

---

[172] Meyer: Alltagsleben 252.
[173] Haumann: Ich habe gedacht 51.

Lebenswelten

genden Lebensstandard auch die Wohnsituation, es gab kaum noch das System der Schlafecken, wie es vor der Revolution noch üblich war. Die niedrigen Mieten machten sich auch spürbar im Budget bemerkbar.

Bei der Zeiteinteilung sind ebenfalls Verbesserungen etwa durch ein Sinken der Arbeitszeit festzustellen. Dabei besaßen Männer grundsätzlich mehr freie Zeit als Frauen, denen unverändert die Sorge für den Haushalt, Familie und Kinder oblag. Während Männer zum Teil ihre Freizeit nach eigenen Wünschen gestalten konnten, um beispielsweise in die Kneipe oder in einen Arbeiterklub zu gehen, verfügten Frauen selten über diese Möglichkeit, weshalb sie sich weniger sozial oder politisch engagieren konnten.

Einige neue Formen des kollektiven Lebens wie Gemeinschaftsverpflegung wurden durchaus als positive Neuerungen empfunden, die sich jedoch nur gut verdienende Arbeiter leisten konnten. Deshalb blieben reproduktive Tätigkeiten nach wie vor eine private Aufgabe, die in den meisten Fällen von Frauen ausgeführt wurden.

Ein steigender Lebensstandard zeigte sich ab Mitte der zwanziger Jahre an einem gestiegenen Konsumgüterbedarf, wobei der größte Betrag des Einkommens für Nahrung aufgewendet werden musste. In Bezug auf die Verteilung von Geschlechterrollen kümmerte sich die Frau in den meisten Fällen und zunehmend mehr um den Einkauf und verfügte hier auch über das Geld. Der Mann, dem häufig die Rolle des Ernährers und damit Familienoberhauptes durch seinen höheren Lohn zufiel, beanspruchte einen Teil seines Verdienstes für sich, ohne darüber Rechenschaft ablegen zu müssen. Durch seinen besseren sozialen Status leitete er einen Machtanspruch ab, der die kulturelle Praxis einer Geschlechterhierarchie innerhalb der Familie untermauerte.

4.4 Erwerbsleben – Arbeitswelt

Typisch für weibliche Biographien waren Arbeitserfahrungen seit der frühesten Kindheit. Erwerbsarbeit stellte eine materielle Lebensnotwendigkeit dar, für die es keine Alternativen außer der Heirat mit einem gut verdienenden Mann gab, der mit seinem Lohn auch noch Frau und mögliche Kinder ernähren konnte. Frauen durchliefen in ihrem Erwerbsleben verschiedene Stationen. Die Wahl des Arbeitsplatzes hing von ihrem Alter, Wohnort, Beziehungen, Vorkenntnissen und den sich anbietenden Möglichkeiten ab. Eine weibliche Arbeitskarriere begann bei der Wanderung vom Dorf in die Stadt oft als Hausangestellte, manchmal als Hilfsarbeiterin. In ländlichen Gebieten verdienten Frauen im Heimgewerbe (*kustar'*) ein Zubrot zum Familieneinkommen. Ein traditionelles Gebiet war die häusliche Textilproduktion oder Verarbeitung landwirtschaftlicher Produkte. Die Heimindustrie spielte in den

Erwerbsleben – Arbeitswelt

zwanziger Jahren eine wichtige Rolle bei der Produktion von Konsumgütern. Für Frauen war es eine Möglichkeit, die Bauernwirtschaft mit Manufakturarbeit zu verbinden. Sie arbeiteten isoliert, konnten dafür aber landwirtschaftliche Tätigkeiten mit ihren häuslichen Pflichten und der Kinderbetreuung koordinieren. Manche führte der Arbeitsweg später in die Textil- oder Nahrungsmittelindustrie, in der vorwiegend Frauen arbeiteten.

Durch die Revolution sollte eine entfremdende Arbeitsteilung als Charakteristika kapitalistischer Produktionsweise aufgehoben werden. Auch Frauen sollten eine aktive Rolle in der Arbeiterschaft spielen, indem sie von Hausarbeit und Kindererziehung befreit wurden. Lenin betonte 1919, die ökonomische Unabhängigkeit sei ein wichtiger Schritt zur Gleichstellung von Frauen. Trotz aller revolutionären, egalitären Konzepte für die Arbeiterschaft bestand dort ein Spannungsverhältnis zwischen den Kategorien Geschlecht und Qualifikation weiter, indem etwa die Kategorie Frauenarbeit geschaffen wurde. Die bipolar strukturierte Konstruktion der Arbeitswelt in männlich und weiblich ging nicht nur von einer männlichen Normierung der Arbeitswelt aus, an dem weibliches Arbeitsvermögen gemessen wurde, sondern reproduzierte auch eine Geschlechterdifferenz.[174]

Die Segmentierung des Arbeitsmarktes erfolgte primär nicht durch das Merkmal Qualifikation, sondern durch die Geschlechtszugehörigkeit, wobei Frauen einen minderen Status einnahmen. Für gleiche Tätigkeiten verdienten sie durchschnittlich weniger als Männer. In wissenschaftlichen Diskussionen über die Arbeitsfähigkeit der Frau, in Arbeitsstatistiken und Stellungnahmen von Ärzten zur weiblichen Erwerbsarbeit – das Problem der Frauenarbeit genannt -, durch die Lohnpolitik von Gewerkschaften und Wirtschaftsorganen, in Verhandlungen über den Arbeitsschutz sowie Vorstellungen über das ungleiche Wesen der Geschlechter wurden Frauen als eine besondere Gruppe definiert, die Kategorie „Frauenarbeit" geschaffen. Dieser ähnlich verlaufende Prozess war in anderen europäischen Industriegesellschaften nicht ungewöhnlich zu Beginn der Industrialisierung.[175] Die zunehmende Verfestigung dieser Sichtweisen in der Sowjetunion zeigt einen massiven Wandel des so-

---

[174] Wetterer, Angelika: Theoretische Konzepte zur Analyse der Marginalität von Frauen in hochqualifizierten Berufen. In: Profession und Geschlecht: Über die Marginalität von Frauen in hochqualifizierten Berufen. Hg. v. Angelika Wetterer. Frankfurt/M. 1992, 13–40.

[175] Ilić, Melanie: Women Workers in the Soviet Interwar Economy. From ‚Protection' to ‚Equality'. Basingstoke, NY 1999; Wecker, Regina: „Weiber sollen unter keinen Umständen in der Nachtarbeit eingesetzt werden ..." Zur Konstituierung von Weiblichkeit im Arbeitsprozess. In: Was sind Frauen? Was sind Männer? Geschlechter-

Lebenswelten

zialen Anspruchs von der Revolution bis zum ersten Fünfjahrplan. Theoretisch bestand zu Beginn der Industrialisierung durch eine Individualisierung von Arbeit die Möglichkeit, eine männliche Dominanz zu schwächen. Eigener Lohn und Arbeit machten Frauen unabhängig von einem Ernährer und erweiterten ihre individuellen Handlungsspielräume. Durch den Einsatz von entsprechenden Maschinen bestand das Potential, Männer durch Frauen zu verdrängen, was aber eben als eine Bedrohung einer bestehenden Geschlechterordnung gesehen wurde. So entstanden diverse Maßnahmen zur Sicherung einer männlichen Vorherrschaft, etwa durch den Ausschluss von Frauen aus bestimmten Bereichen durch Arbeitsschutzbestimmungen, die meistens durch ihre angeblich schwächere Konstitution und die Bewahrung ihrer Gebärfunktionen begründet wurden. Weibliche Erwerbsarbeit wurde in einen Kontext mit der natürlichen Aufgabe von Frauen gestellt, der Reproduktion.

> In der U.d.SSR. ist dem Arbeiterinnenschutz eine besondere Aufmerksamkeit zugewandt, nicht bloß deshalb, weil die Frau in gesundheitlicher und somatischer Hinsicht schwächer ist als der Mann, sondern auch aus dem Grunde, weil die Regierung in jeder Arbeiterin die Trägerin eines neuen proletarischen Geschlechts sieht.[176]

Auch unterschiedliche Lohnkonzepte wie der „männliche Ernährerlohn" beinhaltete Vorstellungen über Geschlecht und dienten zur Aufrechterhaltung von Differenz, indem sie das System einer geschlechtsspezifischen Lohnhierarchie fortsetzten.[177] Durch die Anwendung der analytischen Kategorie Geschlecht lassen sich auch am Beispiel des Arbeits-und Erwerbsleben Konstruktionen von Geschlechtsbildern und -hierarchien aufzeigen, die etwa in einer sozial- oder wirtschaftshistorischen Analyse nicht zutage treten würden.[178] Männliche Arbeitserfahrungen und -leistungen wurden zu einem all-

---

konstruktionen im historischen Wandel. Hg. v. Christiane Eifert, Angelika Epple, Martina Kessel, Marlies Michaelis, Claudia Nowak, Katharina Schicke, Dorothea Weltecke. Frankfurt/M. 1996, 196–215.

[176] Kaplun, S.: Arbeiterschutz und Gewerbehygiene in der Union der Sozialistischen Sowjet-Republiken. In: Archiv für soziale Hygiene und Demographie 2(1926/27) 399–405, hier 401.

[177] Wecker, Regina: Zwischen Ökonomie und Ideologie. Arbeit im Lebenszusammenhang von Frauen im Kanton Basel-Stadt 1870–1910. Zürich 1997, 83–98.

[178] Schröder, Hans-Henning: Arbeiterschaft, Wirtschaftsführung und Parteibürokratie während der NĖP. Eine Sozialgeschichte der bolschewistischen Partei 1920–1928. Berlin 1982; Meyer: Alltagsleben; ders.: Sozialstruktur sowjetischer Industriearbeiter Ende der zwanziger Jahre. Ergebnisse der Gewerkschaftsumfrage unter Metall-, Textil und Bergarbeitern 1929. Marburg 1981.

Erwerbsleben – Arbeitswelt

gemeinen Standard. Daraus leitete sich eine Bewertung von Qualifikation als Zeichen von Männlichkeit ab.[179] Weibliche Reproduktionsarbeit besaß gegenüber der als männlich konnotierten Produktionsarbeit einen minderen gesellschaftlichen Wert.

Wie sahen Frauen ihre Teilnahme an der Erwerbsarbeit, welche Arbeitserfahrungen machten sie, wie sah der Alltag aus und wie verhielten sie sich gegenüber einer Ungleichbehandlung im Vergleich zu Männern? Eine Sozialgeschichte weiblicher Arbeit in der Anfangsphase der Sowjetunion fehlt, ebenso ausführliche Daten über Beschäftigungsstrukturen. Über Industriearbeiterinnen entstanden die meisten zeitgenössischen Studien, da das Proletariat als führende Klasse galt. Sie stehen hier auch im Mittelpunkt. Es gab aber vergleichsweise auch eine große Zahl weiblicher Angestellter und Heimarbeiterinnen, über die einschlägige Forschungen noch ausstehen.

Der Weg in die Stadt: Dienstbotinnen

Nach der Revolution gab es nach wie vor ein Dienstbotenwesen, wenngleich es nicht mehr so benannt wurde.[180] Nun lautete die offizielle Sprachregelung Hausarbeiterin (*domašnjaja rabotnica*). Einige Bolschewiki plädierten für ein Verbot von Dienstboten. Offiziell akzeptierte man diese Arbeitsform, wenn die Hausangestellte wie ein gleichberechtigtes Familienmitglied, als Teil eines Arbeitskollektivs behandelt wurde und zudem eine politische Erziehung erhielt.[181] Frauen vom Dorf, die in die Stadt wanderten, fanden als Kindermädchen, Putzfrauen oder Köchin eine erste Arbeitsstelle in der Stadt. Es waren oft junge Mädchen, die das Mindestalter für den Fabrikeintritt noch nicht erreicht hatten, aber ihren Lebensunterhalt bereits selber verdienen

---

[179] Zur Kategorie Frauenabeit als Produkt verschiedener Diskurse siehe Scott, Joan: Die Arbeiterin. In: Geschichte der Frauen. Bd. 4, 19. Jahrhundert. Hg. v. Geneviève Fraise - Michelle Perrot. Frankfurt/M., NY 1994, 451–479.

[180] 1912 gab es doppelt so viele Dienstboten in Moskau wie Arbeiterinnen in der Industrie: Glickman, Rose L.: Russian Factory Women. Workplace and Society, 1880–1914. Berkeley 1984, 59–60. In Moskau gab es 1931 und 1933 über 50 000 registrierte Dienstboten, wobei die Dunkelziffer vermutlich höher lag. Hoffmann, David L.: Peasant Metropolis. Social Identities in Moscow, 1929–1941, 118. Am 1. Juli 1927 waren in der Narpit Gewerkschaft 172 123 Dienstbotinnen Mitglied. Priščepčik, Z.: Rabota sredi domašnich rabotnic. In: Kommunistka (1928) Nr. 4, 43–45.

[181] Jaroslavskij, Em. u.a.: Polovoj vopros. M. 1925, 8.

Lebenswelten

mussten.[182] Ebenso wie vor der Revolution lebten sie bei den Arbeitgebern in der Familie. Über ihre genauen Lebensumstände existieren kaum Quellen. Die *ženotdely* versuchten immer wieder, auch diesen Teil arbeitender Frauen in der Bevölkerung agitatorisch zu erreichen und in ihre Organisationsarbeit einzubinden. Dienstboten sollten über ihre Rechte gegenüber den Arbeitgebern informiert werden. In Abgrenzung zur vorrevolutionären Zeit versuchten staatliche Stellen, Hausangestellte mit anderen Arbeiterinnen gleichzustellen. Sie sollten einen verbindlichen Arbeitsvertrag mit festen Dienstzeiten und einem garantierten Mindestlohn erhalten. Dafür wurde auch unter Hausfrauen als Dienstherrinnen agitiert.[183] In der Frauenpresse erschienen Artikel und Anmerkungen über Hausarbeitende. Dahinter stand nicht nur der Versuch, Aufklärungsarbeit zu leisten, sondern eine Gruppenbildung von Dienstbotinnen zu beschleunigen und ihr Bewusstsein als Werktätige zu erwecken.

Im Gegensatz zu früher nahmen einige der Hausarbeiterinnen ihre Situation als ungerecht und schlecht wahr. Sie forderten geregelte Arbeitsverhältnisse.[184] In einem Brief an die *Rabotnica* beschrieb die Hausangestellte Sirotnica 1924 ihr Leben:

> An die Arbeiterinnen einer Fabrik: Liebe Genossinnen Arbeiterinnen!
> Ich habe eine sehr große Bitte an Euch, kommt in unsere Situation, die Situation unterdrückter Frauen. Es gibt viele von uns. Wir arbeiten in privaten Haushalten. Diese Bezeichnung mag nicht mehr korrekt sein, aber sie stimmt immer noch, da es noch Bürgerliche gibt.
> Genossinnen, ich wende mich an Euch mit Tränen in den Augen, helft uns Schutzlosen, die wir immer feindlich gegen den alten bürgerlichen Bau waren. Wir sollen Tag und Nacht arbeiten, als ob wir

---

[182] Das Eintrittsalter lag bis zur Revolution bei 14 Jahren, danach bei 16 Jahren. Minderjährige unterlagen einem besonderen Arbeitsschutz, indem 16– bis 18jährige nur sechs Stunden täglich arbeiten durften.

[183] Bychovskij, N.I.: Kak ochranjaetsja trud domašnich rabotnic. Besedy s domrabotnicami ob ich trudovych pravach. M. 1928. Am 8.2.1926 erließen VCIK und SNK RSFSR einen Gesetzesentwurf zur Regelung der Arbeit von Hausarbeitenden.

[184] Trotz der Versuche, Formverträge zu erstellen, arbeiteten Dienstbotinnen ohne feste Regelungen über Arbeitszeiten, freie Tage oder Lohn. 1927 betrug ihr Durchschnittslohn um die 10 Rubel, der Arbeitstag dauerte zwischen 10 und 12,5 Stunden, 30 Prozent erhielt nur selten und unregelmäßig einen freien Tag und 30 Prozent wurden nicht versichert. Priščepčik: Rabota.

Erwerbsleben – Arbeitswelt

über die der Staat lediglich nachdenke, sie aber nicht baue.[233] Aktivierte Arbeiterinnen wichen mangels Akzeptanz und Möglichkeiten auf weibliche Themen aus, etwa in der Arbeit in Unterkomitees von Fabrikkomitees, da sie hier einen autonomen Handlungsraum vorfanden, wo keine männlichen Hierarchien existierten und auch die Doppelbelastung angesprochen werden konnte.[234]

Die Forderung, Frauen eine Karriereplanung durch Bildungserwerb und Weiterqualifikation zu ermöglichen, fand sich vornehmlich unter Mitarbeiterinnen von Narkompros, *ženotdely* und teilweise Narkom trud.[235] Ebenso wie Qualifikation erwies sich im Diskussionszusammenhang Karriere in den zwanziger Jahren als eine männliche Kategorie. Erst im Kontext mit der Durchführung einer forcierten Industrialisierung galt es, Motivationen für alle Werktätigen zu schaffen, Rationalisierungsmaßnahmen wie die Einführung von einem drei Schichten System und einer Erhöhung der Arbeitsproduktivität – in der Textilindustrie sollten Weberinnen nicht mehr nur zwei, sondern drei oder mehr Webstühle gleichzeitig bedienen – zu akzeptieren. Die Einführung des Systems der Stoßarbeit ab 1928/29 empfanden jüngere und neuere Arbeiterinnen als eine positive Möglichkeit, ihren sozialen Status von einer einfachen Hilfsarbeiterin zu einer prämierten Stoßarbeiterin zu verbessern. Eine Erhöhung des Arbeitsdrucks und forcierte Verbesserung der Arbeitsdisziplin sahen sie darin selten.[236] Diese gute Akzeptanz einer neuen Arbeitsorganisation 1928/29 führte dazu, dass in der Textilindustrie die neuen Konzepte am schnellsten eingeführt werden konnten.[237]

Die in den zwanziger Jahren geführte Debatte über weibliche Arbeitsqualifikation verdeutlichte auf der institutionellen Ebene eine Dominanz der Wirtschaftsorgane, die Politik gestalteten. Dabei wurde auf spezifische Frauenbelange, häufig durch *ženotdel*-Vertreterinnen formuliert, keine Rücksicht genommen. Ein Mangel an Arbeitsinspektionen in den Betrieben wurde beklagt, in denen sich kaum Frauen engagieren würden. Obwohl die Frauenab-

---

[233] Ebd. ll. 53, 95.

[234] Koenker: Men against 1451, 1456.

[235] GARF f. 6983 op. 1 ed.chr. 18 ll. 36, 41, 49, 79, 87, 97–98, 105–107.

[236] Siehe dazu die Erzählungen der Stoßarbeiterinnen in Rabot na.

[237] Zu untersuchen bleibt, ob dies mit einem hohen Anteil von Frauen zusammenhing, die flexibler auf Neuerungen eingingen und darin weniger eine Gefährdung ihres sozialen Status sahen, als es bei älteren Arbeitern der Fall war. Kuromiya, Hiroaki: Stalin's Industrial Revolution. Politics and Workers, 1928–1932. Cambridge 1988, 102–103.

Lebenswelten

teilung beim CK der Partei organisatorisch angebunden war, wurde sie nicht mit einem Führungsanspruch der VKP (b) identifiziert. Als Institution von Frauen für Frauen besaß sie ein minderwertiges Ansehen mit nachrangigen politischen Anliegen. Allein männliche Definitionen über die Bedeutung von Sachthemen, etwa die Erstellung eines Wirtschaftsplanes als vorrangigem Tagesordnungspunkt oder die Förderung der als männlich konnotierten Schwerindustrie, erlangten Allgemeingültigkeit. Eine Asymmetrie der Geschlechterverhältnisse lässt sich auf allen Ebenen in der Sowjetunion nachweisen, die ihre Traditionen bereits in der Zarenzeit hatte.

Zu Beginn der NĖP tauchte ein unbekanntes und beängstigendes Phänomen für die neuen Machthaber auf: eine steigende Arbeitslosigkeit. Zunächst hielt man es für ein Problem nichtproletarischer Arbeitskräfte. Doch bald wurden andere Gründe angeführt: die Demobilisierung von Rotarmisten, der Rückgang der Wirtschaftstätigkeit zu Beginn der NĖP, das allgemeine Bevölkerungswachstum, eine verstärkte Land-Stadt-Wanderung, die viele unqualifizierte Arbeitsuchende in die Städte schwemmte und eine steigende Zahl berufstätiger Frauen.[238] Über die Hälfte der Betroffenen waren Frauen, die durchschnittlich doppelt so lange wie Männer arbeitslos blieben.[239] Bei Betriebsschließungen und Entlassungen verloren sie als erste ihre Stelle. Als Argument wurde immer wieder ihre Rückständigkeit und mangelnde Qualifikation angeführt.

Die Arbeitslosigkeit ist die leibliche Schwester unqualifizierter Arbeit.[240]

Anna Balašova, die 1921 für ein Jahr arbeitslos war, empfand die Suche nach Arbeit schwierig, da sie nach ihrer Aussage keine Qualifikation besaß. Wo-

---

[238] Gindin, Ja.: Professional'nye sojuzy i bezrabotica (1917–1927 gg.). M. 1927, 17, 22–23.

[239] Arbeitslosigkeit unter Frauen betrug durchschnittlich 12 bis 13 Monte, bei Männern sechs bis neun. Rezension von F. Hoppe über Joachim, Richard: Die Arbeitslosenfrage in der Union der Sozialistischen Sowjet-Republiken. In: Archiv für soziale Hygiene und Demographie NF 4(1929) 443. Am 1. Oktober 1925 waren 318 916 oder 48,7 Prozent Frauen arbeitslos, am 1. Dezember 1927 428 478 oder 46,2 Prozent. Das Absinken hing mit einem Gesetz von 1927 zusammen, wonach sich die Statistikerhebung änderte, was vor allem die Registrierung von Frauen betraf, GARF f. 6983 op. 1 ed.chr. 18 l. 83. Am 1. Juli 1925 waren insgesamt 86 908 Arbeitslose an der Moskauer Arbeitsbörse gemeldet.

[240] E. Cyrlina: Bližajšie zadači v oblasti izučenija i ulučšenija ženskogo truda. In: Voprosy Truda (1924) Nr. 9, 21–25, hier 23.

Erwerbsleben – Arbeitswelt

von sie in dieser Zeit lebte, erwähnte sie nicht. Privat suchte sie sich eine Lehrstelle in einer Trikotagefabrik.[241]

Als weiterer Grund für weibliche Arbeitslosigkeit spielte – neben dem Aspekt, dass sich die sowjetische Wirtschaft nur langsam von den Kriegsjahren erholte und das Vorkriegsniveau der Produktivität erst 1926 erreichte – das Ernährermodell ein wichtige Rolle. Bei einer Untersuchung von Frauen, die 1927 an der Arbeitsbörse gemeldet waren, ergab sich, dass zwei Drittel in einer Familie lebten, ein Drittel keine Familie besaß. Arbeitslose Frauen mit einer Familie lebten auf Kosten ihres Ehepartners.[242] Nicht nur das Lohnsystem basierte auf der Annahme, dass der Mann Hauptverdiener in der Familie war. Männer wurden deswegen auch bevorzugt eingestellt, Frauen verblieben länger in der Warteschleife von Arbeitsbörsen. Theoretisch galt diese Sicht des Mannes als ein Zeichen der alten Lebensweise. In der Praxis wuchs die Zahl von Frauen, die ihre Familie durch ihren Lohn ernährten.[243] Artjuchina beklagte die Sitte, Ehefrauen aus der Industrie zu entlassen, nur weil sie einen verdienenden Mann an ihrer Seite hatten.

Das den sozialistischen *byt* aufbauende Proletariat soll zum Beispiel für die übrigen Arbeiter werden. [...] Eine Arbeiterin darf nicht allein deshalb entlassen werden, weil sie einen arbeitenden Ehemann hat. [...] Niemals darf die Ehefrau so entlassen werden, dass sie in Abhängigkeit vom Ehemann gerät und dadurch ihr gesellschaftliches Ansehen (*obščestvennoe lico*) verliert.[244]

Arbeiterinnen erhoben keinen Anspruch auf einen garantierten Arbeitsplatz. Gegen Entlassungen oder Arbeitslosigkeit formierte sich unter ihnen wenig Protest.[245] Es gab nur vereinzelt Kritik an der Vormachtstellung des Mannes, die, abgeleitet von einer biologischen Geschlechterdifferenz, als natürlich galt.

Grundsätzlich lief die Arbeitsvermittlung und Registrierung zur Arbeitssuche über die Arbeitsbörsen (*birži truda*). Sowohl Gewerkschaftsmitglieder wie auch neue Kräfte ohne Arbeitserfahrung wurden dort erfasst und zunächst alimentiert. Auf dem sechsten Gewerkschaftskongress 1924 wurde eine Re-

---

[241] Rabot na 109.
[242] GARF f. 6983 op. 1 ed.chr. 18 ll. 83–85.
[243] Kabo: Očerki 29; Artjuchina, A.: Meloči byta. In: Rabotnica (1928) Nr. 18, 3–4.
[244] Artjuchina, A.: Meloči byta. In: Rabotnica (1928) Nr. 18, 3–4, 3.
[245] Shapiro, Judith C.: Unemployment and Politics in NĖP Russia. Unveröffentlichtes Manuskript Birmingham 1988, 6.

Lebenswelten

organisation des Systems gefordert. Nur noch Arbeiter, die bereits eine Stelle besessen hatten, und Gewerkschaftsmitglieder sollten erfasst und unterstützt werden. Man wollte sich vor der Konkurrenz neuer Wanderarbeiter aus dem Dorf schützen. Von 1925 bis 1927 wurde das Monopol der Arbeitsbörsen bei der Vermittlung aufgehoben, dennoch stiegen die Arbeitslosenzahlen weiter an.[246] Ab 1927 wurden an den Arbeitsbörsen nur qualifizierte Kräfte registriert, was eine strukturelle Benachteiligung für Frauen bedeutete. Wirtschaftsorgane schwächten eine soziale Ungleichbehandlung von Frauen durch längere Arbeitslosigkeit und geringere Löhne argumentativ ab, indem sie auf die Kompensation dieser Zustände durch Zahlungen aus der Sozialversicherung hinwiesen. 1924 erhielten rund 65 000 Frauen Zuteilungen, 1927 waren es bereits 95 000.[247] Dies lag bei weitem unter der Zahl von gemeldeten Arbeitslosen. Nur 30 Prozent Frauen erhielten Zuwendungen von der Sozialversicherung. Die Bemessungsgrundlage waren niedrige weibliche Löhne, weshalb die Leistungen gering ausfielen.[248] Problematisch beim System der Sozialversicherung erwies sich, dass nur Lohnarbeiter erfasst wurden. Positiv war eine Entlastung des Arbeiters von Beiträgen, die allein vom Staat oder den Betrieben erbracht werden mussten.[249]

Die Erwerbsarbeit beanspruchte einen großen Teil der zur Verfügung stehenden Zeit. Die Fabrik bedeutete deshalb für die Frauen auch das wichtigste soziale Umfeld. Es entstanden Freundschaften zwischen den Arbeiterinnen, etwa bei Anna Balašova, die zunächst von den Weberinnen angelernt wurde und sich später gut mit ihnen verstand.[250] Das Verhältnis zum Meister änderte sich im Laufe der Zeit. Die Textilarbeiterin Komarova fürchtete sich vor der Revolution vor dem Vorgesetzten, da er Strafen verteilte und mit Entlassung drohte. Später betrachtete sie ihn wie ihresgleichen. Die Angst war einem gestärkten Bewusstsein der eigenen Rechte gewichen. Zumindest von älteren

---

[246] Gindin: Professional'nye sojuzy; Shapiro: Unemployment. Von 1925 bis 1928 stieg die registrierte Arbeitslosigkeit in Moskau von 16,4 auf über 20 Prozent an. Chase, William: Workers, Society, and the Soviet State. Labor and Life in Moscow, 1918–1929. Urbana u.a. 1987, 136–141.

[247] GARF f. 6983 op. 1 ed.chr. 18 l. 87.

[248] Ebd. l. 89. Eine Sozialversicherung gab es seit November 1921, nachdem die Arbeitspflicht und das System der staatlichen sozialen Fürsorge mit Beginn der NĖP aufgehoben worden war. Dworetzky, A.: Entwicklung und gegenwärtiger Stand der russischen Sozialversicherung. In: Münchener Medizinische Wochenschrift 74(1927) Nr. 26, 1105–1106.

[249] Rapoport: Schutz 34–35.

[250] Rabot na 110.

Erwerbsleben – Arbeitswelt

Arbeiterinnen wurde der Meister als gleichwertig betrachtet.[251] Eine möglicherweise bestehende Hierarchie gehörte bei ihnen zur alltäglichen Erfahrung, die als Gewohnheit nicht mehr wahrgenommen wurde. In der Fabrik „Proletarskij Trud" (Proletarische Arbeit) im Rayon Krasnaja Presnja beschwerten sich dagegen Arbeiter und Arbeiterinnen über das grobe Verhalten des Meisters, der strafte, kontrollierte und sogar schlug. Er wurde mit einem Despoten oder Gendarmen aus früheren Zeiten verglichen.[252] Die Arbeiterschaft war eine sehr heterogene Gruppe, was etwa Herkunft und Qualifikation anbelangte. Über die Hälfte ihrer Mitglieder war erst 1917 in die Betriebe gekommen.[253] Doch nicht nur die Arbeitserfahrung sondern auch unterschiedliche politische Standpunkte führten zu Konflikten. In der Trechgornaja galten alte Arbeiter und Meister als Streikanführer, die den Bolschewiki vorwarfen, keine „saubere" Partei zu sein, was sich interpretieren lässt, dass mit diesem Adjektiv proletarisch gemeint war. Die beschriebene Haltung zeigte, dass die älteren Fabrikangehörigen, die noch Erfahrungen mit kapitalistischen Strukturen besaßen, die Bolschewiki nicht als ihre Interessensvertreter ansahen. Deshalb verhinderten sie vermutlich die Durchführung von Programmen zur Hebung der Arbeitsdisziplin und sorgten für eine konfliktträchtige Stimmung.[254]

Als Streitpunkte im Arbeitsleben wurden immer wieder Spannungen zwischen jungen und alten Arbeiterinnen erwähnt.[255] Die Textilarbeiterin Bušueva war 1929 25 Jahre alt, somit vergleichsweise noch jung. Sie berichtete von einer gegenseitigen Abneigung dieser beiden Gruppen. Als Grund gab sie an, alte Arbeiterinnen kämen immer betrunken zur Arbeit.[256] Vermutlich störte sie daran nicht nur ein „unweibliches" Verhalten, sondern sie fühlte sich an ihre bäuerliche Herkunft erinnert, von der sie sich bewusst abgren-

---

[251] Ebd. 139, 154.

[252] RGASPI f. 17 op. 67 d. 446.

[253] Schröder, Hans-Henning: Industrialisierung und Parteibürokratie in der Sowjetunion. Ein sozialgeschichtlicher Versuch über die Anfangsphase des Stalinismus (1928–1934). Wiesbaden 1988, 73.

[254] Manuskript von Lapickaja, S.: Byt rabočich trechgorki ran'še i teper'. GARF f. 7952 op. 3 ed.chr. 425(1) ll.135–139. Die Haltung der Meister zeigte, dass sie die Bolschewiki nicht als Vertretung des Proletariats sahen. Vermutlich waren einige Anhänger der Arbeiteropposition.

[255] In der Arbeitswelt entstanden allgemein Konflikte zwischen den Generationen und Nationalitäten sowie zwischen Männern und Frauen. Kuromiya: Stalin's 78–109.

[256] Rabot na 148–149.

Lebenswelten

zen wollte. Das Bild der sauberen, abstinenten Arbeiterin, die sich durch Selbstdisziplin und Fleiß auszeichnete, hatte Bušueva als allgemeingültiges Ideal von werktätigen Frauen als individuelle Sichtweise übernommen. Andere warfen älteren Arbeiterinnen eine zu starre gewerkschaftliche Haltung vor, worin sich heterogene Identitäten als Proletarierinnen äußerten.[257] Vermutlich lag dieses unterschiedliche Verhalten am Verhältnis zur Arbeit. Während junge Arbeiterinnen voller Zuversicht und Hoffnungen das Leben in der Fabrik begannen, war bei älteren Arbeiterinnen die anfängliche Euphorie schon lange dem grauen Alltag und eventuell auch enttäuschten Erwartungen über das Leben in der Stadt gewichen.[258]

Ein Generationenkonflikt entspann sich auch wegen der Frage der Organisiertheit. Ende der zwanziger Jahre drangen viele neue Arbeitskräfte vom Dorf in die Fabriken ein. Jüngere versuchten sich gegen eine bestehende soziale Ordnung und Hierarchie innerhalb der Werkstatt abzugrenzen. Sie engagierten sich eher im Fabrikkomitee als Ältere, weshalb es zu sozialen Spannungen kam, die Jüngeren als Besserwisser und Karrieristen von den Älteren betrachtet und umgekehrt die Älteren als rückständig bezeichnet wurden.[259] Auch zwischen Angehörigen verschiedener Qualifikationen entbrannte Streit. Eine fehlende Verbindung von der Wirtschaftsleitung zu Arbeitern, Produktion und Ingenieuren führte zu Konflikten. Besser qualifizierte Arbeiter betrachteten minder qualifizierte als Bauern, die vermutlich sogar arbeitsschädigend seien, da sie Material zerstören würden.[260] Die geäußerten Aggressionen können als ein Zeichen für eine zunehmende soziale Differenzierung und eventuell Angst vor dem eigenen Abstieg oder dem eigenen Stellungsverlust gewertet werden. Sie spiegelten die Zerrissenheit der Arbeiterschaft wieder, da viele neue Kräfte in den zwanziger Jahren vom Dorf in die Stadt drängten und für Konkurrenz sorgten.

Angesichts dieser starken Zersplitterung der Arbeiterschaft erschienen die verstärkten Disziplinierungsversuche um 1928/29 nicht verwunderlich.

---

[257] Hier zeigt sich die unterschiedliche Prägung: ältere Arbeiterinnen, die bereits vor der Revolution in die Fabrik gegangen waren, wurden oft durch die Gewerkschaften politisiert und sahen in ihnen ihre Vertretungsorgane. Nach der Revolution erfolgte eine Politisierung innerhalb der Arbeiterschaft verstärkt durch Parteiinstitutionen, die Gewerkschaften spielten ab 1921 nur noch eine nachgeordnete Rolle.

[258] Vgl. dazu auch Haumann: Ich dachte.

[259] Vypiski iz protokolov, zakrytoe pis'mo moskovskogo gubkoma RKP (b) 1925. RGASPI f. 17 op. 67 d. 121 ll. 14–21.

[260] RGASPI f.17 op. 67 d. 446. Hier fand auch die Šachty-Affäre einen fruchtbaren Boden. Es wurden ähnliche „Verschwörungen" im eigenen Betrieb aufgedeckt.

Für die Durchführung der ehrgeizigen Industrialisierungspläne im ersten Fünfjahrplan benötigte man eine verbesserte Arbeitsproduktivität und eine kontrollierbare Arbeiterschaft. In der seit 1928 eingeführten Selbstkritik sollte auf die Zustände in den Betrieben eingegangen werden. Sie fand zum Teil Anklang. Jedoch führte sie weniger zur Bereinigung von Missständen sondern eher zur Anheizung der gespannten Atmosphäre. Artjuchina berichtete von der Entlassung von Ehefrauen von Arbeitern, obwohl neue Arbeitskräfte benötigt wurden. Arbeiterinnen beklagten sich über nach wie vor schlechte Bedingungen in ihrem Alltag und fehlende Einrichtungen wie Krippen, Kindergärten und Kantinen. Zu wenig würden ihre Vorschläge angehört oder umgesetzt. Die ihnen feindlich gesinnte Fabrikleitung würde lediglich den durch die Wirtschaftsorgane verursachten Druck von oben nach unten weitergeben.[261] Unabhängig von der Stimmung innerhalb der Belegschaft tauchten andere Probleme auf. Die Fabriken waren oft alt, für neue Maschinen und moderne Werkstätten fehlte das Geld. Eine Beschreibung der Moskauer Tuchfabrik Petra Alekseeva (früher Ioniš) von 1925 lässt erahnen, wie sich die Zustände bis Ende der zwanziger Jahre verschlechtert hatten:

> Die Ausstattung der Fabrik ist sehr alt, es gibt dort noch die Maschinen, die vor 100 Jahren benutzt worden sind. Das Fabrikgebäude bedarf einer dringenden Renovierung. Die Belüftung ist sehr schlecht. In der Stoffabteilung liegen die Temperaturen zwischen 25 und 29 Grad, woanders um 35 und im Trockenraum zwischen 38 und 40 Grad, in einem Abteil sogar bei 48 Grad. Sehr unbefriedigend ist die Frage des Wohnraumes. Der Platzmangel in den Wohnheimen ist sehr groß. [...] In einigen Gebäuden ist Feuchtigkeit, in anderen sind Mängel. [...] Die Fabrik hatte in der letzten Zeit acht verschiedene Direktoren.[262]

Immer wieder wurde in Archivberichten von der schlechten Stimmung in der Fabrikarbeiterschaft berichtet, der mangelnden Identifikation mit dem Betrieb. Das Ziel, die Entfremdung zwischen Arbeiter und Produktion aufzuheben, war nicht erfüllt worden. Aus allen genannten Problemen leitete sich der Versuch einer Reorganisation der Betriebe und der Arbeitsabläufe ab. 1929 wurde das System der Stoßarbeit und des sozialistischen Wettbewerbs eingeführt. Neue Brigaden wurden gebildet, die eine durch Selbstverpflichtung auferlegte, bestimmte Arbeitsproduktivität erreichen sollten. Gleichzeitig

---

[261] RGASPI f. 17 op. 67 d. 446 l. 24, 43–45.
[262] RGASPI f. 17 op. 67 d. 121.

Lebenswelten

bezweckte man damit, alte Arbeitskollektive und *artel'* zu zerschlagen, die sich oft gegen eine Rationalisierung der Produktion wehrten, darin eine Verschlechterung der Arbeitsbedingungen sahen. Die Stoßarbeiterinnen der Trechgornaja bewerteten ihre Teilnahme als einen persönlichen Erfolg, eine Aufmischung des monotonen Fabrikalltags. Sie erwähnten nicht, dass sie dadurch die Normen für die gesamte Belegschaft in die Höhe trieben. Es kam tatsächlich zu Neuformierungen unterschiedlicher Arbeiterinnen durch das Schicht- und Brigadensystem. Um das gemeinsame Ziel zu erreichen und eventuell eine lohnende Prämie zu bekommen, mussten die Arbeiterinnen nun untereinander ihre Konflikte bewältigen. Das System der Stoßarbeit schaffte neue Identifikationsmöglichkeiten für Frauen, besonders für jüngere. Sie hatten die Chance, materielle Vorteile zu erlangen und schneller einen höheren sozialen Status einzunehmen. Sie fühlten sich dadurch individuell angespornt. Obwohl sie oftmals große Angst vor den neuen Herausforderungen hatten, etwa dem Arbeiten an mehreren Webstühlen gleichzeitig statt wie bisher nur an einem, meisterten sie diese Aufgaben. Ihr Stolz und ihr Selbstbewusstsein wuchsen, gleichzeitig band sie der Erfolg stärker als zuvor an den Arbeitsprozess.[263] Durch den sozialistischen Wettbewerb wurde den Arbeiterinnen das Gefühl vermittelt, selber über die Produktion und die Arbeitsleistung entscheiden zu können, Verantwortung zu übernehmen aber auch tragen zu müssen. Die Reorganisation wurde natürlich nicht bei allen Frauen positiv aufgenommen. Die Einführung von drei Schichten bedeutete auch unangenehme Arbeitszeiten, etwa nachts. Hier entwickelte sich wieder ein neues Konfliktfeld innerhalb der Betriebe. Ältere Arbeiterinnen sahen den Zweck dieser Maßnahmen nicht ein und weigerten sich, mitzumachen.

Als ein weiteres Problem im Arbeitsalltag erwies sich nicht nur die Frage der Konkurrenz zwischen Männern und Frauen am Arbeitsplatz, sondern das Problem neuer, unerfahrener Arbeitskräfte, die vom Dorf in die Stadt wanderten. Arbeiterinnen, die bereits längere Zeit in der Fabrik tätig waren und sich eine soziale Stellung aufgebaut hatten, empfanden jüngere als undiszipliniert. In der vorrevolutionären Zeit lehnten Arbeiter wie beispielsweise Semen Kanatčikov Frauen im Klub ab, weil sie bäuerlicher Herkunft waren.[264] Das gleiche Moment fand sich Ende der zwanziger Jahre zwischen Arbeiterinnen, die bereits urbanisiert waren und Jüngeren mit der gleichen Argumenta-

---

[263] Rabot na.

[264] A Radical Worker in Tsarist Russia. The Autobiography of Semen Ivanovich Kanatchikov. Translated and Edited by Reginald E. Zelnik. Stanford, California 1986.

tion wieder. Es drückte die Fremdwahrnehmung alles Bäuerlichen als unterentwickelt und negativ aus, zeigte aber auch noch die bei weitem nicht gefestigte Identität „älterer" Arbeiterinnen als Proletarierinnen. Die scharfe Abgrenzung nach unten drückte Angst vor einem sozialen Abstieg durch Konkurrenz am Arbeitsmarkt aus.[265]

Ein Tabuthema in Veröffentlichungen aus den zwanziger Jahren aber auch in Archivakten war die Erwähnung oder Darstellung von Streiks. Sie tauchten lediglich in Erzählungen über die Zarenzeit und als eine Kampfform während der Revolution auf. Dass es auch während der Sowjetzeit immer wieder zu heftigen Unruhen gekommen war, wurde verschwiegen. Im Arbeiter- und Bauernstaat hielten offizielle Stellen den Streik nicht mehr für ein adäquates Kampfmittel, die Arbeiterschaft sah darin aber nach wie vor eine autonome Form ihres Protestes. Keineswegs wurden die Organe der Wirtschaftsleitung, Betriebsführung und Gewerkschaften uneingeschränkt als Interessensvertretung der Arbeiterschaft betrachtet. Die während der NĖP zahlreich stattfindenden lokalen Streiks entbrannten an Lohnfragen, Nichteinhaltung des Arbeitsbuches oder allgemein sich verschlechternden Lebensbedingungen. Zunehmend mehr wurden sie als „schädliches Verhalten" bezeichnet.[266] Auch durch die Frauenabteilungen wurde trotz aller Kritikfähigkeit kaum auf Streiks hingewiesen. Sie konstruierten ein Zusammenschmelzen zwischen Arbeiterklasse und Politik, die gemeinsam für die erforderlichen Wirtschaftsziele kämpften. Denn zu Beginn des ersten Fünfjahrplans galt es, neue Arbeitskräfte in den Produktionsprozess einzugliedern. Vage Andeutungen von Protest lassen sich nur zwischen den Zeilen vermuten. Auf einer Versammlung von Arbeiterinnen wurde in einer Rede von „Unzulänglichkeiten" im Zusammenhang mit einer Erhöhung der Arbeitsproduktivität gesprochen, ohne dass sie genauer beschrieben wurden.[267] Ein weiteres Tabu war die Erwähnung sexueller Belästigung am Arbeitsplatz, die durchaus existierte. Oft mussten Arbeiterinnen ihrem Vorgesetzen sexuell hörig sein, um in eine bestimmte Lohnklasse eingestuft oder gut behandelt zu werden.[268]

---

[265] Rabot na 148.

[266] Plogstedt, Sibylle: Arbeitskämpfe in der sowjetischen Industrie (1917–1933). Frankfurt/M., NY 1980, 43–48.

[267] Semenova A. In: Rabotnica (1924) Nr. 23, 30.

[268] Koenker: Men against Women.

Lebenswelten

Exkurs: *Das Heimarbeitgewerbe* (Kustar'-*Industrie*)[269]
1928 gab es 3,5 Millionen Heimarbeitende in der Sowjetunion, davon 500 000 Frauen.[270] Neben Fabrikarbeiterinnen stellte diese Zahl eine nicht zu vernachlässigende Größe dar. In der Heimindustrie arbeiteten zunächst überwiegend Männer, wanderten dann aber zunehmend in Fabriken ab. Die zuhause bleibenden Frauen rückten in ihre Positionen nach.[271] Im Februar 1928 fand in Moskau der erste Kongress für Heimarbeiterinnen statt, an dem 147 Vertreterinnen teilnahmen. Als prominente Rednerinnen während der fünftägigen Veranstaltung traten Clara Zetkin und Nadežda Krupskaja auf. Auf dem sowjetischen Markt glichen Fertigungen aus der beständig wachsenden Heimarbeit fehlende Defizite aus, etwa im Bereich von Bekleidung und Lederwaren. Ziel von Gewerkschaften und Sowjets war ein Zusammenschluss der Heimarbeitenden in Verbrauchergenossenschaften. Dadurch sollten die Mitglieder von einer „jahrhundertelangen Ausbeutung" befreit werden und garantierte Löhne erhalten, aber auch besser auf bestehende Konsumbedürfnisse reagiert werden können. Gleichzeitig dienten die Genossenschaften als Institutionen für kulturelle Verbesserungen, etwa einer angestrebten Alphabetisierung und der Gleichstellung der Frauen innerhalb ihrer Familien. Die Arbeit der *kustarki* fand wenig Anerkennung, auch deshalb, weil sie schlecht bezahlt wurde. Sie selber galten als zutiefst rückständig. Die ehrgeizigen Pläne scheiterten an fehlenden Organisationsstrukturen, Handlungsanweisungen und Geldmangel.[272]

Als Problem für Heimarbeiterinnen erwies sich die Beschaffung von Rohmaterial. Jede musste sich selber darum kümmern, die Genossenschaft konnte nur wenig Hilfe leisten.[273] Dementsprechend schleppend entwickelte sich ihre Mitgliederzahl: 1925 gehörten lediglich 57 000 Heimarbeiterinnen Genossenschaften an, ihre Zahl stieg 1927 auf 106 000. Nach wie vor gab es private Unternehmerstrukturen in diesem Produktionsbereich, die von der Sowjetregierung heftig bekämpft wurden.[274]

[269] Trud i byt ženščiny kustarki. Vsesojuznyj s'ezd kustarok, fevral' 1928 g. M. 1928.
[270] Ebd. 28. Eine Studie zu diesem Arbeitsgebiet steht noch aus.
[271] Ebd. 10.
[272] Ebd. 4–6.
[273] Ebd. 38–39.
[274] Ebd. 61.

Erwerbsleben – Arbeitswelt

Alternative „Erwerbsarbeit": Prostitution und Kuppelei

> Die Prostitution in Sowjetrussland ist eine direkte Nachfolge des bürgerlichen Russlands. Schon jetzt, in der Übergangszeit, lastet sie schwer auf mittellosen Frauen, macht sich unter den Arbeitern mit den schlechtesten Löhnen breit.[275]

1920 beklagte Aleksandra Kollontaj einen Anstieg von Prostitution im Arbeiter- und Bauernstaat, die ein Überbleibsel aus der kapitalistischen Zeit sei. Sie müsse beseitigt werden, da sie das Verhältnis zwischen den Geschlechtern in der Arbeitsrepublik belaste, den Aufbau des Sozialismus gefährde und zur weiteren Verbreitung von Geschlechtskrankheiten beitrage. Der Kampf sei nicht gegen die Prostituierten zu führen, sondern gegen die Ursachen von Prostitution wie *besprizornost'*, schlechte Wohnverhältnisse, niedrige Löhne und ein bürgerliches Verhalten gegenüber Frauen, die nicht als Ware betrachtet werden dürften.[276] Zu dem Zeitpunkt, als Kollontaj den Artikel verfasste, bestand noch eine Arbeitspflicht, weshalb sie Prostituierte als Arbeitsdeserteure bezeichnete. Nach der Aufhebung dieses Gesetzes zu Beginn der NĖP setzte sich diese Sichtweise nicht fort, da man nun einen unmittelbaren Zusammenhang zwischen Prostitution und steigender weiblicher Arbeitslosigkeit sah. Nicht über die Frau, sondern über das Phänomen wurde breit auf allen politischen und gesellschaftlichen Ebenen diskutiert. Prostitution war nicht illegal, dafür wurden Zuhälterei, Kuppelei und die Verbreitung von Geschlechtskrankheiten bestraft.[277]

Verschiedene Motive veranlassten Frauen, ihren Körper zu verkaufen: Armut und materielle Not, eine fehlende Bleibe zum Übernachten, aber auch Geldbeschaffung für Alkohol oder Drogen.[278] Die Arbeit als Prostituierte war leichter als in der Landwirtschaft oder Textilindustrie, der Verdienst fiel bei

---

[275] Kollontaj, A.: Trudovaja Respublika i prostitucija. In: Kommunistka (1920) Nr. 6, 15–17, hier 15.

[276] Ebd.

[277] Semaško, N.: Prostitucija i bor'ba s nej. In: Kommunistka (1923) Nr. 5, 28; V.: Chronika po bor'be s prostituciej. In: Kommunistka (1923) Nr. 5, 29–30.

[278] Bronner, V.M.: Bor'ba s prostituciej v RSFSR. In: Prostitucija v Rossii. Hg. v. V.M. Bronner - A.I. Elistratov. M. 1927, 36–69, 73–108, hier 65–68.

Lebenswelten

gutem Geschäft wesentlich höher aus.[279] Die 17 Jahre alte Prostituierte Zina sagte:

> Ich habe es satt, ich will lernen; aber ihr helft mir gar nicht. Ich gehe keine Säcke für 20 Rubel nähen, denn jetzt verdiene ich mehr als 100 Rubel und von weniger kann ich nicht leben.

Die gleich alte Marija bekräftigte ihren Wunsch, zu arbeiten, „aber nicht mit Säcken; ich beschäftige mich lieber mit der Prostitution als mit Säcken."[280] Alkoholkonsum spielte bei der Prostitution eine wichtige Rolle. Die Mädchen tranken aus Gewohnheit, um sich „selber zu vergessen" und zusammen mit ihren Gästen, die sie bewirteten. Nur selten erschienen Freier im nüchternen Zustand. Prostituierte waren um die 20 bis 30 Jahre alt, kamen zu einem überwiegenden Teil aus der Bauernschaft, dann folgten Arbeiterinnen und Angestellte. Fast alle waren arbeitslos. Hier versuchten das Volkskommissariat für Gesundheit, Mediziner, Gewerkschaftsorgane und Frauenabteilungen den Hebel zur Bekämpfung anzusetzen. Auf lokaler Ebene wurde ausprobiert, sogenannte Produktionsartele für arbeitslose Frauen zu bilden, allerdings mit wenig Erfolg. Im Moskauer Baumanskij Rayon startete Mitte der zwanziger Jahre ein *dispanser* einen Modellversuch. Es wurde ein Profilaktorium für ehemalige Prostituierte gegründet, wo sie eine gesicherte Bleibe und Verpflegung erhielten. Die Idee war, ihre Arbeitsqualifikation zu verbessern und ihr Bildungsniveau anzuheben. In einer hauseigenen Werkstatt gingen sie jeden Tag einer geregelten Arbeit nach und verdienten einen eigenen Lohn. Von dort versuchte man sie an eine richtige Arbeitsstelle zu vermitteln. Es erwies sich als schwierig, da es an entsprechenden Arbeitsplätzen aber auch der Bereitschaft von Fabrikleitungen fehlte, ehemalige Prostituierte aufzunehmen.[281] Diese ideale Lösung stellte deshalb nur eine vereinzelte Maßnahme dar und vermochte es nicht, Frauen von der Straße zu holen. Das Problem der Prostitution zur Existenzsicherung stieg an, zumal viele neue Arbeitskräfte vom Land in die Stadt wanderten. Es erwies sich weniger als Überbleibsel des zarischen Russlands sondern als eine Folge der Lebens- und Arbeitsbedingungen in der Sowjetunion.[282]

---

[279] Učevatov, A.: Iz byta prostitucii našich dnej. In: Pravo i žizn' (1928) Nr. 1, 50–60. Diese Angaben stammten von sich prostituierenden Frauen, die befragt worden waren.

[280] Ebd. 55.

[281] GARF f. 6983 op. 1 ed.chr. 18 l. 93. Es wurde vorgeschlagen, jeweils zum 8. März ehemalige Prostituierte aufzunehmen und dafür Quoten einzurichten.

[282] Shelley: Female Criminality 275.

Angehende Arbeiterin mit ihrem Instrukteur

Vorbesprechung zu dem jährlich wiederkehrenden Internationalen Frauentag am 8. März

Lebenswelten

Die meisten Mädchen waren zwischen 18 und 23 Jahre alt. Es waren Bauernmädchen, die vom Dorf in die Stadt gegangen waren, um Arbeit zu finden, oder einfach von den städtischen Attraktionen angezogen worden waren. Fast alle waren Analphabetinnen. In die Heime kamen sie freiwillig.[283]

Ein Mädchen aus Tula ging immer wieder nach Moskau, weil sie sich „magnetisch" angezogen fühlte. Obwohl sie mehrmals aus der Stadt wegen Prostitution verwiesen wurde, und wusste, dass sie auf die Insel Solovki verbannt werden konnte, unterlag sie immer wieder dieser Faszination.[284] Um 1925/26 herum verkaufte die Mutter der Arbeiterfamilie Benderskich ihre Tochter Nina für eine Flasche Vodka an irgendeinen „Onkel". So begann für Nina die Laufbahn als Prostituierte, eine Tätigkeit, der auch ihre Schwester nachging. In der gleichen Stadt lebte die Fabrikarbeiterin Sidorova, die gerne Wein trank. Ihr Lohn reichte für den Alkoholkonsum nicht aus, weshalb sie sich prostituierte oder Frauen, denen sie zuvor etwa zu trinken gegeben hatte, an Freier vermittelte. Ein Opfer von Sidorova berichtete der Kommission für den Kampf gegen Prostitution, sie sei als Arbeitslose in die Stadt gekommen und habe Sidorova als ehrlich eingestuft, als sie sie auf dem Markt getroffen habe. Sidorova habe sie dann betrunken gemacht und für Vodka an zwei Komsomolzen verkauft. Danach sei sie weiter der Prostitution nachgegangen, bis sie wieder einen Arbeitsplatz in einer Fabrik gefunden habe.[285]

Das Gewerbe der käuflichen Liebe hing eng mit einem anderen, fast ausschließlich städtischen Phänomen zusammen, das ebenfalls als Erwerbsquelle diente: der Unterhaltung von sogenannten „Lasterhöhlen" (*pritonoderžatel'stvo*), Kuppelei, Zuhälterei und der Betreibung von Bordellen. Anders als durch Prostitution machte man sich durch diese Delikte strafbar. In der Stadt Moskau wurden dafür 1923 154, 1924 123, 1925 135 und 1926 26 Personen deswegen verurteilt. Die Existenz von Lasterhöhlen war neu, in der Zarenzeit hatte es sie noch nicht gegeben. Sie hingen mit der zeitweisen Prohibition zusammen, weshalb ihre Zahl im Verlauf der zwanziger Jahre deutlich zurückging.[286] Sogenannte „Spelunken" existierten zwischen ein und zwei

---

[283] Yarros, Rachelle S.: Social Hygiene Observations in Soviet Russia. In: Journal of Social Hygiene XVI (1930) Nr. 8, 449–464, hier 455.

[284] Učevatov: Iz byta 60.

[285] Petro: Grimasy sovetskogo byta. (Po materialam kul'tpochoda). In: Kommunistka (1929) Nr. 7, 37–41.

[286] Zur Prohibition s. Kapitel 4.6.

Erwerbsleben – Arbeitswelt

Jahren und wurden mit leichtem Übergewicht bei den Frauen auch von Männern betrieben. Oft teilten sich Ehepaare, die von der Sozialversicherung lebten, den Betrieb. Es waren ältere Personen, zwischen 30 und 50 Jahren, da sie auf die Kundschaft „solider" wirkten und eine „gewisse Lebenserfahrung" besaßen.[287] Häufig ältere, wenig gebildete Frauen vom Dorf, oftmals aus der *Kustar'*-Industrie, betrieben *pritonoderžatel' stvo* als „Handwerk" oder als Nebenerwerb zur Ergänzung anderer Einnahmequellen. Ihnen war ihr kriminelles Handeln anscheinend nicht bewusst. Besonders ältere Frauen auf dem Dorf und in der Stadt stellten Schwarzgebrannten (*samogon*) her und verkauften ihn. Daraus ergab sich die Betreibung von *pritony* als eine weibliche Erwerbsquelle. In den genannten Beispielen wurde auch deutlich, dass Mütter oder weibliche Verwandte, die selber keine „Chance" mehr hatten, ihre Töchter zur Prostitution anstifteten, sich als Kupplerinnen betätigten. In Cafés, Restaurants, Bädern und Bierhallen fand die Vermittlung statt. Prostitution und *pritonoderžatel' stvo* befanden sich in Moskau in der Nähe von Bahnhöfen, wo junge Arbeitssuchende vom Land „Schutz" angeboten wurde, entlang der Tverskaja Straße und des Stadtrings, in der Innenstadt, jedoch weniger in entfernteren Stadtteilen.[288] In den *pritony* wurde nicht nur Alkohol ausgeschenkt, sondern auch Drogen verkauft und Prostituierte vermittelt. Oftmals firmierten sie offiziell als Hotels oder Familien-Bäder (*semejnye bani*).[289]

Im Kampf gegen die Prostitution wurde versucht, unter Freiern zu agitieren. Es wurde der Vorschlag gemacht, ähnlich wie in der Zarenzeit die Prostituierten, nun die Freier durch eine Veröffentlichung ihres Namens auf einer schwarzen Tafel zu diffamieren und sie auf ihr Fehlverhalten hinzuweisen.[290] Männer zwischen 27 und 35 Jahren, die oft verheiratet waren und besser verdienten, gehörten zur Kundschaft. Darunter waren an erster Stelle qualifizierte Arbeiter und Angestellte, denen ein fehlendes Klassenbewusstsein vorgeworfen wurde. Einige suchten beim Gang zur Prostituierten sexuelle Befriedigung zu finden, da sie ihre Ehefrau nicht mehr attraktiv fanden.[291]

Anfang der dreißiger Jahre wurde angesichts sinkender Arbeitslosigkeit von der „Liquidierung der Prostitution" in der Sowjetunion gesprochen, gleich-

---

[287] Men'šagin, V.D.: Pritonoderžatel'stvo. (Sociologičeskij očerk). In: Pravonarušenija v oblasti seksual'nach otnošenij. M. 1927, 158–179.

[288] Ebd. 173. Leider wird in der Liste über die innerstädtische Verteilung nicht auf Arbeiterviertel wie Krasnaja Presnja eingegangen.

[289] Bronner: Bor'ba 59.

[290] Bronner, V.: Iskorenim prostituciju. In: Kommunistka (1928) Nr. 8, 18–25.

[291] Yarros: Social 458.

Lebenswelten

zeitig der Druck auf Prostituierte erhöht, ihr Fehlverhalten zu beenden.[292] Die Vermutung liegt nahe, dass diese Aussage eher einen Wunsch als eine Tatsache wiederspiegelte.

Zusammenfassung

Lohnarbeit diente als grundlegende Form der Existenzsicherung und wurde so früh wie möglich aufgenommen. Frauen verdienten, besonders wenn sie vom Land in die Stadt wanderten, zunächst ihr Geld als Dienstbotinnen, bevor sie meistens in die Fabrik wechselten. Dort waren die Arbeitsbedingungen besser und lagen die Verdienste höher. Der Weg in die Fabrik führte meistens über ein bestehendes Netz sozialer Beziehungen, allerdings besaßen die wenigsten Frauen eine vorher angeeignete Berufsbildung. Die erforderlichen Tätigkeiten lernten sie an der Werkstelle, ein beruflicher Aufstieg erfolgte durch Erfahrung und Leistung. Das Hauptarbeitsfeld von Industriearbeiterinnen war die Textil- und Konsumgüterindustrie, wo es viele unqualifizierte Tätigkeiten gab, die Löhne gleichzeitig allerdings niedrig waren.

Der Arbeitsmarkt blieb trotz egalitärer Konzepte weiter geschlechtsspezifisch segregiert, wobei die Kategorie Geschlecht ein dominantes Ordnungselement blieb, indem etwa die Kategorien Frauenarbeit und Arbeiterinnenschutz geschaffen wurde. Eine geschlechtsspezifische Lohnhierarchie verhinderte die Nutzung von emanzipatorischen Möglichkeiten von Frauen, indem sie etwa unabhängig von einem Familieneinkommen leben konnten.

Zusätzlich zur bipolaren Struktur des Arbeitsmarktes muss jedoch noch eine soziale und in nichtrussischen Gebieten sicherlich auch nationale Differenz in diesem Lebensraum gesehen werden: so kam es innerhalb der Arbeiterschaft zu Konflikten zwischen sogenannten alten, erfahrenen Werktätigen und neu hinzugekommenen, die oft einen bäuerlichen Kontext besaßen. Geschlechtszugehörigkeit, politische Bewusstsein und soziale Herkunft führten zu einer heterogenen Arbeiterschaft in den zwanziger Jahren.

4.5. Politisierung und gesellschaftliches Engagement

Der neue sozialistische Mensch definierte sich nicht nur durch die Teilnahme am Arbeitsprozess, sondern durch ein geschultes politisches Bewusstsein und eine aktive Teilnahme in entsprechenden Organisationen. Die soziale Stellung von Sowjetbürgern und -bürgerinnen leitete sich aus ihrem Grad der Organisiertheit ab. In den zwanziger Jahren wurden immer wieder Klagen

---

[292] Halle: Frau 358–370.

Politisierung

laut, Frauen seien rückständig, ihr Anteil in Partei, Gewerkschaften und anderen Institutionen zu gering. Eine breite Mobilisierung der „Frauenmasse" wurde gefordert und den *ženotdely* als Aufgabe übertragen. Dieses Bild transportierte Assoziationen von unpolitischen Frauen, wobei ein männlich geprägter Politikbegriff nicht hinterfragt wurde. Zur Beurteilung eines politischen Bewusstseins von Frauen sollen hier individuelle Haltungen gegenüber Politik und gesellschaftlichem Engagement untersucht werden. Dafür ist es notwendig, genauer die Mobilisierung von Frauen zu betrachten, deren Wurzeln bereits vor der Revolution lagen.

Ältere Arbeiterinnen wurden durch den russisch-japanischen Krieg und die Revolution 1905 politisiert. Sie erlebten Streiks, an denen sie aktiv teilnahmen, teilweise die Verhaftung von Familienangehörigen und die Formierung eines politischen Bewusstseins in der Arbeiterschaft. Manche beteiligten sich an Versammlungen und Barrikadenkämpfen.[293] Grundsätzlich trug das Armutsmilieu in Kreisen von Wander- oder Fabrikarbeitern, aber auch unter der armen Dorfbevölkerung, zu einer positiven Grundstimmung für einschneidende politische Veränderungen bei. Angesichts des eigenen niedrigen Lebensstandards erschienen Forderungen nach kürzerer Arbeitszeit und verbesserten Arbeitsbedingungen als grundlegend, Demonstrationen, Streiks und Agitation in der Arbeiterschaft als legitim und notwendig. Eine zweite Politisierungswelle von Arbeiterinnen erfolgte durch den durchweg als negativ, schwer und belastend empfundenen Weltkrieg.

Die Männer kämpften als Soldaten an der Front, Frauen mussten ihre Arbeiten in der Familienwirtschaft und den Fabriken ausführen. Viele Männer und Angehörige erkrankten oder starben im Krieg. Die Erfahrung persönlicher Verluste und Entbehrungen blieb keiner Familie erspart. Die Februarrevolution wurde durch von Frauen verursachten Brotunruhen ausgelöst, gleichzeitig forderten sie eine Beendigung des Krieges. Auch wenn die Motive für diesen spezifisch weiblichen Protest zunächst wirtschaftlich bedingt waren, zeigt er dennoch, dass Frauen durchaus politisch handelten, eben aus ihren konkreten Lebensbedingungen heraus.[294]

---

[293] Rabot na 154.

[294] Bobroff-Hajal, Anna : Working Women in Russia Under the Hunger Tsars. Political Activism and Daily Life. Brooklyn, NY 1994; McDermid, Jane - Anna Hillyar: Midwives of the Revolution. Female Bolsheviks and Women Workers in 1917. London 1999.

Lebenswelten

In diesen Tagen haben wir tatsächlich keinerlei Müdigkeit gespürt. Wir wollten zusammen mit denen leben, die auf der Straße waren und den Kampf mit der zarischen Regierung führten.[295]

In den Erinnerungen von Arbeiterinnen wurde wenig zwischen den einzelnen Phasen der Revolution unterschieden. Individuelles Elend und spätere offizielle Lesarten der Geschichte – etwa die durchgängige Vormachtstellung der Bolschewiki – standen im Vordergrund. Die politischen Ereignisse wurden oft als eine Streikwelle, also aus der Sicht von Arbeiterinnen, beschrieben.

An die Wahlen zur Verfassunggebenden Versammlung im November 1917 konnten sich durchweg alle gut erinnern. Oft wurde die erste Partei, die auftauchte, unterstützt. Eine differenzierte Wahrnehmung einzelner politischer Richtungen besaßen nur wenige. Schematisch war ihnen klar, dass es um bessere Lebensbedingungen ging, was wiederum eine Motivation für die Wahlbeteiligung war. Je nachdem, welche Gruppe vor Ort agitierte, unterlag das Wahlverhalten dementsprechend ihrer Beeinflussung.

Mein Mann musste zu den Soldaten, aber er wusste eigentlich nicht, was er verteidigen sollte. Im Krieg hat er sich Malaria geholt. [...] Dann kam die Revolution. Wir dachten erst an einen Streik, gingen auf die Straße und riefen: Umschwung. Wir gingen Lieder singend durch Moskau. Alles war prima damals. Dann kam jemand im Auto angefahren und rief uns zu: morgen müsst ihr in die Fabrik zum Arbeiten gehen. Es gab bei uns eine Versammlung, dort wurde uns gesagt, dass wir wählen müssen. Wir wussten nicht, für wen wir wählen sollten. Uns wurde gesagt, wir sollen für die Nummer fünf wählen [Partei der RKP (b), C.S.], alle anderen seien nicht unsere. Sie sagten uns, Nummer fünf ist gegen den Krieg, gegen den Zaren, für das Volk und für die Stärkung der Frauen. Vom Oktoberumsturz wussten wir nur, dass er kommt.[296]

In ihren Erinnerungen stimmten fast alle Arbeiterinnen überein, wenig über die Wahlen, ihre Durchführung und daran teilnehmenden Gruppierungen gewusst zu haben. Ihre jeweilige Entscheidung trafen sie eher zufällig. Nur einige kannten die konkreten Ziele der Bolschewiki und wollten sie unterstützen. Besonders ältere Arbeiterinnen, die bereits 1905 an Streiks und De-

---

[295] Eine Arbeiterin berichtete über ihre Eindrücke von der Februarrevolution 1917 in Petrograd. Naši vpečatlenija fevral'skoj i oktjabr'skoj revoljucii. RGASPI f. 17 op. 10 d. 34 l. 22.

[296] Rabot na 140.

Politisierung

monstrationen teilgenommen hatten, verbanden den Oktoberumsturz 1917 mit der Sowjetmacht, stimmten bewusst bei den Wahlen für die Bolschewiki.[297] Sie waren im Gegensatz zu den Menschewiki und Sozialrevolutionären die einzige Partei, die sich bewusst um das weibliche Protestpotential kümmerte und eine Beendigung des Krieges forderte.

Die Politisierung von Arbeiterinnen erfolgte in den meisten Fällen über Männer aus ihrem unmittelbaren sozialen Umfeld. Familiäre Traditionen wurden fortgesetzt.

> In der Oktoberrevolution kam der Schwiegervater zu uns (er arbeitete in Kolomna in einem Betrieb), und sagte, dass wir für die Nummer drei oder Nummer fünf abstimmen sollen. Aber ich erinnere mich nicht mehr an welche, nur daran, dass ich für die Bolschewiki wählen sollte. [...] Ich hatte damals keine Ahnung und dachte bei mir: Bolschewiki oder Menschewiki? Hauptsache wir leben gut.[298]

Politik definierte sich zunächst als männlicher Bereich. Die Arbeiterin Polja engagierte sich seit 1905 politisch und trat notfalls als Mann verkleidet auf Versammlungen auf, da einige Arbeiterzirkel Frauen ausschlossen oder ihnen kein Gehör geschenkt wurde.[299] Eine Ausnahme in diesem Verhaltensmuster, dass die Trennung von männlichen und weiblichen Bereichen verdeutlichte, war die durch ihre Mutter politisierte Aleksandra Artjuchina.[300] Die Petersburger Arbeiterin und Gewerkschaftsfunktionärin, von 1925 bis 1930 Leiterin der *ženotdely*, beschrieb ihre Jugendzeit um 1903, in der sie von Heimarbeit lebte, als die Phase ihrer Mobilisierung für die Sozialdemokraten. Die Wahrnehmung von Politik und der Benachteiligung der Arbeiterklasse schien durch ihre Sozialisation in einer Arbeiterfamilie nicht ungewöhnlich. Alle Verwandten, auch die Mutter, nahmen an Streiks teil und wurden deshalb öfters verhaftet und teilweise auch verbannt.[301] Die Mutter spielte in der Erinnerung von Artjuchina eine zentrale Rolle. Sie wurde als

---

[297] Ebd. 155.

[298] Ebd. 70.

[299] Bojarskaja: Arbeiterinnen 24.

[300] Die Politisierung Artjuchinas war aber typisch für aktive Sozialdemokratinnen, die oft von starken Müttern beeinflusst worden waren. Clements, Barbara Evans: Bolshevik Women. Cambridge 1997, 38; Scheide, Carmen: „Born in October": The Life and Thought of Aleksandra Vasil'evna Artyukhina, 1889–1969. In: Women in the Stalin Era. Hg. v. Melanie Ilić. Erscheint London 2001.

[301] Der bereits erwähnte Ehemann Michail (1892–1962) gehörte auch der revolutionären Bewegung an. 1913 trat er der RSDRP bei und ging im gleichen Jahr nach Peters-

Lebenswelten

eine einfache, illiterate Frau geschildert, die dennoch ein ausgeprägtes proletarisches Klassenbewusstsein besaß und sich bei der illegalen Arbeit ohne Scheu vor persönlichen Konsequenzen, wie einem Betriebsausschluss, engagierte.[302]

Vor der Oktoberrevolution gab es keine eigene Arbeit der RSDRP unter Frauen. Innerhalb der Arbeiterschaft galten Frauen als rückständig und stellten ein Hindernis für bewusste und fortschrittliche Arbeiter dar. Gedanken an eine Gleichheit der Geschlechter lag Männern fern. Diese Ansicht war so verbreitet, dass manche Arbeiterzirkel keine Frauen in ihren Reihen duldeten, nicht einmal bereits „Agitierte".[303] Diese Sichtweise übertrug sich auf Sozialistinnen, die eine Arbeit unter Frauen als mindere Tätigkeit bewerteten und ihr nur ungern nachgingen. Sowohl Menschewiki als auch Bolschewiki vertraten bis 1914 die Meinung, separate Frauenpolitik schade der Parteientwicklung, da es zwischen Männern und Frauen innerhalb einer Klasse keine unterschiedlichen Interessen gebe. Es gab nur wenige Arbeiterinnen in ihren Reihen, von denen zunächst eine bessere Bildung und Qualifikation verlangt wurde. 1905 lag der Anteil weiblicher Parteimitglieder in der RSDRP bei 15 Prozent.[304] Diese Tatsache erklärte man mit ihrer „Rückständigkeit", der zum Kampfbegriff wurde und eine fehlende Agitation argumentativ unterstützte.[305] Nadežda Krupskaja verfasste 1901 ihre Broschüre *Ženščina Rabotnica* (Die Frau als Arbeiterin), in der sie die Ideen von August Bebel auf russische Arbeiterinnen anwandte und auf ihre schwierige Lebenssituation hinwies, die sich durch eine Teilnahme an der Arbeiterbewegung verbessern würde. 1905 folgte eine zweite Propagandaschrift, 1907 gründete Kollontaj in Petersburg einen ersten Arbeiterinnenzirkel. Sie setzte sich für eine eigene Agitation unter Frauen ein, da sie deren Nöte sah und befürchtete, Konkurrenz durch die sogenannte bürgerliche Frauenbewegung zu erhalten. Die Arbeit kam durch ihre Emigration ab 1908 zum Erliegen. Erst nach einer Welle von Frauenstreiks wurde am 8. März (23. Februar) 1913 der erste Frauentag in Russland auf Initiative von Kollontaj und Zetkin durchgeführt.

Aleksandra Artjuchina beteiligte sich namhaft am Aufbau einer Arbeit unter Frauen. Durch ihr Engagement machte sie unter Sozialistinnen auf sich

---

burg, wo er als Sekretär in der Metallarbeitergewerkschaft arbeitete. In: Tverskaja Oblast'. Ėnciklopedičeskij spravočnik. Tver' 1994, 46.

[302] Fieseler: Frauen 178.
[303] Ebd. 175–185.
[304] Ebd. 21.
[305] Ebd. 246.

aufmerksam. Artjuchina veröffentlichte 1913 unter einem Pseudonym einen Artikel über „Die Metallarbeiterin Šura" in der *Pravda*. Zu diesem Zeitpunkt wurde auch der Kontakt zur ersten proletarischen Frauenzeitschrift *Rabotnica* hergestellt. Da die *Pravda* nicht ausreichend die Interessen der Frauen ansprechen konnte, wurde die neue Zeitschrift für Arbeiterinnen gegründet. Sie war die einzige Maßnahme, sich um den weiblichen Teil des Proletariats zu kümmern. Inessa Armand war Mitbegründerin der *Rabotnica*. Sie plädierte 1913 für ihre Schaffung, um der Agitation unter Frauen mehr Aufmerksamkeit zu schenken, jedoch gab es wenig Unterstützung für die Frauenzeitschrift von der Partei.

Verschiedene Genossinnen im Exil und in Russland gehörten zum Redaktionskollegium. Petersburger Arbeiterinnen wurden zur Teilnahme gebeten, darunter auch Artjuchina.[306] Die Herausgabe der ersten Nummer war für den Internationalen Frauentag am 8. März 1914 geplant. Arbeiterinnen wurden zu Versammlungen und Aktionen aufgerufen, die die Petersburger Polizei erstaunlicherweise zunächst erlaubte.[307] Dennoch endete der internationale Frauentag mit der Festnahme von einigen Aktiven.

> Die Frauen wurden bei der Polizei unter dem Namen der Männer erfasst, da es für Frauen im Zarismus keine eigenen Benennungen gab.[308]

Das Eingreifen der Polizei bedeutete die Verlagerung der *Rabotnica*-Aktivitäten in die Illegalität. Obwohl sie nur einmal erschienen war, hatte sie eine wichtige Funktion eingenommen: Sozialistinnen, die an der Frauenfrage interessiert waren, wurden so zusammengebracht. Sie arbeiteten für die Sowjetunion wegweisende Emanzipationsprogramme aus, begründeten einen „bolschewistischen Feminismus".[309] Artjuchina beteiligte sich weiter an der *Rabotnica*:

> Seit der Zeit verlief unsere gesamte Redaktionsarbeit im Untergrund. Wir trafen uns auch in den Teehäusern ‚Arkadija', ‚Gigiena', ‚XX. Jahrhundert' und manchmal sogar auf dem Preobražensker Friedhof.

---

[306] Zum ersten Redaktionskollegium gehörten Nadežda Konstantinovna Krupskaja, Inessa Armand, Zoja Lilina, Ljudmila Stal' im Ausland, A.I. Elizarova, Konkorida Samojlova, P.F. Kudelli, L. Menšinskaja und E.F. Rozmirovič.

[307] Artjuchina, A. V.: Pervyj ženskij rabočij žurnal v Rossii. In: Vsegda s vami, posvjaščennyj 50-letiju žurnala „Rabotnica". M. 1964, 119–152, hier s. 120–124.

[308] Ebd. 124.

[309] Clements: Bolshevik 104–106.

Lebenswelten

Manchmal trafen wir uns zusammen mit der Metallgewerkschaft, wo ich Schatzmeisterin war und früher den Posten als Gewerkschaftssekretärin innehatte.[310]
In Eigenregie wurden die Ausgaben verteilt, das Geld eingesammelt und verwaltet. Artjuchina stellte die *Rabotnica* in ihren Erinnerungen als ein Forum für die Belange und politischen Forderungen von Arbeiterinnen dar. Zusätzlich sei die *Rabotnica* ein sehr wichtiges Organ für bolschewistische Propaganda gewesen.[311] Sie erzählte, vor allem Textilarbeiterinnen hätten sich für die *Rabotnica* interessiert, was nicht verwundert, da in diesem typisch weiblichen Industriezweig der Frauenanteil immer sehr hoch war.[312] Artjuchina betonte die politische Selbständigkeit der Arbeiterinnen, dargestellt am Beispiel des Projekts der *Rabotnica*. Dennoch hätte es keine eigene Interessensplattform, unabhängig vom männlichen Proletariat, gegeben: „Arbeiterinnen hatten keine anderen Interessen als die allgemeinen Arbeiterinteressen."[313] Die Dominanz von Klassengegensätzen und dem Nebenwiderspruch von Geschlechtergegensätzen stellte eine verinnerlichte Sichtweise von Artjuchina dar. Arbeiterinnen thematisierten durchaus Differenzen. Sie beklagten sich über die Benachteiligung gegenüber Arbeitern in Lebens- und Arbeitsbedingungen. Nicht nur am Arbeitsplatz, sondern auch noch als Frauen würden sie von den Klassengenossen diskriminiert werden.

Die Zeitschrift warnte vor Streitereien zwischen Arbeitern und Arbeiterinnen, die manchmal aus Konkurrenz von Männer- und Frauenarbeit entstand. [...] Arbeiterinnen beklagten sich über die Ungleichbehandlung mit Männern, schlechte Arbeitsbedingungen und Kinderarbeit. Die Zeitschrift wollte bei den Lesern das Gefühl für menschliche Selbständigkeit hervorrufen, für weibliche Ehre.[314]

Die begonnene Agitation unter Frauen wurde durch den Beginn des Krieges unterbrochen.

---

[310] Ebd.

[311] Ebd.

[312] Der Anteil von Frauen an der Industriearbeiterschaft betrug zwischen 1905 480 714 Arbeiterinnen, 28,4 Prozent und 1914 662.620 Arbeiterinnen, 31,7 Prozent. Davon arbeiteten 1910 51,6 Prozent und 1914 57 Prozent in der Textilindustrie. Glickman, Rose L.: Russian Factory Women. Workplace and Society, 1880–1914. Berkeley u.a. 1984, 80, 83.

[313] Artjuchina: Pervyj 126.

[314] Artjuchina: Pervyj 126–127.

Politisierung

Politisierungsmuster später geborener Frauen verliefen nach der Oktoberrevolution teilweise anders. Zusätzlich zur familiären Prägung erhielten sie eine politische Grundbildung in der Schule, in Pionier- und Komsomolorganisationen oder durch Fabrikkomitees. Die Politisierung von Arbeiterinnen ging fast nie mit dem Eintritt in eine Organisation oder konkretem Engagement einher.

Parteibeitritte

Die Partei der Bolschewiki unterlag während der zwanziger Jahre einem tiefgreifenden Wandel von einer in der Zarenzeit noch konspirativen Vereinigung zur Staatspartei. Lenin hatte in seiner Schrift „Was tun?" von 1902 die Idee einer Kaderpartei entworfen, einer Partei neuen Typs von Berufsrevolutionären, die auf dem Prinzip strikter Disziplin organisiert werden sollte. Intellektuelle und Arbeiter verschmolzen dabei zu einer homogenen Einheit und führten die Partei als „Generalsstab".[315] Während der Zarenzeit entsprach die Parteiorganisation diesen Entwürfen, zudem verliefen die Tätigkeiten bis auf eine kurze Phase der Legalisierung 1906 im Untergrund. 1917 wuchs die Mitgliederzahl durch die revolutionären Ereignisse auf ungefähr 300 000 Personen an, wobei die angestrebte innere Einheit durch die neuen Genossen nicht mehr gegeben war. Das Problem einer Parallelität von Berufsrevolutionären und neuen, politisch oft noch unerfahrenen Mitgliedern verschärfte sich während des Kriegskommunismus, wo ein Parteibeitritt relativ einfach möglich war, die Fluktuation aber gleichermaßen wuchs. Deshalb wurde 1921 eine Generalrevision des Mitgliederbestandes (*čistka*) durchgeführt und etwa ein Viertel gesäubert. Damit erfolgte eine Rückbesinnung auf die von Lenin entworfenen Organisationsprinzipien einer Kaderpartei mit einem festen Kern. Nicht mehr jeder beitrittswillige Kandidat sollte aufgenommen werden, gleich-

---

[315] Fetscher, Iring: Unabhängige Gewerkschaften in einem Land des „real existierenden Sozialismus". In: Jahrbuch Arbeiterbewegung. Geschichte und Theorie. 1981: Politischer Streik. Hg. v. Gerhard Haupt u.a. Frankfurt/M. 1981, 250–265, hier 255; Plaggenborg, Stefan: Die Organisation des Sowjetstaates. In: Handbuch der Geschichte Russlands. Band 3/2. Halbband: 1856–1945. Von den autokratischen Reformen zum Sowjetstaat. Hg. v. Gottfried Schramm. Stuttgart 1992, 1425–1447, hier 1428–1433; Schröder, Hans-Henning: Arbeiterschaft, Wirtschaftsführung und Parteibürokratie während der Neuen Ökonomischen Politik. Eine Sozialgeschichte der bolschewistischen Partei 1920–1928. Berlin 1982; Hildermeier, Manfred: Geschichte der Sowjetunion 1917–1991. Entstehung und Niedergang des ersten sozialistischen Staates. München 1998, 209ff; Rigby, T.H.: Communist Party Membership in the U.S.S.R. 1917–1967. Princeton, New Jersey 1968.

Lebenswelten

zeitig wurde versucht, wieder eine „Arbeiterpartei" zu schaffen und die proletarische Mitgliederbasis zu verbreitern. Zu diesem Zweck wurde nach dem Tod von Lenin 1924 das sogenannte Leninaufgebot durchgeführt, um vornehmlich innerhalb des Industrieproletariats neue Parteimitglieder zu gewinnen. Eine ähnliche Aktion wurde im Oktober 1927 anlässlich des zehnten Jahrestages der Revolution durchgeführt. Somit vollzog sich ein Wandel von der Kader- zur Massenpartei, da es Ende der zwanziger Jahre fast 1,5 Millionen Parteimitglieder gab und die Tendenz steigend war.[316] Als Folge dieser Entwicklung veränderte sich nicht nur grundlegend die Parteibasis und ihre soziale Zusammensetzung in Form neuer Proletarier und zahlreicher Mitglieder aus der Bauernschaft, sondern auch die Konstellation innerhalb der Führungsschichten.

Entgegen den theoretischen Überlegungen zur Gleichheit der Geschlechter bestand immer eine große Differenz zwischen weiblicher und männlicher Parteimitgliedschaft, wobei es eine starke männliche Dominanz gab. Lediglich in den zwanziger Jahren wurden bewusst Rekrutierungskampagnen zur Erhöhung des weiblichen Anteils der Parteimitglieder durchgeführt, wodurch ihr prozentualer Anteil bis Mitte der dreißiger Jahre von 7,8 Prozent im Januar 1922 auf 16,5 Prozent 1934 anwuchs.[317] Absolut gesehen waren Frauen in der Partei schwach vertreten, auf der Ebene der Kader lag der prozentuale Frauenanteil noch unter den weiblichen Mitgliederzahlen.

Wie bereits geschildert, besaßen Frauen und Männer ein unterschiedliches Politikverständnis. Aus Sicht leitender Bolschewiki war die Frage einer Politisierung von Frauen nach 1917 allein durch ihren Anteil in der Partei maßgebend. Frauen dagegen bezeichneten sich auch ohne einen Beitritt als politisch interessiert und gesellschaftlich aktiv. Sie verbanden politische Tätigkeiten nicht zwangsläufig mit einer Mitgliedschaft in der VKP (b). Als „mitfühlende Kommunistinnen" sahen sie sich selber durchaus loyal zum Staat und gesellschaftlich aktiv. Bereits die Aufnahme der Delegiertentätigkeit wurde als Erlangen eines neuen Bewusstseins gewertet.

Das Verhältnis zwischen Partei und Sowjetbürgerinnen spiegelte eine bestehende Hierarchie der Geschlechter wieder und erwies sich dadurch als problematisch. Frauen wurde schneller als Männern eine unpolitische Haltung vorgeworfen, was gemessen an männlichen Verhaltensmustern sicherlich zutraf. Die Ehefrau vom Arbeiter T. war eine gebildete, politisch unterrichtete Frau. Sie wurde als eine ihrem Mann ebenbürtige Genossin gesehen.

---

[316] Rigby: Communist 52.
[317] Rigby: Communist 361.

Politisierung

1921 bekam sie ein Kind und wurde 1922 mangels Aktivitäten aus der Partei gesäubert. Später, als ihre Mutter zu ihnen zog, engagierte sie sich als Delegierte einer Hausfrauenkommune.[318]

Serafina Ljubovna Perepelica-Rozenberg, geboren 1887, und aus der *Intelligencija* stammend, war bereits in der RSDRP ein aktives Mitglied. Sie nahm am Bürgerkrieg teil und arbeitete als Agitatorin und im *ženotdel* von Archangelsk. Trotz ihres Engagements wurde sie 1921 bei einer Parteisäuberung ausgeschlossen, da sie einen Kuraufenthalt absolvierte. Erst 1923 wurde sie erneut aufgenommen.[319] Ein weiterer Grund für den Parteiausschluss von Frauen war der Vorwurf der Prostitution. Darunter wurde oftmals bereits die Beziehung einer Frau zu mehreren Partnern gleichzeitig verstanden, ohne dass es sich tatsächlich um den genannten Tatbestand handeln musste. Für Männer ergab sich aus Vielweiberei keine Konsequenz für die Parteizugehörigkeit.[320]

Die Parteibeitritt erfolgte – sofern Frauen nicht gleich im Rausch der Revolution beigetreten waren – oft erst durch einen äußeren Anlass, wie etwa dem Leninaufgebot. Frauen, die bereits vor 1924 der Partei angehörten, wurden Kommunistinnen genannt, die nach dem Tod Lenins oft wieder austraten. Nach 1924 eingetretene bezeichnete man als Leninistinnen oder auch *molodcy* (Prachtkerle).[321]

> Im Jahre 1924 trat ich in die Reihen unserer herrlichen Kommunistischen Arbeiterpartei ein, wo ich mein Leben und das Leben meiner Kinder der Sache des Volkes, dem Roten Oktober, der Freiheit widmen werde.[322]

Junge Arbeiterinnen erhofften sich ein besseres Leben in den Reihen der Partei.[323] Daraus lässt sich ableiten, dass sie das Bild von privilegierten Parteimitgliedern hatten, was andere davon abhielt, beizutreten. Marija Troickaja zumindest berichtete für 1925 aus der Stadt Vjatka, dass sich einige Parteige-

---

[318] Kabo: Očerki 112.

[319] RGASPI f. 124 op. 2 ed.chr. 52. Vsesojuznoe obščestvo starych bol'ševikov (VOSB) (1922–1935), lišnoe delo.

[320] Jaroslavskij, Em. u.a.: Polovoj vopros. M. 1925 4. Sexuelle Aktivitäten galten als normales Zeichen von Männlichkeit, bei Frauen als Unmoral.

[321] E.P.: Na „Prochorovke". In: Rabotnica (1924) Nr. 21, 18–19.

[322] A. Kononowa in Bojarskaja: Arbeiterinnen 31.

[323] Galin: Delo o devuške. Očerk. In: Molodaja Gvardija (1928) Nr. 9, 87–94, hier 88.

nossen durch ihr Amt Vorteile materieller Art verschaffen würden, darunter auch gutes Essen und Trinken.[324]

1928 gab es eine Rekrutierungskampagne unter Frauen. Folgende Losung diente als Werbespruch:

> In den Reihen der kommunistischen Partei, erzogen von der Partei-, Sowjet- und Berufsarbeit, können Arbeiterinnen erfolgreicher die neue sozialistische Gesellschaft bauen, erfolgreicher mit dem kulturellen Rückstand kämpfen – mit dem Analphabetismus, der Religion und dem Alkoholismus.
> Arbeiter-Aktivistinnen! Tretet in die Reihen der Partei Lenins ein![325]

Tatsächlich empfanden einige Arbeiterinnen den Beitritt als ein einschneidendes Erlebnis in ihrer Biographie. Dadurch erschloss sich ihnen eine neue Welt, etwa durch Reisen an andere Orte oder durch Weiterbildung an der Fabrikakademie.[326]

Doch was sollte die Frauen konkret veranlassen, diesen Schritt zu vollziehen? Sie konnten sich auch ohne Mitgliedsausweis gesellschaftlich engagieren, höhere Ämter und Leitungsfunktionen blieben ihnen verschlossen. Die zitierten Stoßarbeiterinnen traten fast alle erst um 1930 ein. Evdokija Nikadorova arbeitete als Werkstattdelegierte und Mitglied des Gebietssowjets. Ab 1928 nahm sie an der Stoßarbeit und dem sozialistischen Wettbewerb teil. In die Partei trat sie ein, weil alle sie für eine Kommunistin hielten. Gleichzeitig empfand sie eine Diskrepanz zwischen ihrer familiären Umgebung und diesem Schritt. In ihrem Selbstbild überschritt sie damit den Rahmen einer weiblichen Rolle und geriet in Konflikte mit ihren Angehörigen. Balašova erwarb ebenfalls erst auf Drängen von außen die Parteimitgliedschaft, Meščerjakova schob diesen Schritt immer wieder hinaus, weil sie angeblich nicht wusste, wie es technisch funktionierte.

Auch andere Frauen sahen keinen Widerspruch in ihrem politischem Engagement als Parteilose. Marija Troickaja war eine kritische und intelligente Zeitgenossin. Nach der Beendigung des Gymnasiums 1918 fühlte sie sich noch zu jung für einen Parteibeitritt. Im Bürgerkrieg diente sie bei der Armee, wo sie Tag und Nacht beschäftigt war. Danach entschied sie sich

---

[324] Brief von Marija Nikolaeva Troickaja aus Vjatka an das Präsidium des Hohen CIK von 1925. RGASPI f. 78 op. 1 d. 166, ll.79–90, hier 83.
[325] Min: Počemu 4.
[326] Rabot na 100.

Politisierung

bewusst gegen eine Mitgliedschaft. Die Ziele der Sowjetmacht unterstützte sie als Anhängerin Lenins in voller Breite, aber:

> [...] um dies alles zu schaffen ist es nicht unbedingt notwendig, sich in die Partei einzuschreiben, ein Etikett zu erhalten, durch das du erst zu einem bewussten und ehrenvollen Mitglied wirst und dich weiterentwickeln kannst. Das macht es sogar alles lächerlich.

Sie berichtete weiter, vom Gebietsparteisekretär als „Egoistin" und „Intelligenzbestie" wegen ihrer persönlichen Ziele bezeichnet worden zu sein.

> Ich habe immer meine Meinung gesagt und werde es auch laut tun.

Sie kritisierte an der Partei eine mangelnde Verbindung zu den Massen und den wirklichen Bedürfnissen wie Kampf mit der Armut, Trunksucht, *besprizornost'*, kurz eine fehlende feinsinnige Wahrnehmung der Bedürfnisse. Die Sowjetmacht setze sich nicht offen genug mit der Unzufriedenheit der Leute auseinander. Weiter beklagte sie das arrogante Verhalten einzelner Parteimitglieder. Ein alter Bolschewik etwa habe mit seinen 70 Jahren eine junge Frau um die 30 Jahre und weigere sich, Alimente für Kinder aus früheren Beziehungen zu bezahlen, die er wie Hunde behandele. Andere würden sich materiell bereichern, viele seien nur aufgrund von Beziehungen auf ihren Posten. Würden diese Missstände öffentlich, käme es oft zu einer Wegbeförderung der betreffenden Personen.[327]

Anscheinend fiel es Frauen schwer, sich mit der Partei zu identifizieren, die für einige eher ein Feindbild verkörperte. Die Sichtweise, der Partei die Schuld für negative Lebenserfahrungen zu geben, und sie deshalb abzulehnen, war unter Frauen verbreitet. Männliches Fehlverhalten wie Vielweiberei und Nichtzahlung von Alimenten wurde als Folge der revolutionären Ehegesetzgebung gesehen.[328] Entgegen der propagierten Gleichheit erhielten Arbeiterinnen niedrigere Löhne als Männer, wurden eher entlassen und blieben länger arbeitslos. Auch die antireligiöse Propaganda empfanden viele Frauen als einen Eingriff in ihre Lebenswelt. Das Aufhängen von Ikonen zuhause wurde kritisiert, Kirchgang und Aberglauben öffentlich diffamiert, der Besuch von alten Hebammen und weisen Frauen verteufelt.

Trotz eines großen und immer wieder von Frauen eingeforderten Bedarfs fehlte es nach wie vor an kollektiven Einrichtungen zur Kinderbetreuung, was als ein Versagen der Partei und Missachtung von weiblichen Belangen gewertet wurde. Anderseits unterstützten allein die *ženotdely* Frauen an der

---

[327] RGASPI f. 78 op. 1 d. 166, l. 80.
[328] Min: Počemu 4.

Werkbank. Leider fehlte ihnen wiederum aktiver Rückhalt von Partei- und Sowjetorganen, um tatsächlich eine Gleichheit der Geschlechter auf allen Ebenen zu erlangen. Im Moskauer Rayon Krasnaja-Presnja organisierte allein die *ženotdel* Arbeit unter Frauen. In Berichten und Eingaben an die übergeordnete Parteiorganisation, dem Gebietskomitee, wurde über die Tätigkeiten und die Stimmung unter Arbeiterinnen berichtet, aber auch Anregungen und Wünsche weitergegeben, etwa Forderungen nach mehr Kinderbetreuungseinrichtungen. In keiner Form erfuhr die *ženotdel* eine Unterstützung, sondern wurde kritisiert, sich bei der Durchführung von Delegiertenversammlungen nicht an die Direktiven des Moskauer Parteikomitees zu halten. Zudem sei eine Erhöhung des weiblichen Parteianteils durch gezielte Arbeit der *ženotdel* nicht erreicht worden. Die Forderung, die „Bewegung der Arbeiter als Kommunisten weiter zu stärken", werde nicht umgesetzt.[329]

In der Moskauer Fabrik Petr Alekseev, ebenfalls im Moskauer Rayon Krasnaja Presnja, waren über 50 Prozent der Beschäftigten Frauen. In einem Bericht vom Rayonparteikomitee über die Parteiarbeit im Betrieb von 1925 wurde bemängelt, diese Tatsache berücksichtige niemand, sondern sie werde abwertend „*bab'e delo*" (Weibersache) genannt. Es existiere eine Arbeit unter Frauen, jedoch sei diese schwach entwickelt. Zwischen *ženotdel* und Fabrikparteizelle bestünden keine Kontakte, es fehle an Anweisungen. Allein die Delegiertenversammlungen würden normal durchgeführt. Darüber hinaus gebe es keine besonderen politischen Schulungsangebote wie Lesungen für Arbeiterinnen.[330]

Im Bereich der Politik bildeten sich Geschlechtercharaktere heraus. Die Partei erschien unausgesprochen als eine Angelegenheit von Männern, während Frauen sich eher in Sowjets und lokalen Kommissionen und Komitees engagierten. Gesellschaftliches Engagement wurde deutlich von einem Parteibeitritt getrennt. Bei einigen wurde es als eine Vorstufe angesehen, um besser gebildet der Partei beizutreten, anderen fehlte die Identifikation mit der Partei. In den Autobiographien berichteten die Arbeiterinnen von der Teilnahme am Kampf gegen die Opposition, vom schädlichen Verhalten der Trockijsten, der Notwendigkeit einer Kollektivierung der Landwitschaft und einer Rationalisierung der Produktion. Sie übernahmen die vorgegebenen Schablonen politischen Denkens und wiederholten Inhalte, die ihnen in Schulungen vermittelt wurden. Die „hohe" Politik schien weit entfernt von ihnen und ihren

---

[329] RGASPI f. 17 op. 67 d. 446 l. 26.
[330] RGASPI f. 17 op. 67 d. 121 ll. 14–21, hier l. 20. Vypiski iz protokolov, zakrytoe pis'mo Moskovskoj gubkoma RKP (b) 1925. Krasno-Presnenskij Rajonnyj komitet RKP (b): O sostojanii Partraboty na sukonnoj fabrike Petra Alekseeva (byvš. Ioniš).

Politisierung

Lebensumständen zu sein. Dagegen setzten sie sich mit Dingen in ihrem Arbeits- und Lebenskreis auseinander, fühlten sich beim Bau von Kindergärten, Kantinen und der Motivation zum sozialistischen Wettbewerb kompetent. Als Grundmuster weiblichen politischen Verhaltens muss deshalb angenommen werden, dass es sich aus dem Alltag ableitete.

Die Delegiertenversammlung als „Schule des Kommunismus"[331]
Nach der Revolution galt es, die mobilisierten Massen politisch weiterhin zu motivieren und zu erziehen. Zwei konkurrierende Modelle einer „Schule des Kommunismus" existierten: Zum einen das System von Arbeiterklubs, die über die Gewerkschaften einen Transmissionsriemen herstellen sollten, zum anderen Delegiertenversammlungen, die ebenfalls durch die *ženotdely* als Vermittler einen Austausch zwischen Partei und Masse aufbauen sollten. Grundlegende Aufgabe war eine Anhebung des Kultur- und Bildungsniveaus der Bevölkerung. Da zunächst nur ein Teil der Arbeiterinnen Gewerkschaftsmitglieder waren und dort nur wenig auf ihre spezifischen Belange durch die Doppelbelastung von Haus- und Lohnarbeit eingegangen wurde, erwiesen sich in den zwanziger Jahren die Delegiertenversammlungen als sehr erfolgreich bei der Mobilisierung von Frauen für gesellschaftliches Engagement. Sie agitierten bewusst unter Frauen, die schwer zu erreichen waren, wie Hausfrauen, Kleinbäuerinnen, Angestellte, Dienstboten oder Ehefrauen von Arbeitern. Leider sind bis heute diese Verdienste nicht ausreichend gewürdigt worden. Die Aktivität von Frauen wurde immer an männlichen Verhaltensmustern gemessen, die Entstehung einer eigenen weiblichen politischen Kultur nicht beachtet oder abqualifiziert.

Der Grad gesellschaftlicher Organisiertheit galt als Maßstab für den Status innerhalb der neuen sowjetischen Gesellschaft. Männer hatten dabei immer einen Vorsprung, da sie traditionell früher als Frauen außerhäusliche Erwerbsarbeit und öffentliche Positionen einnahmen. In einem sowjetischen „Fragebuch für Frauen" (*Spravočnaja kniga dlja ženščin*) von 1929 hieß es:

> [...] Frauen sind noch von der Entwicklung des Mannes und seiner Fähigkeit, gesellschaftliche Arbeit durchzuführen, entfernt. Deshalb organisiert die Partei eine eigene Arbeit unter Frauen. Eine der weit-

---

[331] Als wichtigste Maßnahme in der Frauenpolitik betrachtete Artjuchina die Delegiertenversammlungen, die sie ‚Schule des Kommunismus' nannte. Artjuchina, A.: Delegatskie sobranija – škola kommunizma. In: Kommunistka (Juli 1925) Nr. 7, 4–9.

Lebenswelten

verbreitetsten Formen dieser Arbeit sind die Delegiertenversammlungen.[332]

Natürlich erwies sich die Durchführung der Wahlen und Delegiertenversammlungen in der Praxis nicht immer als unproblematisch. In einigen Fällen fanden die Wahlen nicht auf einer speziellen Versammlung von Arbeiterinnen und Bäuerinnen statt, sondern gingen in der allgemeinen Organisationsarbeit unter. Kritisiert wurde von *ženotdel*-Mitarbeiterinnen die fehlende Betreuung der Delegierten nach ihrer Wahl. Auch deshalb beteiligten sich nicht alle Frauen ein ganzes Jahr an der Arbeit oder besuchten regelmäßig die Versammlungen, sondern sprangen vorher ab. Im Moskauer Rayon Krasnaja Presnja schieden 1926/27 32,2 Prozent der Delegierten aus. Im Delegiertenjahr 1927/28 legten dort nur 13,5 Prozent einen Rechenschaftsbericht über ihre Arbeit vor.[333] Auf dem Dorf war oftmals unklar, wo die bäuerliche Delegiertenversammlung organisatorisch angebunden werden sollte. Zudem engagierten sich eher verheiratete Frauen mit Familie aus der sogenannten mittleren Bauernschaft, statt der gewünschten Dorfarmut, also Waisen, Mägde, arme Bäuerinnen und junge Mädchen.[334]

Wie erfolgreich dennoch diese Art der Einbindung von Frauen in die gesellschaftliche Arbeit war, ohne sie zum Partei- oder Gewerkschaftsbeitritt zu verpflichten, zeigten die steigenden Zahlen, besonders unter Bäuerinnen. 1924 gab es 209 000 Delegierte, davon 24 Prozent Arbeiterinnen, 59 Prozent Bäuerinnen, neun Prozent Angestellte und acht Prozent Haus- und Arbeiterfrauen. 1925 war die Gesamtzahl auf 378 000 Delegierte angewachsen, wobei sich besonders der Anteil bäuerlicher Delegierter fast verdoppelte. 1926 vergrößerte sich ihre Zahl auf 322 000 Personen, 1928 auf 607 000. 1929 waren über 1,5 Millionen Frauen als Delegierte registriert.[335]

---

[332] Spravočnaja kniga 9.

[333] RGASPI f. 17 op. 67 d. 446 l. 24, 26.

[334] Artjuchina: Delegatskie 7–8.

[335] Ženščina i byt. Materialy po rabote sredi ženščin v klube, krasnom ugolke, obščežitii, ženkružke i dr. M. 1926, 53; Artjuchina, A.: Očerednye zadači Partii po rabote sredi ženščin v SSSR. Doklad na zasedanii Moskovskogo partaktiva 18.10.1929. RGASPI f. 17 op. 10 d. 490 ll. 31–55, hier 32; Artjuchina, A.V.: Delegatskie sobranija v socialističeskoj perestrojke derevni. In: Kommunistka (1930) Nr. 1, 6–14, hier 9. - Der Parteibeitritt von Frauen wurde oft als Überschreitung der Rollengrenze gesehen und von Männern stark kritisiert. Das gleiche galt für die Komsomolmitgliedschaft, also unter der revolutionär gesinnten Jugend. „Die Jungen behaupten, Mädchen seien nicht für politische Dinge geeignet. […] Ein aktiver Komsomolze nimmt niemals eine aktive Komsomolzin als Freundin, sondern sucht sich eine parteilose Frau." In:

Politisierung

Der wachsende Zuspruch beruhte auf dem integrativen Konzept, Frauen unabhängig von ihrer Provenienz behutsam aus ihrem vertrauten sozialen Umfeld und bekannten Handlungsräumen an neue Aufgaben heranzuführen. Diese Organisationsform bot Arbeiterinnen und Bäuerinnen die Möglichkeit, sich durch Engagement zu emanzipieren, indem sie ihre Interessen institutionell formulierten und umsetzten, allerdings immer unter der Führung der Partei. Es ist bekannt, dass Frauen sich eher in lokalen Organisationen, im vertrauten Umkreis engagierten, da ihnen hier die Vereinbarkeit mit Familienarbeit und Hausarbeit möglich war. Die Delegiertenversammlung als reine Frauengruppierung bedeutete ein bekanntes kulturelles Muster für weibliche Beziehungsnetze, etwa im Kreis von Familie und Bekannten. Unter ihresgleichen legten Delegierte vermutlich leichter ihre Ängste vor einer öffentlichen Arbeit ab, redeten eher über vertrauliche Angelegenheiten.[336]

Die Auswirkung der Tätigkeit auf das Selbstbewusstsein von Frauen war enorm. Sie fühlten sich politisch angesprochen, identifizierten sich mit gesellschaftlichen Aufgaben und erlebten ihr Dasein qualitativ verbessert. Eine Delegierte berichtete in einem Brief an die *Rabotnica* 1926 über ihre Erfahrungen:

> Ich bin erst seit vier Monaten Delegierte, aber schon jetzt bin ich nicht mehr die, die ich früher war. [...] Für mich ist die Delegiertenversammlung eine Schule, dort sehe ich, wie ich auf einem großen und hellen Weg vorwärts gehe.[337]

Viele Delegierte hatten zunächst Angst vor den neuen Aufgaben. Es war für sie ungewohnt, öffentlich aufzutreten.[338] Folgendes Zitat spiegelt die Eroberung eines neuen weiblichen Rollenverständnisses wieder:

Dmitriev - Galin: Na putjach 37–38. Der Erfolg der Delegiertenversammlungen läßt sich aus der lebensnahen, konkreten Arbeit erklären, die eng mit dem weiblichen Lebensraum verknüpft war. Farnsworth, Beatrice: Village Women Experience the Revolution. In: Russian Peasant Women. Hg. v. Beatrice Farnsworth, Lynne Viola. New York, Oxford 1992, 145–166. 1932 gab es 2,2 Millionen Delegierte. Buckley, Mary: Women and Ideology in the Soviet Union. NY 1989, 77.

[336] „Ich habe seit 1904 in der Textilindustrie gearbeitet und die Arbeiterinnen erzählten mir Sachen, die sie nicht einmal den Männern erzählt haben. Sie schämen sich bis heute, über die Mängel zu sprechen." Wortbeitrag von Genossin Ljubimova. GARF f. 6983 op. 1 ed. chr. 18 l. 99.

[337] Delegatki o svoej rabote (Po pis'mam s mest). In: Rabotnica (1926) Nr. 16, 17.

[338] RGASPI f. 17 op. 67 d. 446 l. 24.

Lebenswelten

> Ich wurde zur Frauenkonferenz unseres Kreises delegiert, und die Arbeiterinnen unseres Betriebes legten mir ans Herz, in ihrem Namen zu reden. Ich meldete mich auch tatsächlich zu Wort, aber als ich zum Reden kam, da gings mir schlimm, der Mund war mir verkleistert, die Zunge zentnerschwer und ich brachte kein Wort heraus. So kehrte ich auf meinen Platz zurück, ohne das gesagt zu haben, was ich sagen wollte.
>
> Mein erstes Auftreten war also missglückt, aber ich ließ den Mut nicht sinken, sondern beschloss, meine Schüchternheit zu überwinden, und hinter anderen Delegierten nicht zurückzubleiben. [...] Wenn auch aller Anfang schwer ist, so müssen die Frauen doch als Delegierte arbeiten, denn es ist die beste Schule für Arbeiterinnen und für rückständige Frauen, wie ich eine gewesen bin.[339]

Auch andere Delegierte berichteten von anfänglicher Furcht, auf einer Versammlung zu reden. Einige hielten es zunächst für überflüssig, da eine Frau nichts Entscheidendes zu sagen habe und sich dadurch das Leben nicht ändere.[340] Aber die Erfahrung, diese psychologische Hürde überwunden zu haben, stärkte Frauen und motivierte sie für ihre Arbeit. Dadurch wuchs ihre Vorbildfunktion für zukünftige Delegierte, gleichzeitig baute sich eine beabsichtigte Bindung an die politische Führung auf. Der gewünschte Prozess eines Zusammenschlusses von Masse und Partei setzte ein. Delegierte wurden zu wichtigen Multiplikatorinnen für sowjetische Politik, der Anreiz lag in einer sozialen Mobilität nach oben.

> ... für mich ist die Delegiertenversammlung eine Schule und ich sehe, dass ich nun auf einem breiten und hellen Weg gehe – schreibt die Delegierte K. aus Jaroslav.
>
> Den ganzen Winter habe ich gewissenhaft die Delegiertenversammlung besucht, die mich überzeugt hat, dass es keinen Gott und auch keine Heiligen gibt. Nun erziehe ich die Kinder anders. Eine Tochter von mir ist bei den Pionieren, die andere beim Komsomol und der Sohn auch. Das schreibt die Hausfrau S. aus Tomsk.[341]

Die Delegierten erfuhren teilweise eine Aufwertung ihrer gesellschaftlichen Stellung und wurden als Ansprechpartnerinnen ernst genommen. Da sie als gleiche unter gleichen arbeiteten, entstand zu ihnen auch keine Distanz wie zu Organen der Partei oder Gewerkschaften.

[339] Tschirikowa, Anna: Die beste Schule. In: Bojarskaja: Arbeiterinnen 17.
[340] Ebd. 33
[341] Rakitina, Z.: Byt po zametkam rabotnic. In: Kommunistka (1926) Nr. 12, 32–36, hier 34.

Politisierung

Durch ihre Arbeit erlangen die Delegierten Autorität bei den Massen. Die Arbeiterinnen kennen sie, mit ihnen kann über ganz verschiedene Fragen gesprochen werden.[342]

Angesichts einer zeitfüllenden Arbeitsbelastung im Betrieb und zu Hause ermöglichte die auf ein Jahr beschränkte Delegiertentätigkeit Frauen ein öffentliches Engagement.[343]

Das Delegiertensystem diente zur Mobilisierung und politischen Bildung. Die vordringliche Arbeit bestand 1920/21 in der Hilfe für Hungernde. Es wurden freiwillige Arbeitstage am Samstag oder Sonntag (*subbotnik, voskresnik*) durchgeführt. Nach Beendigung des Krieges fand typische Delegiertenarbeit in Sowjets, in einer Lesehütte, in verschiedenen gesellschaftlichen Kreisen und als Korrespondentin statt. Die Ablehnung religiöser Praktiken gehörte ebenso zum Bild wie der regelmäßige Besuch von Versammlungen, die Sorge um Kinderbetreuungseinrichtungen – etwa die Eröffnung von Sommerkrippen auf dem Land – und die Agitation unter anderen Frauen.[344] Delegierte sollten sich im Kampf um öffentliche Einrichtungen des Gesundheitswesens und der Volksbildung engagieren. Ob in staatlichen Krankenbetreuungsstellen (*dispanser*), Schulen, Genossenschaften oder Gewerkschaften war es ihre Aufgabe, politisch zu agitieren und auf Ordnung und Sauberkeit zu achten.[345] Aktive Frauen in den *ženotdely* wiesen schon um 1920 auf das Problem hin, weibliche Delegierte verblieben durch die Art der Ausbildung oft in traditionellen Rollen, ohne Zugang zu neu erschlossenen Bereichen.[346] Anstatt die Delegiertenversammlungen nur als Initiation für gesellschaftlich-politisches Engagement zu nutzen, das auch in allen anderen Staats- und Parteiorganisationen weitergeführt werden sollte, entwickelten sie sich zunehmend als eine Möglichkeit, Normen für weibliche Verhaltensweisen von oben nach unten transportieren zu können, um organisatorisch ungebundene Frauen in der Sowjetunion in den Umbau der Gesellschaft und die dazu erforderlichen Disziplinierungsmaßnahmen mit einzubeziehen. Von bolschewistischen Feministinnen gab es vermehrt offizielle Aufrufe, die

---

[342] Ukolova: Na gluchovskoj manufakture. In: Kommunistka (1927) Nr. 3, 41–44, hier 42.

[343] Revoljucija byta. In: Rabotnica (1924) Nr. 2, 14.

[344] Delegatka-selkor Anna Gerasimova: Rabota nalaživaetsja. In: Rabotnica (1925) Nr. 11, 8.

[345] Pervušina, Ju.: Šag za šagom vpered. In: Rabotnica (August 1925) Nr. 15, 6; Novym Delegatkam. In: Rabotnica (1927) Nr. 23, 1.

[346] Wood, Elizabeth A.: The Baba and the Comrade. Gender and Politics in Revolutionary Russia. Bloomington 1997, 92.

Arbeit endlich ernst zu nehmen, die jedoch angesichts eines sinkenden Einflusses der *ženotdely* innerhalb der Partei wenig Gehör fanden.

In der letzten Kampagne im Herbst 1925 gab es eine allgemeine Haltung gegenüber der Wahl zu den Delegiertenversammlungen, wie zu einer minderen *baba*-Arbeit, die allein durch die Kräfte der Frauenabteilung durchgeführt werden könne. So eine Haltung erweist sich natürlich als vollkommen falsch. Die Kampagne zur Wahl der Delegiertenversammlungen ist eine der wichtigen allgemeinen Kampagnen der Partei. [...]

Die Kampagne zur Delegiertenversammlung muss auch unbedingt dazu genutzt werden, die überlebten Ansichten, alten Betrachtungsweisen über Frauen, die es noch in einigen Teilen der Arbeiterklasse gibt, wie auf ein nicht voll gleichberechtigtes und gleichwertiges Mitglied der Arbeiterklasse abzuwenden.[347]

Delegierte berichteten häufig von großen Schwierigkeiten bei ihrem Eintritt in Parteiorgane, wo sie nicht für ernst genommen oder vor unerfüllbare Aufgaben gestellt wurden. Eine positive Bewertung der Delegiertentätigkeit fand sich leider fast ausschließlich unter Frauen und in den *ženotdely*, Männer nahmen diese Organisationsform und die darin liegende Chance zur Emanzipation nicht ernst. Stereotype über Frauen als minderwertig und rückständig standen positiven Selbstbildern von Delegierten gegenüber. Eine in der sozialistischen Bewegung seit ihrem Bestehen existierende Dichotomisierung in ‚echte Proletarier' und ‚rückständige Frauen' setzte sich hier weiter fort, weil sie den Klischees über das Wesen der Geschlechter entsprach.[348] Das mobilisierte Frauenpotential arbeitete isoliert, denn Anliegen der Delegierten, etwa Gelder für den Bau von Kinderbetreuungseinrichtungen bereit zu stellen, stießen bei den zuständigen Volkskommissariaten und Parteiorganen oft auf taube Ohren. Eine weitere Kritik am Delegiertsystem orientierte sich an dem nach wie vor geringen Prozentteil von Delegierten, die der Partei beitraten. Der Frauenanteil in der Partei lag 1929 insgesamt in der Sowjetunion bei 13 Prozent, in Moskau mit 18 Prozent etwas höher, jedoch gab es auch zahlreiche Kommunistinnen, die wieder aus ihr austraten.[349] Genau daran

---

[347] Sokolova: Kak organizujutsja 5, 6.

[348] Fieseler: Frauen 9, 45.

[349] Der Anteil von aus der Partei austretenden Kommunistinnen wird mit 10 Prozent angegeben, ohne jedoch eine Bezugsgröße zu nennen. RGASPI f. 17 op. 10. d. 490 ll. 51–52.

Politisierung

wurde die Arbeit gemessen, nicht an einem zunehmendem weiblichen Engagement in den Sowjets und auf lokaler Ebene.[350]

Männer akzeptierten nur schwer das durch die Delegiertentätigkeit veränderte Selbstbewusstsein von Frauen, sahen in der Neuordnung sozialer Rollen und der damit verbundenen Machtbereiche eine Bedrohung. 1921 schlug ein Ehemann, der Vorsitzender des Dorfsowjets war, seine als Delegierte tätige Ehefrau, was als nicht zeitgemäßes und unkommunistisches Verhalten betrachtet wurde. Ende der zwanziger Jahre spotteten Männer im Dorf über eine Delegierte:

> Unsere Hochachtung, Babkommissar! Wie geht es, Domnuschka? Kommt nächstens vielleicht auch noch die Verordnung, dass die Babas und die Mushiks [Bauern, C.S.] abwechselnd Kinder kriegen?[351]

Diese feindliche Haltung gegenüber einer öffentlichen Tätigkeit ihrer Ehefrauen fand sich auch in den Reihen von Genossen, die nicht selten durch körperliche Züchtigung ein Verbot für die Delegiertenarbeit verhängten.[352]

Als Entgegnung entstand der folgende Spruch, der ein neues Selbstbewusstsein und eine starke Identifikation mit der Delegiertenrolle ausdrückte:

> Ob's passt, ob's nicht passt, weiß ich nun,
> Was einst kein Weib kapierte:
> Wagst Du mir etwas anzutun,
> So werd ich Delegierte.[353]

Anna Balašova arbeitete seit 1927 als Frauendelegierte in ihrem Betrieb, weshalb sie wenig später zum Parteibeitritt aufgefordert wurde. Sie war dazu entschlossen, wollte sich aber erst mit ihrem Mann besprechen. Er riet ihr mit dem Argument ab, die Arbeit belaste sie zu sehr. Dennoch bewarb sich Anna um die Parteiaufnahme, worauf ihr Mann empört antwortete:

> ‚Das ist keine Angelegenheit für Frauen.' Er fand meine gesellschaftliche Arbeit überhaupt nicht gut. Früher wusste er, dass er eine gehorsame Frau hatte, die ihre ganze freie Zeit zu Hause saß und auf ihn wartete. Es kam vor, etwa sonntags, wenn ich mich verabredet

---

[350] Priščepčik, Z.: Ženrabotu na Krasnoj Presne. In: Kommunistka (1928) Nr. 10, 23–28, hier 25.
[351] Halle: Frau 386.
[352] RGASPI f. 17 op. 10 d. 490 l. 55.
[353] Halle: Frau 387.

hatte, dass er mich schlug und du vor der Erniedrigung, nicht beachtet zu werden, weinst. Ich war weder ledig noch verheiratet, aber als ich mich der gesellschaftlichen Arbeit zuwandte, wurde ich der Beziehung meinem Mann gegenüber gleichgültig. Er begann, sein Leben zu leben – und ich das meine. Mir öffneten sich die Augen, dass es noch ein anderes Leben gibt, noch andere gesellschaftliche Interessen.[354]

Nicht nur unpolitische Ehemänner wie bei Balašova sträubten sich gegen ein gesellschaftliches Engagement ihrer Ehefrauen, sondern auch Kommunisten und Parteimitglieder. Sie wurden Ende der zwanziger Jahre verstärkt aufgefordert, endlich ihre „parteilosen Ehefrauen zu erziehen".[355] Unterschiedliches Klassenbewusstsein innerhalb einer Ehe wurde als Missstand der Übergangszeit betrachtet, den es zu beseitigen galt. Denn der Ehe wurde in der kommunistischen Gesellschaft die Funktion einer Zelle – vergleichbar mit einer Parteizelle – zugewiesen, die Vorbildcharakter hatte. Dementsprechend waren die Zellenmitglieder gleichberechtigt und besaßen ein ausgeprägtes Klassenbewusstsein.

In der Realität urteilten Kommunisten oft anders:

Wieso wird mit uns geschimpft, nur weil wir unsere Ehefrauen nicht zu *obščestvennicy* gemacht haben. Ich habe drei kleine Kinder, verdiene 35–40 Rubel und ich kann nicht auch noch meine Kinder hüten. Meine Ehefrau sitzt die meiste Zeit zuhause, obwohl ich manchmal auch bei den Kindern bleibe, während sie auf eine Versammlung geht. Das hat aber weniger damit zu tun, dass sie eine *obščestvennica* geworden ist im vollen Sinne des Wortes. Weshalb soll ich nun schuldig sein?[356]

Ein anderer Kommunist sah den Platz seiner Frau in der Familie, nicht in der Öffentlichkeit. Er befürwortete die Erziehung des Neugeborenen und hielt sie für sinnvoller als außerhäusliche Tätigkeiten.

---

[354] Rabot na 111.

[355] „Über die Erziehung von ihren parteilosen Ehefrauen durch Kommunisten" schreibt Sofija Smidovič in ihrem Artikel: Iz byta 27.

[356] Ebd.

Politisierung

Gewerkschaften und Klubs

Für Arbeiterinnen bestand die Möglichkeit, sich gewerkschaftlich zu organisieren und Klubs zur Fortbildung, Freizeitgestaltung und als Treffpunkt zu besuchen. Erste Kassen für gegenseitige Hilfe von Arbeitern wurden in Russland bereits in den 1860er Jahren gegründet. Seit der Revolution 1905 wurden Gewerkschaften legal zugelassen. Aber der Staatsstreich von 1907 hatte nicht nur die Auflösung der zweiten Duma zur Folge. Der Innenminister Petr A. Stolypin versuchte auch, die Gewerkschaften abzuschaffen. Dadurch erlebten die Arbeiterorganisationen eine schwere Krise.[357] Sie äußerte sich durch allgemein sinkende Mitgliederzahlen, mit Ausnahme der Metallarbeitergewerkschaft.[358] Seit 1909 wurden Gewerkschaften in die Illegalität gezwungen, weshalb es zu einem Zusammengehen mit der ebenfalls verbotenen RSDRP kam. Lenin warf den Gewerkschaften vor, sie seien nicht in der Lage, über die unmittelbaren Anliegen hinaus auch noch etwas für die Arbeiterklasse zu bewirken, etwa gesellschaftliche Umwandlungen. Daraus leitete er den Anspruch der Partei auf die Führung aller gesellschaftlichen Organisationen ab.[359] Er unterschied in seiner Schrift „Was tun?" von 1902 zwischen ökonomischen und wesentlich komplexeren politischen Kämpfen, woraus sich unterschiedliche Organisationsstrukturen ergaben.[360] Die Partei sei eine Kaderpartei, eine Vereinigung von Berufsrevolutionären, während Gewerkschaften als Massenorganisationen einen „Transmissionsriemen" bildeten. 1920 führte Lenin nochmals seine Ansichten über den Führungsanspruch der Partei sowie eine Unterweisung der Gewerkschaften durch sie aus und widersprach dem Modell unabhängiger Arbeiterorganisationen.[361]

Das Verhältnis von weiblichen Beschäftigten und Gewerkschaften blieb bislang wenig erforscht. Die Zahl weiblicher Gewerkschaftsmitglieder ent-

---

[357] Bonnell, Victoria E.: Roots of Rebellion. Workers Politics and Organizations in St. Petersburg and Moscow, 1900–1914. Berkeley, CA u.a. 1983, 319, 325.

[358] Bonnell: Roots 321.

[359] Lewytzkyj, Borys: Die Gewerkschaften in der Sowjetunion. Geschichte, Aufgaben und Stellenwert der Gewerkschaften in der sowjetischen Gesellschaft. Frankfurt/M. 1970.

[360] Iring Fetscher: Unabhängige Gewerkschaften in einem Land des „real existierenden Sozialismus". In: Jahrbuch Arbeiterbewegung. Geschichte und Theorie. 1981: Politischer Streik. Hg. v. Gerhard Haupt u.a.. Frankfurt/M. 1981, 250–265.

[361] Lenin, Wladimir I.: Der „Linke Radikalismus", die Kinderkrankheit im Kommunismus. In: Ders.: Werke. Bd. 31, April - Dezember 1920. Berlin 1959, 5–106, hier 32-36.

Lebenswelten

sprach oft dem Frauenanteil in dem jeweiligen Industriezweig, was angesichts der verbreiteten Meinung über unpolitische, rückständige Arbeiterinnen überrascht.

TABELLE 11: FRAUENANTEIL IN DEN GEWERKSCHAFTEN
PROZENTUALER ANTEIL WEIBLICHER GEWERKSCHAFTSMITGLIEDER VOM 1. APRIL 1923 BIS ZUM 1. APRIL 1927[362]

Gruppen	Gewerkschaften	Prozentualer Frauenanteil in den Gewerkschaften zum 1. Januar				
		1923	1924	1925	1926	1927
Landwirtschaft	Land- und Forstwirtschaft	16.9	13.5	14.6	14.9	15.5
Industrie	Papier	29.2	24.9	25.3	24.3	24.9
	Bergbau	12.0	9.3	9.5	9.5	9.8
	Holzverarbeitung	15.7	12.2	9.8	13.8	15.9
	Leder	16.5	13.3	13.1	14.3	16.0
	Metall	15.2	12.8	11.6	11.6	11.5
	Druckerei	26.2	23.6	23.6	24.8	26.8
	Nahrungsmittel	22.2	20.1	20.6	22.5	24.1
	Zucker	8.0	10.1	17.1	19.0	20.4
	Textil	54.1	53.6	53.5	54.4	55.1
	Chemie	29.5	28.0	28.4	29.9	30.5
	Bekleidung	66.0	59.4	56.9	58.2	59.8
	Zusammen	27.5	25.3	25.5	26.5	27.0
	Bau	7.8	5.8	4.6	5.0	6.5
Transport und Kommunikation	Wasser	8.5	7.1	6.0	6.2	6.4
	Eisenbahn	11.6	10.4	9.7	9.0	9.1
	Moskauer Transport	9.6	9.0	8.2	8.6	8.7
	Post u. Fernmeldewesen	31.9	28.9	28.5	28.3	28.5
	Zusammen	13.3	11.5	10.6	10.1	10.2
Arbeiterinnen in Staatsunternehmen und Handlesunternehmen	Küstlerverband	34.8	34.2	33.8	36.4	35.0
	Gesundheitswesen	60.7	59.8	60.3	62.6	64.1
	Erziehung	59.8	56.6	54.5	54.5	54.3
	Staatshandel	24.4	18.9	17.2	17.8	18.7
	Zusammen	43.8	40.0	37.6	38.2	38.9
Andere	Kommunale Wirtschaft	21.3	17.3	17.1	19.2	20.8
	Narpit	54.6	69.8	72.7	76.6	80.7
	in allen Gewerkschaften zusammen	28.1	26.1	25.2	25.3	26.1

[362] Rašin: Ženskij trud 21.

Politisierung

In der Petersburger Textilarbeitergewerkschaft gehörten vor 1914 mehr als ein Drittel Frauen zu den Mitgliedern, in Moskau dürfte das Verhältnis ähnlich gewesen sein. Textilarbeiterinnen erhielten durch die Gewerkschaften vor der Revolution eine prägende Politisierung, sahen in ihnen ihre Vertretungsorgane. Auch nach der Revolution war der Frauenanteil in der Textilarbeitergewerkschaft um die 50 Prozent sehr hoch und entsprach der Anzahl von weiblichen Arbeitskräften. Hier muss jedoch der Anteil älterer weiblicher Fabrikangehöriger berücksichtigt werden. Da über die Hälfte der Arbeiterinnen aus proletarischen Familien stammte, hatte sich hier bereits ein Prozess der Bewusstseinsbildung als Proletarierin vollzogen. Im Vergleich zu Männern besaßen Frauen auch eine weitaus geringere Bindung an das Land, was zu einer schnelleren Verstädterung beitrug.[363] Anna Balašova wurde als Textilarbeiterin zu Beginn der NĖP durch die Gewerkschaft politisiert und geschult. Sie empfand die Gewerkschaft bei ihrer Tätigkeit in einem kleinen Betrieb als Schutz und Rückhalt gegenüber dem privaten Unternehmer.[364] Die Spinnerin O. aus Moskau stammte aus der Bauernschaft. Sie arbeitete während der NĖP in der Trechgornaja Fabrik und war um die 40 Jahre alt. Für Gewerkschaften oder politische Arbeit interessierte sie sich nicht, sondern gab ihr Geld lieber für religiöse Dinge als für kulturelle Aktivitäten aus.[365] Die Ehefrau des Setzers V. war in einer Konditoreifabrik beschäftigt. Sie besaß seit 1917 einen Gewerkschaftsausweis.[366] Inwieweit der Beitritt zur Gewerkschaft einen gewohnheitsmäßigen formalen Schritt für Frauen bedeutete oder eine explizite politische Meinung ausdrückte, muss noch genauer untersucht werden. Seit Beginn der dreißiger Jahre stieg der Anteil weiblicher Gewerkschaftsmitglieder stark an. In Zeiten von Konsumgüterdefiziten vermittelten die Gewerkschaften den Arbeitenden über den Betrieb Zugang zu begehrten Lebensmitteln oder anderen Konsumgütern und materiellen Vergünstigungen.

Je höher die Funktion in den Gewerkschaftsorganisationen wurde, desto niedriger war der Frauenanteil. Eine geringere Einbindung von Arbeiterinnen im Vergleich zu Arbeitern in Funktionärsposten wurde als Schuld der

---

[363] Rašin: Ženskij trud 33.

[364] Rabot na 108–109.

[365] Kabo: Očerki 30. O. wurde als eine typische Textilarbeiterin beschrieben, die kulturlos, laut und ungebildet gewesen sei. Hier deckte sich das Propagandabild rückständiger Frauen mit der Wahrnehmung einer Arbeiterin, die der Bauernschaft entstammte.

[366] Kabo: Očerki 40.

Lebenswelten

Frauen bezeichnet, die sich noch zu stark um häusliche und familiäre Belange kümmern würden, statt für ein politisches Engagement.[367] In den Berichten von Arbeiterinnen tauchten Gewerkschaften als eine mögliche gesellschaftspolitische Organisation auf. Ihnen wurde keine besondere Bedeutung zugeordnet, wie es vergleichsweise die Delegiertenversammlungen besaßen. Es lassen sich kaum Erzählungen über Gewerkschaftsarbeit von Frauen finden. In die lokalen Gewerkschaftsorgane in einem Betrieb oder auch Fabrikkomitees durften nur Gewerkschaftsmitglieder gewählt werden, andere Arbeiter und Arbeiterinnen waren nicht wahlberechtigt. Dies schloss einen Teil der Arbeiterinnen von einem gesellschaftspolitischen Engagement aus. Individuell entschieden sich Arbeiterinnen eher für eine Delegiertentätigkeit bei den Frauenabteilungen. In den Organen der *ženotdely* spielte die Wahrnehmung von Gewerkschaftsarbeit eine untergeordnete Rolle, standen sie doch indirekt nach wie vor in einem Konkurrenzverhältnis.

Gewerkschaftlich organisierte Arbeiterinnen engagierten sich eher auf der lokalen Ebene, in den Klubs. In Russland wurden in der zweiten Hälfte des 19. Jahrhunderts parallel zur fortschreitenden Industrialisierung erstmals Arbeiterklubs gebildet. Durch die Revolution von 1905 fand eine zunehmende Politisierung in der russischen Arbeiterschaft statt, die verstärkt ihre Rechte einforderte. In St. Petersburg wurden die ersten Arbeiterklubs 1905 gegründet und in den folgenden Jahren zunehmend legalisiert. Vornehmlich Männer trafen sich in Arbeiterklubs, Frauen wurden kaum geduldet.[368] Arbeiterinnen betrachtete man nicht als gleichberechtigt, sondern oft auch wegen ihrer geringeren Qualifikation als minderwertig, als Hindernis im Leben eines bewussten Arbeiters.[369] 1907 fand die Gründung des ersten Zirkels für Frauen aus der Arbeiterklasse statt. In ihren Memoiren berichtete Aleksandra Kollontaj davon. Um nicht den Verdacht der Geheimpolizei zu erregen, firmierte er als ‚Gesellschaft zur gegenseitigen Hilfe für Arbeiterinnen'.

> 200 bis 300 Arbeiterinnen aus den verschiedensten Berufen kamen in den Klub. Der Klub war jeden Abend geöffnet... Wir freuten uns alle, dass es uns gelungen war, die unzähligen polizeilichen Hindernisse zu überwinden.

---

[367] Ginzburg, A.: Profsojuzy i rabotnica. M.-L. 1926, 3.

[368] Fieseler: Frauen 184–185; Gorzka, Gabriele: Arbeiterkultur in der Sowjetunion: Industriearbeiter-Klubs 1917–1929. Ein Beitrag zur sowjetischen Kulturgeschichte. Berlin 1990, 62.

[369] S. dazu auch die Memoiren von Semen Kanačikov.

Politisierung

Nach der Revolution von 1917 begann ein zahlenmäßiges Anwachsen von Klubs, besonders auch außerhalb der Industriezentren, basierend auf lokaler und betrieblicher Eigeninitiative sowie durch *proletkul't*-Organisationen, Partei und Gewerkschaften. Finanziert wurden die Einrichtungen durch die jeweiligen Initiatoren. Während Revolution und Bürgerkrieg gab es eine starke Identifikation von Werktätigen mit den Klubs, da sie einen wichtigen Raum für Arbeiterinitiativen zur Verfügung stellten. Mit Beginn der NĖP fand auch hier eine Umstrukturierung statt. Zunächst erwies sich die Finanzierung oftmals als problematisch. Zudem erhielten die Gewerkschaften nun die Aufgabe, sich um Kultur- und Bildungsarbeit zu kümmern, der *proletkul't* wurde abgewertet. Die Gewerkschaften übernahmen die betrieblichen Arbeiterklubs, deren Zahl dramatisch zurückgegangen war, sich bald aber wieder konsolidierte.[370] Über die Arbeit und programmatische Orientierung in den Klubs entbrannten in den zwanziger Jahren Kompetenzstreitigkeiten zwischen den Gewerkschaften, die sich als Hauptgeldgeber auch als oberste Entscheidungsinstanz sahen, der Hauptverwaltung für Bildung und Aufklärung sowie dem *proletkul't*.[371] Kleinere Betriebe erhielten keinen eigenen Klub, sondern wurden an einen Klub im Gebiet verwiesen. Wurde diese Institution zu schlecht besucht, ersetzte man sie durch „Rote Ecken".

TABELLE 12: REGIONALE GEWERKSCHAFTSKLUBS. MITGLIEDERZUSAMMENSETZUNG 1925 (IN PROZENT)[372]

(3.417 Klubs/ UdSSR)	Moskau	Leningrad	RSFSR
Arbeiter	65,8	63,4	56,3
Angestellte	34,0	33,4	37,7
Männer	56,9	66,7	68,8
Frauen	43,1	33,3	31,2
Parteimitglieder	29,8	25,2	21,7

Die Tätigkeiten der Klubs waren vielfältig, eine Mischung aus Kultur und Politik. Zu allen Klubs gehörte eine kleine Bibliothek, ein Lesezimmer und die obligatorische Lenin-Ecke. Viele besaßen einen Filmprojektor und einen Phonographen.[373] Es wurden Vorträge, Lesungen, Weiterbildungen, Hand-

---

[370] Gorzka: Arbeiterklubs 188–207.
[371] Ebd. 209.
[372] M. Gorjunova, Statistika Truda Nr. 7–8, 1925. Zitiert bei Gorzka: Arbeiterklubs 281.
[373] Hatch: Hangouts 100.

werks- und Bastelkurse sowie Kinoabende angeboten. Frauen besuchten überwiegend Lesekreise, Textilarbeiterinnen auch gerne politische Bildungszirkel.[374] Gewerkschaftszirkel wurden eher schwach besucht.[375] Mitte der zwanziger Jahre gingen nur wenige Frauen in Klubs, da sie sich dadurch nicht angesprochen fühlten.[376] Zudem fehlte einer Arbeiterin, die sich um den Haushalt und die Familie kümmern musste, dafür die Zeit. Oft hatte sie auch niemanden, der auf ihre Kinder während ihrer Abwesenheit aufpasste. Eventuell betrachteten Arbeiterinnen den Klub auch als einen Raum, in dem Männer ihre Freizeit verbrachten.

Dennoch erwies sich der Klub als ein Ort für soziale Kontakte, Entspannung und Weiterbildung im Leben von Arbeiterinnen, der durchaus als angenehm empfunden wurde, zudem nichts kostete.

> Hier [im Klub, C.S.] werden Rollen auswendig gelernt, Chorgesänge einstudiert, Musikstunden genommen, Sport getrieben, Unterricht im Lesen und Schreiben erteilt, Kurse abgehalten über Gewerkschaften und Genossenschaften sowie über bildende Kunst und politisches Elementarwissen, eine Schule für Zuschneide- und Nähunterricht steht zur Verfügung, Schachstunden, Figurenspiel, Bibliothek und schließlich der liebste Winkel für Arbeiterinnen, die ‚Arbeiterinnen-Plauderecke', stehen dem einzelnen offen. Hier in diesem kleinen gemütlichen Zimmerchen [...] wird getreu und unermüdlich aus der einstigen unwissenden und des Lesens und Schreibens unkundigen Sklavin ein neues Weib gebildet, selbstbewusst, die zivilisierte Mutter und Arbeiterin, die Frau des öffentlichen Lebens. [...] So wird im Klub ‚Swoboda' (‚Freiheit') die erste Erbauerin eines freien und besseren Lebens, die russische Arbeiterin, erzogen; so wächst sie heran.[377]

Immer wieder wurden aber Klagen laut, dass die Arbeit der Gewerkschaften unter Frauen verbessert werden müsse, es noch viele Mängel gebe.[378] Dabei ging es vornehmlich darum, auf Forderungen von Arbeiterinnen nach aus-

---

[374] Ebd. 104.

[375] Ebd. 105.

[376] Ebd. 102; Rakitina, Z.: Klub v razrešenii vorposov novogo byta. In: Kommunistka (April 1927) Nr. 4, 40–43.

[377] Bojarskaja: Arbeiterinnen 34–35.

[378] Priščepčik: Ženrabotu 26.

Politisierung

reichenden Krippenplätzen und günstigeren Preisen in Fabrikkantinen einzugehen.[379]

Andere Organisationsformen:
Genossenschaften und Korrespondentenbewegung

Wichtiger als ein Gewerkschaftsbeitritt war für Frauen die Mitgliedschaft in einer Genossenschaft. Bereits vor der Oktoberrevolution spielten Konsumgenossenschaften eine bedeutende Rolle. 1917 verzeichneten sie 11,5 Millionen Mitglieder und bestritten etwa 35 Prozent des Einzelhandelsumsatzes. Zu Beginn der NĖP erfolgte eine Reorganisation des Genossenschaftswesens auf der Basis einer freiwilligen Mitgliedschaft. Eine besondere Stellung nahmen sie auf dem Dorf ein. Es gab Verbraucher- und Wohnungsgenossenschaften, die Lebensmittel verkauften und Wohnraum vermieteten. Im Mai 1923 fand die Gründung der „Genossenschaft zur Organisation öffentlicher Speisung" (*Paevoe tovariščestvo ‚Narodnoe Pitanie'*) statt, die öffentliche Kantinen unterhalten sollte. Das System der Genossenschaften galt als eine maßgebliche Lösung, Frauen von der privaten Familienwirtschaft zu entlasten. Die Einbindung von Frauen in diese Organisationen wurde von den *ženotdely* gefordert und unterstützt. Da Frauen traditionell für die Nahrungsbeschaffung in der Familie zuständig waren, hatten sie ein Interesse, ein funktionierendes Netz von Einkaufsquellen zu sichern. Es wurden von Frauen aber auch Kinderkrippen und -gärten als Genossenschaften gegründet.[380] Aus diesen Gründen stiegen Ende der zwanziger Jahre die weiblichen Mitgliederzahlen stark an.

Unter den 14 619 Beschäftigten der Gluchovskij Manufaktur im Moskauer Gouvernement waren 1927 55 Prozent Frauen. Es gab dort 740 Delegierte und 874 aktive Gewerkschaftsarbeiterinnen, was einem Anteil von 12 Prozent der allgemeinen Zahl weiblicher Werktätiger entsprach. Sehr hoch lagen die Zahlen für eine Genossenschaftsmitgliedschaft. 90 Prozent aller Arbeiterinnen hatten sich angemeldet.[381] Frauen, die sich in den Genossenschaften engagierten, waren oft durch die Delegiertenversammlungen mobilisiert worden und setzten so ihre gesellschaftspolitische Tätigkeit weiter fort. Das Verhaltensmuster, aus dem Alltag heraus Engagement zu entwickeln,

---

[379] Baruškova: Byt tekstil'ščic. In: Kommunistka (1929) Nr. 4, 28–30.

[380] Rabinovič, M.: Bytovaja rabota kooperacii. (Opyt kooperativa „Kommunar" Krasnopresnenskogo rajona - Moskva). In: Kommunistka (1928) Nr. 2, 58–61.

[381] Ukolova: Na gluchovskoj manufakture (F-ka im. Lenina Gluchovo-Bogorodinckogo uezda, Moskovskoj gub.). In: Kommunistka (1927) Nr. 3, 41–44.

Lebenswelten

scheint hier bestätigt zu werden, bedarf aber noch genauerer Untersuchungen.

Eine weitere Einbindung von Frauen erfolgte durch die Arbeiter- und Bauernkorrespondentenbewegung (*rabsel'korovskoe dviženie*). Der Staat initiierte 1918 unter der Leitung von Marija Ul'janova, einer Schwester von Lenin, und Nikolaj Bucharin diese Aktion, um dem Volk eine Stimme zu verleihen. In Zeitungen wurden Arbeiter und Bauern aufgerufen, Briefe mit Beschreibungen über das Alltagsleben an die Redaktionen zu schicken. Sie sollten veröffentlicht werden, um so die Printmedien attraktiver zu gestalten, aber auch um der „neuen, proletarischen *Intelligencija*" eine Stimme zu verleihen.[382] Auf dem Land, wo die Bewegung großen Zuspruch fand, waren es vor allem Männer, oftmals demobilisierte Kämpfer aus der Roten Armee, die daran teilnahmen, und nur sechs Prozent Frauen, wofür der Grund im hohen Analphabetismus unter Frauen lag.[383] Hinzu kam ein Mangel an freier Zeit und, ähnlich wie bei den neuen Delegierten, ein fehlendes Selbstbewusstsein, als Frau der Gesellschaft oder anderen etwas mitzuteilen.[384] Beteiligten sich Frauen an der Bewegung, dann verfassten Arbeiterinnen eher Erzählungen und Anmerkungen, Bäuerinnen schrieben Gedichte. Insgesamt scheint die Korrespondentenbewegung mehr Männer als Frauen angesprochen zu haben.

Zusammenfassung

Die Politisierung von Frauen erfolgte oft über Männer im unmittelbaren sozialen Umfeld, in seltenen Fällen auch durch Frauen. Männer und Frauen besaßen ein unterschiedliches Politikverständnis, weshalb sich Frauen weniger in der als männlich wahrgenommenen Partei engagierten, mit der nur eine geringe Identifikation bestand, was auch die relativ konstant geringen prozentualen Zahlen weiblicher Mitglieder zeigen. Dennoch wäre es ein Trugschluss zu glauben, Frauen seien unpolitisch gewesen. Sie engagierten

---

[382] Gorham, Michael S.: Tongue-tied Writers: The *Rabsel'kor* Movement and the Voice of the „New Intelligentsia" in Early Soviet Russia. In: The Russian Review 55(1996) 412–429; Guski, Andreas: Zur Entwicklung der sowjetischen Arbeiter- und Bauernkorrespondentenbewegung 1917–1932. In: Kultur und Kulturrevolution in der Sowjetunion. Hg. v. Eberhard Knödler-Bunte - Gernot Erler. Berlin 1978, 94–104.

[383] Coe, Steven: Struggles for Authority in the NĖP Village: The Early Rural Correspondents Movement. In: Europa-Asia Studies 48(1996)7, 1151–1172, hier 1153.

[384] Semenova, E.: Naš opyt. In: Kommunistka (1925) Nr. 5, 35–38, hier 35.

Alkohol und Alltag

sich eher in mit ihrem Alltag eng zusammenhängenden Bereichen, weshalb die Idee der Delegiertenversammlungen eine gute Resonanz fand. Allerdings wurde durch die Existenz eigener gesellschaftspolitischer Organisationen das System einer hierarchisch strukturierten Geschlechterdifferenz aufrechterhalten, auch wenn dies von den nach Emanzipation strebenden Initiatorinnen aus der Frauenabteilung so nicht beabsichtigt war. Als weiteres Argument für ein geringeres und anderes politisches Verhalten von Frauen muss auch die dafür fehlende Zeit gesehen werden, die Männern eher zur Verfügung stand, da sie weitaus weniger als Frauen reproduktive Tätigkeiten ausführen mussten.

4.6. Alkohol, Alltag und Abstinenz

Vom 30. Mai bis zum 1. Juni 1929 fand in Moskau das erste Plenum der sowjetischen Gesellschaften gegen den Alkoholismus (*Protivoalkogol'nych obščestv v SSSR*) statt, gleichzeitig wurde eine Ausstellung zu diesem Thema gezeigt.[385] Die neue Organisation war am 16. Februar 1928 von Jurij Larin, dem Schwiegervater Nikolaj Bucharins, gegründet worden. Zusammen mit Ė. I. Deutschmann (*Dejčman*) führte er die Bewegung an, beide traten als Hauptredner auf dem ersten Treffen auf.[386] Im Zusammenhang mit negativen Auswirkungen wie Hooliganismus, Bummelei und Trunkenheit am Arbeitsplatz stand der Kampf mit dem Alkoholismus, in erster Linie innerhalb der Arbeiterschaft, zur Umsetzung des sozialistischen Wettbewerbs und der geplanten Industrialisierung auf der Tagesordnung. Die Anti-Alkohol Debatte, deren Ende 1933 mit der Auflösung der Gesellschaft auszumachen ist, erweist sich als ein diskursives Feld, das Verhandlungen über den Aufbau einer neuen, idealtypischen sozialistischen Lebensform, Visionen für den an den industriellen Produktionsrhythmus adaptierten Menschen aber auch geschlechtsspezifische Rollenverteilungen beinhaltete.[387] Auf der Versammlung wurden Gründe für die Politik genannt. Dieses Übel schädige nicht nur die wirtschaftlichen Ziele im Ersten Fünfjahrplan durch mangelhafte Arbeit in

---

[385] Antialkogol'naja vystavka. Katalog. M. 1929. Hier wurden nach einer kurzen Einleitung über die Zielsetzung der Ausstellung die Exponate und ihre Künstler aufgelistet.

[386] Zwei prägende Figuren in der Kampagne. Siehe auch Larin, Jurij: Alkogolizm promyšlennych rabočich i bor'ba s nim. M. 1929; Dejčman, Ė.M.: Alkogolizm i bor'ba s nim. M.-L. 1928/29.

[387] Transchel, Kate: Staggering towards socialism: the Soviet anti-alcohol campaign, 1928–1932. In: The Soviet and Post-Soviet Review 23(1996) Nr. 2, 191–202, hier 202.

Lebenswelten

den Betrieben. Da Trunksucht eine negative Verhaltensweise aus der alten Zeit sei, stünden vor allem trinkende Proletarier und Kommunisten einem sozialistischen Gesellschaftsumbau im Weg. Sie lebten noch immer im alten *byt*, ihr kulturelles Lebensniveau gelte es anzuheben. Zudem schädige Alkohol den Organismus.[388] Beklagt wurde ein doppelt so hoher Alkoholkonsum unter Arbeitern als unter Angestellten.[389]

Die Temperanzdebatte reagierte auf die sowjetische Alkoholpolitik und den gesellschaftlichen Alkoholkonsum, stellte aber auch einen Mosaikstein in der mit der forcierten Industrialisierung zusammenhängenden Rationalisierung und Modernisierung dar und beinhaltete die grundsätzliche Frage nach dem Übergang sowie Aufbau des Sozialismus. Seit der Revolution von 1905 hatte sich eine russische Temperanzbewegung gebildet, vornehmlich aus dem Berufsstand der Mediziner heraus.[390] Aber auch innerhalb der sozialistischen Bewegung gab es eine starke Tradition gegen Alkoholkonsum, der als eine soziale Krankheit und als ein Zeichen für kapitalistische Unterdrückungsmechanismen betrachtet wurde. 1914 wurden Herstellung und Verkauf von Vodka staatlicherseits eingestellt.[391] Im November 1917 entschieden die Sowjets, jegliche Form der Produktion und des Verkaufs von alkoholischen Getränken zu verbieten. Alle, die dagegen verstießen, wurden vor ein Militärtribunal geladen. In der Roten Armee stand die Todesstrafe auf Alkoholmissbrauch.[392] Im Dezember 1919 wurde ein Prohibitionsdekret für das gesamte Gebiet der RSFSR erlassen. Die radikalen Maßnahmen zeigten zumindest während des Bürgerkriegs ihre Wirkung. Die Ursachen lagen weniger in einem moralischen oder kulturellen Wandel, sondern vielmehr in einem Mangel an Getreide und anderen Rohstoffen für die Alkoholproduktion.[393] Dennoch wurde weiterhin Selbstgebrannter (*samogon*) produziert, verkauft und getrunken.

Angesichts niedriger Preise für Getreide war die Herstellung von Alkohol ein finanzieller Anreiz für Bauern, die den *samogon* mit Profit auf dem

---

[388] Voronov, D.: Alkogol' v sovremennom bytu. M.-L. 1930, 92–95.

[389] Larin: Alkogolizm 10.

[390] White, Stephen: Russia Goes Dry. Alcohol, State and Society. Cambridge 1996, 15.

[391] Ein staatliches Alkoholmonopol bestand seit dem 16. Jahrhundert im Zarenreich, zu einem Zeitpunkt, als auch Vodka im Leben auftauchte. Alkohol wurde seit Mitte des 18. Jahrhunderts zu einer festen Einnahmequelle im Staatshaushalt.

[392] White: Russia 17.

[393] Ebd. 18–19.

Alkohol und Alltag

Markt verkaufen konnten. Alkohol war eine wichtige Ware, die als Tauschmittel oder Geldersatz diente. Die sowjetischen Behörden bekamen die Schwarzbrennerei nicht in den Griff, weshalb die Prohibition ab 1921 zunehmend aufgehoben wurde. Zunächst wurde der Verkauf von Wein und Bier erlaubt, ab 1923 durfte wieder zwanzigprozentiger Vodka hergestellt werden. Ab 1925 wurde der Verkauf von vierzigprozentigem Vodka zugelassen, der sich unter Arbeitern größter Beliebtheit erfreute. Als Argumente für die Wiederherstellung des staatlichen Branntweinmonopols im selben Jahr wurde auf die schlechte Qualität des *samogon*, die Verschwendung von wertvollem Getreide durch uneffektive private Brennerei und die Bereicherung von Schwarzhändlern und Spekulanten durch den Alkoholhandel verwiesen.[394] *Samogon* wurde weitgehend aus den Städten verbannt, dafür setzte sich Vodka im Arbeiter*byt* fest. Die Herstellung von *samogon* für den eigenen Gebrauch wurde ab 1926 nicht länger kriminalisiert und durch Sondereinheiten des NKVD (Volkskommissarat für innere Angelegenheiten) geahndet.

Vor dem Krieg hatten die staatlichen Einnahmen aus dem Branntweinmonopol 952 Mio Rubel betragen (28 Prozent des Gesamtbudgets), 1925 waren Einnahmen von 11,5 Prozent des Staatsbudgets projektiert. Das Alkoholmonopol des Staates sicherte einen beträchtlichen Teil des Haushaltes ab, weshalb die Produktion während des Ersten Fünfjahrplans auf Befehl von Stalin 1930 noch gesteigert wurde. Die Mehreinnahmen dienten zur Erhöhung des Militärbudgets, allerdings erfolgte eine Reduzierung des Alkoholverkaufs in der Stadt bei regelrechter Überschwemmung des Landes mit vervielfachter Ausschüttung.[395]

Der Alkoholkonsum ging während Krieg und Bürgerkrieg zurück, aber nach 1923 stieg er schnell an, besonders unter Arbeitern in der Stadt. Mit wachsendem Lebensstandard bildete sich hier eine neue Konsumschicht heraus, die sich in ihrem bescheidenen Wohlstand Alkohol leisten konnte.[396] Vornehmlich besser verdienende Facharbeiter gehörten zu den Abnehmern, da sie im Gegensatz zu ungelernten Arbeitskräften über mehr Geld verfügten und im Vergleich zu Hilfsarbeitern als dringend benötigte Spezialisten keine Entlassung fürchten mussten.[397]

---

[394] Meyer, Gert: Sozialstruktur sowjetischer Industriearbeiter Ende der zwanziger Jahre. Ergebnisse der Gewerkschaftsumfrage unter Metall-, Textil- und Bergarbeitern 1929. Marburg 1981, 267–68.

[395] Transchel 195–196.

[396] Kabo: Očerki 201.

[397] Bor'ba 12.

Lebenswelten

TABELLE 13: DYNAMIK DES ALKOHOLKONSUMS IN RUSSLAND UND DER UdSSR VON 1913 BIS 1927 (IN LITERN PRO KOPF DER BEVÖLKERUNG)[398]

	Branntwein	Bier	Wein
1913	8,60	6,76	1,48
1923	-	0,74	0,08
1924	0,05	1,57	0,27
1925	0,39	1,79	0,35
1926	1,59	3,04	0,47
1927	2,69	3,38	0,54

Auch wenn im Vergleich zur Vorkriegszeit Mitte der zwanziger Jahre noch wesentlich weniger Alkohol getrunken wurde und Russlands Verbrauchszahlen im internationalen Vergleich eher niedrig lagen, zeichnete sich eine steigende Tendenz ab. Wein spielte eine untergeordnete Rolle, Bier wurde noch am meisten konsumiert, der Branntweinkonsum erfreute sich zwischen 1924 und 1927 wachsender Beliebtheit. Die Prohibition hatte also Erfolg gezeigt, umso schlimmer wurde von einigen Partei- und Staatsvertretern ein ansteigender Verbrauch empfunden. Problematisch bei den statistischen Aussagen erweist sich das fehlende oder ungenaue Datenmaterial. Die in der ausgehenden Zarenzeit begonnene Forschung über Alkoholismus wurde erst Ende der zwanziger Jahre wieder aufgenommen. Zudem gab es eine unbekannte Dunkelziffer über Brennen und Konsum von *samogon*.[399]

Als Ziel der Kampagne wurde die Schaffung eines neuen Menschen genannt, konkret eines selbstlosen, effektiven Arbeiters, der sich dem Rhythmus der Fabriken und Maschinen anpasste. Angesichts einer breiten, schnell steigenden Akzeptanz von Alkoholkonsum in der Bevölkerung konnten keine Massen gegen die Trinkerei mobilisiert werden. Nur wenige unterstützten die Aktionen der Gesellschaft, wobei genaue Angaben über Mitglieder und Aktive mangels Archivmaterial fehlen.[400] Insgesamt engagierten sich mehr Männer als Frauen, was angesichts eines geringeren weiblichen Engagements in Organisationen einem allgemeinen Trend entsprach. Einige Arbeiter betei-

[398] Gurewitsch, Z.A.: Vergleichende internationale Statistik des Alkoholkonsums. In: Archiv für soziale Hygiene und Demographie NF 5(1930), 301–316, hier 301.

[399] Voronov: Alkogol'. Der Autor verwies auf vorrevolutionäre Studien: Pervušin, S.A.: Opyt teorii massovogo alkogolizma v svjazi s teoriej potreblenija. 1912; Bechterev: Voprosy alkogolizma. 1913.

[400] Transchel 197,199.

Alkohol und Alltag

ligten sich ohne innere Überzeugung an den Aktionen, da sie in Zeiten knapper Lebensmittel aufgrund ihrer gesellschaftspolitischen Aktivitäten zusätzliche Brotrationen erhielten.[401] Es bedeutete aber nicht automatisch, selber abstinent zu leben.

Trinken gehörte traditionell zur bäuerlichen Lebensweise, bildete hier einen Teil der Festkultur und stellte eine wichtige wirtschaftliche Größe dar. Vor allem arme bäuerliche Schichten und hier besonders Witwen mit Kindern, Invalide, Heimarbeiter und Handwerker erhielten durch das Brennen und Handeln ein zusätzliches Einkommen.[402] Auch in Städten stellten zu zwei Dritteln Frauen, oft ebenfalls Witwen mit Kindern, Alkohol her, handelten mit ihm, um dadurch ihre Existenzgrundlage abzusichern.

Soziale Unterschiede im Trinkverhalten wurden in der Abstinenzbewegung wenig beachtet, Hauptangriffspunkt war der Alkoholkonsum innerhalb der Arbeiterschaft. Es muss zwischen bäuerlichem *bytovoj* und proletarischem Alkoholkonsum differenziert werden.[403] Im Dorf wurde an den Feiertagen getrunken, Alkohol war eine Abwechslung zum Alltag. Besonders an Hochzeiten oder zur Geburt eines Kindes floss der Alkohol, ebenso an kirchlichen Feiertagen. Es gab kaum Dauertrinker, der Konsum fand meistens in einer Gemeinschaft und nur zu bestimmten Gelegenheiten statt. Dann tranken alle, auch Kinder, Jugendliche, Alte und Frauen.

Bei Arbeitern diente Alkohol während der Arbeitszeit zur künstlichen Verbesserung der Energie, zudem ersetzte Bier andere Nahrungsmittel.[404] Ebenso wie Dorfbewohner tranken Arbeiter und Arbeiterinnen sowie auch Kommunisten traditionell viel an Weihnachten und Ostern, zu Beginn der zwanziger Jahre noch wenig oder kaum an neuen sowjetischen Feiertagen wie etwa dem 1. Mai. In der ab 1928 erscheinenden Zeitschrift der Temperanzbewegung *Trezvost' i Kultura* (Mäßigung/Nüchternheit und Kultur) beklagten Verfasser von Artikeln 1928 und 1929 diese kulturelle Form des

---

[401] Transchel 201.

[402] In der Antialkoholkampagne wurde beklagt, auf dem Dorf stünden *baby* in ihrem Trinkverhalten in nichts den Männern nach, sie würden sogar in der Öffentlichkeit diese männliche Verhaltensweise offen ausleben. Hier sei es Aufgabe der Delegierten, die sich weiterbildeten und kulturell voranschritten, den Kampf gegen Schwarzhandel und Trinken aufzunehmen. Es falle ihnen leichter, da es größtenteils eine Sache unter ihresgleichen sei. Sazonova, N.: Protiv p'janstva i chuliganstva. M. 1929, 32–35.

[403] Diese Unterscheidung traf Voronov: Alkogol'.

[404] Dmitriev - Galin: Na putjach 21.

Lebenswelten

Trinkens.[405] Auf der Suche nach Motiven für das Trinkverhalten von Arbeitern griff der Mediziner Voronov 1929 auf Thesen zurück, wonach soziale Umstände der Grund für Alkoholkonsum seien. Larin kritisierte das Fehlen von geeigneten Freizeiteinrichtungen für Arbeiter, etwa ausreichend Kinos oder anderer kultureller Einrichtungen, die angesichts gesunkener Arbeitszeiten notwendig seien.[406] In einer Verbesserung der Lebensumstände, des *byt*, liege eine Lösung des Problems.[407] In dem wissenschaftlichen Zugang zur Alkoholfrage lag die Annahme, Lebensformen auf diese Weise regulieren zu können. Ein Wandel im Trinkverhalten als Folge veränderter Lebensumstände wurde nicht reflektiert. In der Stadt verlor der Alkoholkonsum zunehmend eine Bindung an den traditionellen ländlichen Rhythmus, war stärker durch eine individuelle Wahl bestimmt. Hier spiegelte sich eine moderne Arbeitsteilung wieder, Trinken fand vornehmlich außerhalb des Hauses statt. Die geringere Zahl von lohnarbeitenden Frauen mag ein Grund für ein geschlechtsspezifisches Trinkverhalten gewesen sein.[408]

Die Diskussion über Alkoholismus fand gleichzeitig mit anderen Diskursen zur Disziplinierung der Arbeiterschaft und Gesellschaft statt. Sie beinhalteten das Ziel einer sozialen Kontrolle. Trinken galt als Ausdruck von Unordnung und Desorganisation, als moralische Degeneration unterer Schichten und unvereinbar mit modernem städtischen Leben. Es bedeutete aber auch eine nicht mehr kontrollierbare Individualität, die angesichts eines kollektiven, maschinenähnlichen Menschenideals als bedrohlich empfunden wurde. Die propagierte Abstinenz beinhaltete Attribute wie Selbstkontrolle, Aktivität und Produktivität, die als Klassenmerkmale für Arbeiter idealisiert wurden. Sie symbolisierte einen anerkannten gesellschaftlichen Status und Wohlstand. Gemäß der wissenschaftlichen Arbeitsorganisation funktionierte ein Mensch nach dem Rhythmus der Maschinen, wusste seine Zeit effektiv einzuteilen und zu nutzen, um optimal in die Produktion eingebunden zu werden.[409] Anders als in Westeuropa und Amerika wurde Alkoholismus vornehmlich nicht als eine Krankheit oder psychologisches Problem im Rahmen der

---

[405] Rialand, Marie-Rose: L'Alcool et les russes. Paris 1989, 45.
[406] Larin: Alkogolizm 11–13.
[407] Voronov: Alkogol' 5–8.
[408] Christian, David: ‚Living Waters'. Vodka and Russian Society on the Eve of Emancipation. Oxford 1990, 90–91.
[409] Stites, Richard: Revolutionary Dreams. Utopian Vision and Experimental Life in the Russian Revolution. NY, Oxford 1989, 143–155.

Alkohol und Alltag

Modernisierung gesehen, sondern als Teil einer alten, überkommenen Lebensweise, die es zu rationalisieren galt.[410]

Noch vor der Gründung der Anti-Alkoholgesellschaften vermehrten sich seit Mitte der zwanziger Jahre Klagen von Frauen über trinkende Ehemänner. Es waren überwiegend bereits gesellschaftlich aktive Frauen, die sich in Delegiertenversammlungen oder den *ženotdely* engagierten und öffentlich Maßnahmen forderten. Die immer wieder propagierte Gleichstellung in der sowjetischen Gesellschaft nahmen sie als Grundlage, Probleme aus dem privaten, häuslichen Bereich als soziale, allgemeine Übel zu kritisieren. Dadurch demonstrierten sie ein verändertes Selbstverständnis, indem sie neue Handlungsräume innerhalb der Gesellschaft für sich in Anspruch nahmen. Der Kampf gegen den Alkoholismus durch Frauen stellte auch die Suche nach einer sozialen Identität und gesellschaftlicher Anerkennung dar. Die aus dem Alltag abgeleiteten Forderungen wurden von Zeitgenossen jedoch nicht als politische Handlungen eingestuft. Nicht von ungefähr erhoben sich 1925 laute Stimmen des Protestes. Die Einführung des staatlichen Alkoholmonopols schien einem Verrat an revolutionären Zielen und Tugenden gleichzukommen, der im Gegensatz zur privaten Alkoholproduktion als nicht tragbar wahrgenommen wurde. Bäuerinnen des Dorfes Tesova, Kukarinskij Volost, Možajsker uezd, schrieben als Delegierte und Wählerinnen am 27. September 1925 folgenden Brief an Kalinin:

> Genosse Kalinin, Hochverehrter Bürger. Wir bitten Dich, sei der Vater des Volkes, erlöse die Dorfgemeinschaft bitte vom Handel mit Wein. Unser Leben hat sich sehr verschlechtert durch den Wein. Für uns Bäuerinnen ist es sehr schwer. An Feiertagen sieht das Dorf gemeinsam ganz leise Morden und Schlägereien zu. Wir bitten Dich, zu uns zu kommen, um unser Volksvater zu sein. Verbiete den dörflichen Genossenschaften den Handel mit Wein. […] Sei so gut, Genosse Kalinin. Wir möchten, dass unsere Kinder in Ruhe heranwachsen können, dass sie nicht sehen müssen, wie ihre eigene Mutter sich bei den Nachbarn vor einem alkoholisierten, wütenden Vater verstecken muss. Sie wollen nicht die gleichen Erfahrungen der Väter für die Kinder.[411]

---

[410] McDonald, Maryon: A Social-Anthropological View of Gender, Drink and Drugs. In: Gender, Drink and Drugs. Hg. v. Maryon McDonald. Oxford, Providence 1994, 1–31, hier 2.

[411] RGASPI f. 78 op. 1 d. 222 l. 76. Brief von Bäuerinnen aus dem Bauerndorf Tesovo an Kalinin vom 27.9.1925.

Lebenswelten

Im gleichen Jahr stellte auch E. Kravčenko in der *Kommunistka* die Frage nach dem Kampf mit dem Alkoholismus. Sie kritisierte die Prohibition als uneffektiv, da der Konsum immer durch die entsprechenden Mengen von *samogon*, der auf dunklen Wegen vom Dorf in die Stadt gelange, den Markt sättige. Aufgrund von Äußerungen in Delegiertenversammlungen bezeichnete sie Frauen als nach wie vor Hauptbetroffene dieses Übels. Sie müssten deshalb den Kampf damit aufnehmen. Zwei Strategien verfolgte Kravčenko: Zum einen sollte die Alkoholmenge durch das staatliche Monopol reguliert und eingegrenzt, zum anderen der *byt* durch kulturelle Aufklärungsarbeit in Klubs, Medien, Sowjets, Gewerkschaften und Partei verbessert werden. Als Gründe für das Trinken beschrieb sie die häusliche Unordnung (*domašnee neustrojstvo*), fehlende Freizeit für Frauen durch Arbeit und Haushalt, eine kulturlose Erziehung der Kinder und das Schreien von Säuglingen.

> Das alles treibt den Arbeiter aus dem Haus, auch wenn er es gar nicht so gerne will. [...] Die Frage nach dem Kampf mit dem Alkohol zu stellen muss in eine Reihe mit der Frage der Stärkung von Arbeiterinnen und Bäuerinnen einhergehen.[412]

Auch die Kommunistin Marija Troickaja, die keinen konkreten familiären Leidensdruck durch einen alkoholisierten Ehemann erlebte, beschwerte sich in einem persönlichen Schreiben an den „Bauernpräsidenten" Michail Kalinin 1925 über Alkoholismus und forderte einen Kampf dagegen, dem große Bedeutung zugemessen werden müsse. An ihrem Wohnort, in der Stadt Vjatka, würden alle alles trinken, der Handel mit „alptraumhaften" Dingen blühe. In die Kneipen würden die letzten Groschen für Alkohol getragen, wodurch besonders die Familien geschädigt würden. Ihnen bliebe oft kein Geld mehr für Brot. Das Straßenbild sei geprägt von Besoffenen, die rumschrieen, weshalb es für Frauen unheimlich sei, abends alleine wegzugehen. Neben einer Anhebung des Kultur- und Bildungsniveaus der Bevölkerung forderte sie eine Verringerung der Vodkaproduktion, ein verschärftes Eingreifen der Polizei und höhere Strafen für Betrunkene und Hooligans. Der Verkauf von Alkohol sollte ihrer Meinung nach in Arbeitervierteln ganz verboten werden. Die Preise dürften nicht gesenkt und der Alkoholgehalt der Getränke nicht angehoben werden. An Feiertagen müssten Bier und Wein mit einem Aufschlag von zehn Prozent verkauft werden, die zusätzlichen Einnahmen sollten für Arme und *besprizornye* ausgegeben werden. Die Kontrolle hooliganisierender Trinker gelte es zu verschärfen, nicht nur auf der Straße, sondern auch im Haus. Zu-

---

[412] Kravčenko, E.: K postanovke voprosa o bor'be s p'janstvom. In: Kommunistka (1925) Nr. 12, 50–52, hier 51.

Alkohol und Alltag

nächst müssten sie Geldstrafen bezahlen, später würden sie den Arbeitsplatz verlieren. Die Abgabe von Branntwein solle auf eine Flasche pro Person beschränkt werden, Parteimitglieder erhielten nur eine halbe, Frauen und Kinder sei der Kauf vollkommen verboten.[413] In den Klagen über Alkoholismus drückte sich Angst über einen drohenden sozialen Abstieg und Verelendung, der Ruf nach Ordnung und stabilen Verhältnissen aus. Troickaja stellte in ihrem Vorschlag Trinken mit kriminellem Verhalten gleich. Sie sprach von einem proletarischen Idealbild, das Abstinenz, Disziplin und Rationalität umschloss.

Wie bereits beschrieben verbrachten Arbeiter ihre freie Zeit vornehmlich in Kneipen oder Bierhallen, wo sie nicht selten beträchtliche Teile des Familienbudgets vertranken. Freizeitangebote in Klubs wurden weniger akzeptiert, da hier kein Alkohol ausgeschenkt werden durfte. Alkoholkonsum stellte einen Kontrast zum eintönigen und schweren Arbeitsleben dar, die Kneipe war Treffpunkt und bot eine Fluchtmöglichkeit vor engen Wohnverhältnissen. In der Trechgornaja Fabrik in Moskau wurden in der zweiten Hälfte der zwanziger Jahre 200 chronische Alkoholkranke zur Heilung geschickt. Der Komsomol schloss Wein- und Bierstuben in der Nähe der Fabrik, auch Kinder wurden in den Kampf gegen den Alkoholismus mit einbezogen.[414] Diese Konsumgewohnheiten stellten kein sowjetisches oder typisch russisches Phänomen dar, sondern waren auch im deutschen Proletariat zu Beginn des 20. Jahrhunderts als Reaktion auf monotone Lebensweisen zu finden.[415]

Im Gegensatz zu den obigen Beispielen, wo ein bewusstes politisches Handeln von Frauen in der Temperanzbewegung deutlich wird, suchten andere eine individuelle Lösung zur Kontrolle des Trinkverhaltens ihres Ehemannes. Die Frau des Drehers S. ließ ihren Gatten zuhause freizügig Saufgelage veranstalten und vermied dadurch, dass er in der Öffentlichkeit im betrunkenen Zustand angetroffen wurde. Vielleicht sah sie darin einen Status- oder Ehrverlust. Sie besaß schlechte Erinnerungen an ihren eigenen, trinkenden Vater, zudem fühlte sie sich für die Ordnung in der Familie verantwortlich.[416] Es verdeutlicht aber auch den durchaus existierenden häuslichen autonomen Machtbereich von Frauen. Denn die Arbeiterfrau kontrollierte durch

---

[413] RGASPI f. 78 op. 1 d. 166, ll. 81–82.

[414] Manuskript von S. Lapickaja: Byt rabočich. GARF f. 7952 op. 3 ed.chr. 425(1), 144.

[415] Rosenbaum, Heidi: Proletarische Familien. Arbeiterfamilien und Arbeiterväter im frühen 20. Jahrhundert zwischen traditioneller, sozialdemokratischer und kleinbürgerlicher Orientierung. Frankfurt/M. 1992, 162–165.

[416] Kabo: Očerki 70.

Lebenswelten

dieses Zugeständnis nicht nur das Verhalten ihres Mannes, sondern nahm Einfluss auf die finanziellen Ausgaben für den Alkoholkonsum. Andere Arbeiterinnen holten am Zahltag ihren Mann am Fabriktor ab, um sich das notwendige Haushaltsgeld auszahlen zu lassen.

Auf dem Plenum von 1929 wurde kritisiert, dass weder in den Gewerkschaften oder im Komsomol noch in den Fabrikkadern überzeugende Arbeit im Kampf gegen Trunksucht geleistet werde, zudem fehle es an einer geregelten Anleitung.[417] Der stellvertretende Vorsitzende der allukrainischen Gesellschaft im Kampf gegen den Alkoholismus, Livčic, schlug deshalb vor, zunächst Arbeiterinnen für den Kampf zu gewinnen, da sie – obwohl noch passiv – schneller zu mobilisieren seien. Darauf entgegnete eine Delegierte aus dem Moskauer Sokol'ničeskij Rayon, Ščelkova, dieses Bild der aktionsträgen Frauen stimme nicht.

> Hier wurde gesagt, dass Frauen sich der Arbeit gegenüber passiv verhalten. Es ist schändlich, so zu reden! Wir leben erst seit 12 Jahren als erstarkte Frauen. Was kannte eine Frau früher? Nur Küche, Windeln und einen trinkenden Mann. [...] Bei uns gehen einige Frauen nicht zum Kampf gegen den Alkoholismus, weil ihr Ehemann sie nicht lässt, sie an der gesellschaftlichen Arbeit hindert. [...] Frauen trinken weniger als Männer. [...] Sie sagten, es gibt keine Direktiven. Unsere Wirtschaft ist unsere Anweisung. Wir haben die Erfahrung gemacht, dass derjenige, der nicht trinkt, gut lebt und Trinker im Schmutz leben, ihre Kinder und Frauen weinen.[418]

Auch andere Teilnehmerinnen des Plenums betonten die wichtige Rolle von Frauen im Kampf gegen Alkoholismus, wenn man sie einbinden würde. Der Mediziner Platonov aus Char'kov nahm den Gedanken auf und argumentierte in diesem Zusammenhang, Frauen seien aufgrund ihrer Intuition, ihres Mutterinstinktes die besseren Ärzte, weshalb sie vermehrt für diesen Beruf ausgebildet und eingesetzt werden sollten.[419]

In einem Diskussionsbeitrag von der Delegierten Amerikanceva aus dem Krasno-Presnenskij Rayon in Moskau wurde auf ein vornehmlich Frauen

---

[417] Bor'ba s alkogolizmom v SSSR. Pervyj plenum vsesojuznogo soveta protivoalkogol'nych obščestv v SSSR 30. maja - 1. Ijunja 1929 g. M.-L. 1929, 44–57.

[418] Ebd. 72–73.

[419] Ebd. 73–74. Siehe auch Gecov, G.B.: Ženščina na bor'bu s Alkogolizmom! M. 1929. Frauen wurden hier aufgefordert, an erster Stelle den Kampf gegen Alkoholismus aufzunehmen, der der wichtigste Feind für eine neues, gesundes Leben sei.

Alkohol und Alltag

betreffendes Problem vom Alkoholkonsum hingewiesen und eine Verbindung zum deshalb erforderlichen weiblichen Engagement hergestellt.

> Frauen erleiden die kolossalsten Opfer durch den Alkoholismus. Frauen tragen auf ihren Schultern die ganze Last dieses Übels: sowohl die Degeneration der Kinder als auch die Prügel des Ehemannes und so weiter. Auf der Grundlage meiner Erfahrungen im Kampf gegen den Alkoholismus (ich arbeite hier schon fünf Jahre), müssen durch die Abteilung für Arbeiterinnen organisierte Frauen angespornt werden [...].[420]

Allgemein war die Sichtweise verbreitet, Frauen konsumierten weniger Alkohol, es sei eine vornehmlich männliche Verhaltensweise. In sogenannten „Frauenfamilien", ohne einen männlichen Ernährer, lägen die Ausgaben für diese Getränke nur bei einem Drittel von „Männerfamilien".[421] Verschiedene Gründe lassen sich für dieses geschlechtsspezifische Verhalten anführen, auch wenn es durchaus trinkende Arbeiterinnen gab. Wirtschaftlich waren Frauen meistens schlechter gestellt als Männer, besaßen weniger Einkommen oder Lohn. Sozial wurde von einer Ehefrau, Hausfrau und Mutter erwartet, sich ihrer Familie zu opfern, also auch ihr Geld ganz der Gemeinschaft zur Verfügung zu stellen, während der Mann darüber teilweise frei verfügen konnte. Den vertrunkenen Lohn musste die Ehefrau durch unermüdliche Erwerbsarbeit kompensieren. Trinken bedeutete für ihn ein Statussymbol, er definierte oftmals dadurch seine Gruppenzugehörigkeit und demonstrierte seine Männlichkeit.[422] Zunächst verhallten die Appelle nach einem starken Staat, der für soziale Ruhe und stabile Verhältnisse sorgen sollte, echolos. Erst durch die Begründung einer offiziellen Abstinenzbewegung fanden die Klagen von Frauen eine Resonanz und ein Forum außerhalb der Frauenabteilungen. Dies spricht nicht für den Umgang des Sowjetstaates mit den Anliegen der weiblichen Bevölkerung. Ihr Aktionspotential war nun willkommen, da es für die Durchsetzung neuer Verhaltensnormen kanalisiert werden konnte. Endlich erfuhren Frauen eine Anerkennung ihrer Anliegen, erhielten eine öffentliche Rolle als moralische Ordnungsträgerin in der Gesellschaft. Der ihnen zugewiesene Platz fiel in eine Zeit, wo auch Mutterschaft und eine monogame

---

[420] Redebeitrag auf dem Kongress von Amerikanceva, Krasno-Presnenskij Rajon Moskau. In: Bor'ba 75.

[421] Larin: Alkogolizm 6.

[422] Phillips, Laura L.: In Defense of Their Families: Working-Class Women, Alcohol, and Politics in Revolutionary Russia. In: Journal of Women's History 11(1999) Nr. 1, 97–120, hier 100.

Lebenswelten

Sexualmoral als neue Ideale für Frauen überhöht wurden. Der Wunsch nach Ordnung schloss den Konsum von Alkohol aus. Weiblichkeit definierte sich durch Abstinenz und das richtige Klassenbewusstsein, hinzu kam gesellschaftliche Arbeit.[423]

Dennoch erweisen sich Zuordnungen von Abstinenzler gleich Kommunist oder Frau sowie Bauer gleich Alkoholkonsument und sozial schwaches Element als klischeehafte Konstruktionen. In der Sowjetunion lebte Ende der zwanziger Jahre das traditionelle Bild einer starken Frau und Mutter im häuslichen Bereich wieder auf. Der Mann war weitgehend außer Haus und beschränkte sich auf die Rolle des Ernährers. Alkohol war unvereinbar mit der weiblichen Kontrollposition, da die Frau sonst einen Machtverlust erlitten hätte.[424] Abstinenz begründete Respekt und vermittelte die Fähigkeit zur Selbstkontrolle und Fleiß.

Die Stoßarbeiterin Anastasija Bušueva hatte diese Sichtweise verinnerlicht und kritisierte alte Arbeiterinnen in ihrem Betrieb, die betrunken zur Werkbank gekommen waren und für Streitereien gesorgt hätten.[425] Ebenso galten trinkende junge Fabrikarbeiterinnen als Inbegriff von Dekadenz. Die Abgrenzung beinhaltete eine deutliche Verbindung zwischen Klassenzugehörigkeit und einem angemessenen Verhalten. In der *Molodaja Gvardija* erschien 1929 eine Geschichte über vier Mädchen, die von der Fabrikzelle wegen „systematischer Trunkenheit und Zersetzun" öffentlich angeklagt wurden.[426] Das Leben von Šura, einer jungen Wanderarbeiterin, die vom Dorf zum Arbeiten nach Moskau gekommen war, bestand aus mechanischer Arbeit und Treffen mit anderen Bewohnern das Fabrikwohnheims. Um dem Kreislauf von Arbeiten, Trinken, Essen und Schlafen zu entkommen, flüchtete sie sich zunächst in eine Komsomolmitgliedschaft, ohne sich den dort geforderten Verhaltensregeln anzupassen. Auch eine schnell geschlossene Ehe brachte keinen Wandel in ihrem Leben, da der Mann von ihr erwartete, die ganze Zeit zuhause zu sitzen. Šura ließ sich scheiden und kehrte zu ihren alten Freunden zurück, verfiel dort erneut dem Alkohol, wurde aus dem Komsomol ausgeschlossen und erlebte dadurch den sozialen Abstieg.

---

[423] Thom, Betsy: Women and Alcohol: The Emergence of a Risk Group. In: Gender, Drink and Drugs. Hg. v. Maryon McDonald. Oxford, Providence 1994, 33–54, hier 37.

[424] Dragadze, Tamara: Gender, Ethnicity and Alcohol in the Former Soviet Union. In: Gender, Drink and Drugs. Hg. v. Maryon McDonald. Oxford, Providence 1994, 145–152, hier 146–147.

[425] Rabotnica na 149.

[426] Galin, B.: Delo o devuške. Očerk. In: Molodaja Gvardija 9 (1929) 87–94.

Alkohol und Alltag

Ein weibliches Mitglied der sowjetischen Organe gegen den Alkoholismus, Butuzova, forderte 1929, den Kampf gegen Alkoholismus bei den Konsumgenossenschaften zu beginnen. Sie schlug einen erhöhten Verkauf von kostengünstigen, nichtalkoholischen Getränken wie Tee oder Mineralwasser und gleichzeitiger kultureller Propaganda in Form von Büchern unter Einschränkung des Alkoholverkaufs vor.[427]

Die öffentliche Temperanzdiskussion bewirkte zu Beginn der dreißiger Jahre eine Einschränkung des Alkoholverkaufs in Städten, wenngleich das Narkomfin angesichts zu erwartender finanzieller Einbußen zögerte. Vor Feiertagen und an Zahltagen durfte kein Alkohol verkauft werden, zahlreiche Trinkhallen und Verkaufsstellen wurden in Orte für Kulturarbeit, Teestuben oder Cafes umgewandelt. In Arbeiterbudgets war kurzfristig eine Verbesserung durch den Wegfall des Erwerbs von übersteuertem Vodka zu spüren.[428]

In der Alkoholdebatte vereinigten sich individuelle Lebenserfahrungen von Frauen mit strukturellen Veränderungen in der Arbeiterschaft, ebenso wie eine feste Zuweisung von Geschlechterrollen mit einer Festigung der Klassenbindung, indem Abstinenz als Ausweg aus sozialer Verelendung betrachtet wurde.

Zusammenfassung

Die Anti-Alkohol Debatte besaß eine tiefe ideologisch-politische Dimension, zudem verweist sie auf damit zusammenhängende Ambivalenzen. Nicht das allgemeine Trinken in allen Bevölkerungsschichten, sondern vornehmlich innerhalb der Industriearbeiterschaft wurde kritisiert. Alkoholkonsum von Werktätigen wurde per se dämonisiert und mit Anwendung von Gewalt, einem fehlenden Klassenbewusstsein und Dekadenz gleichgesetzt, ohne nach Menge oder Häufigkeit zu unterscheiden. Darin spiegelte sich die Furcht, die für die Industrialisierung dringend benötigten Arbeitskräfte würden physisch und psychisch geschwächt, Alkohol fördere eher Untugenden wie Arbeitsbummelei und Sabotage am Arbeitsplatz als eine Konditionierung für die Arbeit an technisch anspruchsvollen Maschinen. Unausgesprochen stand dahinter der Wunsch nach einem gesunden, reinen, starken Volkskörper. Wie viel etwa innerhalb der Bauernschaft getrunken wurde, stand nicht zur Debatte. Zwischen den Mitgliedern der Gesellschaft und der Staatsführung

---

[427] Sovetskie organy protiv alkogolizma. Stenogrammy dokladov Centrosojuza SSSR, VSNCH SSSR, NKZdrav RSFSR i USSR na zasedanii protivoalkogol'nych Ob-v SSSR. M.-L. 1929, 3–5.

[428] Meyer: Alltagsleben 270–271

Lebenswelten

(Sovnarkom) gab es einen Interessengegensatz, da eine gedrosselte Alkoholproduktion verminderte Staatseinnahmen bedeutete.

Frauen lehnten Alkoholkonsum nicht grundsätzlich ab, der auch zum Teil eine Lebensgewohnheit von Arbeiterinnen darstellte. Politisch aktive Frauen allerdings sahen darin ein Hindernis für den Aufbau einer gesunden, sauberen, produktiven sozialistischen Gesellschaft und engagierten sich öffentlich. Andere Frauen, etwa Ehefrauen, suchten nach individuellen Lösungen, besonders wenn der Alkoholkonsum die Familie in wirtschaftliche Schwierigkeiten brachte. Das propagierte Bild der abstinenten Frau, die für ordentliche Familien- und Lebensverhältnisse sorgte, implizierte im Zusammenhang mit der Anti-Alkohol Debatte erneut die Rolle einer für die gesamte Gesellschaft fürsorglichen, selbstlosen und stets sich korrekt, vorbildlichen Mutter. Gleichzeitig wurde damit eine Dominanz des männlichen Arbeiters als stärker, wichtiger und bedeutender für die Industrialisierung bestätigt.

5. Schlussbetrachtung

> Nein, die Sowjetfrau ist noch nicht frei. Die völlige Gleichberechtigung brachte bisher unvergleichlich größere Vorteile für die Frauen der obersten Schichten, die Vertreterinnen der bürokratischen, technischen, pädagogischen, überhaupt geistigen Arbeit, als für die Arbeiter-innen und besonders die Bäuerinnen. Solange die Gesellschaft nicht in der Lage ist, die materiellen Familiensorgen zu übernehmen, kann eine Mutter nur dann mit Erfolg eine gesell-schaftliche Funktion ausüben, wenn ihr eine weiße Sklavin zu Diensten steht: Kindermädchen, Dienstmädchen, Köchin usw. [...] Wie aber tatsächlich das Kind, die Frau, der Mensch befreit werden, davon gibt es noch keine positiven Beispiele.[1]

Diese negative und verbitterte Bilanz zog Trockij 1936 aus der Ferne seines Exils über das Gleichstellungsprojekt der sowjetischen Frau. Sein Urteil stand in einem krassen Gegensatz zu den offiziellen beschönigenden Parolen, die Lösung der Frauenfrage sei ab 1930 gefunden worden. Abschließend soll noch einmal reflektiert werden, wieso das revolutionäre Emanzipationsmodell gescheitert ist. Durch die einschneidenden Ereignisse von 1917 und eine im Entstehen befindliche Arbeiterschaft bestanden zumindest in dieser gesellschaftlichen Schicht Möglichkeiten, Geschlechterhierarchien abzubauen, Rollen und Aufgaben neu zu verteilen. Dies geschah aber nicht, sondern eine Verfestigung von Geschlechterrollen und eine männliche Dominanz wurden erneut bestätigt. Im Bereich des Arbeitslebens bestand die Kategorie Frauenarbeit trotz egalitärer Ansprüche weiter fort, die einen minderen Status besaß und niedrigere Löhne legitimierte.

Für frauenpolitische Belange trat fast ausschließlich der *ženotdel* ein. Die konkrete Arbeit und Diskussionen über den *byt* wurden entscheidend von Aleksandra Kollontaj und Inessa Armand geprägt. Die Beschäftigung mit ei-

---

[1] Trotzki, Leo: Verratene Revolution. Was ist die Sowjetunion und wohin treibt sie? 1936. Essen 1997, 193, 195.

Schlussbetrachtung

ner Umstrukturierung des Alltags war kein „Modethema", sondern ein zentrales Anliegen der Frauenabteilung, das untrennbar mit der Frauenfrage zusammenhing. Dabei beriefen sich die leitenden Köpfe auf die Theorien von Marx, Engels, Bebel und das erfolgreiche Beispiel der Frauenagitation innerhalb der SPD, durchgeführt von Clara Zetkin. Auch Lenin hatte die Arbeit in einer eigenen Abteilung sanktioniert. Auf diese wegweisende Entscheidung der politischen Autorität beriefen sich *ženotdel*-Mitarbeiterinnen in Krisenzeiten immer wieder. Obwohl Kollontaj bereits früh die politische Bühne verließ, hielten sich ihre Ideen konsequent in der Frauenabteilung, unabhängig von der jeweiligen Leiterin. Ihre formulierten Ziele entsprachen einer bestimmten Mentalität politisch aktiver Frauen, die bereits vor 1917 Sozialistinnen waren und sich den Ideen der Revolution verschrieben hatten. Dabei bestand immer ein Spannungsverhältnis zwischen der Wahrnehmung von Klasse und Geschlecht. Feministische Denkweisen und Methoden wurden konsequent und vehement abgelehnt und bekämpft, da sie nicht einen radikalen gesellschaftlichen Neuaufbau forderten und scheinbar eine Geschlechterdifferenz zwischen Klassenmitgliedern konstruierten. Dennoch haftete der Frauenabteilung ein feministischer Makel an, basierte ihre Arbeit doch auf der Unterscheidung zwischen Mann und Frau. Übertragen auf den *byt*-Diskurs bedeutete es eine politische Auseinandersetzung zwischen Parteiführung und *ženotdel*. Den *ženotdely* ging es in erster Linie nicht um eine Erhöhung des Frauenanteils in der Partei, sondern um eine Verbesserung der Lebensbedingungen. Bei ihrer Agitationsarbeit dominierte die Kategorie Geschlecht, weshalb sie auch unter „klassenfremden" Frauen wie Hausfrauen, Bäuerinnen, Dienstbotinnen und Ehefrauen Aufklärungsarbeit leisteten.

Die Arbeit des *ženotdel* stieß auf teilweise unüberwindliche strukturelle, organisatorische, finanzielle und mentale Schwierigkeiten. Die Frauenabteilungen sollten sich um alle Frauenbelange kümmern, dafür standen ihnen aber kein ausreichender personeller Bestand und entsprechende finanzielle Mittel zur Verfügung. Der Plan, sie sollten die Arbeit in anderen Organisationen anleiten, scheiterte oft an einer fehlenden Akzeptanz in Gewerkschaften, Wirtschaftsorganen und Parteiinstitutionen, Frauenbelange ernst zu nehmen. Der *ženotdel* war durch seine ständige Kritik an einer Diskriminierung von Frauen und Hinweise auf Missstände eine unbequeme Einrichtung. Andererseits konnte er die massiven sozialen Probleme nicht lösen, weshalb ihm Ineffektivität vorgeworfen wurde.

Es gab in den zwanziger Jahren verschiedene Organisationen, die sich um Arbeiterinnen und Umstrukturierungen des *byt* bemühten. Die *ženotdel* vermochten nicht, sich an die Spitze der Organisationen zu setzen und mit ihnen zusammenzuarbeiten. Ein weiteres Problem bestand in den ungeklär-

Schlussbetrachtung

ten Kompetenzen. Die Frauenabteilung verfolgte eine konstante Arbeit an der Basis, gerade auch außerhalb von Parteimitgliedern, zu denen nur ein Bruchteil sowjetischer Frauen und Männer gehörten. Dazu wurde das Mobilisierungssystem der Delegiertenversammlungen in einem wachsenden Maß erfolgreich ausgebaut. Die Auflösung der Frauenabteilung erfolgte zu einem Zeitpunkt, als allgemein Reorganisationsmaßnahmen in der Partei durchgeführt wurden. Parallel zu dieser politischen Entwicklung trat eine Wende in der Behandlung der *byt*-Diskussion ein. Mit Ausschaltung der Opposition um Bucharin verstummte die herbe Kritik am Alltagsleben, da eine wichtige Stimme, die Frauenabteilung, fast ersatzlos aufgelöst wurde. Die *ženotdely* passen nicht eindeutig in ein damaliges oppositionelles Schema hinein, was ein Grund für die Auflösung bedeutet hätte. Vielmehr muss die Behandlung der Fragen des Alltagslebens als eine Ursache gesehen werden. Demokratische, linke Konzepte der Frauenabteilung waren angesichts einer starken Zentralisierung nicht länger erwünscht. Sie verdeutlichten zu stark die Heterogenität der Arbeiterschaft, die nicht von unten, sondern von oben diszipliniert und homogenisiert werden sollte. Da die Akzeptanz der *ženotdely* auf institutioneller Ebene eher gering war, zudem politische Fürsprecher wie Trockij, Zinov'ev und Bucharin 1927 und 1929 selber politisch kaltgestellt wurden, erhob sich nur unter aktivierten Frauen ein schwacher, wirkungsloser Protest. In der *ženotdel*-Führung arbeiteten überwiegend alte Bolschewiki, die man Ende der zwanziger Jahre nicht mehr in wichtigen Ämtern sehen wollte, da sie zu sehr auf den Ideen der Revolution und den Thesen von Lenin beharrten. Sie mussten Platz für neue Kader und Anhänger Stalins machen. Sie beugten sich den Entscheidungen, da für sie die Wahrung der Parteidisziplin unhinterfragt dominierte. Einige versuchten, nach der Auflösung der Frauenabteilungen weiterhin in dem ihnen wichtigen Gebiet der Frauenpolitik in anderen Organisationen zu arbeiten. Es erfolgte ein Rückzug aus der Parteiarbeit in Staats- oder Gewerkschaftsorgane. Agitation unter Frauen wurde zunächst bis 1933 in den Delegiertenversammlungen weitergeführt. Sie waren zu der wichtigsten und sichtbarsten Arbeit der *ženotdely* geworden und füllten für eine kurze Zeit die Lücke, die durch den Wegfall der Frauenabteilung entstanden war.

Die Frauenabteilung blieb sich bei der Arbeit in Alltagsfragen treu, bewirkte aber keinen großen Wandel. Ihr Einfluss in der Bevölkerung und die zur Verfügung stehenden Mittel zur Umsetzung waren zu gering. Zudem konnte eine politische Institution nicht allein durch Aufklärung einen Wandel der Lebenssitten bewirken, die stark von individuellen Vorstellungen abhingen. Als Fazit der vorliegenden Studie in der Frage nach dem Wechselverhältnis zwischen Alltagsleben und Politik erweist sich die Beeinflussung

Schlussbetrachtung

politischer Diskussionen und Entscheidungen durch soziökonomische Bedingungen als offensichtlich und weitreichend. Eine umgekehrte Prägung lässt sich nur schwieriger nachweisen. Die grundlegenden Strukturen des Lebens wie Familie, Ehe, privater Hausbereich und öffentlicher Arbeitsbereich konnten nur zu einem Teil umbewertet werden. In die Privatsphäre wurde durch die Rationalisierungsmaßnahmen für Mutterschaft, Haushalt und Kindererziehung eingegriffen. Das Verhalten von Hausfrauen, den Hüterinnen des Hauses, unterlag nun öffentlichen Normen und Standards wie effektive Zeiteinteilung und Arbeitsorganisation. Frauen akzeptierten diesen Wandel, da es an ihr Ehrgefühl appellierte, als „gute" Hausfrauen betrachtet zu werden. Dies wertete ihr Rolle gegenüber einem patriarchalischen Ehemann auf, vermittelte ihnen Selbstwertgefühl und verschaffte ihnen eine soziale Anerkennung. Der Rückzug in weibliche Gebiete und Themen muss auch als eine Suche nach autonomen Handlungsräumen gewertet werden. Genauer zu untersuchen bleibt, welche Rolle Frauen in der sich formierenden, sogenannten stalinistischen Gesellschaft durch diese ideologische Bindung einnahmen, ob sie der politischen Führung besonders loyal gegenüber waren. Zumindest in den zwanziger Jahren lässt sich ein in der offiziellen Propaganda immer wieder auftauchender Kult um eine Führerfigur bei Frauen schwer feststellen, die sich selten auf eine zentrale Identifikationsfigur beriefen. In weiteren Untersuchungen stellt sich die Frage, ob der Führerkult aus einer politisch-intellektuellen Elite in die Masse hineintransportiert wurde und wie dieser Prozess funktionierte.

Frauen als Hausfrauen und Konsumentinnen trugen eine defizitäre Konsumgüterwirtschaft mit, indem sie durch individuelle Lösungen weiterhin die Versorgung der Familie aufrechterhielten und ausgleichend wirkten. Frauen unterstützen die Propagierung von Disziplin und Ordnung in der Gesellschaft. Sie gingen jedoch keinen Kompromiss bei Eingriffen in ihren Körper ein, etwa der staatlichen Regulierung der Mutterschaft. Unabhängig von demographischen Diskussionen und Versuchen, die Geburtenzahlen anzukurbeln, folgten sie ihren eigenen Wünschen und Vorstellungen. Die geringe Einbindung von Frauen in politische Bereiche lag daran, das bereits zum Beginn der Revolution Politik als eine männliche Sphäre galt, sich die Trennung zwischen weiblichem Politikverständnis und männlichem stärker differenzierte. Es gab kaum weibliche Identifikationsfiguren, führende Leitbilder waren immer Männer. Andere Lebenserfahrungen und Verhaltensweisen von Frauen wurden als rückständig betrachtet. Das propagierte Bild einer weiblichen proletarischen Avantgarde fand keine Deckungsgleichheit mit individuellen Identitäten von Arbeiterinnen, die sich selber aber keineswegs als unproduktiv, rückständig und desorganisiert betrachteten. Erst die Untersuchung

Schlussbetrachtung

weiblicher Lebenswelten verdeutlicht differente, geschlechtsspezifische politische Bewusstseins- und Handlungsformen. So drangen Frauen auch wegen einer männlichen Dominanz und Misogynie nicht in höhere Ebenen vor, sondern suchten Tätigkeiten auf lokaler Ebene, wo durchaus ein Interesse für politische Dinge bestand, aber eine Konkurrenz zu Männern nicht vorhanden war.

Prägende Elemente eines Arbeiterinnenlebens waren Armuts- und Hungererfahrungen und das Leben in der Familie. Die materielle Not war oft der Grund für Veränderungen wie die Wanderung in die Stadt, um eine existenzabsichernde Arbeit zu finden. Zunehmend mehr Frauen gingen einer Erwerbsarbeit nach, was weniger ein bewusster emanzipatorischer Schritt war, als eine wirtschaftliche Notwendigkeit. Arbeit war ein integraler Bestandteil von Frauenbiographien, wobei der Eintritt in das Erwerbsleben seit der Revolution und im Verlauf der zwanziger Jahre zunehmend später erfolgte als noch vor der Revolution, gleichzeitig auch die Schulbildung selbstverständlicher und länger wurde. Für Mädchen waren die Tätigkeiten der Mutter oder anderer weiblicher Familienangehöriger wegweisend bei der eigenen Berufswahl. Jungen folgten eher dem Beispiel ihrer Väter. Diese Sozialisation führte zu einer Verinnerlichung und Weitertradierung von differenten, hierarchischen Geschlechterrollen. Im Verlauf der NEP kam es zu einer Verbesserung der Lebensbedingungen in der Stadt und zu einem Anstieg des Lebensstandards. Frauen, die es sich leisten konnten, verzichteten auf die anstrengende Erwerbsarbeit und widmeten sich dem Haushalt und der Familie. Denn trotz neuer Aufstiegschancen für Frauen und dem finanziellen Anreiz einer Arbeitsstelle in der Fabrik zeigte sich nach einiger Zeit eine fehlende Motivation und Identifikation. Es gab eine Konzentration auf private Dinge wie Familie, Wohnung und Kinder.

Die individuellen Sichtweisen spiegeln ein sehr distanziertes Verhältnis zur Politik wieder. Die innerparteilichen Kämpfe und die Fragen um die weitere Wirtschaftsplanung fanden kaum eine Erwähnung. Probleme im privaten Bereich standen im Vordergrund des Bewusstseins. Weibliches Engagement fand dann statt, wenn es gut mit dem Alltag und den häuslichen Pflichten zu vereinbaren war. Hier erwiesen sich die Delegiertenversammlungen als gelungenes Konzept, Frauen zu mobilisieren, da die Tätigkeiten nicht nur überschaubar und zeitlich begrenzt waren, sondern die Aktiven daraus auch konkrete positive Veränderungen für ihre eigenen Lebenswelten in Form von neuen Kinderkrippen oder Kantinen bewirken konnten. Errungenschaften der Revolution wie bessere und billige Wohnungen und ein steigendes Angebot an Konsumgütern, Dinge, die also zum Anstieg des Lebensstandards beitru-

Schlussbetrachtung

gen, wurden angenommen und nach einiger Zeit auch als natürliches Recht eingefordert.

Das Alltagsleben war durchwebt von Vorstellungen über geschlechtsspezifische Verhaltensweisen und Aufgabenverteilungen, die auf der Annahme naturwüchsiger Arbeitsteilung beruhten. Nicht nur in der Gesellschaft, sondern auch in der Theorie, war dieses Denken vorhanden. Eine aus dem biologischen Unterschied abgeleitete Geschlechterdifferenz, die auf die sozialen Geschlechter übertragen wurde, blieb trotz der Konzepte des neuen Menschen und einer egalitären sozialistischen Gesellschaft bestehen, verschob sich jedoch. Frauen erlebten einen Wandel durch eine zunehmende Einbindung in das Arbeitsleben, wo sie mit neuen Lebensweisen und -perspektiven in Berührung kamen. Dies konnten Bildungsangebote sein, die gerne von Jüngeren als eine Chance für den sozialen Aufstieg wahrgenommen wurden, oder auch eine Teilnahme am sozialistischen Wettbewerb und die Durchführung der Stoßarbeit. Aber auch gesellschaftspolitisches Engagement, das propagiert und gefordert wurde, eröffnete Frauen neue Handlungsmöglichkeiten. Sie betätigten sich in einem wachsenden Maß auf lokaler Ebene. Als Delegierte versuchten sie nicht auf die große und ihnen fremde Politik einzuwirken, sahen aber durchaus den Nutzen und die Wirkung ihres Handelns für ihre Belange, die wiederum die Interessen anderer Arbeiterinnen waren. Dieser erfolgreiche Ansatz zur Mobilisierung wurde außerhalb des Wirkungskreises der Frauenabteilung nicht ernst genommen. Ein minderer Status von Frauen wurde durch die Annahme einer biologischen Differenz bestätigt. Durch ihre natürliche Aufgabe des Kindergebärens werde die Frau benachteiligt, weshalb ihr der Staat helfe, indem Mutterschafts- und Reproduktionsaufgaben übernommen werden. In diesem Sinne würden Frauen von patriarchalischen Strukturen befreit. Eine mögliche Chance hätte aber darin gelegen, aus der biologischen Differenz eine Umwertung des Arbeitsbegriffes zu machen, Reproduktionsarbeit nicht länger als Übel und Zeitverschwendung zu sehen, gemessen an der scheinbar effektiveren Lohnarbeit. Durch diese Beurteilung von Frauen konnte die Asymmetrie zwischen den Geschlechtern nicht aufgehoben werden.

Danksagung

Diese Arbeit wäre ohne die Unterstützung vieler Menschen und Institutionen nicht zustande gekommen.

Bedanken möchte ich mich beim DAAD für die Finanzierung eines Archivaufenthalts in Moskau von August 1991 bis Oktober 1992, bei der Russischen Geisteswissenschaftlichen Universität (RGGU) in Moskau, wo ich in dieser Zeit als Stipendiatin organisatorisch angebunden war, bei der Landesgraduiertenförderung Baden-Württemberg und dem Studienhaus Villigst für Promotionsstipendien, bei Prof. Heiko Haumann für seine geduldige, konstruktive Betreuung während vieler Jahre, bei Prof. Dittmar Dahlmann für eine lehrreiche und kommunikative Zeit an der Forschungsstelle für Geschichte und Kultur der Deutschen in Russland an der Universität Freiburg im Breisgau, bei Prof. Regina Wecker und Daniela Tschudi für ihre kritischen Anmerkungen.

Michael Anderau und PD Ulrich Schmid vom Slavischen Seminar Basel/ Pano Verlag betreuten engagiert, interessiert und sehr zuverlässig die Fertigstellung des Manuskriptes für die Drucklegung. Das vorliegende Buch konnte dank der finanziellen Unterstützung des Dissertationen-Fond der Universität Basel und der Bonjour-Stiftung produziert werden.

Ein großer Dank geht auch an alle, die im Netz der privaten Beziehungen mich für längere Arbeitsphasen entlastet haben und stets geduldig mit Rat und Tat zu Seite standen. Einige seien hier stellvertretend für alle genannt: Wolfgang und Anna-Larissa Messner für ihr Verständnis, Maria und Gerd Siedenburg für die ruhigen Produktionsphasen in Sorsum, Brigitte und Jürgen Falk, Sascha und Lena Sambuk für ein weiches Polster in Moskau, Karl Müller für kritische Anregungen und lange Jahre geistiger und freundschaftlicher Verbundenheit, Karl Scheide und Dorothea Grotzky für ihre Unterstützung und alle, die sich immer wieder um die Dinge des Alltags gekümmert haben.

6. Literaturverzeichnis

6.1. Archivalien

Rossiskij Centr Chranenija i Izučenija Dokumentov Novejšej Istorii, RCChIDNI Moskau (Russisches Zentrum zur Aufbewahrung und Studium der Dokumente der neuesten Geschichte), jetzt umbenannt in Rossiskij Gosudarstvennij Archiv social'no-političeskoj istorii, RGASPI (Russisches staatliches Archiv für Sozialgeschichte)

fond 17: Central'nyj komitet KPSS (Zentralkomitee KPdSU) (1919–1930)
 - opis' 10 Otdel CK po rabote sredi ženščin (ženotdel)
 - opis' 32 Informacionnyj otdel CK
 - opis' 67 Organizacionno-raspredelitel'nyj otdel

fond 78: Kalinin, Michail Ivanovič (1875–1946)
 - opis' 1 Dokumenty sekretariata M.I. Kalinina

fond 124: Vsesojuznoe obščestvo starych bol'ševikov (VOSB) (1922–1935)
 - opis' 1, 2 Lišnye dela VOSB

f. 134: Kollontaj, Aleksandra Michajlova (1872–1952)
 - opis' 1 Biografičeskie i avtorskie dokumenty, vospominanija, dokumenty sem'i Kollontaj

f. 148: Samojlova Konkordija Nikolaevna (1876–1921)

Gosudarstvennij Archiv Rossiskoj Federacii, GARF (Staatliches Archiv der Russischen Föderation)

fond R-382 Narkomtrud

fond 390: Narkomtrud
 - opis' 3 Otdel ochrana truda
 - opis' 4 Rynka Truda
 - opis' 21 Komissija po izučenija i ulučšenija žentruda

fond 406: Narodnyj komitet raboče-krest'janskoj inspekcij RSFSR (1917–1934)
 - opys' 19

fond 482: Narkomzdrav
 - opis' 1

Literaturverzeichnis

fond 2314: Vserossijskaja črezvyčajnaja komissija po likvidacii negramotnosti i malogramotnosti
- opis' 9: Statističeskie svedenija o količestve negramotnych

fond 5451: VCSPS

fond 5684: Bjudčetnaja komissija CIK SSSR
- opis' 1 Plenumy 1923–1936 gg.

fond 6983: Otdel Komissija po ulučšeniju uslovij truda i byta ženščin pri prezidiume VCIK RSFSR 1926–1930 gg.
- opis' 1

fond 6989
- opis' 1

fond 7952
- opis' 3 Geschichte der Fabriken und Betriebe

fond R-7952:
- opis' 3 Obzor archivnych materialov po istorii

fond R-9601
-opis' 1 Artjuchina, Aleksandra Vasil'evna

6.2. Zeitgenössische Zeitschriften

Archiv für soziale Hygiene und Demographie
Kommunističeskaja revoljucija
Kommunistka
Leningradskij medicinskij žurnal
Molodaja Gvardija
Narodnyj Učitel'
Novyj mir
Obščestvennica
Pravo i žizn'
Prizyv
Rabočij Sud
Rabotnica
Revoljucija i kul'tura
Social'naja Gigiena
Sovetskoe stroitel'stvo
Statistika Truda
Voprosy Truda
Za novyj byt

6.3. Zeitgenössische Literatur

Aleksandrov, Ja. - P. Stel'mach: Počemu my p'em. L. 1929.

Aluf, A.: Die Gewerkschaften und die Lage der Arbeiter in der Sowjetunion, 1921–1925. Berlin 1925.

Antialkogol'naja vystavka. Katalog. M. 1929.

Die Arbeit der KPR unter den Frauen. Hamburg 1924.

Artjuchina, A.: Proidennyj put'. In: Ženščiny v revoljucii. M. 1959, 17–40.

Dies.: Naši zavoevanija. In: Učastnicy velikogo sozidanija. M. 1962, 21–37.

Dies.: Polveka. In: Oktjabrem roždenie. M. 1967, 12–25.

Dies.: Pervyj ženskij rabočej žurnal v Rossii. In: Vsegda s vami, posvjaščennyj 50–letiju žurnala „Rabotnica". M. 1964, 119–152

Batkis, Gregorij A.: Opyt podchoda k izučeniju problemy pola. In: Social'naja Gigiena (M.-L.) (1925), Nr. 6, 36–111.

Ders.: Grundzüge der Sexualrevolution. In: Sexualforschung und -politik in der Sowjetunion seit 1917. Hg. v. J.S. Hohmann. Frankfurt/M., Bern 1990, 340–356.

Ders.: Über die Sexualreform. (1929). In: Sexualforschung und -politik in der Sowjetunion seit 1917. Hg. v. J.S. Hohmann. Frankfurt/M., Bern 1990, 357–383.

Ders.: Das Geschlechtsleben der Jugend. (1925). In: Sexualforschung und -politik in der Sowjetunion seit 1917. Hg. v. J.S. Hohmann. Frankfurt/M., Bern 1990, 418–429.

Bebel, August: Die Frau und der Sozialismus. Berlin 1974.

Bojarskaja, S.: Aus dem Leben der Arbeiterinnen der Sowjetunion. Hamburg, Berlin 1927.

Bor'ba s alkogolizmom v SSSR. Pervyj plenum vsesjuznogo soveta protivoalkogol'nych obščestv v SSSR. 30 maja- 1 ijunja 1929 g. M.-L. 1929.

Boruchin, S.: Mutter- und Säuglingsschutz im neuen Russland. In: Archiv für soziale Hygiene und Demographie NF 5(1930) 172–179.

Braun, Lily: Die Frauenfrage, ihre geschichtliche Entwicklung und wirtschaftliche Seite. Leipzig 1901.

Dies.: Die Mutterschaftsversicherung. Ein Beitrag zur Fürsorge für Schwangere und Wöchnerinnen. Berlin 1906.

Bronner, V.M.: Bor'ba s prostituciej v RSFSR. In: Prostitucija v Rossii. Hg. v. V.M. Bronner - A.I. Elistratov. M. 1927, 36–69, 73–108.

Bugajskij, Ja.: Chuliganstvo kak social'no-patologičeskoe javlenie. M.-L. 1927.

Butuzova, E.: Kooperirovanie trudjaščichsja ženščin. M. 1929.

Bychovskaja, V.M.: Gigiena ženščiny - Rabotnicy. Kiev 1925.

Bychovskij, N.I.: Kak ochranjaetsja trud domašnich rabotnic. Besedy s domrabotnicami ob ich trudovych pravach. M. 1928.

Literaturverzeichnis

Byt i molodež. Sbornik statej pod red. A. Slepkova. M. 1926.

Chalfin, V.: Istreblenie ploda (abort) v Moskve i Moskovskoj gubernii. In: Problemy prestupnosti. Sbornik. Vyp. II. M.-L. 1927.

Cirkuljarnoe pis'mo CK RKP (b) oblastnym i gubernskym partijnym komitetam ob usilenii raboty sredi ženščin, 8. maja 1922 g. In: KPSS v rezoljucijach i rešenijach s"ezdov, konferencij i plenumov CK. T. 2, 1917–1924. M. 1970, 372–373.

Čučelov, N.I.: Načalo polovoj žizni v svjazi s suščestvujuščim zakonodatel'stvom. Iz rabot stežerov Gos. In-ta Soc. Gig. In: Social'naja Gigiena (M.-L.) (1925), Nr. 6, 139–145.

Cyrlina, E.: Bližajšie zadači v oblasti izučenija i ulučšenija ženskogo truda. In: Vorprosy Truda (1924) Nr. 9, 21–25.

Dejčman, È.M.: Alkogolizm i bor'ba s nim. M. 1929.

Dmitriev, V.- Galin, B.: Na putjach k novomu bytu. M. 1927.

Dočeri revoljucii. Sbornik. M. 1923.

Doklad otdela po rabote sredi ženščin CKRKP. M. 1922.

Dvenadcatyj s"ezd RKP(b). Moskva. 17.-25. aprelja 1923 g. O rabote RKP sredi rabotnic i krest'janok. In: KPSS v rezoljucijach i rešenijach s"ezdov, konferencii i plenumov CK. T. 2, 1917–1924, M. 1970, 481.

Dworetzky, A.: Entwicklung und gegenwärtiger Stand der russischen Sozialversicherung. In: Münchener medizinische Wochenschrift 74,2 (1927), 1105–1106, 1149–1152.

Engels, Friedrich: Der Ursprung der Familie, des Privateigentums und des Staats. Im Anschluss an Lewis H. Morgans Forschungen. 4. Auflage, Stuttgart 1892.

Erfahrungen in der Freigabe der Schwangerschaftsunterbrechung in der Sowjet-Republik. Vollständige Übersetzung der einschlägigen Arbeiten des ersten allukrainischen Kongresses der Geburtshelfer und Gynäkologen in Kiew. Im Auftrag der Deutschen Gesellschaft für Geburtshilfe und Gynäkologie. Hg. und mit einer wissenschaftlichen Einleitung versehen von Prof. Dr. A. Mayer. Beilageheft zur Zeitschrift für Geburtshilfe und Gynäkologie, Bd. 104. Stuttgart 1933.

Forel, August: Die sexuelle Frage. 16. Auflage neu bearbeitet von Rainer Fetscher. Zürich 1931.

Die Frau im neuen Russland. Bericht englischer Gewerkschafterinnen über ihren Aufenthalt in Russland vom April bis Juli 1925. Wien 1925.

Galin, B.: Delo o devuške. Bytovoj očerk. In: Molodaja Gvardija (1929), Nr. 9, 87–94.

Gamburg, M. I.: Polovaja žizn' krest'janskoj molodeži. Saratov 1929.

Gens, A. B.: Der künstliche Abortus als soziale und Milieu-Erscheinung. In: Archiv für soziale Hygiene und Demographie III (1928), 555–558.

Ders.: Abort v derevne. M. 1926.

Ders.: Der Abort auf dem Lande. (1926). In: Sexualforschung und -politik in der Sowjetunion seit 1917. Hg. v. J.S. Hohmann. Frankfurt/M., Bern 1990, 567–587.

Zeitgenössische Literatur

Gernet, M.: Ženščiny-ubijcy. In: Pravo i žizn'. Žurnal posvejaščennyj voprosam prava i ekonomičeskogo stroitel'stvo 5 (1926), Nr. 6–7,78–91.

Gingin, Ja.: Professional'nye sojuzy i bezrabotica (1917–1927 gg.). M. 1927.

Ders.: Bezrabotica i trudovoe posredničestvo. M. 1925.

Ders.: Bezrabotica v SSSR. M. 1925.

Girš, Maks: Zdorov'e i professional'naja zabolevaemost' ženščiny v svete social'noj gigieny. M. 1926.

Ginzburg, A.: Profsojuzy i rabotnica. M.-L. 1926.

Gofmekler, A.B.: Abort. M. o.J.

Golosovker, Samuel Jakovlevič: O polovom byte mužčiny. Kazan' 1927.

A.M. Gorki und die Geschichte der Fabriken und Werke. Sammelband zur Unterstützung der Arbeit an der Betriebsgeschichte. Berlin 1964.

Gurewitsch, Z. A.: Vergleichende internationale Statistik des Alkoholkonsums. In: Archiv für soziale Hygiene und Demographie NF 5(1930), 301–316.

Halle, Fannina W.: Die Frau in Sowjetrussland. Berlin, Wien, Leipzig 1932.

Hanfmann, M.: Familien- und Erbrecht. In: Das Recht Sowjetrusslands. Hg. v. A. Maklezow - N. Timaschew - N. Alexejew - S. Sawadsky. Tübingen 1925, 332–363.

Hesse, Erich: Rezensionen des Buches von Dworetzky, A.: Wohnungsverhältnisse und Wohnungspolitik in Sowjetrussland. In: Archiv für soziale Hygiene und Demographie NF 4(1929) 538.

Hofmann, E.: Der Kampf gegen die Geschlechtskrankheiten in Sowjet-Russland. In: Archiv für soziale Hygiene und Demographie 1(1925/26), 567–573.

Hofmann, Edm. - L. Schreiber: Zur Frage der Geschlechtskrankenbewegung. In: Archiv für soziale Hygiene und Demographie NF 1 (1925/26), 185–188.

Ivanov, I.: Likvidacija bezraboticy i podgatovka kadrov. In: Sovetskoe stroitel'stvo (1930), Nr. 12, 25–35.

Jaroslavskij, Em. - A. Sol'c, N. Semaško, S. Smidovič, A. Kaktyn' : Polovoj vopros. M. 1925.

Jung, Franz: Die Geschichte einer Fabrik. Wien 1924.

Kabo, Elena Osipovna: Očerki rabočego byta. Opyt monografičeskogo issledovanija domašnego rabočego byta. 2 Bde. Band 1. M. 1928.

Dies.: Pitanie russkogo rabočego do i posle vojny. Po statističeskim materialam 1908–1924gg. M. 1926.

Dies.: Rabočaja kul'tura i rabočyj byt. In: Prizyv (1925), Nr. 3, 49–67.

Dies.: Rabočij bjudžet i kul'turnaja revoljucija. In: Kommunističeskaja revoljucija (1928), Nr. 11–12, 27–37.

Kaminskaja, P.: Ženskij trud. M. 1927.

Literaturverzeichnis

Kaplun, S.: Sovremennye problemy ženskogo truda i byta. M. 1924/1925.

Ders.: Arbeiterschutz und Gewerbehygiene in der Union der Sozialistischen Sowjet-Republiken. In: Archiv für soziale Hygiene und Demographie 2(1926/27) 399–405.

Katerli, Elena: Parnju možno, devuške nel'zja. M.-L. 1930.

Kletlinskaja, V. - V. Slepkov: Žizn' bez kontrolja. (Polovaja žizn' i sem'ja rabočej molodeži). M.-L. 1929.

Körber, Lilli: Eine Frau erlebt den roten Alltag. Berlin 1932.

Kogan, B.B. - Lebedinskij, M.S.: Byt rabočej molodeži (po materialam anketnogo obsledovanija). M. 1929.

Kollontai, Alexandra: Die Situation der Frau in der gesellschaftliche Entwicklung. Vierzehn Vorlesungen vor Arbeiterinnen und Bäuerinnen an der Sverdlov-Universität 1921. Übersetzung aus dem Schwedischen. Frankfurt/M. 1975.

Dies.: Selected Articles and Speeches. M. 1972.

Dies.: Ich habe viele Leben gelebt... Autobiographische Aufzeichnungen. Köln 1986, 3. Auflage.

Kollontaj, A.: Brief an die arbeitende Jugend (1923). Der „Drache" und der „weisse Vogel". Molodaja Gvardia (1923) Nr. 2. Dt. gekürzt in: Stücke der zwanziger Jahre. Hg. v. Wolfgang Storch. Frankfurt/M. 1977, 218–219.

Dies.: Autobiographie einer sexuell emanzipierten Kommunistin. München 1970.

Dies.: Der weite Weg. Erzählungen, Aufsätze, Kommentare. Hg. v. Christiane Bauermeister u.a. Frankfurt M. 1979.

Dies.: Die neue Moral und die Arbeiterklasse. Berlin 1920.

Dies.: Obščestvo i materinstvo. M. 1921.

Kollontay, A.M.: Die Arbeiterin und Bäuerin in Sowjetrussland. Leipzig 1921.

Kommuna molodeži. M.-L. 1929.

Kommunističeskaja moral' i semejnye otnošenija. L. 1926.

Konjus, Esther M.: Puti razvitija sovetskoj ochrany materinstva i mladenčestva. M. 1954.

Kožanyj, P.: Rabotnica i byt. M. 1926.

KPSS v rezoljucijach i rešenijach s"ezdov, konferencij i plenumov CK. Tom II (1917–1924), tom III (1924 1927), tom IV (1927–1931). M. 1970.

Krasnuškin, E. K. - Cholzakova, N. G.: Dva slučaja ženščin ubijc-gomoseksualistok. In: Prestupnik i prestupnost'. Sbornik I. M. 1926, 105–120.

Krassilnikian, S.: Die Freigabe der Abtreibung in der Sowjet-Union. Diss. Berlin 1929.

Larin, Jurij: Alkogolizm promyšlennych rabočich i bor'ba s nim. M. 1929.

Larina, E. - Larin, Ju.: Voprosy rabočej žizni. M.-L. 1928.

Lebedewa, Wera: Neues Leben in der Sowjetunion. Mutter- und Kindesschutz. In: Das Neue Russland 5 (1928), Nr. 2, 28–31.

Zeitgenössische Literatur

Dies.: Mutter- und Säuglingsschutz als Vorbedingung zur Schaffung neuer Lebensformen. In: Die Arbeit der KPR unter den Frauen. Hamburg 1924, 63–68.

Lejbovič, Ja.: Ženskie samoubijstva. In: Rabočij sud 8 (1926) 551–560, 9 (1926) 623–632.

Lenin, Wladimir I.: Der „linke Radikalismus", die Kinderkrankheit im Kommunismus. In: Lenin Werke. Bd. 31, April-Dezember 1920. Berlin 1959.

Lunačarskij, A. - N. Krupskaja: Narodnoe obrazovanie i ženščina-obščestvennica. M.-L. 1928.

M.: Trudovoj dogovor domašnej rabotnicy i ee pravo na žiluju ploščad'. In: Voprosy Truda (1925) Nr. 4, 75–78.

Man'kovskij, B. S.: Detoubijstvo. In: Ubijstva i ubijcy. M. 1928, 249—272.

Ders.: Sovremennaja polovaja prestupnost'. In: Pravonarušenija v oblasti seksual'nych otnošenij. M. 1927, 77–107.

Marx, Karl - Friedrich Engels, Wladimir Iljitsch Lenin. Über Kultur, Ästhetik, Literatur. Ausgewählte Texte. Hg. v. Hans Koch. Leipzig 1987.

Marx, Karl - Friedrich Engels: Die deutsche Ideologie. Kritik der neuesten deutschen Philosophie in ihren Repräsentanten Feuerbach, B. Bauer und Stirner, und des deutschen Sozialismus in seinen verschiedenen Propheten. In: Karl Marx, Friedrich Engels. Werke. Bd. 3, Berlin 1969, 28–33.

Mehnert, Klaus: Das zweite Volk meines Lebens. Berichte aus der Sowjetunion, 1925–1983. Stuttgart 1986.

Men'šagin, V. D.: Pritonoderžatel'stvo. (Sociologičeskij očerk). In: Pravonarušenija v oblasti seksual'nach otnošenij. M. 1927, 158–179.

Micheev, V.: Bjudžet vremeni rabočich i služaščich Moskvy i Moskovskoj oblasti. M.- L. 1932.

Minc, Lev Efimovič: Trud i bezrabotica v Rossii (1921g. -1924g.) M. 1924.

Moral'naja statistika 20–ch godov (prestupnost', samoubijstva, alkogolizm, narkomanija i dr.). (= Serija: Istorija statistiki, vyp. 1),M. 1991.

Moskovskij Proletkul't: Ženščina i byt. M. 1926.

Nemilov, A.V.: Biologičeskaja tragedija ženščiny. L. 1925.

Njurina, Fanny: Grimasy byta. In: Novyj mir 8(1928) 166–173.

Ochrana truda v tekstil'noj promyšlennosti. M. 1927.

Oktjabrem roždennye. M. 1967.

Ozereckij, N.I.: Polovye pravonarušenija nesoveršennoletnich. In: Pravonarušenija v oblasti seksual'nych otnošenij. M. 1927, 128–157.

Pasche-Oserski, Nikolai: Das Eherecht in der Sowjetunion. (1929). In: Sexualforschung und -politik in der Sowjetunion seit 1917. Hg. v. J.S. Hohmann. Frankfurt/M., Bern 1990, 384–397.

Literaturverzeichnis

Ders.: Sexualstrafrecht in der Sowjetunion.(1929) In: Sexualforschung und -politik in der Sowjetunion seit 1917. Hg. v. J.S. Hohmann. Frankfurt/M., Bern 1990, 398–406.

Petrova, An: Slučaj izuvečenija muža. In: Prestupnyj mir Moskvy. Sbornik statej. M. 1924, 82–101.

Polljak, G. S.: Bjudžety rabočich i služaščich k načalu 1923 g. M. 1924.

Pravonarušenija v oblasti seksual'nych otnošeniij. Pod redakciej E.K. Krasnuškina, G.M. Segala, C.M. Fajnberg. M. 1927.

Rabinovič, A. I.: Trud i byt rabočego. M. 1923.

Rabotnica na socialističeskoj strojke. Sbornik avtobiografij rabotnic. Institut istorii Moskva, Sekcija istorii proletariata SSSR. Anketnabiografičeskaja komissija. M. 1932.

Rapoport, Vera: Schutz der russischen Arbeiterinnen. Berlin 1934.

Rašin, A. G.: Ženskij Trud v SSSR. Vyp. 1. M. 1928.

Ders.: Sostav fabrično-zavodskogo proletariata SSSR. Predvaritel'nye itogi perepiski metallistov, gornorabočich i tekstil'šikov v 1929g. M. 1930.

Rastopščina, M.: Na kul'turnyj šturm v bytu. In: Kommunističeskaja Revoljucija (1928) Nr. 17–18, 152–154.

Riščev, A.: Byt tekstilščikov kak on est'. In: Revoljucija i kul'tura, Nr. 9, 20–31. M. 1928.

Samojlova, K.: Organizacija rabotnic i ee zadači. Pg. 1919.

Sazonova, N.: Protiv p'janstva i chuliganstva. M. 1929.

Šatov, V.: Chuligany i „chuliganstvujuščie". M.-L. 1927.

Šestakova, A.: Ubijstvo mater'ju novoroždennogo rebenka. In: Problemy prestupnosti. Sbornik. Vyp. 3. M. 1928, 154–163.

Smidovič, S.: Kultur und Lebensweise. M. 1931.

Šmidt, V.: Rabočij klass SSSR i žiliščnyj vopros. M. 1929.

Sokolova, Ol'ga: Kak organizujutsja delegatskie sobranie rabotnic. M.-L. 1926.

Sovetskie organy protiv alkogolizma. Stenogrammy dokladov. M.-L. 1929.

Die Sowjetgesetzgebung über Ehe, Familie und Vormundschaft. Mit einem Vorwort von F. Njurina. Moskau 1932.

Spravočnaja kniga dlja ženščin. M. 1929.

Sputnik likvidatora negramotnosti. M. 1925.

Stal', Ljudmila Nikolaevna: Pečat' i ženskoe kommunističeskoe dviženie. M.-L. 1927.

Strumilin, S. G.: Bjudžet vremeni služaščich. In: Problemy truda. Sbornik Nr.1. M. 1926, 257–283.

Ders.: Bjudžet vremeni russkogo rabočego i krest'janina v 1922–1923 godu. Statistiko-ekonomičeskie očerki. M.-L. 1924.

Stücke der zwanziger Jahre. Hg. v. Wolfgang Storch. Frankfurt/M. 1977.

Zeitgenössische Literatur

Terent'eva, A. N.: Dva slučaja ženščin-rastratčic. In: Prestupnik i prestupnnost'. Sbornik II. M. 1927.

Tezisy i programmy dlja agitacii i propagandy sredi ženščin RKP (b). Otdel rabotnic M.K. RKP. M. 1921.

Toporkov, A.: Kul'tura i byt. In: Narodnyj Učitel' 10(1928), 32–38.

Trinadcatyj s"ezd RKP(b). Moskva. 23.-31. maja 1924 g. O rabote sredi rabotnic i krest'janok. In: KPSS v rezoljucijach i rešenijach s"ezdov, konferencij i plenumov CK. T. 3, 1924–1927. M. 1970, 122–124.

Trockij, Leon: Women and the Family. NY 1970.

Trotsky, Leon: The Protection of Motherhood and the Struggle for Culture. Grussadresse zur 3. Allunionskonferenz zum Schutz von Mutter und Kind am 7.12.1925. In: Ders.: Women and the Family. New York 1970, 31–44.

Trotzki, Leo: Die permanente Revolution. Frankfurt/M. 1969.

Trotzki, Leo: Fragen des Alltagslebens. O.O. 1924.

Ders.: Verratene Revolution. Was ist die Sowjetunion und wohin treibt sie? 1936. 2. Auflage, Essen 1996.

Trotzkij, Leo: Literatur und Revolution. Berlin (Reprint nach der russ. Ausgabe 1924) 1968.

Trud i byt ženščiny kustarki. Vsesojuznyj s"ezd kustarok. Fevral' 1928 g. M. 1928.

Učastnicy velikogo sozidanija. M. 1962.

Učevatov, A.: Iz byta prostitucii našich dnej. In: Pravo i žizn' (1928) Nr. 1, 50–60.

Ukše, S.: Ženščiny korystnye ubijcy. In: Problemy Prestupnosti. Sbornik. Vyp. I. M.-L. 1926.

Vasilevskij, L. M.: Polovoe vospitanie i polovoe prosveščenie. In: Leningradskij medicinskij žurnal 2(1926), 87–94.

Višerskij, N.: Raspredelenie zaključennych po polu i prestuplenijam. In: Sovremennaja Prestupnost'. Vyp. 1. M. 1927, 15–19.

Vlast' ulicy. In: Za novyj byt (1928) Nr. 8–9, 14–16.

Vnukov, V. A.: Ženščiny-ubijcy. In: Ubijstva i ubijcy. M. 1928, 191–248.

Voroncovskij, G.M.: Kak ozdorovit' žilišče. M. 1925.

Voprosy bor'by s ženskoj bezraboticej. M. 1922.

Voronov, D.: Alkogol' v sovremennom bytu. M.-L. (1929) 1930.

Vsegda s vami. Sbornik posvjaščennyj 50–letiju žurnala „Rabotnica" M. 1964.

Weber, Marianne: Beruf und Ehe. Die Beteiligung der Frau an der Wissenschaft. Zwei Vorträge von Marianne Weber. Berlin 1906.

Yarros, Rachelle S.: Social Hygiene Observations in Soviet Russia. In: Journal of Social Hygiene XVI (1930) Nr. 8, 449–464.

Literaturverzeichnis

Ženščiny v revoljucii. Zusammengestellt von A. Artjuchina u.a. M. 1959.

Zetkin, Clara: Nur mit der proletarischen Frau wird der Sozialismus siegen! Rede auf dem Parteitag der Sozialdemokratischen Partei Deutschlands zu Gotha, 16. Oktober 1896. In: Bauer, Karin: Clara Zetkin und die proletarische Frauenbewegung. Berlin 1978, 203–219.

Zetkin, Clara: Erinnerungen an Lenin. Wien, Berlin 1929.

Zinov'ev, G.: Rabotnicam i krest'jankam SSSR. Reči i stat'i 1920–1925 gg. L. 1925.

Zudin, I. - K. Mal'kovskij - P. Šalašov: Meloči žizni. L. 1929

6.4. Sekundärliteratur

Abosch, Heinz: Trotzki und der Bolschewismus. Basel 1975.

Ders.: Trotzki zur Einführung. Hamburg 1990.

Alltagsgeschichte. Zur Rekonstruktion historischer Erfahrungen und Lebensweisen. Hg. v. Alf Lüdtke. Frankfurt/M., NY 1989.

Alltagskultur im Umbruch. Festschrift für Wolfgang Jacobeit zum 75. Geburtstag. Hg. v. Wolfgang Kaschuba, Thomas Scholze, Leonore Scholze-Irrlitz. Köln, Weimar, Wien 1996.

Alltagskultur, Subjektivität und Geschichte. Zur Theorie und Praxis von Alltagsgeschichte. Hg. v. Berliner Geschichtswerkstatt. Münster 1994.

Anderson, Barbara A.: The Life Course of Soviet Women Born 1905–1960. In: Politics, Work, and Daily Life in the USSR. A Survey of Former Soviet Citizens. Hg. v. James R. Millar. Cambridge 1987.

Andrle, Vladimir: Workers in Stalin's Russia. Industrialization and Social Change in a Planned Economy. Harvester-Wheatsheaf 1988.

Antonjan, Ju. M.: Prestupnost, sredi ženščin. M. 1992.

Arbeiteralltag in Stadt und Land. Hg. v. Heiko Haumann. Berlin 1982.

Arbeiterdemokratie oder Parteidiktatur. Hg. von Frits Kool, Erwin Oberländer. Olten, Freiburg/Br. 1967.

Atkinson, D., A. Dallin, G. Lapidus: Women in Russia. Stanford 1977.

Attwood, Lynne: „Rodina-Mat'" and the Soviet Cinema. In: Marianne Liljeström, Eila Mäntysaari, Arja Rosenholm (Hg.): Gender Restructuring in Russian Studies. Conference Papers – Helsinki, August 1993. Tampere 1993, 15–28.

Dies.: The New Soviet Man and Woman – Soviet Views on Psychological Sex Differences. In: Soviet Sisterhodd. Ed. by Barbara Holland. Bloomington, Indiana 1985, 54–77.

Dies.: The New Soviet Man and Woman: Sex-Role Socialization in the USSR. Bloomington, Indiana 1990.

Sekundärliteratur

Dies.: Rationality vs. Romanticism: Representations of Women in the Stalinist Press. Unveröffentlichtes Manuskript Birmingham 1996.

Dies.: Creating the New Soviet Woman: Women's Magazines as Engineers of Female Identity, 1922–1953. New York u.a. 1999.

Badia, Gilbert: Clara Zetkin. Eine neue Biographie. Berlin 1994.

Bajohr, Stefan: „Vater war immer ein linker Kumpel". Braunschweiger Familien und Arbeiterbewegung im ersten Drittel des 20. Jahrhunderts. In: Arbeiteralltag in Stadt und Land. Hg. v. Heiko Haumann. Berlin. 1982, 120–146.

Balachina, Marina Valentinovna: Social'noe-bytovoe položenie žen-rabotnic zapadnoj Sibirii (1921–1929 gg.). Dissertation, Kemerover Universität 1997.

Ball, Alan: State Children, Soviet Russia's Besprizornye and the New Socialist Generation. In: Russian Review 52(1993) 228–247.

Ders.: Survival in the Street World of Soviet Russia's Besprizornye. In: Jahrbücher für Geschichte Osteuropas 39 (1991), Nr.1, 33–52.

Ders.: The Roots of Besprizornost' in Soviet Russia's First Decade. In: Slavic Review 51 (1992), Nr.2, 247–270.

Bauer, Karin: Clara Zetkin und die proletarische Frauenbewegung. Berlin 1978.

Becker-Schmidt, Regina: Frauen und Deklassierung. Geschlecht und Klasse. In: Klasse Geschlecht. Feministische Gesellschaftsanalyse und Wissenschaftskritik. Hg. v. Ursula Beer. Bielefeld 1987, 187–235.

Beer, Ursula: Theorien geschlechtlicher Arbeitsteilung. Frankfurt/M. 1984.

Bergman, Jay: Valerii Chkalov: Soviet Pilot as New Soviet Man. In: Journal of Contemporary History 33(1998) 1, 135–152.

Beryl, Williams: Kollontai and After: Women in the Russian Revolution. In: Women, State and Revolution. Essays on Power and Gender in Europe since 1789. Hg. v. S. Reynolds. Brighton 1986, 60–80, 165.

Bilšaj, V.: Rešenie ženskogo voprosa v SSSR. M. 1956.

Bobroff-Hajal, Anna: Working Women in Russia under the Hunger Tsars. Political Activism and Daily Life. Brooklyn 1994.

Bölke, Gundula: Die Wandlung der Frauenemanzipationsbewegung von Marx bis zur Rätebewegung. Hamburg 1975.

Bolshevik Culture. Experiment and Order in the Russian Revolution. Hg. v. Abbott Gleason, Peter Kenez, Richard Stites. Bloomington, Indiana 1985.

Bonhage, Almut: Mutterschaft in der Zeit der Neuen Ökonomischen Politik. Arbeiterfamilien in Moskau im Spiegel einer soziologischen Untersuchung. Unveröffentlichte Lizentiatsarbeit, Basel 1997.

Bonnell, Victoria: The Representation of Women in Early Soviet Political Art. In: Russian Review 50 (1991), Nr.3, 267–288.

Literaturverzeichnis

Dies.: Roots of Rebellion. Workers Politics and Organizations in St. Petersburg and Moscow, 1900–1914. Berkeley u.a. 1983.

Bosewitz, René: Waifdom in the Soviet Union. Features of the Sub-Culture and the Re-Education. Frankfurt/M., u.a. 1988.

Boym, Svetlana: Common Places: Mythologies of Everyday Life in Russia. Cambridge, Mass. 1994.

Buckley, Mary: The Untold Story of the *Obshchestvennitsa* in the 1930s. In: Europe-Asia Studies 48(1996)4, 569–586.

Dies.: Why be a Shock Worker or a Stakhanovite? In: Women in Russia and Ukraine. Hg. v. Rosalind Marsh. Cambridge 1996, 199–213.

Dies.: Women and Ideology in the Soviet Union. NY 1989.

Chase, William J.: Workers, Society, and the Soviet State: Labor and Life in Moscow, 1918–1929. Urbana 1987.

Chatterjee, Choj: Celebrating Women: International Women's Day in Russia and the Soviet Union, 1909–1939. PhD Diss. Indiana University 1996.

Cheauré, Elisabeth: Feminismus à la russe: Gesellschaftskrise und Geschlechterdiskurs. In: Kultur und Krise: Russland 1987–1997. Hg. v. Elisabeth Cheauré. Berlin 1997.

Christian, David: ‚Living Waters'. Vodka and Russian Society on the Eve of Emancipation. Oxford 1990.

Čirkov, P. M.: Rešenie ženskogo voprosa v SSSR (1917–1937 gg.). M. 1978.

Clements, Barbara Events: The Utopianism of the Zhenotdel. In: Slavic Review 51 (1992), Nr.3, 485–496.

Dies.: Bolshevik Women: The First Generation. In: Women in Eastern Europe and the Soviet Union. Hg. v. Tova Yedlin. NY 1980, 65–74.

Dies.: Bolshevik Feminist. The Life of Aleksandra Kollontai. Bloomington 1979.

Dies.: The Birth of the New Soviet Women. In: Bolshevik Culture. Hg. v. Abbott Gleason - Peter Kenez - Richard Stites. Bloomington 1985, 220–237.

Dies.: The Effects of the Civil War on Women and Family Relations. In: Party, State, and Society in the Russian Civil War. Explorations in Social History. Hg. v. Diane P. Koenker - William G. Rosenberg - Ronald Grigor Suny. Bloomington 1989, 105–122.

Dies.: Bolshevik Women. Cambridge 1997.

Dies.: Daughters of Revolution: A History of Women in the U.S.S.R. Arlington 1994.

Dies.: Later Developments: Trends in Soviet Women's History, 1930 to the Present. In: Russia's Women. Hg. v. Barbara Evans Clements - Barbara A. Engel - Christine D. Worobec. Berkeley u.a. 1991, 267–278.

Coe, Steven: Struggles for Authority in the NĖP Village: The Early Rural Correspondents Movement. In: Europe-Asia Studies 48(1996) Nr. 7, 1151–1172.

Sekundärliteratur

Conze, Susanne: Sowjetische Industriearbeiterinnen in den vierziger Jahren. Die Auswirkungen des Zweiten Weltkrieges auf die Erwerbstätigkeit von Frauen in der UdSSR, 1941–1950. Unveröffentlichte Dissertation, Bielefeld 1998.

Dies.: Weder Emanzipation noch Tradition. Stalinistische Frauenpolitik in den vierziger Jahren. In: Stalinismus. Hg. v. Stefan Plaggenborg. Berlin 1998, 293–320.

Cultural Revolution in Russia 1928–1931. Hg. v. Sheila Fitzpatrick. Columbia 1978.

Dahlmann, Dittmar: Ludwig Knoop: ein Unternehmerleben. In: „... das einzige Land in Europa, das eine grosse Zukunft vor sich hat." Deutsche Unternehmen und Unternehmer im Russischen Reich im 19. und frühen 20. Jahrhundert. Hg. v. Dittmar Dahlmann - Carmen Scheide. Essen 1998, 361–378.

Daniels, Robert V.: Das Gewissen der Revolution. Kommunistische Opposition in der Sowjetunion. Berlin 1978.

David-Fox, Michael: Revolution of the Mind. Higher Learning among the Bolsheviks, 1918–1929. Ithaca, London 1997.

Davies, R. W.: Moscow Politics and the Rise of Stalin. The Communist Party in the Capital, 1925–32. London 1990.

Deutscher, Isaac: Trotzki. 3 Bde. Stuttgart u.a. 1972, 2. Auflage.

Dragadze, Tamara: Gender, Ethnicity and Alcohol in the Former Soviet Union. In: Gender, Drink and Drugs. Hg. v. Maryon McDonald. Oxford, Providence 1994, 145–152.

Edmondson, Linda H.: Feminism in Russia, 1900–1917. London 1984.

Eichwede, Wolfgang: Strukturprobleme der sowjetischen Industriearbeiterschaft in den zwanziger Jahren. In: Geschichte und Gesellschaft (1979), Nr. 3, 356–377.

Eklof, Ben.: Russian Peasant Schools. Officialdom, Village Culture, and Popular Pedagogy, 1861–1914. Berkeley 1986.

Elwood, R. C.: Inessa Armand. Revolutionary and Feminist. NY, Cambridge 1992.

Engel, Barbara Alpern: Between the Fields and the City. Women, Work, and Family in Russia, 1861–1914. Cambridge 1994.

Engelstein, Laura: The Keys to Happiness. Sex and the Search for Modernity in Fin-de-Siècle Russia. Ithaca, London 1992.

Ennker, Benno: Leninkult und mythisches Denken in der sowjetischen Öffentlichkeit 1924. In: Jahrbücher für Geschichte Osteuropas 44(1996) Nr. 3, 431–455.

Ders.: Die Anfänge des Leninkultes. Ursachen und Entwicklung in der Sowjetunion in den zwanziger Jahren. Köln, Weimar, Wien 1997.

Farnsworth, Beatrice Brodsky: Communist Feminism: Its Synthesis and Demise. In: Women, War and Revolution. Hg. von Carol R. Berkin - Clara M. Lovett. NY, London 1980, 145–163.

Dies.: Bolshevik Alternative and the Soviet Family: The 1926 Marriage Law Debate. In: Women in Russia. Hg. v. Dorothy Atkinson, Alexander Dallin, Gail Warshofsky Lapidus. Stanford 1977, 139–165.

Literaturverzeichnis

Dies.: Bolshevism, the Woman Question, and Aleksandra Kollontai. In: The American Historical Review 81 (1976), Nr.1, 292–316.

Dies.: Aleksandra Kollontai. Socialism, Feminism, and the Bolshevik Revolution. Stanford, California 1980.

Dies.: Rural Women and the Law: Divorce and Property Rights in the 1920s. In: Russian Peasant Women. Hg. v. B. Farnsworth, Lynne Viola. NY, Oxford 1992, 167–188.

Dies.: Village Women Experience the Revolution. In: Russian Peasant Women. Hg. v. Beatrice Farnsworth - Lynne Viola. New York, Oxford 1992, 145–166.

Fetscher, Iring: Unabhängige Gewerkschaften in einem Land des „real existierenden Sozialismus". In: Jahrbuch Arbeiterbewegung. Geschichte und Theorie. 1981: Politischer Streik. Hg. v. Gerhard Haupt u.a. Frankfurt/M. 1981, 250–265.

Fieseler, Beate: Frauen auf dem Weg in die russische Sozialdemokratie, 1890–1917. Eine kollektive Biographie. Stuttgart 1995.

Dies.: „Ein Huhn ist kein Vogel – ein Weib ist kein Mensch". Russische Frauen (1860–1930) im Spiegel historischer Forschung. In: Frauengeschichte: Gesucht – Gefunden?. Auskünfte zum Stand der historischen Frauenforschung. Hg. v. Beate Fieseler - Birgit Schulze. Köln, Wien 1991, 214–235.

Fitzpatrick, Sheila: Ascribing Class: The Construction of Social Identity in Soviet Russia. In: Jounal of Modern History 65(1993) 745–770.

Dies.: Education and Social Mobility in the Soviet Union: 1921–1934. Cambridge 1979.

Dies.: Middle-Class Values' and Soviet Life in the 1930,s. In: Soviet Society and Culture: Essays in Honor of Vera S. Dunham. Hg. v. Terry L. Thompson, Richard Sheldon. Boulder 1988,

Dies.: Sex and Revolution: An Examination of Literary and Statistical Data on the Mores of Soviet Students in the 1920s. In: Journal of Modern History 50 (1978), 252–278.

Dies.: The Bolsheviks' Dilemma: Class, Culture and Politics in the Early Soviet Years. In: Slavic Review 47 (1988), Nr.4, 599–619.

Dies.: The Cultural Front. Power and Culture in Revolutionary Russia. Ithaca, London 1992.

Was sind Frauen? Was sind Männer? Geschlechterkonstruktionen im historischen Wandel. Hg. v. Christiane Eifert, Angelika Epple, Martina Kessel, Marlies Michaelis, Claudia Nowak, Katharina Schicke, Dorothea Weltecke. Frankfurt/M. 1996

Gender Politics and Post-Communism. Reflections from Eastern Europe and the Former Soviet Union. Hg. v. Nanette Funk, M. Müller. NY, London 1993.

Geschlechtergeschichte und Allgemeine Geschichte. Herausforderungen und Perspektiven. Hg. v. Hans Medick, Ann-Charlott Trepp. Göttingen 1998.

Geschlechterhierarchie und Arbeitsteilung: zur Geschichte ungleicher Erwerbschancen von Männern und Frauen. Hg. v. Karin Hausen. Göttingen 1993.

Gender, Drink and Drugs. Hg. v. Maryon McDonald. Providence 1992.

Sekundärliteratur

Gender Restructuring in Russian Studies. Conference Papers, Helsinki, August 1992. Hg. v. Marianne Liljeström, Eila Mäntysaari, Arja Rosenholm. Tampere 1993.

Genus. Zur Geschlechterdifferenz in den Kulturwissenschaften. Hg. v. Hadumod Bußmann, Renate Hof. Stuttgart 1995.

Gillen, Eckhart: Von der politischen Allegorie zum sowjetischen Montageplakat. In: Kultur und Kulturrevolution in der Sowjetunion. Hg. v. Eberhard Knödler-Bunte - Gernot Erler. Berlin 1978, 57–80.

Gilmore, David G.: Mythos Mann. München 1991.

Glickman, Rose L.: Russian Factory Women. Workplace and Society, 1880–1914. Berkeley 1984.

Goldman, Wendy Zeva: Industrial Politics, Peasant Rebellion and the Death of the Proletarian Women's Movement in the USSR. In: Slavic Review 55 (1996) Nr. 1, 46–77.

Dies.: Working-Class Women and the „Withering Away" of the Family. Popular Responses to Family Policy. In: Russia in the Era of NÉP. Hg. von Sheila Fitzpatrick - Alexander Rabinowitch - Richard Stites. Bloomington 1991, 125–143.

Dies.: The „Withering Away" and the Resurrection of the Soviet Family, 1917–1936. Pennsylvania 1987.

Dies.: Women, the State and Revolution: Soviet Family Policy and Social Life, 1917–1936. Cambridge 1993.

Dies.: Women, Abortion, and the State, 1917–36. In: Russia's Women. Accommodation, Resistance, Transformation. Hg. von Barbara Evans Clements, Barbara Alpern Engel, Christine D. Worobec. Berkeley u.a. 1991, 243–266.

Gooderham, Peter: The Komsomol and Worker Youth: The Inculcation of „Communist Values" in Leningrad during NÉP. In: Soviet Studies 34(1982) 506–529.

Gorham, Michael S.: Tongue-tied Writers: The Rabsel'kor Movement and the Voice of the „New Intelligentsia" in Early Soviet Russia. In: The Russian Review 55 (1996) 412–429.

Gorsen, Peter - Eberhard Knödler-Bunte: Proletkult. 2 Bde. Stuttgart 1974/75.

Gorsuch, Anne E.: Soviet Youth and the Politics of Popular Culture during NÉP. In: Social History 17 (1992) 189–201.

Dies.: NÉP Be damned! Young Militants in the 1920s and the Culture of Civil War. In: Russian Review 56(1997) 564–580.

Dies.: „A Women is not a Man": The Culture of Gender and Generation in Soviet Russia, 1921–1928. In: Slavic Review 55 (1996) 3, 636–660.

Gorzka, Gabriele: A. Bogdanov und der russische Proletkult. Theorie und Praxis einer sozialistischen Kulurrevolution. Frankfurt, NY 1980.

Dies.: Arbeiterkultur in der Sowjetunion: Industriearbeiter-Klubs 1917–1929. Ein Beitrag zur sowjetischen Kulturgeschichte. Berlin 1990.

Literaturverzeichnis

Guski, Andreas: Zur Entwicklung der sowjetischen Arbeiter- und Bauernkorrespondentenbewegung 1917–1932. In: Kultur und Kulturrevolution in der Sowjetunion. Hg. v. Eberhard Knödler-Bunte - Gernot Erler. Berlin 1978, 94–104.

Hagemann, Karen: „We need not concern ourselves...", Militärgeschichte – Geschlechtergeschichte – Männergeschichte: Anmerkungen zur Forschung. In: traverse (1998) 1, 75–94.

Dies.: Frauenalltag und Männerpolitik. Alltagsleben und gesellschaftliches Handeln von Arbeiterfrauen in der Weimarer Republik. Bonn 1990.

Dies.: Von „guten" und „schlechten" Hausfrauen. Möglichkeiten und Grenzen der Rationalisierung im großstädtischen Arbeiterhaushalt der Weimarer Republik. In: Historische Mitteilungen 8(1995) Nr. 1, 65–84.

Hatch, John: Hangouts and Hangovers: State, Class and Culture in Moscow's Worker's Club Movement, 1925–1928. In: The Russian Review 53 (1994), Nr. 1, 97–117.

Ders.: Labor and Politics in NEP Russia: Workers, Trade Unions, and the Communist Party in Moscow, 1921–1926. Ph. Diss, University of California, Irvine 1985.

Haumann, Heiko: „Ich habe gedacht, dass die Arbeiter in den Städten besser leben". Arbeiter bäuerlicher Herkunft in der Industrialisierung des Zarenreiches und der frühen Sowjetunion. In: Schweizerische Zeitschrift für Geschichte 43 (1993), 42–60.

Ders.: Geschichte Russlands. München, Zürich 1996.

Ders.: Utopie einer herrschaftsfreien Gesellschaft und Praxis gewalthafter Verhältnisse. Offene Fragen zur Erforschung der Frühgeschichte Sowjetrusslands (1917–1921). In: Achiv für Sozialgeschichte 34(1994) 19–34.

Ders. - Martin Schaffner: Überlegungen zur Arbeit mit dem Kulturbegriff in den Geschichtswissenschaften. In: Uni Nova. Mitteilungen aus der Universität Basel (1994) Nr. 70, 18–21.

Hausen, Karin: Öffentlichkeit und Privatheit. Gesellschaftspolitische Konstruktionen und die Geschichte der Geschlechterbeziehungen. In: Frauengeschichte – Geschlechtergeschichte. Hg. v. Karin Hausen, Heide Wunder. Frankfurt/M. 1992, 81–88.

Dies.: Wirtschaften mit der Geschlechterordnung. Ein Essay. In: Geschlechterhierarchie und Arbeitsteilung. Zur Geschichte ungleicher Erwerbschancen von Männern und Frauen. Hg. v. Karin Hausen. Göttingen 1993, 40–70.

Dies.: Die Nicht-Einheit der Geschichte als historiographische Herausforderung. Zur historischen Relevanz und Anstößigkeit der Geschlechtergeschichte. In: Geschlechtergeschichte und Allgemeine Geschichte. Herausforderungen und Perspektiven. Hg. v. Hans Medick, Ann-Charlott Trepp. Göttingen 1998, 15–55.

Hayden, Carol Eubanks: The Zhenotdel and the Bolshevik Party. In: Russian History 3 (1976) 150–173.

Healey, Dan: Evgeniia/Evgenii: Queer Case Histories in the First Years of Soviet Power. In: Gender and History 9(1997)Nr. 1, 83–106.

Sekundärliteratur

Health and Society in Revolutionary Russia. Hg. v. Susan Gross Solomon, John F. Hutchinson. Bloomington 1990.

Hildermeier, Manfred: Geschichte der Sowjetunion 1917–1991. Entstehung und Niedergang des ersten sozialistischen Staates. München 1998.

Hochstrasser, Olivia: Ein Haus und seine Menschen 1549–1989. Ein Versuch zum Verhältnis von Mikroforschung und Sozialgeschichte. Tübingen 1993.

Hof, Renate: Die Entwicklung der Gender Studies. In: Genus. Zur Geschlechterdifferenz in den Kulturwissenschaften. Hg. v. Hadumod Bußmann, Renate Hof. Stuttgart 1995, 3–33.

Hoffmann, David L.: Peasant Metropolis: Social Identities in Moscow, 1929–1941. Ithaca, NY 1994.

Holt, Alix: Marxism and Women's oppression: Bolshevik theory and practice in the 1920's. In: Women in Eastern Europe and the Soviet Union. Hg. v. Tova Yedlin. NY 1980, 87–114.

Hubbs, Joanna: Mother Russia: The Feminine Myth in Russian Culture. Bloomington 1988.

Husband, William B.: Revolution in the Factory: The Birth of Soviet Textile Industry, 1917–20. NY, Oxford 1990.

Hyer, Janet: Managing the Female Organism: Doctors and the Medicalization of Women's Paid Work in Soviet Russia during the 1920s. In: Women in Russia and Ukraine. Hg. v. Rosalind Marsh. Cambridge 1996, 111–120.

Ilić, Melanie: Women Workers in the Soviet Interwar Economy. From ‚Protection' to ‚Equality'. Basingstoke, NY 1999.

Johns, Andreas: Baba Iaga and the Russian Mother. In: Slavic and East European Journal 42(1998) Nr. 1, 21–36.

Johnson, R.E.: Family Life in Moscow during NĖP. In: Russia in the Era of NĖP. Hg. von Sheila Fitzpatrick, Alexander Rabinowitch, Richard Stites. Bloomington, Indiana 1991, 106–124.

Juviler, Peter H.: Cell Mutation in Soviet Society: The Family. In: Soviet Society and Culture. Hg. v. Terry L. Thompson - Richard Sheldon. Boulder, London 1988, 39–57.

Kaplan, Tema: Women and Communal Strikes in the Crisis of 1917–1922. In: Becoming Visible: Women in European History. Ed. by Renate Bridenthal, Claudia Koonz, Susan Stuard. Boston 1987.

Keller, Shoshana: Trapped between State and Society: Women's Liberation and Islam in Soviet Uzbekistan, 1926–1941. In: Journal of Women's History 10 (1998) Nr. 1, 20–44.

Köbberling, Anna: Zwischen Liquidation und Wiedergeburt. Frauenbewegung in Russland von 1917 bis heute. Frankfurt/M., NY 1993.

Literaturverzeichnis

Dies.: Aktuelle Strömungen der russischen Frauenbewegung. In: Osteuropa 44 (1994) Nr. 6, 566–577.

Koenker, Diane P.: Factory Tales: Narratives of Industrial Relations in the Transition to NEP. In: The Russian Review 55 (1996) 384–411.

Dies.: Men against Women on the Shop Floor in Early Soviet Russia: Gender and Class in the Socialist Workplace. In: American Historical Review 100(1995) Nr. 5, 1438–1464.

Kon, Igor S.: The Sexual Revolution in Russia: From the Age of the Czars to Today. NY 1995.

Koonz, Claudia: Mütter im Vaterland. Frauen im Dritten Reich. Freiburg/Br. 1991.

Korovushkina, Irina: Paradoxes of Gender: Writing History in Post-Communist Russia 1987–1998. In: Gender & History 11 (1999) Nr. 3, 569–582.

Kosing, Alfred: Wörterbuch der marxistisch-leninistischen Philosophie. Berlin 1989.

Kuhn, Axel: Die proletarische Familie. Wie Arbeiter in ihren Lebenserinnerungen über den Ehealltag berichten. In: Arbeiteralltag in Stadt und Land. Hg. v. Heiko Haumann. Berlin 1982, 89–119.

Kulikova, I.S.: Zur Lösung der Frauenfrage in der UdSSR (1917–1939). In: Zeitschrift für Geschichtswissenschaft 28 (1980), 752–759.

Kulikowa, I.S.: Die Lösung der Frauenfrage in der Sowjetunion. In: Arbeiterbewegung und Feminismus. Berichte aus vierzehn Ländern. Hg. v. Ernest Bornemann. Frankfurt/M. u.a. 1981, 220–259.

Kultur und Kulturrevolution in der Sowjetunion. Hg. v. Eberhard Knödler-Bunte - Gernot Erler. Berlin 1978.

Kuromiya, Hiroaki: Stalin's Industrial Revolution. Politics and Workers, 1928–1932. Cambridge 1988.

Landes, Joan B.: Marxism and the „Woman Question". In: Promissory Notes. Women in the Transition to Socialism. Hg. von Sonia Kruks, Rayna Rapp, Marilyn B. Young. NY 1989, 15–27.

Lapidus, Gail Warshofsky: Sexual Equality in Soviet Policy. In: Women in Russia. Hg. v. Dorothy Atkinson - Alexander Dallin - Gail Warshofsky Lapidus. Stanford 1977, 115–138.

Lebina, N.B.: Tenevnye storony žizni sovetskogo goroda 20–30ch godov. In: Vorosy istorii 1994, Nr. 2, 30 42.

Lengwiler, Martin: Aktuelle Perspektiven der historischen Männlichkeitsforschung im angelsächsischen Raum. In: traverse (1998)1, 25–34.

Lewytzkyj, Borys: Die Gewerkschaften in der Sowjetunion. Geschichte, Aufgaben und Stellenwert der Gewerkschaften in der sowjetischen Gesellschaft. Frankfurt/M. 1970.

Sekundärliteratur

Listova, T. A.: Russian Rituals, Customs and Beliefs Associated with the Midwife (1850–1930). In: Russian Traditional Culture. Religion, Gender, and Customary Law. Hg. v. M. Mandelstam Balzer. Armonk, London 1992, 122–145.

Litvinova, G. I. - N. V. Popova: Istoričesky opyt rešenija ženskogo voprosa v SSSR. In: Voprosy Istorii 11 (1975), 7–17.

Löwe, Heinz-Dietrich: Die arbeitende Frau. Traditionelle Räume und neue Rollen, Russland 1860–1917. In: Aufgaben, Rollen und Räume von Mann und Frau. Hg. v. Jochen Martin - Renate Zoepffel. Freiburg 1989, 937–972.

Maier, Robert: Die Hausfrau als *kul'turtreger* im Sozialismus. Zur Geschichte der Ehefrauen-Bewegung in den 30er Jahren. In: Kultur im Stalinismus. Hg. v. Gabriele Gorzka. Bremen 1994.

Ders.: Die Köchin krempelt die Ärmel hoch. Frauen unter Stalin. In: Institut für Wissenschaft und Kunst. Mitteilungen 45(1990) Nr. 3, 8–15.

Ders.: „In unseren Reihen schlichen sich als scheinbare Aktivistinnen die Frauen der Feinde ein, so die des Lemberg ..." Der Zusammenbruch der Ehefrauen Bewegung in der Sowjetunion. In: Finis mundi. Stuttgart 1998, 131–146.

Mally, Lynn: Culture of the Future: The Proletkult Movement in Revolutionary Russia. Berkeley 1989.

Dies.: Performing the New Woman: The Komsomolka as Actress and Image in Soviet Youth Theater. In: Journal of Social History 30(1996) Nr. 1, 79–95.

Mamonova, Tatjana: Russian Women's Studies: Essays on Sexism in the Soviet Culture. Oxford, Frankfurt/M. 1988.

Mandelstam Balzer, Marjorie: Russian Traditional Culture. Religion, Gender, and Customary Law. NY 1992.

Männergeschichte – Geschlechtergeschichte. Hg. v. Thomas Kühne. Frankfurt/M. 1996.

McDermid, Jane - Anna Hillyar: Midwives of the Revolution. Female Bolsheviks and Women Workers in 1917. London 1999.

McDonald, Maryon: A Social-Anthropological View of Gender, Drink and Drugs. In: Gender, Drink and Drugs. Hg. v. Maryon McDonald. Oxford, Providence 1994, 1–31.

McNeal, Robert H.: The Early Decrees of Zhenotdel. In: Women in Eastern Europe and the Soviet Union. Hg. v. Tova Yedlin. NY 1980, 75–86.

Merfeld, Mechthild: Die Emanzipation der Frau in der sozialistischen Theorie und Praxis. Reinbeck bei Hamburg 1972.

Mergel, Thomas: Kulturgeschichte – die neue „große Erzählung"? Wissenssoziologische Bemerkungen zur Konzeptualisierung sozialer Wirklichkeit in der Geschichtswissenschaft. In: Kulturgeschichte Heute. Hg. v. Wolfgang Hardtwig, Hans-Ulrich Wehler. Göttingen 1996, 41–77.

Literaturverzeichnis

Meyer, Alfred G.: The Feminism and Socialism of Lily Braun. Bloomington, Indiana 1985.

Ders.: Marxism and the Women's Movement. In: Women in Russia. Hg. v. Dorothy Atkinson - Alexander Dallin - Gail Lapidus. Hassocks 1978, 85–112.

Meyer, Gert: Alltagsleben sowjetischer Industriearbeiter Mitte der zwanziger Jahre. In: Beiträge zur Sozialismusanalyse, Bd. 2. Hg. v. Peter Brokmeier - R. Rilling. Köln 1979.

Ders.: Sozialstruktur sowjetischer Industriearbeiter Ende der zwanziger Jahre. Ergebnisse der Gewerkschaftsumfrage unter Metall-, Textil- und Bergarbeitern 1929. Marburg 1981.

Müller, Derek: Der Topos des Neuen Menschen in der russischen und sowjetischen Geistesgeschichte. Bern 1998.

Müller, Mirjam: Kascha, Küchen, Kommunisten. Das System der öffentlichen Speisung in der Sowjetunion, 1923–1929. Unveröffentlichte Magisterarbeit, Berlin 1997.

Naiman, E.: The Case of Chubarov Alley: Collective Rape, Utopian Desire and the Mentality of NEP. In: Russian History 17 (1990), Nr. 1, 1–30.

Ders.: Sex in Public. The Incarnation of Early Soviet Ideology. Princeton, NJ 1997.

Neary, Rebecca Balmas: Mothering Socialist Society: The Wife-Activists' Movement and the Soviet Culture of Daily Life, 1934–41. In: The Russian Review 58(1999) 396–412.

Neuberger, Joan: Hooliganism. Crime, Culture, and Power in St. Petersburg 1900–1914. Berkeley, California 1993.

Dies.: Culture besieged: Hooliganism and Futurism. In: Cultures in Flux. Lower-Class Values, Practices, and Resistance in Late Imperial Russia. Hg. v. Stephen Frank - Mark D. Steinberg. Princeton 1994, 185–203.

Okoročkova, Tat'jana Sergeevna: Dejatel'nost' ženotdelov partijnych komitetov po vovlečeniju ženščin v socialističeskoe stroitel'stvo (1919–1929 gg.). Avtoreferat. M. 1990.

Peters, Jochen-Ulrich: Kunst als organisierte Erfahrung. Über den Zusammenhang von Kunsttheorie, Literaturkritik und Kulturpolitik bei A.V. Lunačarskij. München 1980.

Phillips, Laura L.: In Defense of Their Families: Working-Class Women, Alcohol, and Politics in Revolutionary Russia. In: Journal of Women's History 11 (1999) Nr. 1, 97–120.

Pietrow-Ennker, Bianka: Russlands „neue Menschen". Die Entwicklung der Frauenbewegung von den Anfängen bis zur Oktoberrevolution. Frankfurt/M. 1999.

Plaggenborg, Stefan: Gewalt und Militanz in Sowjetrussland 1917–1930. In: Jahrbücher für Geschichte Osteuropas 44 (1996) Nr. 3, 409–430.

Ders.: Revolutionskultur. Menschenbilder und kulturelle Praxis in Sowjetrussland zwischen Oktoberrevolution und Stalinismus. Köln, Weimar, Wien 1996.

Sekundärliteratur

Ders.: Volksreligiosität und antireligiöse Propaganda in der frühen Sowjetunion. In: Archiv für Sozialgeschichte 32 (1992), 95–130.

Ders.: Weltkrieg, Bürgerkrieg, Klassenkrieg. Mentalitätsgeschichtliche Versuche über die Gewalt in Sowjetrussland. In: Historische Anthropologie (1996) 493–505.

Ders.: Die Organisation des Sowjetstaates. In: Handbuch der Geschichte Russlands. Band 3/2. Halbband: 1856–1945. Von den autokratischen Reformen zum Sowjetstaat. Hg. v. Gottfried Schramm. Stuttgart 1992, 1425ff.

Plener, Ulla: Lenin über Parteidisziplin. Ein Exkurs. In: Beiträge zur Geschichte der Arbeiterbewegung 40 (1998) Nr. 4, 56–64.

Plogstedt, Sybille: Arbeitskämpfe in der sowjetischen Industrie, 1917–1933. Frankfurt/M., NY 1980.

Pochlebaev, V. Ja. - Bar_inov, N. K.: Izvraščenie byta. (Sovremennaja derevnja). In: Prosveščenie na urale (1929) Nr. 1(44), 59–64.

Podljaschuk, Pawel: Inessa. Ein dokumentarischer Bericht über das Leben der Inès Armand. Berlin 1987.

Pospielovsky, Andrew: Strikes during the NĖP. In: Revolutionary Russia 10 (1997) Nr. 1, 1–34.

Pott, Philipp: Die Geschichte der Kommunalka in der Sowjetunion. Eine lebensweltliche Untersuchung. Lizentiatsarbeit Universität Basel 2000. (Unveröffentlichtes Manuskript)

Proletarische Kulturrevolution in Sowjetrussland (1917–1921). Dokumente des „Proletkult". Hg. v. Richard Lorenz. München 1969.

Pütz, Karl: Zeitbudgetforschung in der Sowjetunion. Zur empirischen Sozialforschung in der UdSSR. Meisenheim am Glan 1970.

Pushkareva, Natalia: Women in Russian History from the Tenth to the Twentieth century. Armonk, NY 1997;

Puškareva, N.L.: Častnaja žizn' russkoj ženščiny: nevesta, žena, ljubovnica (X-načalo XIX v.). M. 1997.

Dies.: Gendernye issledovanija: roždenie, stanovlenie, metody i perspektivy. In: Voprosy Istorii (1998) Nr. 6, 76–86.

A Radical Worker in Tsarist Russia. The Autobiography of Semen Ivanovich Kanatchikov. Translated and Edited by Reginald E. Zelnik. Stanford 1986.

Raether, Gabriele: Alexandra Kollontai zur Einführung. Hamburg 1986.

A Researchers Guide to Sources on Soviet Social History in the 1930's. Hg. v. Sheila Fitzpatrick - Lynne Viola. NY 1990.

A Revolution of their Own: Voices of Women in Soviet History. Hg. v. Barbara Alpern Engel - Anastasia Posadskaya-Vanderbeck. Boulder, Oxford 1998.

Rialand, Marie-Rose: L'Alcool et les Russes. Paris 1989.

Literaturverzeichnis

Rigby, Thomas H.: Communist Party Membership in the U.S.S.R. 1917–1967. Princeton, New Jersey 1968.

Roberts, Elizabeth: A Woman's Place. An Oral History of Working-Class Women 1890–1940. Oxford 1984.

Roper, Lyndal: Männlichkeit und männliche Ehre. In: Frauengeschichte – Geschlechtergeschichte. Hg. v. Karin Hausen, Heide Wunder. Frankfurt/M., NY 1992, 154–172.

Rosenbaum, Heidi: Proletarische Familien. Arbeiterfamilien und Arbeiterväter im frühen 20. Jahrhundert zwischen traditioneller, sozialdemokratischer und kleinbürgerlicher Orientierung. Frankfurt/M. 1992.

Rosenhaft, Eve: Zwei Geschlechter – eine Geschichte? Frauengeschichte, Männergeschichte, Geschlechtergeschichte und ihre Folgen für unsere Geschichtswahrnehmung. In: Was sind Frauen? Was sind Männer? Geschlechterkonstruktionen im historischen Wandel. Hg. v. Christiane Eifert, Angelika Epple, Martina Kessel, Marlies Michaelis, Claudia Nowak, Katharina Schicke, Dorothea Weltecke. Frankfurt/M. 1996, 257–274.

Rosenholm, Arja: Gendering Awakening. Femininity and the Russian Woman Question of the 1860s. Helsinki 1999.

Russia in the Era of NEP. Explorations in Soviet Society and Culture. Hg. v. Sheila Fitzpatrick - Alexander Rabinowitch - Richard Stites. Bloomington 1991.

Russia's Women: Accommodation, Resistance, Transformation. Hg. v. Barbara E. Clements - Barbara A. Engel - Christine D. Worobec. Berkeley 1991.

Russian Traditional Culture: Recent Studies of Religion, Gender and Customary Law. Hg v. Marjorie Balzer. 1992.

Rustemeyer, Angela: Dienstboten in Petersburg und Moskau 1861–1917. Stuttgart 1996.

Dies. - Diana Siebert: Alltagsgeschichte der unteren Schichten im Russischen Reich (1861–1914). Kommentierte Bibliographie zeitgenössischer Titel und Bericht über die Forschung. Stuttgart 1997.

Ruthchild, Rochelle Goldberg: Women in Russia and the Soviet Union. An Annotated Bibliography. NY, Toronto, Oxford 1994.

Sacks, Michael Paul: Women in the Industrial Labor Force. In: Women in Russia. Hg. v. Dorothy Atkinson - Alexander Dallin - Gail Warshofsky Lapidus. Stanford 1977, 189–204.

Sarasin, Philipp: Arbeit, Sprache – Alltag. Wozu noch „Alltagsgeschichte"? In: Werkstatt Geschichte 15 (1996) 72–85.

Sartorti, Rosalinde: „Weben ist das Glück fürs ganze Land". Zur Inszenierung eines Frauenideals. In: Stalinismus. Hg. v. Stefan Plaggenborg. Berlin 1998, 267–291.

Scheide, Carmen: Larisa Reisner. Eine historische Biographie. Unv. Manuskript 1991. (= Magisterarbeit Universität Freiburg/Br.)

Sekundärliteratur

Dies.: Frauenbildung. Gesellschaftlicher Aufbruch und Mängel staatlicher Politik. In: Aufbruch der Gesellschaft im verordneten Staat. Russland in der Spätphase des Zarenreiches. Hg. v. Heiko Haumann - Stefan Plaggenborg. Frankfurt/M. u.a. 1994, 296–317.

Dies.: ‚Born in October'. The Life and Thought of Aleksandra Vasil'evna Artyukhina, 1889–1969. In: Women in the Stalin Era. Hg. v. Melanie Ilič. Erscheint voraussichtlich London 2001.

Schlögel, Karl: Kommunalka – oder Kommunismus als Lebensform. Zu einer historischen Topographie der Sowjetunion. In: Historische Anthropologie 6 (1998) Nr. 3, 329–346.

Schrand, Thomas G.: Soviet „Civic-minded Women" in the 1930s: Gender, Class, and Industrialization in a Socialist Society. In: Journal of Women's History 11 (1999) Nr. 3, 126–150

Schröder, Hans-Henning: Arbeiterschaft, Wirtschaftsführung und Parteibürokratie während der NĖP. Eine Sozialgeschichte der bolschewistischen Partei 1920–1928. Berlin 1982.

Ders.: Industrialisierung und Parteibürokratie in der Sowjetunion. Ein sozialgeschichtlicher Versuch über die Anfangsphase des Stalinismus (1928–1934). Wiesbaden 1988.

Scott, Joan Wallach: Gender: Eine nützliche Kategorie der historischen Analyse. In: Selbst Bewusst. Frauen in den USA. Leipzig 1994, 27–76.

Dies.: Gender: A Useful Category of Historical Analysis. In: American Historical Review 91 (1986) Nr. 5, 1053–1075.

Dies.: Die Arbeiterin. In: Geschichte der Frauen. Bd. 4, 19. Jahrhundert. Hg. v. Geneviève Fraise - Michelle Perrot. Frankfurt/M., NY 1994, 451–479.

Dies.: Über Sprache, Geschlecht und die Geschichte der Arbeiterklasse. In: Geschichte schreiben in der Postmoderne. Hg. v. Christoph Conrad, Martina Kessel. Stuttgart 1994, 283–309.

Sexualforschung und -politik in der Sowjetunion seit 1917. Eine Bestandsaufnahme in Kommentaren und historischen Texten. Hg. v. Joachim S. Hohmann. Frankfurt/M., Bern u.a. 1990.

Sexuality and the Body in Russian Culture. Hg. v. Janet Costlow, Stephanie Sandler, Judith Vowles. Stanford, CA 1993.

Shapiro, Judith C.: Unemployment and Politics in NĖP Russia. Paper presentes to the Soviet Industrialisation Project Seminar CREES, University of Birmingham, December 1988.

Shearer, David: Industriy, State, and Society in Stalin's Russia, 1926–1934. Ithaca, NY 1996.

Shelley, Louise: Female Criminality in the 1920's. A Consequence of Inadvertent and Deliberate Change. In: Russian History 9 (1982), 265–284.

Literaturverzeichnis

Shkliarevsky, Gennady: Labor in the Russian Revolution: Factory Commitees and Trade Unions, 1917–1918. NY 1993.

Siegelbaum, Lewis A.: Soviet State and Society between Revolutions, 1918–1929. Cambridge 1992.

Sinjawskij, Andrej: Der Traum vom neuen Menschen oder die Sowjetzivilisation. Frankfurt/M. 1989.

Sochor, Zenovia A.: Revolution and Culture. The Bogdanov-Lenin Controversy. Ithaca, London 1988.

Socialist Women. European Socialist Feminism in the 19th and early 20th Centuries. Hg. v. Marilyn I. Boxer - J. H. Quataert. NY 1978.

Solomon, Susan Gross: The Demographic Argument in Soviet Debates over the Legalization of Abortion in the 1920's. In: Cahiers du Monde Russe et Soviétique 33 (1992), Nr. 1, 59–82.

Sozialgeschichte, Alltagsgeschichte, Mikro-Historie. Eine Diskussion. Hg. v. Winfried Schulze. Göttingen 1994.

Stites, Richard: Revolutionary Dreams. Utopian Vision an Experimental life in the Russian Revolution. Oxford 1989.

Studer, Brigitte: Ein Bauernmädchen wird Brigadechefin. Ein stalinistischer Lebensentwurf. In: Traverse (1995) Nr. 3, 63–70

Teubner, Ulrike: Geschlecht und Hierarchie. In: Profession und Geschlecht. Über die Marginalität von Frauen in hochqualifizierten Berufen. Hg. v. Angelika Wetterer. Frankfurt/M., NY 1992, 45–50.

Thom, Betsy: Women and Alcohol: The Emergence of a Risk Group. In: Gender, Drink and Drugs. Hg. v. Maryon McDonald. Oxford, Providence 1994, 33–54.

Transchel, Kate: Staggering towards socialism: the Soviet anti-alcohol campaign, 1928–1932. In: The Soviet and Post-Soviet Review 23 (1996) Nr. 2, 191–202.

Aktuelle Veröffentlichungen zu Frauen und Frauenforschung in Russland bzw. der Sowjetunion: Bibliographische Hinweise für die Jahre 1987–1993. Hg. von Uta Grabmüller, Monika Katz. Berlin 1995

Viola, Lynne: The Best Sons of the Fatherland. Workers in the Vanguard of Soviet Collectivization. NY, Oxford 1987.

Dies.: Bab'i bunty and the Peasant Women's Protest during Collectivization. In: The Russian Review 45 (1986), 23–42.

Voronina, Ol'ga: Die Frau in der sowjetischen Gesellschaft. In: Perestrojka Zwischenbilanz. Hg. v. Klaus Segbers. Frankfurt/M. 1990, 154–182.

Dies. - Tat'jana A. Klimenkova: Gender i kul'tura. In. Ženščiny i social'naja politika (gendernyj aspekt). M. 1992, 10–22.

Ward, Chris: Russia's Cotton Workers and the NĖP Policy: Shop Floor Culture and State Policy 1921–1929. Cambridge 1990.

Sekundärliteratur

Warner, Maria: Altes Weib und alte Vettel: Allegorien und Geschlechterdifferenz. Hg. v. Sigrid Schade - Monika Wagner - Sigrid Weigel. Köln 1995, 51–63.

Waters, Elizabeth: Teaching Mothercraft in Post-Revolutionary Russia. In: Australian Slavonic and East European Studies 1 (1987) Nr.2, 29–56.

Dies.: The Female Form in Soviet Political Iconography, 1917–32. In: Russia's Women. Accommodation, Resistance, Transformation. Hg. v. Barbara Evans Clements - Barbara Alpern Engel - Christine D. Worobec. Berkeley, LA, Oxford 1991, 225–242.

Dies.: The Modernization of Russian Motherhood, 1917–1937. In: Soviet Studies 44 (1992) Nr. 1, 123–135.

Dies.: Victim or Villain: Prostitution in Postrevolutionary Russia. In: Women and Society in Russia and the Soviet Union. Hg. v. Linda Edmondson. Cambridge 1992, 160–177.

Wecker, Regina: Zwischen Ökonomie und Ideologie. Arbeit im Lebenszusammenhang von Frauen im Kanton Basel-Stadt 1870–1910. Zürich 1997.

Dies.: „Weiber sollen unter keinen Umständen in der Nachtarbeit eingesetzt werden ..." Zur Konstituierung von Weiblichkeit im Arbeitsprozess. In: Was sind Frauen? Was sind Männer? Geschlechterkonstruktionen im historischen Wandel. Hg. v. Christiane Eifert, Angelika Epple, Martina Kessel, Marlies Michaelis, Claudia Nowak, Katharina Schicke, Dorothea Weltecke. Frankfurt/M. 1996, 196–215.

Wetterer, Angelika: Theoretische Konzepte zur Analyse der Marginalität von Frauen in hochqualifizierten Berufen. In: Profession und Geschlecht: Über die Marginalität von Frauen in hochqualifizierten Berufen. Hg. v. Angelika Wetterer. Frankfurt/M. 1992, 13–40.

White, Stephen: Russia Goes Dry. Alcohol, State and Society. Cambridge 1996.

Williams, Beryl: Kollontai and After: Women in the Russian Revolution. In: Women, State and Revolution. Essays on Power and Gender in Europe since 1789. Hg. v. S. Reynolds. Brighton 1986, 60–80

Willis, Paul: Masculinity and Factory labor. In: Culture and Society. Hg. v. Jeffrey C. Alexander - Steven Seidmann. Cambridge 1990, 183–195.

Wolkogonow, Dimitri: Trotzki. Das Janusgesicht der Revolution. Düsseldorf u.a. 1992.

Wolters, Margarete: Sexuelle Gewalt und Strafrecht. In: Sexualforschung und -politik in der Sowjetunion seit 1917. Hg. v. Joachim S. Hohmann. Frankfurt/M. u.a. 1990, 252–269.

Women and Society in Russia and the Soviet Union. Hg. v. Linda Edmondson. Cambridge 1992.

Women in Russia. A New Era in Russian Feminism. Hg. v. Anastasia Posadskaya. London 1994.

Women in Russia and Ukraine. Hg. v. Rosalind Marsh. Cambridge 1996.

Wood, Elizabeth A.: The Baba and the Comrade. Gender and Politics in Revolutionary Russia. Bloomington 1997.

Literaturverzeichnis

Dies.: Gender and the Politics in Soviet Russia: Working Women under the New Economic Policy, 1918–1928. Ph.Diss. Univ. of Michigan, Ann Arbor 1991.

Zachmann, Karin: Männer arbeiten, Frauen helfen. Geschlechtsspezifische Arbeitsteilung und Maschinisierung in der Textilindustrie des 19. Jahrhunderts. In: Geschlechterhierarchie und Arbeitsteilung. Hg. v. Karin Hausen. Göttingen 1993, 71–96.

Zdravomyslova, Elena - Anna Temkina: Social'noe konstruirovanie gendera kak feministskaja teorija. In: Ženščina, gender, kul'tura. M. 1999, 66–82.

Zeide, Alla: Larisa Reisner: Myth as Justification for Life. Russian Review 51(1992)Nr. 2, 172–187.

Ženskaja sud'ba v Rossii. Dokumenty i vospominanija. M. 1994.

7. Index

7-Stunden Tag 83
Aberglauben 315
Abteilung zum Schutz von Mutterschaft und Kindheit 56, 57, 60, 71, 106, 107, 174, 177, 179, 191, 234, 240
Abtreibung 37, 144, 178, 237, 239–243
Abtreibungskommission 240
Agitation 33, 34, 41, 42, 46, 55, 76, 104, 116, 118, 122, 165, 167, 187, 188, 287, 305, 308, 309–310, 321, 349
Alkoholkonsum 100, 136, 223, 266, 281, 300, 302, 334–346
Alkoholmissbrauch 334
Alltagsgeschichte 21, 24
Alltagsleben 17, 18, 19, 23, 24, 27, 31, 33, 59, 73, 88, 89, 92, 98, 99, 100, 103, 105, 135, 199, 200, 203, 226, 227, 237, 248, 257, 260, 266, 267, 270, 332, 345, 349, 352
Anti-Alkohol Debatte 333, 345
Antifeminismus 41
Arbeiter 17, 19, 23, 26, 31, 32, 37, 40, 42, 46, 49, 56, 63, 83, 99, 100, 102, 112, 115, 118, 121, 122, 124, 135, 142, 157, 158, 164, 166, 188, 189, 190, 200, 205, 210, 212, 219, 220, 225, 235, 236, 247, 249, 250, 251, 254, 256, 260, 261, 263, 264, 266, 267, 268, 279, 283, 284, 288, 291–299, 303, 308, 311–316, 328, 329, 332, 336–341
Arbeiter- und Bauernkorrespondentenbewegung 188, 332

Arbeiterin 15, 17, 26, 31, 42, 43, 44, 54, 63, 64, 69, 70, 72, 84, 101, 115, 117, 118, 121, 122, 124, 137, 157, 158, 160, 161, 174, 187, 194, 195, 204, 206, 210, 211, 213, 254, 257–266, 270, 271, 273, 274, 278, 279, 283, 284, 285, 291, 294, 301, 306, 307, 308, 327, 330
Arbeiterklasse 15, 17, 41, 43, 47, 83, 87, 90, 101, 124, 125, 134, 136, 141, 146, 211, 233, 297, 307, 322, 325, 328
Arbeiterklub 268
Arbeiteropposition 48–52, 147, 293
Arbeiterwohnheime 214
Arbeiterzirkel 307, 308
Arbeitsbörse 206, 290, 291
Arbeitsdeserteure 299
Arbeitslohn 220, 228, 254, 266, 284
Arbeitslosigkeit 23, 52, 56, 73, 103, 107, 122, 157, 168, 194, 230, 239, 286, 290–292, 299, 303
Arbeitsmigranten 250
Arbeitsmigration 30
Arbeitsorganisation, wissenschaftliche 71, 257, 258
Arbeitspflicht 47, 115, 292, 299
Arbeitsschutz 269, 272, 285, 286
Arbeitsschutzbestimmungen 270, 285
Arbeitsschutzgesetz 285
Arbeitsschutzgesetzgebung 35
Arbeitssuche 31, 291
Armand, Inessa 32, 44, 45, 46, 47, 78, 121, 161, 185, 309, 347
Armut 23, 56, 168, 203, 208, 229,

Index

233, 239, 256, 278, 299, 315
Armutsmilieu 305
artel' 207, 297
Artjuchina, Aleksandra Vasil'evna
  25, 26, 34, 44, 61, 65, 66, 75–
  87, 158, 160, 162, 184–186,
  190, 205, 206, 209, 226, 291,
  295, 307–310, 317, 318
Askese 132, 147, 153, 154
Autobiographien 197, 199, 218,
  223, 236, 316
baba 19, 47, 52, 53, 84, 139, 162,
  163, 164, 165, 167, 184, 188,
  322
Baumanskij Rayon 300
Bebel, August 15, 88, 111, 112,
  115–118, 148, 193, 308, 348
Berufsqualifikation 282, 283
Beschäftigungsstrukturen 19, 27,
  103, 271
Bestužev-Frauenkurse 40, 127
Bibliothek 159, 281, 329, 330
Bier 335, 336, 337, 340
Bierkneipe 264
Bildung 20, 27, 40, 43, 46, 68, 70,
  87, 92, 99, 101, 104, 110, 120,
  131, 142, 161, 166, 169, 179,
  180, 195, 200, 201, 202, 204,
  207, 208, 209, 211, 212, 214,
  215, 220, 230, 233, 240, 250,
  251, 264, 267, 308, 321, 329
Bildungswesen 94, 207
Bildungszirkel 330
Bolschewiki 16, 18, 23, 25, 26, 31,
  32, 33, 39, 45, 46, 48, 49, 53,
  54, 60, 62, 65, 75, 83, 85, 90,
  93, 106, 109, 111, 112, 118,
  129, 135, 138, 149, 172, 173,
  189, 194, 239, 246, 271, 285,
  293, 306–308, 311, 312, 349

Branntwein 336, 341
Braun, Lily 111, 117, 118, 127
Brigade 296
Brotaufstände 32
Brotunruhen 44, 56, 305
Bucharin, Nikolaj 45, 48, 62, 63,
  65, 66, 77, 79, 85, 89, 90, 130,
  132, 137, 332, 349
Bummelei 143, 333
Bürgerkrieg 48, 56, 60, 65, 90, 110,
  128, 165, 169, 177, 216, 223,
  239, 313, 314, 329, 335
byt 16, 17, 27, 34, 37, 38, 39, 47,
  51, 55–59, 62–64, 67–75, 78,
  86, 92, 103, 104, 105, 106, 107,
  109, 119, 122–124, 136, 145,
  148, 156, 157, 158, 162, 170,
  173, 174, 175, 180–182, 184,
  189, 190, 194, 196, 197, 201,
  212, 226, 230, 231, 232, 251,
  254, 258, 261, 262, 287, 291,
  298, 318, 334, 338, 340, 347,
  348, 349
Dejčman, Ė. I. 333
Delegierte 44, 63, 67, 70, 75, 158,
  159, 161, 185, 186, 187, 188,
  189, 196, 212, 225, 229, 230,
  265, 274, 313, 318, 319, 320,
  321, 322, 323, 331, 339, 342,
  352
Delegiertenversammlung 185, 187,
  317, 318, 319, 320, 322
Demokratie, innerparteiliche 62
Deutschland 30, 66, 118, 156, 223,
  239
Dienstbotinnen 31, 271, 272, 274,
  275, 317
Differenz 19, 20, 50, 51, 80, 107,
  110, 114, 115, 119, 124, 134,
  139, 158, 161, 167, 179, 193,

Index

194, 214, 215, 244, 270, 282, 284, 304, 312, 352
Disziplin 48, 60, 97, 101, 132, 142, 147, 311, 341, 350
Domontovič 127
Doppelbelastung 16, 45, 88, 195, 289, 317
Dorf 25, 30, 31, 37, 74, 80, 83, 85, 131, 143, 152, 157, 163, 165, 177, 178, 185, 196, 201–204, 206, 207, 208, 212, 213, 214, 216, 218–221, 223, 224, 240, 241, 246, 250, 260, 265, 268, 271, 274, 276, 278, 292, 294, 296, 302, 303, 318, 323, 331, 337, 339, 340, 344
Drogen 299, 303
Duma 42, 176, 325
Ecke, Rote 329
Einrichtungen, kollektive 67, 68, 71
Ehe 15, 17, 18, 27, 30, 33, 37, 64, 126, 127, 144, 146, 148, 153, 159, 161, 174, 178, 192, 215, 216–218, 221–227, 229, 232, 243, 324, 344, 350
Ehefrau 64, 70, 79, 123, 154, 156, 158, 160, 161, 182, 190, 192, 223, 224, 236, 263, 282, 291, 303, 312, 323, 324, 327, 343
Ehefrauenbewegung 191, 192
Ehegesetz 227
Ehegesetzgebung 33, 120, 159, 200, 216, 315
Ehehygiene 237
Ehre 37, 147, 153, 181, 278, 310
Einkommensverhältnisse 27, 247
Emanzipation 15, 16, 29, 33, 36, 39, 40, 44, 60, 85, 88, 106, 107, 108, 112, 115, 118, 138, 146, 149, 195, 200, 222, 224, 225, 257, 322, 333
Engagement, gesellschaftspolitisches 38, 352
Engels, Friedrich 15, 88, 92, 111–116, 148, 193, 348
Erholung 195, 219, 229, 261, 263, 274
Ernährer der Familie 33, 283
Ernährermodell 291
Ernährung 45, 71, 180, 203, 220, 255, 256
Erwerbsarbeit 176, 195, 206, 240, 264, 268, 269, 270, 271, 273, 292, 299, 317, 343, 351
Essen 70, 181, 182, 246, 251, 253, 254, 255, 256, 261, 263, 266, 267, 275, 281, 313, 344, 347
Fabrikakademie 314
Fabrikkomitee 294
Fabrikleitung 295
Fabrikparteizelle 316
Fabrikwohnheim 275
Familie 16, 18, 33, 37, 38, 40, 42, 45, 63, 65, 69, 71, 72, 79, 100, 101, 102, 105, 111, 112, 114, 120, 123, 138, 146, 148, 157, 159, 160, 172–174, 176, 179, 184, 187, 189, 190, 193, 195, 196, 200, 201–208, 214–237, 244–248, 254, 255–258, 261–268, 272, 274, 275, 278, 281–283, 291, 305, 318, 319, 324, 330, 331, 341, 343, 346, 350, 351
Familienformen 17, 218
Familienstand 27, 47, 103
Familienwirtschaft 102, 176, 204, 218, 230, 305, 331
Februarrevolution 44, 305, 306
Feiertag 34, 100, 225, 256

Index

Feminismus 27, 29, 32, 44, 117, 118, 167, 309
Festkultur 337
Fortpflanzung 145, 147, 149, 150, 218, 237, 238
Fraktionsverbot 50
Frau, neue 16, 124, 125, 126, 146, 193, 235, 245
Frauenabteilungen 16, 18, 23–54, 61–68, 82, 85, 86, 89, 98, 106, 107, 148, 159, 163, 167, 172, 187, 255, 273, 276, 289, 322, 333, 348, 349, 352
Frauenarbeit 35, 86, 115, 116, 117, 269, 304, 310, 347
Frauenbewegung 29, 32, 40, 50, 111, 116, 117, 121, 158, 166, 308
Frauendelegierte 323
Frauenfrage 16, 27, 28, 35, 43, 48, 82, 85, 88, 102, 107, 111–117, 158, 170, 173, 285, 309, 347, 348
Frauenkongress 43
Frauenlohn 283
Frauennachtarbeit 285
Frauenpolitik 15, 16, 18, 23, 32, 33, 34, 36, 39, 40, 73, 85, 86, 108, 111, 191, 308, 317, 349
Frauenpresse 164, 272
Frauentag 34, 72, 73, 87, 164, 234, 265, 308, 309
Frauenwahlrecht 43, 112, 127
Frauenzeitschriften 26, 136, 178, 210, 237, 256, 262
Freier 157, 300, 302, 303
Freizeitbeschäftigung 100, 261
Fünfjahrplan, erster 245, 270, 285, 295, 333
Funktionärsposten 327

Geburtenregelung 218, 237
Geburtenzahlen 59, 176, 181, 237, 239, 241, 244, 350
Gemeinschaftsküche 248
gender 19, 20, 22, 28, 29, 34, 36, 37, 40, 135, 172, 179, 191, 192, 287
Generalrevision des Mitgliederbestandes 311
Generationenkonflikt 294
Genosse 19, 163, 339
Genossenschaft zur Organisation öffentlicher Speisung 253, 331
Genossenschaften 28, 117, 168, 174, 188, 194, 206, 298, 321, 330, 331, 339
Geschlecht 15, 18, 19, 20, 24, 34, 36, 37, 51, 107, 114, 115, 138, 193, 209, 250, 269, 270, 304, 348
Geschlechtercharaktere 36, 144, 155, 172, 174, 193, 222, 316
Geschlechterdifferenz 20, 36, 83, 84, 107, 114, 115, 163, 183, 269, 291, 333, 348, 352
Geschlechtergeschichte 20, 21, 23, 35, 37, 153
Geschlechterstereotypen 18, 19, 195
Geschlechterverhältnisse 18, 19, 85, 151, 159, 169, 224, 287, 290
Geschlechtskrankheiten 152, 182, 299
Geschlechtsreife 238
Gesellschaft zur gegenseitigen Hilfe für Arbeiterinnen 328
Gewalt 47, 50, 131, 156, 226, 345
Gewaltausübung 223
Gewerkschaft 64, 65, 101, 271, 327
Gewerkschaftsfrage 48

Index

Gewerkschaftskongress 50, 291
Gewerkschaftszirkel 330
Gewohnheitsrecht 275
Glas-Wasser-Theorie 149, 151, 155
Gleichheit 15, 51, 67, 80, 101, 109, 112, 113, 151, 160, 168, 184, 193, 287, 308, 312, 315
Gleichstellung 15, 43, 45, 55, 79, 80, 84, 163, 177, 190, 195, 196, 197, 217, 262, 269, 287, 298, 339
Gluchovskij Manufaktur 331
Golubeva, Vera 54, 72, 73, 148–152
Grundbildung 89, 92, 185, 207, 208, 211, 213, 214, 311
Gruppenzugehörigkeit 137, 262, 343
Gütertrennung 217
Hausangestellte 268, 271, 272, 273, 274, 275
Hausarbeit 16, 39, 70, 71, 88, 113, 115, 117, 159, 194, 196, 204, 245, 251, 257, 258, 260, 263, 269, 319
Hausarbeitende 272, 277
Hausfrauen 24, 35, 54, 88, 161, 167, 183, 190, 192, 225, 254–256, 257, 260, 264, 272, 317, 348, 350
Hausfrauen-Bewegung 35
Häuslichkeit 18
Heimarbeitgewerbe 298
Heimgewerbe 28, 84, 268
Heimindustrie 268, 298
Heirat 31, 63, 64, 178, 206, 221–223, 244, 268, 281, 282, 285
Heiratsalter 221
Helden 121, 128, 132
Herkunft 15, 27, 47, 117, 131, 201, 203, 205, 274, 277, 293, 296, 304
Hierarchien 18, 19, 193, 289
Hilfsarbeiterin 205, 268, 289
Hochzeitsfest 221
Homosexualität 144
Hooligan 140, 143
Hungersnot 47
Identität 26, 46, 60, 68, 123, 134, 140, 167, 262, 288, 297, 339
Ikone 128, 247
Ikonographie 121, 130, 163, 181
Industrialisierung 17, 23, 65, 71, 72, 79, 83, 84, 85, 90, 104, 110, 115, 124, 125, 137, 140, 144, 172, 173, 174, 176, 181, 205, 210, 218, 220, 237, 269, 270, 279, 280, 289, 293, 328, 333, 334, 345, 346
Industriearbeiterschaft 16, 210, 279, 280, 310, 345
Intelligencija 45, 93, 145, 313, 332
Jugendkultur 139
Jugendorganisation 137, 139, 179
Kader 72, 227, 312, 349
Kaderpartei 311, 325
Kaganovič, Lazar Moseevič 79, 80, 82, 108
Kalinin, Michail 24, 25, 169, 339, 340
Kamenev 23, 62, 65, 90
Kanatčikov, Semen 296
Kantine 246, 253, 254, 255
Kernfamilie 173, 218, 220, 228, 233
Kinder 33, 45, 47, 57, 67–70, 72, 77, 101, 102, 126, 143, 148, 158, 159, 172, 175, 177–180, 184, 194, 197, 205–209, 214, 215–240, 249–256, 260, 263,

Index

264, 265, 268, 286, 288, 313, 315, 320, 323, 324, 330, 337, 339, 340, 341, 342, 343, 351
Kinderbetreuung 16, 56, 70, 88, 177, 216, 218, 230, 231, 251, 257, 260, 269, 274, 315
Kindererziehung 16, 39, 45, 71, 102, 108, 115, 117, 126, 158, 160, 173, 174, 176, 179, 180, 181, 193, 229, 230, 231, 232, 233, 236, 237, 269, 282, 350
Kindermädchen 70, 205, 207, 232, 233, 260, 271, 274, 275, 347
Kindersterblichkeit 57, 59, 115, 176, 177, 229, 285
Kindesmisshandlung 235
Kindsmord 276, 277, 278
Kino 100, 264
Kirche 100, 136, 160, 224, 264
Kirchgang 315
Kleidung 18, 114, 128, 137, 138, 182, 183, 248, 258, 261, 262, 267, 288
Kleinvieh 248, 260
Klubs 26, 70, 71, 148, 180, 190, 226, 325, 328, 329, 330, 340, 341
Kollektivierung 23, 77, 79, 80, 85, 138, 316
Kollontaj, Aleksandra 25, 30, 32, 40, 42–54, 56, 57, 64, 76, 78, 100, 118, 119, 122, 124-129, 146–152, 155, 156, 162, 167, 168, 177, 178, 186, 194, 211, 217, 228, 300, 309, 329, 348, 349
Kommission für den Kampf gegen Prostitution 302
Kommunalka 252
Kommune 178, 211, 251

Kommunistka 26, 44, 46, 47, 51, 54, 57–59, 66, 69, 71, 72, 75, 76, 77, 79, 80, 82, 87, 121, 124, 128, 136, 137, 139, 157, 169, 172, 177, 179, 186, 190, 199, 200, 216, 232, 233, 234, 241, 254, 263, 271, 280, 286, 299, 302, 303, 317, 318, 320, 321, 323, 330, 331, 332, 340
Komsomol 17, 52, 102, 128, 130, 131, 137, 138, 139, 143, 178, 212, 233, 236, 274, 320, 341, 342, 344
Komsomolkongress 77
Konsumbedürfnisse 298
Konsumgüter 25
Kontrolle, soziale 31
Körperpflege 183, 258, 260
Korrespondentenbewegung 331, 332
Kosmetik 261, 262
Krieg, russisch-japanischer 305
Kriegshelden 129
Kriegskommunismus 23, 26, 47, 48, 134, 141, 194, 206, 246, 248, 266, 282, 311
Krippen 16, 28, 59, 67, 69, 70, 77, 148, 185, 197, 225, 232, 260, 274, 281, 295
Kronstadt 49, 129
Krupskaja, Nadežda 33, 119, 136, 180, 197, 199, 211, 246, 299, 309, 310
Kulak 19, 156
Kultur 20, 29, 37, 38, 39, 62, 68, 71, 72, 83, 87–109, 119–121, 130, 131, 136, 139, 140, 150, 151, 163, 175, 188, 192, 194, 251, 267, 317, 329, 332, 337, 340

Index

Kuppelei 299, 302
Läden 256
Landsmannschaften 206
Larin, Jurij 333
Lebensmittel 143, 248, 256, 331, 337
Lebensstandard 103, 233, 237, 247, 268, 335
Lebenswelt 18, 21, 22, 24, 200, 276, 315
Leicht- und Konsumgüterindustrie 282
Lenin 16, 26, 45, 46, 48–51, 60, 67, 69, 82, 90, 91, 92, 93, 96, 97, 106, 108, 109, 112, 132, 134, 135, 136, 137, 149, 155, 163, 184, 247, 269, 281, 311, 312, 325, 329, 332, 348, 349
Leninaufgebot 312, 313
Lenin-Ecke 329
Leninkult 134, 135, 136
Lesehütte 188, 321
Lesezimmer 329
Lohnarbeit 18, 30, 104, 113, 116, 123, 125, 158, 179, 181, 189, 200, 304, 317, 352
Lohnhierarchie 270, 283, 304
Lohnpolitik 269, 283, 284
Lösung der Frauenfrage 16, 27, 85, 88, 107, 347
Männlichkeit 19, 20, 37, 38, 110, 123, 128, 134, 138, 140, 142, 143, 147, 153, 158, 226, 271, 287, 313, 343
Männlichkeitsbild 169
Markt 298, 302, 335, 340
Marx, Karl 15, 34, 42, 78, 89, 92, 95, 96, 100, 108, 110, 111, 113–115, 117, 166, 171, 194, 249, 349

Marxismus 33, 41, 109, 118
Meister 156, 292, 293
Menschen, neue 32, 40, 111, 130, 134
Menschewiki 307, 308
Menstruation 124, 145, 182, 241, 278, 286
Metallarbeitergewerkschaft 65, 307, 325
Militärtribunal 334
Mittelschicht 275
Mobiliar 247
Mobilisierung 42, 46, 47, 53, 67, 70, 80, 82, 83, 88, 186, 187, 188, 288, 305, 307, 317, 321, 352
Mravinskij, Aleksandra Aleksandrovna 128
Mütterberatungsstellen 59
Mutterinstinkt 178, 235, 342
Mutterkult 192
Mütterlichkeit 85, 175, 176, 181, 236
Mutterschaft 56, 59, 60, 116–118, 126, 139, 168, 174–181, 231, 236, 237, 239, 343, 350
Mutterschutz 57, 117, 234, 266, 285
Mutterschutzversicherung 56, 57
Mystik 165
Narkomfin 345
Narkompros 289
Narkomtrud 168, 284, 285, 286
Nationalitätenpolitik 72
Narkomzdrav (Volkskommissariat für Gesundheit) 60, 235
Neue Ökonomische Politik (NĖP) 23, 34, 37, 51, 53, 56, 57, 61, 89, 97, 110, 121, 131, 135, 145, 153, 162, 164, 166, 173, 174,

Index

178, 179, 180, 187, 189, 190, 195, 231, 235, 247, 283, 284, 288, 291, 298, 328, 330, 332, 352
Nikadorova, Evdokija 219, 247, 315
Nikolaeva, Klavdija 43, 45, 56, 65, 122, 170
Njurina, Fanni 61, 63, 77–79, 171
Nötigung, sexuelle 79, 157
Obdachlose 143, 184, 230
obščestvennica 161, 169, 185, 189, 191, 192, 194, 195, 324
Oktoberrevolution 15, 32, 37, 40, 43, 45, 56, 65, 75, 78, 93, 109, 110, 111, 119, 120, 165, 193, 194, 209, 239, 265, 282, 285, 307, 308, 311, 331
Opposition, linke 63, 65, 66, 87
Opposition, rechte 64, 67, 80
Opposition, vereinigte 64
Ordžonikidze, Sergo 192, 193
Partei 16, 17, 23–25, 28, 31–33, 39–42, 46–49, 51–55, 60–69, 72, 75–79, 82–99, 103, 105, 106, 107, 111, 121, 130, 134–136, 160, 161, 163, 165, 167, 170, 185–190, 194, 197, 200, 211, 227, 233, 247, 253, 270, 290, 293, 305–322, 325, 329, 332, 336, 340, 348, 349
Parteiausschluss 63, 91, 313
Parteibeitritte 311
Parteitag 23, 52, 63, 90, 111, 116, 117

Perepelica-Rozenberg, Serafina Ljubovna 314
Politikverständnis 28, 312, 332, 350

Politisierungsmuster 311
Privatleben 63, 79, 103, 193, 200, 228, 249
Profilaktorium 300
Prohibition 302, 335, 336, 340
Prohibitionsdekret 334
proletkul't 93, 94, 97, 119, 120, 121, 146, 329
Propaganda, antireligiöse 315
Prostitution 23, 28, 56, 79, 107, 144, 157, 200, 230, 299, 300, 302, 303, 313
Protest 35, 80, 130, 291, 297, 305, 349
Proto-Industrialisierung 280
Provisorische Regierung 285
Rabotnica 24, 26, 27, 42, 44, 60, 63, 65, 77, 103, 118, 123, 136, 157, 158, 159, 161–168, 172, 181, 186–188, 191, 197–205, 211, 213, 223, 226, 227, 232–237, 249, 253, 255, 256, 258, 261, 262, 265, 272, 273, 274, 281, 291, 297, 308, 309, 310, 313, 319, 321, 344
Radio 264
Rakitina 69, 70, 71, 179, 190, 232, 320, 330
Rätedemokratie 49
Rekrutierungskampagnen 312
Religion 20, 135, 165, 314
Reproduktionsarbeit 18, 122, 195, 245, 258, 271, 283, 352
Revolution 1905 65, 305, 325
Rückständigkeit 36, 54, 55, 67, 88, 94, 95, 136, 162, 163, 166, 167, 168, 169, 170, 172, 173, 209, 211, 214, 226, 276, 290, 308
Rückständigkeitsdebatte 162
Samoilova, Konkordija 44, 46

Index

Säuglingsnahrung 236
Säuglingspflege 231, 237
Schicht 296, 347
Schlafecke 223, 246, 249
Schule 48, 142, 186, 202, 204, 205, 208, 210, 211, 213, 214, 232, 233, 278, 311, 317, 319, 320, 330
Schulpflicht 165, 186, 202, 207, 212
Schwangerschaftsunterbrechung 239
Schwarzbrennerei 335
Selbstbewusstsein 64, 69, 189, 196, 224, 225, 296, 319, 323, 332
Selbstbild 24, 147, 189, 225, 314
Selbstkontrolle 142, 143, 338, 344
Selbstkritik 75, 77, 169, 295
Selbstmord 156, 222, 229, 278
Semaško, Nikolaj 75, 77, 78, 140, 173, 299
Sexualaufklärung 238
Sexualität 37, 109, 117, 118, 139, 144, 145, 147, 149, 152, 153, 154, 155, 157, 178, 201, 222, 237, 238, 239, 242
Sexualmoral 48, 126, 145, 146, 155, 225, 227, 344
Sexualmoral, proletarische 146
Smidovič, Sofija 53–55, 64, 66–69, 77, 87, 137, 139, 140, 151, 152, 160, 179, 188, 233, 236, 251, 324
Sowjet 37, 47, 67, 122, 131, 138, 145, 152, 188, 196, 246, 299, 314
Sowjetfrau 16, 347
Sowjetrecht 275
Sozialdemokratie 26, 31, 32, 39, 41, 42, 60, 115, 118, 127, 193

Sozialrevolutionäre 45
Sozialversicherung 195, 266, 283, 286, 292, 303
SPD 15, 115, 116, 117, 127, 348
Speiseeinrichtungen, öffentliche 175, 254, 255
Stachanov-Bewegung 35
Stal', Ljudmila 44, 127
Stalin 23, 26, 36, 62, 63, 65, 66, 75, 90, 108, 181, 192, 289, 293, 307, 335
Stalinismus 23, 32, 35, 36, 37, 89, 110, 112, 119, 173, 181, 192, 279, 293
Standesamt 215
Statussymbol 343
Stereotyp 135, 136, 164
Sterilisation 183, 238
Stillen 236
Stolypin, Petr. A. 325
Stoßarbeit 138, 199, 289, 295, 296, 314, 352
Streiks (Streikaktivitäten) 30, 44, 49, 56, 135, 293, 297, 305-308
Surotceva, Klavdija Grigor'evna 192
Sverdlov, Jakov Michajlovič 45
Šljapnikov 49
Tag der Frauen 211
Tagesablauf 245, 262, 264, 281
Temperanzdebatte 334
Textilindustrie 83, 280, 282, 284, 286, 289, 299, 310, 319
Theater 138, 264, 267
Transmissionsriemen 49, 69, 317, 325
Trockij, Lev Davidovič 23, 25, 38, 40, 48, 49, 62, 63, 65, 66, 85, 89–108, 169, 216, 221, 262, 316, 347, 349

Index

Troickaja, Marija 169, 313, 314, 340, 341
Trunksucht 156, 223, 226, 315, 334, 342
Übergangsgesellschaft 98, 102, 107, 109, 131
Ul'janova, Marija 332
Universität Zürich 41, 127
Untergrund 31, 309, 311
Utopien 16, 22, 28, 60, 88, 107, 109, 149, 194
Väter 33, 62, 110, 165, 179, 217, 235, 243, 339, 351
Vaterschaft 236
Vergewaltigung 78, 156, 157
Verhütung 59, 178, 237, 238, 244
Vielweiberei 159, 179, 313, 315
Vodka 302, 334, 338
Volksglaube 165
VSNCh 197, 284, 285
Waise 157
Wanderarbeit 218
Wanderung 30, 205, 218, 234, 268, 351
Wäscherei 250
Weiblichkeit 18, 19, 20, 38, 85, 137, 138, 139, 140, 158, 167, 172, 174, 175, 188, 191, 235, 262, 269, 344
Wein 302, 335, 336, 339, 340, 341
Werkstatt 281, 294, 300
Wirtschaftsorgane 289, 292, 295
Witwe 135, 219
Wohnen 27, 38, 245, 246, 251
Wohnraumfrage 275
Wohnungsnot 239, 240, 245
Zalkind, Aron 152–156
Zamjatin, Evgenij 145, 146
Zeiteinteilung 27, 99, 103, 131, 257, 262, 263, 268, 350

Zeitung 99, 169, 264, 281
Zentralkomitee (CK) 16, 46, 167
Zetkin, Clara 15, 42, 111, 116, 117, 127, 149, 265, 298, 308, 348
Zinov'ev 23, 65, 90, 167, 189, 349
Zuhälterei 299, 302
Zusatzgehalt 286
Zyklusstörungen 286

Basler Studien zur Kulturgeschichte Osteuropas

Herausgegeben von Andreas Guski und Heiko Haumann

1   Ulrich Schmid: *Ichentwürfe. Russische Autobiographien zwischen Avvakum und Gercen.* 2000.

2   Petra Hesse: *Die Welt erkennen oder verändern? Prometheus in der russischen Literatur von den Anfängen der Mythos-Rezeption bis M. Gor'kij.* 2002.

3   Carmen Scheide: *Kinder, Küche, Kommunismus. Das Wechselverhältnis zwischen sowjetischem Frauenalltag und Frauenpolitik von 1921 bis 1930 am Beispiel Moskauer Arbeiterinnen.* 2002.

4   Martin Trančik: *Abgrund – Brückenschlag. Oberschicht und Bauernvolk in der Region Dubrovnik im 19. Jahrhundert.* 2002.